《刑事犯罪法规索引丛书》
编委会

主 任：陈国庆
副主任：张玉镶 朱孝清 熊选国 史卫忠 陈连福
        朱兆敏

主 编：《刑事犯罪法规索引丛书》

王文祥 员金锋 刘 梅 吕广仓 吕广华
吴 迪 张国栋 杨瑞光 董庆斌 翟 宇

U0758158

《刑事犯罪办案指引丛书》编委会

主　任： 陈国庆

副主任： 苗生明　元　明　史卫忠　郑新俭　张晓津
　　　　　罗庆东

编　委：（按照姓氏笔画排序）

　　　　王文利　贝金欣　刘　辰　纪丙学　肖先华
　　　　劳　娃　张建忠　周惠永　曹红虹　黄　琳

刑事犯罪办案指引丛书

编委会主任:陈国庆

破坏社会主义
市场经济秩序犯罪
办案指引

(上 册)

王文利/主 编

POHUAI SHEHUIZHUYI
SHICHANG JINGJI ZHIXU FANZUI
BANAN ZHIYIN

中国检察出版社

《破坏社会主义市场经济秩序犯罪办案指引》主编及编写人员

主　　编：王文利

副 主 编：卜大军　李薇薇　阎　丽　俞启泳

成　　员：（按照姓氏笔画排序）

　　　　　　于坤祥　马　珣　王　超　付　强
　　　　　　刘　涛　许　立　杨　丽　吴　楠
　　　　　　陈鹿林　金华捷　茹　辉　侯若英
　　　　　　唐承佑　扈小刚　窦立博

序　言

陈国庆[*]

2021年6月,《中共中央关于加强新时代检察机关法律监督工作的意见》印发,这是党的历史上首次就加强检察机关法律监督工作作出明确部署,为新时代检察工作高质量发展提供了根本遵循和科学指南,也为检察工作带来了新的发展机遇。刑事检察是检察机关最基本、最核心的业务,是履行检察机关法律监督职能,发挥检察机关在国家政治、经济、社会生活中保障法律实施作用的最为重要的方式和途径。新时代刑事检察工作应当深入学习贯彻党的十九大和十九届历次全会精神,全面落实习近平法治思想,探索具有中国特色、符合司法规律的创新发展之路。

随着检察工作的发展、司法责任制的落实、内设机构的调整、"捕诉一体"办案机制的确立,刑事检察队伍的结构发生了很大的变化,检察人员的能力素养与新形势下刑事检察工作的需要仍有差距。为加强刑事检察队伍"革命化、正规化、专业化、职业化"建设,努力打造"四个铁一般"的刑事检察铁军,最高人民检察院刑事检察部门有关同志组织编写了《刑事犯罪办案指引丛书》(以下简称丛书)。

---

[*] 陈国庆,最高人民检察院党组成员、副检察长。

丛书突出"专业性、分层次、针对性",集中解决各专业刑事办案领域中常见、多发、热点、新型犯罪的司法实务问题,立足检察机关批捕、起诉、监督工作一体化需要,兼顾法律职业共同体和学界需求,对重要罪名或类罪名,结合典型案例、法律规定,依据法律、政策、学理,进行深入分析、研讨,提示重点,提炼规则,提供有说服力的解决方案。

编写过程中,始终注意贯彻和体现本丛书的编写目的:

第一,立足检察,全面指引。丛书适应刑事检察专业化办案需要,融理论和实务、案例和法律、总则和分则、实体和程序、刑事法律和非刑事法律、定罪和量刑于一体,为办案工作提供全方位、多维度指引、帮助,实现"一卷在手、办案顺手"。

第二,立足办案,有的放矢。丛书紧贴办案工作,紧密结合不同领域、种类犯罪特点和司法实践,对办案工作中的重点、难点、热点问题,充分运用法律、原理、政策进行分析,提出解决方案;对相关的指导性案例、典型案例及相关法律作出梳理,提炼出切实管用的办案指引。

第三,立足实用,繁简得当。丛书摒弃大而全的刑法教科书模式,以问题为导向,打造精简、实用的刑事办案操作指南。对办案中的普遍困惑,结合学理通说给出权威观点,厘清问题,阐述本质;对办案中的争议问题,结合实践提出办案思路和倾向性观点,力求达致言之有理、持之有据,法理情相统一。

第四,立足指导,规范权威。力求以精干的作者团队确保丛书的高质量和指引借鉴价值。丛书由最高人民检察院第一、二、三、四检察厅等刑事检察部门领导、相关办案组主办检察官或高级检察官任分册主编。写作团队以高检院各专业办案组为主要作者，适当邀请地方检察机关司法实践经验丰富、研究能力强的检察官参与写作，经相关部门领导审稿后，由本书编委会审定。

新时代新理念新要求。希望丛书的出版能对刑事检察官的专业培训和自我学习提供有益参考，对检察系统内刑事领域高层次领军人才的培养挖掘提供交流平台，为全面提升法律监督质效，抓实刑事检察工作"质量建设年"起到积极作用。

2022 年 4 月

上册目录

第一编 生产、销售伪劣商品罪

第一章 生产、销售伪劣商品罪概述 …… 3
第一节 生产、销售伪劣商品罪的立法沿革 …… 3
第二节 生产、销售伪劣商品罪的发案态势 …… 8

第二章 生产、销售伪劣产品罪办案指引 …… 9
第一节 生产、销售伪劣产品罪概述 …… 9
一、生产、销售伪劣产品罪的立法沿革 …… 9
二、生产、销售伪劣产品罪的发案态势 …… 10
三、生产、销售伪劣产品罪的概念和构成特征 …… 12
四、生产、销售伪劣产品罪的追诉标准 …… 15
第二节 生产、销售伪劣产品罪的证据审查 …… 17
一、生产、销售伪劣产品罪的证据要件 …… 17
二、生产、销售伪劣产品罪常见证据审查 …… 22
第三节 生产、销售伪劣产品罪的认定处理 …… 27
一、生产、销售伪劣产品罪的罪与非罪 …… 27
二、生产、销售伪劣产品罪的此罪与彼罪 …… 28
三、不合格产品未冒充合格产品的认定 …… 32
四、部分"已销售"与部分"未销售"的涉案金额的认定 …… 34
五、涉伪劣口罩案件的认定 …… 36

第四节　案例评析 … 40

第三章　生产、销售、提供假药罪办案指引 … 47

第一节　生产、销售、提供假药罪概述 … 47
一、生产、销售、提供假药罪的立法沿革 … 47
二、生产、销售、提供假药罪的发案态势 … 56
三、生产、销售、提供假药罪的概念和构成特征 … 57
四、生产、销售、提供假药罪的追诉标准 … 60

第二节　生产、销售、提供假药罪的证据审查 … 62
一、犯罪客体证据 … 63
二、客观方面证据 … 63
三、犯罪主体证据 … 66
四、主观方面证据 … 67

第三节　生产、销售、提供假药罪的认定处理 … 69
一、关于是否为药品的认定 … 69
二、关于是否为假药的认定 … 72
三、关于生产、销售、提供假药罪的其他相关问题 … 76

第四节　案例评析 … 84

第四章　生产、销售、提供劣药罪办案指引 … 87

第一节　生产、销售、提供劣药罪概述 … 87
一、生产、销售、提供劣药罪的立法沿革 … 87
二、生产、销售、提供劣药罪的发案态势 … 89
三、生产、销售、提供劣药罪的概念和构成特征 … 89
四、生产、销售、提供劣药罪的追诉标准 … 92

第二节　生产、销售、提供劣药罪的认定处理 … 93
一、劣药使用与"对人体健康造成严重危害"之间的因果关系 … 93
二、本罪与其他犯罪的区别 … 93

第五章　妨害药品管理罪办案指引 ·············· 95

第一节　妨害药品管理罪概述 ·············· 95
一、妨害药品管理罪的立法沿革 ·············· 95
二、妨害药品管理罪的概念和构成特征 ·············· 98
三、妨害药品管理罪的追诉标准 ·············· 100

第二节　妨害药品管理罪的认定处理 ·············· 101
一、关于妨害药品管理情形的理解 ·············· 101
二、关于未经批准生产、进口药品的处罚 ·············· 104

第三节　案例评析 ·············· 105

第六章　生产、销售不符合安全标准的食品罪办案指引 ·············· 108

第一节　生产、销售不符合安全标准的食品罪概述 ·············· 108
一、生产、销售不符合安全标准的食品罪的立法沿革 ·············· 108
二、生产、销售不符合安全标准的食品罪的发案态势 ·············· 110
三、生产、销售不符合安全标准的食品罪的概念和构成
特征 ·············· 111
四、生产、销售不符合安全标准的食品罪的追诉标准 ·············· 114

第二节　生产、销售不符合安全标准的食品罪的证据审查 ·············· 116
一、生产、销售不符合安全标准的食品罪的证据要件 ·············· 116
二、生产、销售不符合安全标准的食品罪常见证据审查 ·············· 123

第三节　生产、销售不符合安全标准的食品罪的认定处理 ·············· 126
一、生产、销售不符合安全标准的食品罪的罪与非罪 ·············· 126
二、生产、销售不符合安全标准的食品罪的此罪与彼罪 ·············· 127
三、生产、销售不符合安全标准的食品罪的其他相关问题 ·············· 131

第四节　案例评析 ·············· 137

第七章 生产、销售有毒、有害食品罪办案指引……139

第一节 生产、销售有毒、有害食品罪概述……139
一、生产、销售有毒、有害食品罪的立法沿革……139
二、生产、销售有毒、有害食品罪的发案态势……141
三、生产、销售有毒、有害食品罪的概念和构成特征……142
四、生产、销售有毒、有害食品罪的追诉标准……144

第二节 生产、销售有毒、有害食品罪的证据审查……146
一、生产、销售有毒、有害食品罪的证据要件……146
二、生产、销售有毒、有害食品罪常见证据审查……151

第三节 生产、销售有毒、有害食品罪的认定处理……153
一、生产、销售有毒、有害食品罪的罪与非罪……153
二、生产、销售有毒、有害食品罪的此罪与彼罪……154
三、生产、销售有毒、有害食品罪的其他相关问题……155

第四节 案例评析……157

第二编　走私罪

第一章　走私罪概述……167

第一节 走私罪的立法沿革……167
一、1979年刑法对走私罪的规定……167
二、1987年至1996年对走私罪的刑事立法……168
三、1997年刑法对于走私罪的全面修订……171
四、1998年至今对走私罪的刑事立法……172

第二节 走私罪的发案态势……175
一、司法实践中走私案件数量持续上升，走私规模不断扩大……176
二、走私普通货物、物品罪在走私类案件中占比较大……176
三、行业性、系列性走私现象比较普遍，而且有明显的团伙化、专业化趋势……176

四、走私犯罪地域性特征明显，沿海沿边地区走私案件
　　　较多发 ………………………………………………… 177
　　五、分段式走私、产业化分工、专业化操作的作案模式
　　　更加普遍，隐蔽性更强 ………………………………… 178

第三节　走私罪的特征 ……………………………………… 178
　　一、跨境性特征 …………………………………………… 178
　　二、法定犯属性 …………………………………………… 180
　　三、经济性特征 …………………………………………… 182

第四节　走私罪认定的共性问题 …………………………… 184
　　一、单位走私犯罪的认定和处理 ………………………… 184
　　二、走私犯罪既遂的认定 ………………………………… 201
　　三、走私共同犯罪的认定 ………………………………… 203
　　四、走私犯罪主观故意的认定 …………………………… 204
　　五、武装掩护走私的认定 ………………………………… 206
　　六、走私犯罪加重处罚情节 ……………………………… 207

第五节　走私货物、物品，走私违法所得与走私犯罪工具的
　　　　处理 …………………………………………………… 208

第六节　走私犯罪案件的管辖 ……………………………… 209
　　一、走私犯罪案件的侦查管辖 …………………………… 209
　　二、走私犯罪案件的审判管辖 …………………………… 211
　　三、侦诉判管辖的协调 …………………………………… 214

第二章　走私普通货物、物品罪办案指引 …………… 215

第一节　走私普通货物、物品罪概述 ……………………… 215
　　一、走私普通货物、物品罪的立法沿革 ………………… 215
　　二、走私普通货物、物品罪的发案态势 ………………… 216
　　三、走私普通货物、物品罪的概念和构成特征 ………… 217
　　四、走私普通货物、物品罪的追诉标准 ………………… 219

第二节 走私普通货物、物品罪的证据审查 …………………… 220
一、走私普通货物、物品罪的证据要件 ………………………… 221
二、走私普通货物、物品罪常见证据审查 ……………………… 236

第三节 走私普通货物、物品罪的认定处理 …………………… 245
一、走私普通货物、物品罪的罪与非罪 ………………………… 245
二、走私普通货物、物品罪的此罪与彼罪 ……………………… 253
三、偷逃应缴税额的认定 ………………………………………… 257
四、走私普通货物、物品罪既遂与未遂的认定 ………………… 268
五、走私普通货物、物品罪主犯与从犯的认定 ………………… 270
六、走私普通货物、物品罪自首情形的认定 …………………… 275

第四节 案例评析 ………………………………………………… 282

第三章 走私国家禁止进出口的货物、物品罪办案指引 …… 290

第一节 走私国家禁止进出口的货物、物品罪概述 …………… 290
一、走私国家禁止进出口的货物、物品罪的立法沿革 ………… 290
二、走私国家禁止进出口的货物、物品罪的发案态势 ………… 291
三、走私国家禁止进出口的货物、物品罪的概念和构成
特征 …………………………………………………………… 292
四、走私国家禁止进出口的货物、物品罪的追诉标准 ………… 293

第二节 走私国家禁止进出口的货物、物品罪的证据审查 …… 294
一、走私国家禁止进出口的货物、物品罪的证据要件 ………… 294
二、走私国家禁止进出口的货物、物品罪常见证据审查 ……… 297

第三节 走私国家禁止进出口的货物、物品罪的认定处理 …… 299
一、走私国家禁止进出口的货物、物品罪的罪与非罪 ………… 299
二、走私国家禁止进出口的货物、物品罪的此罪与彼罪 ……… 300
三、走私国家禁止进出口的货物、物品罪的其他相关问题 …… 303

第四节 案例评析 ………………………………………………… 309

第四章 走私废物罪办案指引 …… 314

第一节 走私废物罪概述 …… 314
一、走私废物罪的立法沿革 …… 314
二、走私废物罪的发案态势 …… 315
三、走私废物罪的概念和构成特征 …… 315
四、走私废物罪的追诉标准 …… 317

第二节 走私废物罪的证据审查 …… 318
一、走私废物罪的证据要件 …… 318
二、走私废物罪常见证据审查 …… 320

第三节 走私废物罪的认定处理 …… 323
一、走私废物罪的罪与非罪 …… 323
二、走私废物罪的此罪与彼罪 …… 325
三、走私废物罪的其他相关问题 …… 326

第四节 案例评析 …… 332

第五章 走私珍贵动物、珍贵动物制品罪办案指引 …… 340

第一节 走私珍贵动物、珍贵动物制品罪概述 …… 340
一、走私珍贵动物、珍贵动物制品罪的立法沿革 …… 340
二、走私珍贵动物、珍贵动物制品罪的发案态势 …… 341
三、走私珍贵动物、珍贵动物制品罪的概念和构成特征 …… 342
四、走私珍贵动物、珍贵动物制品罪的追诉标准 …… 344

第二节 走私珍贵动物、珍贵动物制品罪的证据审查 …… 345
一、走私珍贵动物、珍贵动物制品罪的证据要件 …… 345
二、走私珍贵动物、珍贵动物制品罪常见证据审查 …… 347

第三节 走私珍贵动物、珍贵动物制品罪的认定处理 …… 350
一、走私珍贵动物、珍贵动物制品罪的罪与非罪 …… 350
二、走私珍贵动物、珍贵动物制品罪的此罪与彼罪 …… 354
三、走私珍贵动物、珍贵动物制品罪犯罪数额的认定 …… 357

四、向走私人非法收购珍贵动物及其制品行为的法律适用 …… 364
　　五、走私珍贵动物、珍贵动物制品罪的罪数形态 …………… 367
　　六、走私珍贵动物、珍贵动物制品罪的自首、量刑问题 …… 370
　第四节　案例评析 ………………………………………………… 373

第六章　走私武器、弹药罪办案指引 ……………………… 379

　第一节　走私武器、弹药罪概述 ………………………………… 379
　　一、走私武器、弹药罪的立法沿革 ……………………………… 379
　　二、走私武器、弹药罪的发案态势 ……………………………… 379
　　三、走私武器、弹药罪的概念和构成特征 ……………………… 380
　　四、走私武器、弹药罪的追诉标准 ……………………………… 382
　第二节　走私武器、弹药品罪的证据审查 ……………………… 383
　　一、走私武器、弹药罪的证据要件 ……………………………… 383
　　二、走私武器、弹药罪常见证据审查 …………………………… 385
　第三节　走私武器、弹药罪的认定处理 ………………………… 386
　　一、走私武器、弹药罪的罪与非罪 ……………………………… 386
　　二、走私武器、弹药罪的此罪与彼罪 …………………………… 388
　　三、走私武器、弹药罪的其他相关问题 ………………………… 389
　第四节　案例评析 ………………………………………………… 396

第七章　走私文物罪办案指引 ……………………………… 402

　第一节　走私文物罪概述 ………………………………………… 402
　　一、走私文物罪的立法沿革 ……………………………………… 402
　　二、走私文物罪的发案态势 ……………………………………… 403
　　三、走私文物罪的概念和构成特征 ……………………………… 403
　　四、走私文物罪的追诉标准 ……………………………………… 404
　第二节　走私文物罪的证据审查 ………………………………… 406
　　一、走私文物罪的证据要件 ……………………………………… 406

二、走私文物罪常见证据审查 …………………………… 407
第三节　走私文物罪的认定处理 ………………………………… 408
　　一、走私文物罪的罪与非罪 …………………………… 408
　　二、走私文物罪与其他犯罪的界限 …………………… 409
　　三、国家禁止出口的文物的范围 ……………………… 410
　　四、文物的认定与鉴定 ………………………………… 412
第四节　案例评析 ………………………………………………… 415

第一编

生产、销售伪劣商品罪

第一章 生产、销售伪劣商品罪概述

第一节 生产、销售伪劣商品罪的立法沿革

1979年刑法规定的涉及生产、销售伪劣商品犯罪的具体罪名主要有制造、贩卖假药罪,投机倒把罪,以其他危险方法危害公共安全罪等。1979年《刑法》第164条规定:"以营利为目的,制造、贩卖假药危害人民健康的,处二年以下有期徒刑、拘役或者管制,可以并处或者单处罚金;造成严重后果的,处二年以上七年以下有期徒刑,可以并处罚金";第117条规定:"违反金融、外汇、金银、工商管理法规,投机倒把,情节严重的,处三年以下有期徒刑或者拘役,可以并处、单处罚金或者没收财产";第118条规定:"以走私、投机倒把为常业的,走私、投机倒把数额巨大的或者走私、投机倒把集团的首要分子,处三年以上十年以下有期徒刑,可以并处没收财产";第119条规定:"国家工作人员利用职务上的便利,犯走私、投机倒把罪的,从重处罚"。1982年全国人大常委会通过的《关于严惩严重破坏经济的罪犯的决定》将《刑法》第118条走私、套汇、投机倒把牟取暴利罪的处刑修改为"情节特别严重的,处十年以上有期徒刑、无期徒刑或者死刑,可以并处没收财产",从而将投机倒把罪的法定最高刑提升为死刑。1985年最高人民法院、最高人民检察院《关于当前办理经济犯罪案件中具体应用法律的若干问题的解答(试行)》规定,投机倒把的表现形式之一是在生产、流通中,以次充好、以少顶多、以假充真、掺杂使假。1987年国务院《投机倒把行政处罚暂行条例》第3条规定的投机倒把行为的表现形式有"以牟取非法利润为目的,违反国家法

规和政策，扰乱社会主义经济秩序的"，"制造、推销冒牌商品、假商品、劣质商品，坑害消费者，或者掺杂使假、偷工减料情节严重的"。

根据上述规定，生产、销售伪劣商品犯罪行为在当时主要是按照投机倒把罪定罪处罚。1979年《刑法》第105条规定："放火、决水、爆炸或者以其他危险方法破坏工厂、矿场、油田、港口、河流、水源、仓库、住宅、森林、农场、谷场、重要管道、公共建筑物或者其他公私财产、危害公共安全，尚未造成严重后果的，处三年以上十年以下有期徒刑"；第106条第1款规定："放火、决水、爆炸、投毒或者以其他危险方法致人重伤、死亡或者使公私财产遭受重大损失的，处十年以上有期徒刑、无期徒刑或者死刑"。对于生产、销售伪劣商品危及公共安全，造成重大人员伤亡或者致使公私财产遭受重大损失的，按照以其他危险方法危害公共安全罪定罪处罚。

此外，有些行政法律法规也规定了刑事罚则。如1982年《食品卫生法（试行）》规定："违反本法，造成严重食物中毒事故或者其他严重食源性疾患，致人死亡或者致人残疾因而丧失劳动能力的，根据不同情节，对直接责任人员分别依照中华人民共和国刑法第一百八十七条、第一百一十四条或者第一百六十四条的规定，追究刑事责任。"这里的刑法相关条文分别是指1979年《刑法》第187条玩忽职守罪、第114条重大责任事故罪和第164条制造、贩卖假药罪。1984年《药品管理法》第50条第2款规定："对生产、销售假药，危害人民健康的个人或者单位直接责任人员，依照刑法第一百六十四条的规定追究刑事责任"；第51条第2款规定："对生产、销售劣药，危害人民健康，造成严重后果的个人或者单位直接责任人员，比照刑法第一百六十四条的规定追究刑事责任"。1989年《化妆品卫生监督条例》第31条规定："对违反本条例造成人体损伤或者发生中毒事故的，有直接责任的生产企业和经营单位或者个人应负损害赔偿责任。对造成严重后果，构成犯罪的，由司法机关依法追究刑事责任。"1993年《产品质量法》第37条规定："生产不符合保障人体健康，人身、财产安全的国家标准、行业标准的产品的，责令停止生产，没收违法生产的产品和违法所得，并处违法所得一倍以上五倍以下的罚款，可以吊销营业执照；构成犯罪的，依法追究刑事责任。销售不符合保障人体健康，人身、财产安全的国家标准、行业标准的产品的，责令停止销售。销售明知是不符合保障人体健康,人身、财产安全的国家标准、行业标准的产品的,没收违法销售的产品和违法所得,并处违法所得一倍以上五倍以下的罚款,可以吊销营业执照;构成犯罪的,依法追究刑事责任";第38条规定:"生产者、销售者在产品中掺杂、掺假,以假充真,以次充好,或者以不合格产品冒充合格产品的,责令停止生产、销售,没收违法所得,并处违法所得一倍以上五倍以下的罚款,可以吊销营业执照;构成犯罪的,依法追究刑事责任";第40条规定:"销售失效、变质产品的,责令停止销售,没收违法销售的产品和违法所得,并处违法所得一倍以上五倍以下的罚款,可以吊销营业执照;构成犯罪的,依法追究刑事责任"。这些行政法律法规补充了对于生产、销售伪劣商品犯罪的刑事规定。

随着商品经济的发展,生产、销售伪劣商品的犯罪主体、犯罪手段和方式日益多样化,危害越来越严重。为了完善惩治生产、销售伪劣商品犯罪的法律,1993年第八届全国人大常委会第二次会议审议通过了《关于惩治生产、销售伪劣商品犯罪的决定》,整合了1979年刑法和其他单行刑事法律、行政法律中关于生产、销售伪劣商品犯罪的规定,增加了单位犯罪的规定,调整了法定刑,使生产、销售伪劣商品刑事法律体系化,为依法惩治此类犯罪提供了保障。

1997年修订刑法时,对1993年《关于惩治生产、销售伪劣商品犯罪的决定》规定的生产、销售伪劣商品犯罪进行修改,并吸收作为刑法分则第三章"破坏社会主义经济秩序罪"第一节。具体包括9个罪名:生产、销售伪劣产品罪;生产、销售假药罪;生产、销售劣药罪;生产、销售不符合卫生标准的食品罪;生产、销售有毒、有害食品罪;生产、销售不符合标准的医用器材罪;生产、销售不符合安全标准的产品罪;生产、销售伪劣农药、兽药、化肥、种子罪;生产、销售不符合卫生标准的化妆品罪。

2002年12月28日,第九届全国人民代表大会常务委员会第三十一次会议通过的《刑法修正案(四)》将《刑法》第145条修改为:"生产不符合保障人体健康的国家标准、行业标准的医疗器械、医用卫生材料,或者销售明知是不符合保障人体健康的国家标准、行业标准的医疗器械、医用卫生材料,足以严重危害人体健康的,处三年以下有期徒刑或者拘役,并处销售金额百分之五十以上二倍以下罚金;对人体健康造成严重危害的，处三年以上十年以下有期徒刑，并处销售金额百分之五十以上二倍以下罚金；后果特别严重的，处十年以上有期徒刑或者无期徒刑，并处销售金额百分之五十以上二倍以下罚金或者没收财产。"这次修订，一是修改了入罪条件和结果加重情形，将"对人体健康造成严重危害的""后果特别严重的""其中情节特别恶劣的"分别相应修改为"足以严重危害人体健康的""对人体健康造成特别严重危害的""后果特别严重的"；二是调整了法定刑幅度，将"五年以下有期徒刑""五年以上十年以下有期徒刑"修改为"三年以下有期徒刑或者拘役""三年以上十年以下有期徒刑"。

2011年2月25日，第十一届全国人民代表大会常务委员会第十九次会议通过的《刑法修正案（八）》，一是删除了生产、销售假药"足以严重危害人体健康"才构成犯罪的规定，在第二、三档法定刑前分别增加了"有其他严重情节""有其他特别严重情节"的规定，同时将倍比罚金改为无限额罚金，将《刑法》第141条第1款修改为："生产、销售假药的，处三年以下有期徒刑或者拘役，并处罚金；对人体健康造成严重危害或者有其他严重情节的，处三年以上十年以下有期徒刑，并处罚金；致人死亡或者有其他特别严重情节的，处十年以上有期徒刑、无期徒刑或者死刑，并处罚金或者没收财产。"二是将《刑法》第143条中的"不符合卫生标准的食品"修改为"不符合食品安全标准的食品"，将倍比罚金改为无限额罚金，取消了单处罚金的规定，增加了"有其他严重情节"的处罚，将《刑法》第143条修改为："生产、销售不符合食品安全标准的食品，足以造成严重食物中毒事故或者其他严重食源性疾病的，处三年以下有期徒刑或者拘役，并处罚金；对人体健康造成严重危害或者有其他严重情节的，处三年以上七年以下有期徒刑，并处罚金；后果特别严重的，处七年以上有期徒刑或者无期徒刑，并处罚金或者没收财产。"三是将《刑法》第144条中的"造成严重食物中毒事故或者其他严重食源性疾患，对人体健康造成严重危害"修改为"对人体健康造成严重危害或者有其他严重情节"，将倍比罚金改为无限额罚金，取消了拘役刑和单处罚金的规定，并将"对人体健康造成特别严重危害"修改为"有其他特别严重情节"。将《刑法》第144条修改为："在生产、销售的食品中掺入有毒、有害的非食品原料的，或者销售明知掺有有毒、有害的非食品原料的食品的，处五年以下有期徒刑，并处罚金；对人体健康造成严重危害或者有其他严重情节的，处五年以上十年以下有期徒刑，并处罚金；致人死亡或者有其他特别严重情节的，依照本法第一百四十一条的规定处罚。"

2020年12月26日，第十三届全国人民代表大会常务委员会第二十四次会议通过的《刑法修正案（十一）》对药品犯罪作了修改：一是删除了《刑法》第141条关于假药的定义，并增加了药品使用单位的人员提供假药的规定，将《刑法》第141条修改为："生产、销售假药的，处三年以下有期徒刑或者拘役，并处罚金；对人体健康造成严重危害或者有其他严重情节的，处三年以上十年以下有期徒刑，并处罚金；致人死亡或者有其他特别严重情节的，处十年以上有期徒刑、无期徒刑或者死刑，并处罚金或者没收财产。药品使用单位的人员明知是假药而提供给他人使用的，依照前款的规定处罚。"二是将生产、销售劣药罪的倍比罚金修改为无限额罚金，删除了关于劣药的定义，并增加了药品使用单位的人员提供劣药的规定，将《刑法》第142条修改为："生产、销售劣药，对人体健康造成严重危害的，处三年以上十年以下有期徒刑，并处罚金；后果特别严重的，处十年以上有期徒刑或者无期徒刑，并处罚金或者没收财产。药品使用单位的人员明知是劣药而提供给他人使用的，依照前款的规定处罚。"三是增设了妨害药品管理罪，在《刑法》第142条后增加一条，作为第142条之一："违反药品管理法规，有下列情形之一，足以严重危害人体健康的，处三年以下有期徒刑或者拘役，并处或者单处罚金；对人体健康造成严重危害或者有其他严重情节的，处三年以上七年以下有期徒刑，并处罚金：（一）生产、销售国务院药品监督管理部门禁止使用的药品的；（二）未取得药品相关批准证明文件生产、进口药品或者明知是上述药品而销售的；（三）药品申请注册中提供虚假的证明、数据、资料、样品或者采取其他欺骗手段的；（四）编造生产、检验记录的。有前款行为，同时又构成本法第一百四十一条、第一百四十二条规定之罪或者其他犯罪的，依照处罚较重的规定定罪处罚。"

第二节　生产、销售伪劣商品罪的发案态势

从犯罪数量来看，近十年来生产、销售伪劣商品类犯罪先期增幅较大，之后呈波动下降趋势。2011年，全国打击侵犯知识产权和制售假冒伪劣商品工作领导小组办公室成立，加大了打击侵权假冒协调工作力度，形成了执法司法工作合力。2010年10月至2011年6月，国务院部署开展打击侵犯知识产权和制售假冒伪劣商品专项行动，加大市场监管力度，严惩违法犯罪行为。受上述因素影响，2011年、2012年全国生产、销售伪劣商品类案件数量大幅上涨，从2013年开始，案件数量整体呈现波动下降趋势。

从案件类型来看，生产、销售伪劣商品类犯罪罪名较为集中。以2021年为例，排名前四的罪名分别为生产、销售有毒、有害食品罪，生产、销售伪劣产品罪，生产、销售不符合安全标准的食品罪和生产、销售假药罪。上述四个罪名案件数量占全部生产、销售伪劣商品罪案件数量的95%以上。生产、销售劣药罪，生产、销售不符合安全标准的产品罪，生产、销售不符合卫生标准的化妆品罪等罪名适用较少。

从犯罪主体来看，生产、销售伪劣商品类犯罪分子多为文化层次相对较低的中低收入人群。以2021年为例，生产、销售伪劣商品罪犯罪主体中，无业人员、农民和非国有公司企事业单位人员约占3/4，近八成为初中以下文化程度人员。

从犯罪地域来看，生产、销售伪劣商品类犯罪主要集中在中东部地区，其中排名前六的省份犯罪数量占全部犯罪案件数量的六成以上，排名后十位的省份案件量占全部犯罪案件数量不到3%。

第二章 生产、销售伪劣产品罪办案指引

第一节 生产、销售伪劣产品罪概述

一、生产、销售伪劣产品罪的立法沿革

生产、销售伪劣产品罪是由1979年《刑法》第117条的投机倒把罪演变发展而来。该条规定，违反金融、外汇、金银、工商管理法规，投机倒把，情节严重的，处三年以下有期徒刑或者拘役，可以并处、单处罚金或者没收财产。实践中，由于1979年《刑法》中没有专设生产、销售伪劣产品罪，当时对这类行为一般是以投机倒把罪予以认定。1985年，最高人民法院、最高人民检察院联合发布《关于当前办理经济犯罪案件中具体应用法律的若干问题的解答（试行）》指出，在产品生产和销售过程中，如果以质量差的冒充好的，以假的冒充真的物品，在产品中掺杂、掺假，或者分量不足，情况严重，按照投机倒把罪定罪判刑，同时将这类犯罪主体扩大到单位。

为了加强对产品质量的监督管理，明确产品质量责任，1993年2月第七届全国人大常委会第三十次会议通过了《产品质量法》，该法第38条规定，生产者、销售者在产品中掺杂、掺假，以假充真，以次充好，或者以不合格产品冒充合格产品的，责令停止生产、销售，没收违法所得，并处违法所得一倍以上五倍以下的罚款，可以吊销营业执照；构成犯罪

的，依法追究刑事责任。为与产品质量法相配套，1993年第八届全国人大常委会第二次会议通过了《关于惩治生产、销售伪劣商品犯罪的决定》对1979年《刑法》作出补充规定，设立生产、销售伪劣产品罪，明确了该罪的具体行为方式，并以违法所得作为定罪量刑的依据。该《决定》第1条规定，生产者、销售者在产品中掺杂、掺假，以假充真，以次充好或者以不合格产品冒充合格产品，违法所得数额2万元以上不满10万元的，处2年以下有期徒刑或者拘役，可以并处罚金，情节较轻的，可以给予行政处罚；违法所得数额10万元以上不满30万元的，处2年以上7年以下有期徒刑，并处罚金；违法所得数额30万元以上不满100万元的，处7年以上有期徒刑，并处罚金或者没收财产；违法所得数额100万元以上的，处15年有期徒刑或者无期徒刑，并处没收财产。1997年修订刑法时，将吸收了《关于惩治生产、销售伪劣商品犯罪的决定》关于生产、销售伪劣产品罪的规定，并作了一些修改：一是将原"违法所得"修改为"销售金额"；二是将起刑数额由"二万元"修改为"五万元"。

2001年，最高人民法院、最高人民检察院出台《关于办理生产、销售伪劣商品刑事案件具体应用法律若干问题的解释》（以下简称《伪劣商品解释》），对本罪的四种行为方式的含义作出规定，明确了销售金额包括"所得"与"应得"两个组成部分。实践中，很多案件的案发形态、证据情况具有特殊性，即已销售产品的证据难以收集，未销售的伪劣产品大量查获并依法扣押在案。仅仅依据原先的以"销售金额"为依据的定罪量刑标准，已经难以起到惩治犯罪的目的和效果。《伪劣商品解释》引入了"货值金额"的概念，并以未销售产品的货值金额作为成立生产、销售伪劣产品罪未遂的定罪标准。

二、生产、销售伪劣产品罪的发案态势

从案件数量来看，十年以来检察机关办理的生产、销售伪劣产品案件数量先期大幅上升，2012年起诉案件数是2011年的近2倍，此后该类案件呈缓慢下降趋势，2016年以后随着相关职能部门加大打击制售伪劣产品犯罪的力度，案件数量开始逐年上升。案件批捕率呈波动下降走势，体现了近年来少捕慎诉慎押刑事司法政策的充分落实。广东、浙江、福

建、河南、江苏办案力度较大,五省合计办案数量占全国半数以上。

从犯罪主体来看,以自然人犯罪为主,单位犯罪占约1%。超过七成为共同犯罪,比例远高于生产、销售伪劣商品罪中其他犯罪共同犯罪的比例,显示出此类犯罪的团伙作案特点。犯罪分子中,超过六成为无业人员和农民;5%左右的犯罪分子曾受过刑事处罚。文化程度相对较低,初中以下学历人员占近八成。

在作案手法上,近几年逐渐出现了"线上销售"的模式,形成了以线下作案为主,线上作案逐步萌芽的态势。这和近年来信息网络平台的发展不无关联。随着信息网络的发展,社会公众的消费习惯也发生了改变,很多消费、交易活动在线完成,并通过线下物流获取实物。而犯罪分子也利用了社会公众的这种消费习惯以及网络平台经营成本较低的特点,在线上销售相关伪劣产品。前几年的一些假冒奶粉案件以及新冠肺炎疫情发生以来的涉口罩案件,都出现了线上销售的作案手法。这些线上作案的案件涉案范围广、作案人员不易抓捕、证据不易固定,对侦查活动形成了新的挑战。

在犯罪对象上,随着社会公众鉴别能力和保障权益意识的提升,掺杂掺假、以假充真的情形减少,大多都是产品形式较为完备,但质量存在瑕疵的"以不合格产品冒充合格产品"的情形。例如,清洁指标不达标的洗洁精、过滤效果不达标的口罩等。犯罪对象的种类一般表现为案发时社会需求度较高的产品。例如,在保健品兴起时期,假冒伪劣保健品案件较多;在进口奶粉进入我国市场初期,假冒伪劣奶粉案件较多;在新冠肺炎疫情期间,假冒伪劣口罩案件数量增多。

我国经济社会发展中城乡差距、区域差距很大,既有达到中等发达国家水平的东部发达城市,也存在较为落后的中西部农村和城市边缘区。在经济欠发达地区,质次价廉的伪劣产品有一定售卖空间,互联网、智能手机以及物流的普及和发展一方面给人民群众带来便利,另一方面也使得伪劣产品在更广范围内快速生产销售,给人民群众的生产生活和生命健康带来极大隐患,监管难度加大。犯罪行为在高低端产业中均有出现,涉及产品多样化,如伪劣化妆品、医疗器械、农兽药、汽车、机床等。

与此同时,生产、销售伪劣产品的犯罪活动往往会和非法经营、侵犯知识产权犯罪甚至走私犯罪交织在一起。犯罪分子为了降低投入获取高额非法利益，通常会同时实施假冒他人注册商标、未经批准从事专营专卖行业等犯罪行为。正因如此，实践中这类案件经常会出现罪名竞合牵连的现象。

三、生产、销售伪劣产品罪的概念和构成特征

生产、销售伪劣产品罪，是指生产者、销售者在产品中掺杂掺假、以假充真、以次充好，或者以不合格产品冒充合格产品，销售金额较大的行为。

（一）犯罪客体

本罪侵犯的是复杂客体，即国家对产品质量的管理秩序以及广大消费者的合法权益。为了加强产品质量的监督管理，我国自20世纪80年代起，相继颁布了《产品质量法》《标准化法》《工业产品质量条例》等相关法律法规。这标志着我国对产品质量的监管已经纳入法治体系。生产、销售伪劣产品的行为，侵犯了上述法律法规所确立的管理秩序，同时也对消费者的合法权益造成侵害。

（二）客观方面

生产、销售伪劣产品罪的客观方面表现为，在生产、销售的产品中掺杂掺假、以假充真、以次充好或者以不合格产品冒充合格产品，销售金额较大的行为。

《伪劣商品解释》对本罪的四种行为方式作出了明确定义：

1. 在产品中掺杂、掺假，是指在产品中掺入杂质或者异物，致使产品质量不符合国家法律、法规或者产品明示质量标准规定的质量要求，降低、失去应有使用性能的行为。

2. 以假充真，是指以不具有某种使用性能的产品冒充具有该种使用性能的产品的行为。以假充真中的"假"，是就产品使用性能而言的，并非针对品牌、产地等与产品质量、性能无关的因素。这是因为本罪侵犯的主要客体是国家对产品质量的管理秩序，侧重于评价产品的质量、性能方面。如果涉案产品的质量、性能合格，但假冒他人注册商标的，则应由侵

犯知识产权罪中的相关罪名予以规制。

3. 以次充好，是指以低等级、低档次产品冒充高等级、高档次产品，或者以残次、废旧零配件组合、拼装后冒充正品或者新产品的行为。以次充好中的"次"和"好"是针对同种产品的不同质级而言的，实践中不能仅以价格的高低作为判断依据。

4. 以不合格产品冒充合格产品，是指以不符合《产品质量法》第26条第2款规定的质量要求的产品，冒充合格产品。根据《产品质量法》第26条第2款的规定，产品质量应当符合下列要求：一是不存在危及人身、财产安全的不合理的危险，有保障人体健康和人身、财产安全的国家标准、行业标准的，应当符合相关标准。二是具备产品应当具备的使用性能，但是，对产品存在的使用瑕疵作出说明的除外。三是符合在产品或者在其包装上注明采用的产品标准，符合以产品说明、实物样品等方式表明的质量状况。

在某些案件中，涉案的产品是否属于"掺杂掺假""以假充真""以次充好""以不合格产品冒充合格产品"难以根据生活常识进行判断。根据《伪劣商品解释》第1条第5款的规定，对所涉生产、销售的产品是否属于"掺杂掺假""以假充真""以次充好""以不合格产品冒充合格产品"难以确定的，应当委托法律、行政法规规定的产品质量检验机构进行鉴定。

本罪系选择性罪名，即根据行为人实施的行为或行为侵犯的对象确定具体的罪名，只要行为或对象没有超过罪名的范围，则不实施并罚，只定一罪。具体到生产、销售伪劣产品罪，司法实践中行为人可能涉及生产伪劣产品、销售伪劣产品和生产、销售伪劣产品的行为。对后两个行为的罪名适用并无争议，但就单纯的生产伪劣产品这一行为能否认定构成犯罪，司法实践中存在争议。笔者认为，单纯生产伪劣产品的行为不宜认定构成本罪。主要是考虑，本罪定罪量刑以销售金额或货值金额为标准，如果只评价行为人的生产行为，而不考虑生产的伪劣产品可能流入市场，那么销售金额或货值金额就无从谈起。且生产本就是为了服务于销售，如果只是满足自我需要而进行生产，这种生产行为并没有对正常的商品市场流通秩序产生冲击，并不符合《刑法》第140条中"生产"的外延。所以，本罪在客观行为上表现为生产、销售伪劣产品和销售伪劣产品两种行为，分别对应生产、销售伪劣产品罪和销售伪劣产品罪。

（三）犯罪主体

生产、销售伪劣产品罪的主体是一般主体，既可以是达到刑事责任年龄并具有刑事责任能力的自然人，也可以是单位。

（四）主观方面

生产、销售伪劣产品罪的主观方面只能是故意。在本罪中，行为人明知其生产、销售的产品存在产品质量问题，生产、销售这类产品会造成侵犯产品质量管理制度、消费者合法权益的后果，仍然实施上述行为。实践中，行为人实施本罪通常具有非法牟利目的，但刑法并未将该目的设定为本罪主观构成的必备要素。

实践中，生产、销售伪劣产品罪多以共同犯罪的形式出现。《伪劣商品解释》第9条规定，知道或者应当知道他人实施生产、销售伪劣商品犯罪，而为其提供贷款、资金、账号、发票、证明、许可证件或者提供生产、经营场所或者运输、仓储、保管、邮寄等便利条件，或者提供制假生产技术的，以生产、销售伪劣商品犯罪的共犯论处。司法解释中的"知道""应当知道"针对的是犯罪的对象，即知道或者应当知道他人生产、销售的是伪劣商品。其中，知道，是指行为人确实知道犯罪对象的性质；应当知道，是指结合在案证据可以推定行为人知道犯罪的对象是伪劣商品。实践中，行为人在主观上通常表现为概括性认知，即明知犯罪的对象系伪劣商品，但对伪劣商品的具体种类、伪劣程度尚未达到确定认知的程度。这种概括认知并未超出解释中"知道或者应当知道"的范畴，不影响犯罪故意的成立。由于行为人主观上表现为概括认知，无论其实际参与生产、销售的对象是何种伪劣商品，均在其主观认知范围之内。因此，对于在概括认知支配下实施的帮助行为，应当以行为人实际参与的罪行认定。

需要注意的是，司法实践中委托加工伪劣产品类案件中，受委托加工伪劣商品的行为人往往辩称其没有销售目的，不具有生产、销售伪劣产品的直接故意。笔者认为，在认定受托方的主观故意时，不能孤立地认定，还要将其与委托加工方一并考察。虽然受托方的直接故意在于通过代加工行为获得报酬，没有通过销售谋取不法利益的目的，但是其帮助委托方加工伪劣商品以供其销售的犯意联络是现实存在的。委托方与受托方在故意的内容上并不完全一致，但均未脱离制售伪劣商品破坏商品流通秩序、损害消费者利益的基本点，所以我们认为一般应当认定受委托加工伪劣产品行为人具有生产、销售伪劣产品的主观故意。

四、生产、销售伪劣产品罪的追诉标准

根据《刑法》第140条、第150条规定，犯生产、销售伪劣产品罪，销售金额在5万元以上不满20万元的，处2年以下有期徒刑或者拘役，并处或者单处销售金额50%以上2倍以下罚金；销售金额20万元以上不满50万元的，处2年以上7年以下有期徒刑，并处销售金额50%以上2倍以下罚金；销售金额50万元以上不满200万元的，处7年以上有期徒刑，并处销售金额50%以上2倍以下罚金；销售金额200万元以上的，处15年有期徒刑或者无期徒刑，并处销售金额50%以上2倍以下罚金或者没收财产。单位犯本罪的，对单位判处罚金，并对其直接负责的主管人员和其他直接责任人员，依照第140条的规定处罚。

根据《伪劣商品解释》第2条规定，《刑法》第140条、第149条规定的"销售金额"，是指生产者、销售者出售伪劣产品后所得和应得的全部违法收入。伪劣产品未销售，货值金额达到《刑法》第140条规定的销售金额3倍以上的，以生产、销售伪劣产品罪（未遂）定罪处罚。货值金额以违法生产、销售的伪劣产品的标价计算；没有标价的，按照同类合格产品的市场中间价格计算。货值金额难以确定的，按照原国家计划委员会、最高人民法院、最高人民检察院、公安部1997年4月22日联合发布的《扣押、追缴、没收物品估价管理办法》的规定，委托指定的估价机构确定。

2008年，最高人民检察院、公安部《关于公安机关管辖的刑事案件立案追诉标准的规定（一）》第16条规定了三种情形应予立案追诉：（1）伪劣产品销售金额5万元以上的；（2）伪劣产品尚未销售，货值金额15万元以上的；（3）伪劣产品销售金额不满5万元，但将已销售金额乘以3倍后，尚未销售的伪劣产品货值金额合计15万元以上的。需要注意的是，销售金额由"所得"和"应得"两部分组成。其中，"所得"是指已经获

得的销售款项的数额;"应得"是销售金额的子概念,不能与货值金额的概念相混淆,通常是指销售方已经和收购方形成买卖合意,销售方实施了向收购方销售商品的行为尚未收到货款,或者收购方已经支付货款但销售方尚未发货,上述情形涉及的金额均应计入销售金额。实践中,可以根据物流记录、账户金额书面协议、微信聊天记录、得到买卖双方印证的言词证据予以认定。

根据《刑法》第149条规定,生产、销售《刑法》第141条至第148条所列产品,不构成各该条规定的犯罪,但是销售金额在5万元以上的,依照《刑法》第140条的规定定罪处罚。生产、销售《刑法》第141条至第148条所列产品,构成各该条规定的犯罪,同时又构成《刑法》第140条规定之罪的,依照处罚较重的规定定罪处罚。生产、销售伪劣产品罪与《刑法》第141条至第148条的罪名之间具有法条竞合的关系。由于《刑法》第141条至第148条中的犯罪对象均属于特殊的伪劣产品,上述9个罪名的关系属于包容型法条竞合,根据刑法原理应当根据特殊法优于一般法的规则适用罪名。但《刑法》第149条特别规定,以处罚较重的罪名处罚,则应根据该规定,以重法优于轻法的规则适用罪名。

从应然角度来讲,生产、销售伪劣产品罪是选择性罪名,行为人仅实施生产行为的,以生产伪劣产品罪认定;仅实施销售行为的,以销售伪劣产品罪认定。但是,从实然角度分析,实践中一般不会出现单独构成生产伪劣产品罪的情形。根据《伪劣商品解释》第2条规定,本罪定罪量刑的依据有二:一是销售金额;二是货值金额。如果涉案的产品已经销售,则以销售金额定罪量刑;如果涉案的产品尚未销售,则以未销售产品的货值金额定罪量刑,并以生产、销售伪劣产品罪的未遂认定。换言之,现有的量刑体系是围绕"是否销售"这一核心要素设立的。至于行为人的生产行为是否着手、是否实施完成,并没有在本罪的量刑标准中予以体现。由于本罪并没有采用非法经营数额作为量刑标准,因此,实践中单独成立生产伪劣产品罪的情况一般不会出现。

第二节　生产、销售伪劣产品罪的证据审查

生产、销售伪劣产品犯罪证据种类复杂、数量庞大，且会涉及涉案产品的质量检验等问题。检察机关应紧紧围绕证据的真实性、合法性、关联性，引导侦查机关依法全面、客观及时收集、固定相关证据，满足生产、销售伪劣产品定罪量刑需要的证据要件，确保案件事实经得起历史、法律的检验。

一、生产、销售伪劣产品罪的证据要件

（一）犯罪客体证据

证明目的是要证明行为人实施生产、销售伪劣产品的行为，侵犯了国家对产品质量的管理秩序及消费者权益。应当收集的证据包括：

1. 行政部门提交的涉嫌犯罪案件情况的调查报告的书证。
2. 消费者的举报材料的书证、举报电话的视听资料。
3. 行政执法部门进入有关场所进行检查、取样、查封、扣押、录音、录像、拍照等调查措施后形成的现场照片、电子数据、视听资料等与案件有关的证明材料。
4. 相关行政部门出具的行政处罚决定书、责令整改通知书等相关材料。

（二）客观方面证据

生产、销售伪劣产品罪的客观行为表现为，在生产、销售的产品中掺杂掺假、以假充真、以次充好或者以不合格产品冒充合格产品，数额较大的行为。在认定有生产、销售伪劣产品行为时应结合本罪客观方面要件

的三个关键要素，即行为、对象和涉案金额，分别审查判断证据：

1. 生产、销售的行为

（1）搜查笔录（或者行政执法部门的现场笔录）、勘验笔录、扣押笔录、清单、辨认笔录及现场照片等，证实生产、销售场所的概况。

（2）与生产相关的原料、半成品、设备、工具、器皿、标识、包装材料、生产工艺流程图、成分说明书、批次质检单、入库记录等，证实涉案人员实施生产行为的实施。

（3）有关特定资质的生产许可证（如养殖、屠宰许可证、特种设备制造许可证等）、卫生特许证、健康证、专业技术等级证等资质类证件。

（4）证明涉案人员采购原料、货物的证据，如涉案人员与上游人员签订的购销合同、微信聊天记录、转账记录、上游人员关于涉案人员采购的证言、上游企业的资质、采购的原料、货物的检验报告等，证实涉案人员为销售伪劣产品采购产品原料、货物的事实。

（5）证明销售记录或资金状况的证据，如涉案人员与消费者的微信、短信记录、报价单、销售合同、购销凭证、物流信息截图、对账单、财务账册、销售、转账记录、银行账户流水、运输、仓储单据等，证实涉案人员实施了销售的行为。

（6）具有消费经历、证实关联事实等作案情况的证人证言，印证涉案人员实施了销售行为。

（7）证明运输情况的证据，如货运单、箱单、出入库单、购货收货凭证等运输单据，印证涉案人员实施了销售行为。

（8）犯罪嫌疑人供述，重点讯问从业背景、生产与加工场地、时间、种类、分工所用的原料、设备、工艺、过程、进货、销售渠道、生产成本、出售价格、数量、违法所得数额等，通过上述证据的综合审查认定，证实涉案人员实施了生产、销售的行为。

2. 掺杂掺假、以假充真、以次充好或者以不合格产品冒充合格产品的伪劣产品

（1）依法扣押涉案产品的扣押单证。

（2）证明涉案产品外观、核心部件的刑事摄影照片的书证、涉案产品的物证；涉案产品外包装的物证等，证实涉案产品的外观特征、质量信息和实际的质量情况、标准的质量标准等。

（3）相关检验、鉴定机构出具的检验报告、鉴定意见、行政部门认定意见，证实涉案产品的质量、使用性能、功能等情况。

（4）消费者的证人证言，证实涉案产品标准的质量情况以及产品实际的质量情况。

（5）犯罪嫌疑人供述，重点讯问产品的来源、生产过程、工艺、成分、性能、消费者投诉情况等，证实涉案产品的质量情况。

3. 销售金额和货值金额

（1）依法扣押的记账账本、记账单的书证、依法提取的微信聊天记录中关于销售金额的电子数据、依法调取的涉案银行账户流水的书证，证实涉案伪劣产品的销售金额。

（2）消费者的证人证言，证实涉案伪劣产品的销售单价、销售金额。

（3）涉案伪劣产品的包装、标价的书证、相关价格评估机构出具的涉案伪劣产品货值金额的评估意见、市场价格监督管理部门出具的同类合格产品的市场中间价格的意见、公函、未销售的库存涉案产品的扣押单证等书证，证实涉案伪劣产品的货值金额。

（4）犯罪嫌疑人的供述，重点讯问销售单价、价格浮动、销售数量、库存数量等情况以及是否记账、使用的涉案账户等，证实涉案伪劣产品的销售金额、货值金额。

（三）犯罪主体证据

司法实践中，生产、销售产品既有以小作坊、网络平台销售形式存在的自然人犯罪，也有以依法成立的企业为生产、销售主体的单位犯罪。在单位犯罪案件中要注重对单位主体身份、经营范围、经营情况等相关证据的审查，重点审查单位是否真实存在，是否为了实施犯罪而设立，单位设立后是否以实施生产、销售伪劣产品为主要业务，销售所得的钱款是否进入单位所有、控制的账户，是单位意志还是个人意志，从而准确区分单位犯罪和自然人犯罪。在自然人犯罪案件中则要重点收集涉案人员的户籍资料、前科资料等。

1. 自然人

（1）户籍资料，证实涉案人员的自然身份情况。

（2）证明累犯等法定从重情节的判决书、释放证明等法律文书；证明曾因生产、销售伪劣产品违法行为被行政处罚的决定书等,证实涉案人员的前科情况。

(3)同案犯的供述、犯罪嫌疑人的供述,证实涉案人员在犯罪中的地位作用。

2.单位

注意收集、审查和判断其犯罪行为所体现的是个人意志还是单位意志方面的证据,以正确区分实施生产、销售伪劣产品行为的主体是单位还是自然人。同时,在单位内部还应当证明负直接责任的主管人员和其他直接责任的人员情况。其证据主要包括:

(1)独立法人

第一,书证。①证明事业单位、社会团体性质的相应法律文件,机关、团体法人代码;②企业法人营业执照、工商注册登记证明;税务登记证、享受税收减免优惠政策的有关证明;③从事特殊行业的,应当有相应的批文或"许可证";④组织人事部门的任命文件等,证明单位的组织形式、直接负责的主管人员和其他直接责任人的证据;⑤银行账号证明、注册资料、年检情况、审计或清理证明等,证明单位管理情况及资产收益、流向、处分等情况的证据;⑥单位已经被撤销的,应有其主管单位出具的证明。

第二,言词证据。犯罪嫌疑人、被告人供述与辩解:犯罪单位的主管人员、其他直接责任人员关于单位基本情况及个人任职、职责等情况的供述。查明犯罪活动是否经单位决策实施或者由负责经营活动的主管人员决定,单位的员工是否按照单位的决策或者主管人员的决定实施具体犯罪活动。

通过以上证据,证明犯罪主体是依法成立、拥有一定财产或者经费、能以自己的名义承担责任的单位。我国刑法中规定的单位,包括国有、集体所有的公司、企业、事业单位,依法设立的合资经营、合作经营企业和具有法人资格的独资、私营等公司、企业、事业单位,还包括社会团体、村民委员会、居民委员会、村民小组等常设性的组织,以及为组织体育赛事、文艺演出或者其他正当活动而成立的组委会、筹委会、工程承包队等非常设性的组织。

(2)分支机构

对实施生产、销售伪劣产品犯罪但不具有独立法人资格的分支机构,是否追究其刑事责任,可以区分两种情形处理:①全部或部分违法所得归分支机构所有并支配,分支机构作为单位犯罪主体追究刑事责任;②违法所得完全归分支机构上级单位所有并支配的,不能对分支机构作为单位犯罪主体追究刑事责任,而是应当对分支机构的上级单位(符合单位犯罪主体资格)追究刑事责任。

应当查明:第一,单位内部组织的有关合同、章程、协议书,单位资金的分配、支配、流向方面书证等相关证据。第二,在证明实际控制关系时,应当收集、运用公司决策、管理、考核等相关文件,OA系统等电子数据,资金往来记录等证据。

(3)单位的撤销与合并

涉嫌犯罪的单位被撤销、注销、吊销营业执照或者宣布破产的,对实施犯罪行为的该单位直接负责的主管人员和其他直接责任人员予以追诉,对该单位不再追诉。

涉嫌犯罪的单位已被合并到一个新单位的,对原犯罪单位及其直接负责的主管人员和其他直接责任人员追究刑事责任。在提起公诉时,对被告单位应列原犯罪单位名称,但注明已被并入新的单位。

(四)主观方面证据

主观方面证据主要是证明犯罪嫌疑人(单位)对伪劣产品的主观明知。应当注意收集、审查以下证据:

1. 犯罪嫌疑人关于生产、销售伪劣产品的供述和辩解、证人证言、被害人陈述。

2. 生产伪劣产品的原材料、伪劣产品原物,产品配方、生产工艺流程、生产所用的机器设备,进销货入库单、检疫票,产品说明书、产品广告、生产许可证、经营许可证、批准文号、国家产品质量标准、会计账册等。

3. 生产、销售伪劣产品场所的勘验检查笔录、曾因同种行为受过刑事处罚或行政处罚的证明材料、扣押冻结清单,以及犯罪嫌疑人过往学习、工作经历证明,明显低于市场价格、涂改产品说明、存放隐蔽位置等反常做法的证据等。

4. 产品成分、质量检验报告、鉴定意见、批准文件和许可证的文检、痕检鉴定意见和司法会计鉴定及视听资料、电子数据等。

5. 涉案银行账户资料和销售资金往来银行凭证。

6. 老板员工客户聊天记录、客户投诉记录、产品副作用说明等。

司法实践中，有的犯罪嫌疑人会以自己不知道所销售的产品系伪劣产品为由进行辩解。对相关证据显示产品已经明显变质、过期，没有质量合格标记、标签、说明书等，进货渠道明显不正常，交易价格明显低于市场价格，交易产品的时间、地点、方式明显异常，曾因实施生产、销售伪劣产品行为受过刑事处罚或行政处罚，又实施同类行为的等，一般可以认定犯罪嫌疑人具有生产、销售伪劣产品的主观明知。对确有证据证明行为人确系被蒙蔽、欺骗而参与销售的，不宜认定其对生产、销售伪劣产品的"明知"。

二、生产、销售伪劣产品罪常见证据审查

（一）书证的审查

物证、书证形成后不容易发生改变，具有较强的客观性。生产、销售伪劣产品案件中存在销售记录、资金流水、现场照片等书证，应当重点审查：

1. 书证的提取是否合法，是否有见证人，见证人、持有人是否在提取笔录上签字确认，刑事摄影照片的制作是否有两名办案人员签字确认。

2. 如果是复印件，需审查原件的保管期间是否发生变化、是否被污染，是否由制作人、提供人确认与原件内容一致。

3. 销售记录、微信聊天记录打印件、刑事摄影照片等书证应当交犯罪嫌疑人、被告人进行辨认和确认。

4. 书证是否收集全面，每一个涉案时间段的销售记录否收集全，银行凭证、银行流水等是否收集全面，查明财务凭证是否被销毁及灭失的原因。

另注意对销售金额对应书证进行审查时，需要核实书证对应交易是否实际发生，有无存在刷单、虚开发票避税等情况。

5. 有合理理由怀疑书证被伪造的，应当不予采纳采信，不能作为定

案的依据。

(二) 电子数据的审查

2012年刑事诉讼法将电子数据增加列为法定的证据种类，电子数据的审查判断与排除规则逐步完善，之前电子数据大多被作为视听资料的一种形式，用以证明案件事实。生产、销售伪劣产品案件中，涉案人员之间的通谋、上下游人员之间的沟通、商议的内容、涉案产品的种类、销售的单价、批次、记录等往往会在微信聊天记录、电子记账单等电子数据中有所反映。2016年9月，最高人民法院、最高人民检察院、公安部颁布《关于办理刑事案件收集提取和审查判断电子数据若干问题的规定》（以下简称《刑事电子数据规定》）、2021年1月最高人民检察院颁布《人民检察院办理网络犯罪案件规定》都对电子数据的收集和审查进行了规范。

1.查明电子数据的完整性、客观性、真实性

电子数据最大的一个特点是容易被篡改，所以要审查是否有电子数据原始存储的介质，如计算机硬盘、存储芯片、U盘、电子设备等；对于电子数据的完整性进行校验，得出校验值。对电子数据是否完整，注重审查以下内容：一是原始存储介质的扣押、封存状态是否完好；二是比对电子数据完整性校验值是否发生变化；三是电子数据的原件与备份是否相同；四是冻结后的电子数据是否生成新的操作日志。对于电子数据的客观性、真实性应当注重审查以下内容：一是是否移送原始存储介质，在原始存储介质无法封存、不便移动时，是否说明原因，并注明相关情况；二是电子数据是否有数字签名、数字证书等特殊标识；三是电子数据的收集、提取过程及结果是否可以重现；四是电子数据有增加、删除、修改等情形的，是否附有说明；五是电子数据的完整性是否可以保证。

2.对依法初查时提取的电子数据，要妥善保管、固定，以防失去再次取证的条件

《刑事电子数据规定》第10条规定，"由于客观原因无法或者不宜提取电子数据的，可以采取打印、拍照或者录像等方式固定相关证据，并在笔录中说明原因"。所以，取证的原则是"以扣押原始存储介质为原则，以直接提取电子数据为例外，以打印、拍照、录像等方式固定为补充"。

原始存储介质被扣押封存的，注重从以下方面审查扣押封存过程是

否规范：一是是否记录原始存储介质的品牌、型号、容量、序列号、识别码、用户标识等外观信息，是否与实物一一对应；二是是否封存或者计算完整性校验值，封存前后是否拍摄被封存原始存储介质的照片，照片是否清晰反映封口或者张贴封条处的状况；三是是否由取证人员、见证人、持有人（提供人）签名或者盖章。

对原始存储介质制作数据镜像予以提取固定的，注重审查以下内容：一是是否记录原始存储介质的品牌、型号、容量、序列号、识别码、用户标识等外观信息，是否记录原始存储介质的存放位置、使用人、保管人；二是是否附有制作数据镜像的工具、方法、过程等必要信息；三是是否计算完整性校验值；四是是否由取证人员、见证人、持有人（提供人）签名或者盖章。

提取原始存储介质中的数据内容并予以固定的，注重审查以下内容：一是是否记录原始存储介质的品牌、型号、容量、序列号、识别码、用户标识等外观信息，是否记录原始存储介质的存放位置、使用人、保管人；二是是否附有所提取数据内容的原始存储路径，提取的工具、方法、过程等信息，是否一并提取相关的附属信息、关联痕迹、系统环境等信息；三是是否计算完整性校验值；四是是否由取证人员、见证人、持有人（提供人）签名或者盖章。

对于在线提取的电子数据，注重审查以下内容：一是是否记录反映电子数据来源的网络地址、存储路径或者数据提取时的进入步骤等；二是是否记录远程计算机信息系统的访问方式、电子数据的提取日期和时间、提取的工具、方法等信息，是否一并提取相关的附属信息、关联痕迹、系统环境等信息；三是是否计算完整性校验值；四是是否由取证人员、见证人、持有人（提供人）签名或者盖章。对可能无法重复提取或者可能出现变化的电子数据，是否随案移送反映提取过程的拍照、录像、截屏等材料。

对冻结的电子数据，注重审查以下内容：一是冻结手续是否符合规定；二是冻结的电子数据是否与案件事实相关；三是冻结期限是否即将到期、有无必要继续冻结或者解除；四是冻结期间电子数据是否被增加、删除、修改等。

对调取的电子数据，注重审查以下内容：一是调取证据通知书是否注明所调取的电子数据的相关信息；二是被调取单位、个人是否在通知书回执上签名或者盖章；三是被调取单位、个人拒绝签名、盖章的，是否予以说明；四是是否计算完整性校验值或者以其他方法保证电子数据的完整性。

3. 审查取证主体和取证设备应当符合相关法律规定和技术标准

《刑事电子数据规定》第7条规定，"收集、提取电子数据，应当由两名以上侦查人员进行"。侦查人员是取证主体，技术人员是提供协助人员。对电子数据的合法性审查，应当注重以下内容：一是电子数据的收集、提取、保管的方法和过程是否规范；二是查询、勘验、扣押、调取、冻结等的法律手续是否齐全；三是勘验笔录、搜查笔录、提取笔录等取证记录是否完备；四是是否由符合法律规定的取证人员、见证人、持有人（提供人）等参与，持有人（提供人）拒绝签名或者盖章的，或因客观原因没有见证人、持有人（提供人）签名或者盖章的，是否说明原因；五是是否按照有关规定进行同步录音录像；六是对于收集、提取的境外电子数据是否符合国（区）际司法协作及相关法律规定的要求。

4. 关于见证人见证问题

电子数据的收集包括三个阶段：一是现场勘验、搜查、提取、扣押；二是电子数据的恢复、破解、统计、关联、对比分析；三是鉴定检验。除了鉴定，其他两个环节涉及电子数据的合法性，有见证人最好，或者对勘验、提取、恢复、检查过程进行录像，佐证取证合法性、真实性、完整性。

5. 认定被告人的网络身份与现实身份的统一性

应核查相关IP地址、网络活动记录、上网终端归属、相关言词证据，进行综合判断。对电子数据的关联性，注重审查以下内容：一是电子数据与案件事实之间的关联性；二是电子数据及其存储介质与案件当事人之间的关联性。

经对电子数据进行综合审查后，电子数据的收集、提取程序有下列瑕疵，经补正或者作出合理解释的，可以采用；不能补正或者作出合理解释的，不得作为定案的根据：（1）未以封存状态移送的；（2）笔录或者清单上没有取证人员、见证人、持有人（提供人）签名或者盖章的；（3）对电子数据的名称、类别、格式等注明不清的；（4）有其他瑕疵的。电子数据系篡改、伪造、无法确定真伪的，或者有其他无法保证电子数据客观、真实情形的，不得作为定案的根据。电子数据有增加、删除、修改等情形，但经司法鉴定、当事人确认等方式确定与案件相关的重要数据未发生变化，或者能够还原电子数据原始状态、查清变化过程的，可以作为定案的根据。

（三）涉案产品质量的鉴定意见、检验报告等证据的审查

从证据种类角度分析，鉴定意见、检验报告分别属于两种不同类型的证据，但在生产、销售伪劣产品案件中，上述证据证明目的相同，都是为了证实涉案产品的质量，进而认定是否属于伪劣产品。因此，将这两类证据的审查要求，一并予以说明。

检察人员审查判断鉴定意见、检验报告，需要注意以下问题：一是要注重对鉴定机构、鉴定人、检验检疫机构、检验检疫人的资格审查，鉴定人和鉴定机构、检验检疫人、检验检疫机构不具备法定资质的，其出具的鉴定意见、检验报告不得作为定案的依据；着重审查鉴定机构、检验机构的业务范围、是否有必备的设备仪器、检验实验室及鉴定机构是否有具备资质的检验、鉴定人员。二是审查检验、鉴定的检材与涉案的产品是否具有同一性。检材是鉴定的基础，审查检材的收集、保管、送检是否依法，与相关扣押笔录、提取笔录相符；审查检材是否全面、充足、可靠，否则，鉴定意见、检验检疫报告的可靠性存疑。三是审查鉴定意见、检验检疫报告的科学性。鉴定和检验必须依照规定程序、方法开展，鉴定意见等应比照涉案产品需遵循标准作出。同时，检察人员还要审查鉴定意见、检验报告的内容是否告知相关人员，当事人对鉴定意见、检验报告的结论是否提出异议及理由，异议是否得到合理解释。如果涉案人员、辩护人对鉴定意见、检验报告结论的科学性提出异议，可结合同领域技术从业人员的意见决定书是否予以采信。

第三节 生产、销售伪劣产品罪的认定处理

一、生产、销售伪劣产品罪的罪与非罪

生产、销售伪劣产品罪是数额犯,销售金额及货值金额的数额是其罪与非罪的重要依据。根据《刑法》第140条、《伪劣商品解释》第2条的规定,生产、销售伪劣产品,销售金额达到5万元,或者未销售的货值金额达到15万元的,可成立犯罪。其中,货值金额达到15万元的,属于生产、销售伪劣产品罪的未遂。如果行为人的涉案金额没有达到上述标准的,则不能以犯罪认定。

实践中,有两种情形需注意:一是涉案人员销售伪劣产品金额达5万元的,因质量不合格而产生退货退款,导致退款后的金额已经低于5万元的;二是涉案人员的销售金额、货值金额均未达到入罪标准,但累加已经超过起刑点的。

针对第一种情形,司法机关一般应予以追诉。一方面,销售行为完成后,犯罪行为已经既遂,事后的行为一般不影响罪与非罪的评价。另一方面,犯罪行为的危害后果是客体受到侵犯的具体表现,也是衡量客体侵害程度的重要因素。在生产、销售伪劣产品罪中,销售金额是衡量国家对产品质量管理秩序及消费者权益受到侵害的具体因素。伪劣产品一经售出,上述法益就会受到侵害。虽然退货、退款在一定程度上可以使侵害得以恢复,但不能认为先前受到的侵害就不存在。当然,如果销售金额刚超过起刑点,绝大多数的伪劣产品均已退货退款,司法机关也可结合犯罪情节、事后表现等因素作出罪处理。

针对第二种情形,司法机关可以将数额进行累加,如果累加数额超

过15万元未遂入罪标准的，可以生产、销售伪劣产品罪的未遂认定。一方面，以未遂的标准计算，是有利于涉案人员的。另一方面，从举轻以明重的角度来讲，货值15万元的产品均未销售的，尚且构成犯罪，部分伪劣产品已经销售的，社会危害性大于前者，以犯罪认定并无不妥。需要注意的是，犯罪对象不同，累加计算的方式也会有所不同。2008年最高人民检察院、公安部《关于公安机关管辖的刑事立案追诉标准的规定（一）》第16条规定，伪劣产品销售金额不满5万元，但将已销售金额乘以3倍后，与尚未销售的伪劣产品货值金额合计15万元以上的，应予立案追诉。2010年，最高人民法院、最高人民检察院《关于办理非法生产、销售烟草专卖品等刑事案件具体应用法律若干问题的解释》（以下简称《烟草专卖品司法解释》）第2条第1款规定，销售金额未达到5万元，但与未销售货值金额合计达到15万元以上的，以生产、销售伪劣产品罪（未遂）定罪处罚。

生产、销售伪劣产品罪侧重于评价产品质量。如果涉案产品的质量符合产品要求，国家、行业的标准，只是因为行为人不具有经营资质、商标授权等因素而案发，则不能以本罪认定，如果符合非法经营罪、侵犯商标权类犯罪的入罪标准的，则以相关犯罪认定。

二、生产、销售伪劣产品罪的此罪与彼罪

（一）生产、销售伪劣产品罪与诈骗罪的区分

生产、销售伪劣产品，是将质量存在问题的产品当成质量完全合格的商品进行销售，具有欺骗与假冒的性质。诈骗罪则是以虚构事实，隐瞒真相的方式骗取财物。两者在实践中容易发生混淆。

在构成要件上，两罪的根本区别在于是否具有非法占有他人财物的目的、是否侵犯他人财产权利的客体。在具体案件中，司法机关可以重点关注是否具有产品的形式和基础。在生产、销售伪劣产品犯罪案件中，涉案人员销售的伪劣产品虽然在产品质量上存在问题，但毕竟具有产品的特征和基础，如在大米中掺入石、沙，将过期食品冒充合格产品等；而诈骗罪则是虚构事实、隐瞒真相，主要目的是非法占有他人财物，如虚构货

物等。

实践中,一些"半真半假"的案件也可以通过上述标准区分两罪。

【案例】作为加油站运输车的驾驶人员,甲在运输成品油前往加油站的过程中,利用经手和运输成品油的便利,擅自将油车中一半成品油装入其事先准备的油桶中,并与乙共谋,由乙运走后销售牟利。为掩盖上述事实,应对加油站查验,甲往油车中注水,使油车中注水汽油的数量与原先运输成品油的数量相等。加油站如数接收由甲运输的注水汽油后,将该汽油用于正常经营。后多名车主使用该注水汽油后,导致车辆发动机损坏。

本案中,甲利用运输成品油的便利,非法占有油车中一半成品油的行为,应以相关财产犯罪予以认定,实践中已形成共识。但是,对于其将注水汽油提供给加油站的行为如何定性,涉及生产、销售伪劣产品罪与诈骗罪的区分,该问题存在不同意见。加油站的工作人员确实不知甲运输入站的汽油是"半真半假"的注水汽油,其对外正常经营,并不具有违法犯罪的故意。甲利用加油站不具有"罪过"的状态,明知注水汽油会用于对外经营,仍向加油站提供该汽油,属于间接正犯。其究竟是销售伪劣产品罪还是诈骗罪的间接正犯,取决于如何评价注水汽油的性质。本案的注水汽油中,尚有50%的合格成品油,具有汽油的基础和形式,因而属于伪劣产品。

至于如何确定产品基础和形式的临界点,涉及量变到质变的问题,很难划分客观标准,司法机关需根据具体案情进行综合判断。

(二)生产、销售伪劣产品罪与侵犯商标类犯罪的区分

侵犯商标类犯罪,是指触犯假冒注册商标罪与销售假冒注册商标的商品罪的犯罪行为。两类犯罪均发生在商品的生产、销售等经营领域,因而实践中经常会出现交叉。从构成要件角度分析,两类犯罪在侵犯的客体、犯罪对象和行为方式上均存在差异。生产、销售伪劣产品罪侵犯的是国家对产品质量的管理秩序和消费者权益,侵犯商标类犯罪侵犯的是国家的商标管理秩序和商标权人的权利。前罪的犯罪对象是杂、假、次或者不合格的伪劣产品,后者表现为假冒他人注册商标的商品。前罪的行为方式表现为生产、销售掺杂、掺假、质次或者不合格的伪劣产品的行为;后者表现为贴标等擅自使用他人注册商标或者未经权利人许可而销售使用他人

29

注册商标的商品的行为。

实践中，两类犯罪容易发生混淆的地方是如何判断"假货"的刑法定性。生产、销售伪劣产品罪的构成要件包括"以假充真"，而侵犯商标类犯罪的构成要件也有"假冒"的内容。犯罪客体决定犯罪性质，应当从两罪客体的不同来分别界定两类犯罪中"假货"的含义。生产、销售伪劣产品罪侵犯的是国家对产品质量的管理秩序和消费者权益，因此，该罪中的"以假充真"是从产品质量角度而言的，至于涉案的商标是否假冒，则不是该罪评价的内容；侵犯商标类犯罪侵犯的客体是国家的商标管理秩序和商标权人的权利，因此该罪中的"假冒"专指注册商标的假冒，至于产品质量是否存在问题，则不是该罪评价的内容。

但是，在很多案例中，两类犯罪经常会出现在同一起案件中。这类案件应择一重罪论处，实践中已经达成共识。但对于两罪的关系，涉及想象竞合与法条竞合的关系，存在两种意见：一种意见认为，两罪之间系想象竞合犯的关系，应择一重罪处罚；另一种意见认为，两罪之间系交叉型法条竞合关系，应当根据重法优于轻法的适用原则，择一重罪处理。

想象竞合和法条竞合都是一行为触犯了数罪名。两者的界限在于产生竞合的原因不同。法条竞合的产生原因是由立法造成的，即在设立罪名和设置构成要件的环节中，两个罪名已经出现了竞合，且立法者也已经注意到了这种现象。之所以会在立法环节就出现竞合，是因为立法者对某类犯罪行为中的某个特殊环节、特殊领域设置了特殊的处理模式。典型的法条竞合关系的罪名是诈骗罪与金融诈骗罪。立法者认为，金融管理秩序和公私财产权利在刑法保护上不应置于同一平面。所以，1997年刑法正式将金融领域的诈骗行为从普通诈骗罪中分离出来，设置独立的罪名和法定刑。想象竞合在德日刑法理论中又称为观念竞合，这类竞合的产生是由具体的案件事实原因造成的。在立法设置罪名阶段，这类罪名之间并不存在竞合关系，构成要件之间也不存在重合。之所以会在罪名适用上竞合，是因为案情事实的介入，使多个构成要件上没有交叉关系的罪名在同一节事实中同时符合。典型的具有想象竞合关系的罪名有生产、销售伪劣产品罪和非法经营罪。立法者在设置罪名时，前者侧重于评价产品质量，后者侧重于规制市场的准入资质管理秩序，因此，两罪在构成要件上本没有重合。但是，生产、销售伪劣产品的犯罪分子通常不具有特定的经营资质，而这一具体的案情特点,才使两罪名发生联系。

同理,生产、销售伪劣产品罪和侵犯商标类犯罪也是想象竞合的关系。不同于生产、销售伪劣产品罪规制产品质量的特点,侵犯商标类犯罪重在规制注册商标假冒的行为。因此,两类犯罪在立法上并没有产生竞合。只是在具体案件中,生产、销售伪劣产品的作案人员通常没有合法的注册商标授权,才导致两类犯罪产生竞合。

实践中,将低价酒冒充高价酒进行销售的案件,涉及是否同时构成生产、销售伪劣产品罪与侵犯商标类犯罪,进而是否根据想象竞合原理来认定的问题。这类案件中,涉案行为构成侵犯商标类犯罪通常没有争议,但其是否符合"以次充好"中的以低等级、低档次产品冒充高等级、高档次产品的构成要件,司法机关有不同意见。

生产、销售伪劣产品罪中的"以次充好"是指产品质量上的"次"与"好"。在生活语境下,酒的等级、档次的高低可以价格的高低来衡量。但在生产、销售伪劣产品罪的特定语境下,等级、档次等要素只能从质量的好坏来衡量,而不能简单以价格的高低判断。而在酒的制作工艺领域内,因缺乏统一衡量标准,很难去判断何种酒的制作工艺、质量指标更为优质。很多酒的价格之所以高于其他品牌的酒,并不是因为工艺、质量超过其他酒,而是其品牌本身的价值。因此,以不同品牌的低价酒冒充高价酒的案件一般以侵犯商标类犯罪予以认定。除非经鉴定、检验,涉案酒的质量指标、工艺确实明显不如其假冒品牌的酒,涉案的行为才能同时构成生产、销售伪劣产品罪,进而依据想象竞合犯原理,选择相应的适用罪名。

(三) 生产、销售伪劣产品罪与非法经营罪的区分

两罪在侵犯的客体与行为方式上均存在较大差异。前者侵犯的是国家对产品质量的管理秩序以及消费者的权益,后者侵犯的是市场准入的管理秩序。前者在行为方式上表现为在生产、销售的产品中掺杂掺假、以假充真、以次充好或者以不合格产品冒充合格产品;后者表现为未经许可,擅自经营专营专卖、限制买卖、金融行业等须经过相关主管部门批准的行业。

实践中,两罪经常在同一犯罪行为中发生竞合,生产、销售伪劣产

品的犯罪中，涉案人员通常不具有经营资质。因两罪侵犯的客体不同，两罪的评价侧重点也不同。生产、销售伪劣产品罪侧重于评价产品质量，而非法经营罪侧重于评价准入经营的资质。因此，产品质量存在问题而经营资质合法的，以生产、销售伪劣产品罪认定；产品质量合格而不具有经营资质的，以非法经营罪认定。如果产品质量存在问题，经营资质又不合法合规的，则属于想象竞合，应择一重罪认定。

三、不合格产品未冒充合格产品的认定

实践中，行为人在客观上确实实施了生产、销售不合格产品的行为，但是，行为人未将涉案的"不合格产品"冒充为合格产品。对这类情形的认定，司法机关存在不同意见。

【案例】2015年6月至2016年7月期间，被告人胡某在其经营的某食品经营店内生产、销售自酿散装白酒。为使散装白酒口感更好、销量更佳，胡某便在散装白酒中加入甜蜜素、食用酒精等添加剂以调味，销售金额达30余万元。2016年7月20日，执法人员在该食品经营店内查获甜蜜素5斤、食用酒精25斤、待售散装白酒1400余斤、销售记录本等。经重庆市食品药品检验检测研究院检验，胡某生产、销售的散装白酒因甜蜜素的含量不符合国家规定的标准，系不合格食品。但是，胡某销售白酒时，并未标榜其销售的是高档白酒或者知名白酒，其如实告知购买人该酒的成分且系其自酿。

本案争议的焦点在于胡某的行为能否定性为生产、销售伪劣产品罪。主要存在两种意见：

第一种意见认为，胡某的行为成立生产、销售伪劣产品罪。理由是：胡某故意在其生产、销售的散装白酒内加入甜味素等食品添加剂，导致其散装白酒不合格，其生产、销售不合格白酒的行为应定性为生产、销售伪劣产品罪。

第二种意见认为，胡某的行为不成立犯罪。理由是：尽管胡某生产、销售的白酒经鉴定系未达国家标准的不合格产品，但胡某在销售过程中，

并无以不合格产品冒充合格产品的行为。①

从构成要件角度分析,生产、销售伪劣产品罪要求行为人主观上具有"冒充"的故意,客观上也实施了"冒充"的行为。但是,在事实认定中,只要涉案的产品客观上系不合格产品,行为人主观上对其具有认知,即符合"冒充"的构成要件。

法律语境下的含义有时会与生活语境下的含义存在差异。生产、销售伪劣产品罪中的"冒充"也不能从日常生活中的含义进行理解。这其中涉及"法律推定"的问题。

根据《产品质量法》第26条第2款的规定,产品质量应当符合下列要求:一是不存在危及人身、财产安全的不合理的危险,有保障人体健康和人身、财产安全的国家标准、行业标准的,应当符合相关标准。二是具备产品应当具备的使用性能,但是,对产品存在使用的瑕疵作出说明的除外。三是符合在产品或者在其包装上注明采用的产品标准,符合以产品说明、实物样品等方式表明的质量状况。因此,只要行为人涉足生产、销售的行业,其产品的质量就必须符合法律的规定。从消费者的角度而言,其从市场上购买商品,都希望买到的是合格产品;从监管的角度分析,国家也要建立起健康、合法的市场秩序。正因如此,国家才会颁布《产品质量法》等法律规定,来规制市场秩序,维护监管制度。换言之,只要行为人在市场上实施了产品经营的行为,基于产品质量法的规定,即可推定其生产、销售的均为符合法律规定的合格产品。如果该产品实际上不符合产品质量法的规定,即可认定其实施了"以不合格产品冒充合格产品"的行为。同理,生产、销售伪劣产品罪的"以次充好""以假充真"中的"冒充"也应当根据该标准予以认定。

上述第二种观点混淆了刑法中"冒充"与日常生活中"冒充"的含义,没有从产品质量法规定的角度来界定生产、销售伪劣产品罪的构成要件。

因此,上述案件中胡某生产、销售自酿白酒的行为,可以生产、销售伪劣产品罪认定。本案的定罪思路还可以从以下角度理解:行为人生

---

① 参见高蕴嶙、周玉玲:《生产、销售不合格产品不同于生产、销售伪劣产品》,载《人民法院报》2017年5月3日,第6版。

产、销售了不符合食品安全标准的食品。甜蜜素是食品添加剂,《食品安全国家标准 食品添加剂使用标准》(GB 2760—2014)对其规定了使用范围及限量。超出限量即违反了国家食品安全标准。根据《刑法》第149条第1款和2021年最高人民法院、最高人民检察院《关于办理危害食品安全刑事案件适用法律若干问题的解释》第13条第2款的规定,无证据证明足以造成严重食物中毒或者其他严重食源性疾病,不构成生产、销售不符合安全标准的食品罪,但构成生产、销售伪劣产品犯罪的,依照该罪定罪处罚。

需要注意的是,实践中经常有行为人在特定的亲友范围内,有偿提供不符合《产品质量法》规定的物件、物品。这种情形中,由于物件、物品的流通范围是特定小范围群体,尚未形成市场流通,因此,这类物件、物品不属于"产品"的范畴,无须受到产品质量法的规制。如果亲友了解并接受这类物件、物品的特性,行为人一般不承担法律责任。

四、部分"已销售"与部分"未销售"的涉案金额的认定

根据《伪劣商品解释》的规定,生产、销售伪劣产品罪的定罪量刑采用的是"二元化"的认定模式:如果涉案产品已经销售,则以销售金额定罪量刑;如果涉案产品尚未销售,则以未销售产品的货值金额定罪量刑。

实践中,生产、销售伪劣产品的案发特点具有特殊性。侦查机关通常是根据涉案人员实施生产、销售行为的线索,抓捕或者通知涉案人员到案,并同时前往涉案的仓库查扣其库存的伪劣产品作为随案证据。这种涉案人员到案以及查扣涉案物品的办案模式,可以使侦查机关全面掌握案情,但随之而来的问题是,如何对这类情形进行法律评价。根据在案证据,司法机关既能认定已经销售的产品的销售金额,也能够查明尚未销售产品的货值金额。在"已销售"和"未销售"两种情形同时具备,并均能查证属实的情况下,如何计算案件的涉案金额,司法机关存在不同意见,法律和司法解释的规定也存在反复。

第一种观点认为,应当一律根据有利于犯罪嫌疑人的标准,将两种金额进行累加,以货值金额的标准定罪量刑。

第二种观点认为，应当对两种数额分别量刑，并以数罪并罚的思路予以量刑。

第三种观点认为，应当以1∶3的比例对两种数额进行换算，并以一种标准进行定罪量刑。

第四种观点认为，应当对两种数额分别量刑后，以择一重罪论处的方式进行量刑，并将被吸收部分作为情节予以评价。

在现行法律框架下，第一种观点在处理两种金额均未达到起刑点的情形时，有一定的可操作性，但将这种方法推广适用，则会出现罪刑不相适应的问题。因为两种金额在量刑上毕竟有1∶3的差距，将其置于同一标准下进行简单累加，会导致行为的社会危害性与相科处的刑罚不均衡，尤其是在未销售产品的数量远远小于查实的已销售数量的案件中。

第二种观点关注到了两种金额的不同的量刑标准，但数罪并罚的量刑方式违背我国的法理和实践。不同于英美法系国家，对于同种罪行，我国理论体系是不实行数罪并罚的。同时，在同种数罪的场合下，除了部分罪行业已判决生效的特殊情形，我国司法机关一般也采取数量、数额累加的方式进行量刑。

第三种观点契合法理体系，可有效衔接刑法原理和现行规定。在我国法理体系下，量刑是对行为社会危害性大小的核定。经济犯罪中的涉案金额既是客体受到侵害程度的反映，也是社会危害性大小的衡量依据。在生产、销售伪劣产品罪中，销售金额和货值金额在入罪标准上有1∶3的落差，反映出两种行为模式在社会危害性上就有1∶3的差距。那么，通过1∶3的换算公式，完全可以精准计算出涉案人员全部罪行的社会危害性，既不重复评价，也不遗漏评价。2008年，最高人民检察院、公安部《关于公安机关管辖的刑事案件立案追诉标准的规定（一）》第16条第1款规定，"生产者、销售者在产品中掺杂、掺假，以假乱真，以次充好或者以不合格产品冒充合格产品，涉嫌下列情形之一的，应予以立案追诉：……（三）伪劣产品销售金额不满五万元，但将已销售金额乘以三倍后，与尚未销售的伪劣产品货值金额合计十五万元以上的"。该司法解释的规定反映的就是上述换算法的思想。

第四种观点有司法解释的依据，具有较强的"适法性"。2010年《烟草专卖品司法解释》第2条第2款的规定，确立的就是这种择一从重的模式。

根据该规定，销售金额和未销售货值金额分别达到不同的法定刑幅度或者均达到同一法定刑幅度的，在处罚较重的法定刑幅度内酌情从重处罚。被吸收部分作为情节予以评价的做法，可以避免择一处断容易出现的遗漏评价的弊端。这种标准也为实践中各司法机关所接受。

理论界也有认为"销售金额"属于量刑规则观点，涉案的销售金额达到哪个幅度，就应当以哪个法定刑幅度量刑，司法解释不应再设立货值金额的量刑模式。[①] 这种标准在理论上确有一定道理，但是，这种理论学说更多地是从立法的角度进行论述的。在司法解释已经确立货值金额量刑标准的情况下，这种标准无法与现行法律规定相衔接。

五、涉伪劣口罩案件的认定

新冠肺炎疫情期间，医用口罩的市场供应陷入紧缺，不少不法分子为谋取非法利益，利用市场对于医用口罩的需求急剧扩大，生产伪劣医用口罩，并向社会公众销售。实践中对于这类案件应如何定性，存在不同意见。

【案例】被告人王某某、陈某某原系夫妻关系。2020年1月28日至1月31日，二人明知从郝某某（另案处理）处以每只5元的价格购买的口罩无产品合格证、无产品说明书、无标识的情况下，仍通过微信以"KN95"口罩的名义对外销售上述"三无"口罩。其间，吴某某、张某某（均另案处理）通过微信联系王某某要求购买口罩，王某某则以每只10元的价格向二人销售涉案口罩9800只，并通过微信和银行转账的方式收取货款98000元。被告人陈某某按照王某某提供的销售信息，负责将涉案口罩交付给吴某某、张某某。2020年1月29日、1月31日，被告人陈某某在哈尔滨市南岗区复旦路275号的顺丰速递分三次向黑龙江省北安市、嫩江市邮寄涉案口罩共计8300只，在哈尔滨南岗区复旦路和哈尔滨大街交口将1500只涉案口罩交给张某某、吴某某指定的接货人。经浙江省轻工业品质量检验研究院检验，该口罩过滤效率不符合国家标准要求，为不合格产品。案发后，公安机关将涉案的9800只口罩查获扣押。

---

① 参见张明楷：《加重构成与量刑规则的区分》，载《清华法学》2011年第5期。

本案中，被告人王某某、陈某某明知是"三无"口罩，仍然以"KN95"口罩对外销售，关于其行为应当如何定性，有以下两种意见：

第一种意见认为，被告人王某某、陈某某的行为构成销售不符合标准的医用器材罪。理由是："KN95"口罩系国家卫健委在疫情防控期间推荐使用口罩，王某某、陈某某故意销售不符合保障人体健康的国家标准、行业标准的"三无"劣质口罩，因涉案口罩不具备应有的过滤效果，可能会产生危及消费者人体健康的严重后果，故二被告人的行为应认定为销售不符合标准的医用器材罪。

第二种意见认为，被告人王某某、陈某某的行为构成销售伪劣产品罪。理由是：王某某、陈某某销售的"三无"口罩，系以不合格产品冒充合格产品，其行为符合《刑法》第140条生产、销售伪劣产品罪的构成要件，故应当认定为销售伪劣产品罪。

生产、销售伪劣产品罪与生产、销售不符合标准的医用器材罪在构成要件上存在诸多差异，例如，侵犯的客体、入罪标准、犯罪对象等方面。在犯罪对象上，生产、销售伪劣产品罪通常表现为生产、销售质量存在问题的产品，即在安全标准、性能指标、成分含量、实用价值等质量方面未能达到法律规定的应有要求的产品。医用器材罪则主要是指生产、销售不符合标准的直接或者间接用于人体的仪器、设备、器具、体外诊断试剂及校准物、材料以及其他类似或者相关的物品。因此，生产、销售不符合标准的医用器材罪的犯罪对象仅限于不符合国家标准、行业标准的医疗器械、医用卫生材料。

两罪在实践中的选择适用不仅要考虑涉案的对象，也要注意到两罪在入罪标准上的差异。因两罪之间具有包容型法条竞合的关系，在两种情形下，生产、销售不符合标准的医用器材罪的行为，也可能构成生产、销售伪劣产品罪。一是生产、销售伪劣产品罪的处罚重于生产、销售不符合医用器材罪的情形。根据《刑法》第149条的规定，生产、销售《刑法》第141条至第148条所列产品，构成各该条规定的犯罪，同时又构成第140条规定之罪的，依照处罚较重的规定定罪处罚。二是涉案行为不具有"足以危害人体健康"的危险，但销售金额达到5万元以上或者尚未销售的货值金额达到15万元以上的情形。也就是说，在办理生产、销售伪劣医用器械案件具体适用罪名时，应当先判断涉案产品的性质是否满足《刑法》第 145 条所规定的医用器材，进而考察涉案产品是否符合保障人体健康的国家标准、行业标准要求，之后判断生产、销售的产品是否"足以严重危害人体健康"，如果以上皆满足，最后再适用第 145 条或者第 140 条择一重处罚。如果不符合标准要求，但无法证明"足以严重危害人体健康"，则根据 140 条的规定考察其销售金额，判断是否构成犯罪。

因此，本案的定罪逻辑应首先判断犯罪对象的性质，即涉案的"KN95"口罩是否属于医用器材的范畴。如果涉案口罩不属于医用器材，因其过滤效果不符合国家标准要求，则直接以销售伪劣产品罪认定；如果涉案口罩同时系医用器材，则须进一步判断涉案行为是否具有"足以严重危害人体健康"的危险以及比较两罪法定刑量刑幅度的轻重。

2020 年 1 月 31 日，国家卫健委发布《新型冠状病毒感染不同风险人群指南》和《预防新型冠状病毒感染的肺炎口罩使用指南》。这些规定推荐使用一次性使用医用口罩、医用外科口罩、医用防护口罩和 KN95/N95 及以上颗粒物防护口罩。根据《医疗器械分类目录公告》《2019 年第二批医疗器械产品分类界定结果汇总》《医用口罩产品注册技术审查指导原则》等规定，一次性使用医用口罩、医用外科口罩、医用防护口罩均属于刑法中医用器材的范畴。KN95/N95 及以上颗粒物防护口罩因不在《医疗器械分类目录公告》之列，不属于医疗器械。但其是否属于医用器材，还须判断其是否属于医用卫生材料。国家卫健委发布的上述两项规定并不足以认定这类口罩的法律性质。

"N95"是美国疾病控制与预防中心下属的职业安全与健康研究所（NIOSH）制定的标准，并非特定的产品名称。只要符合 N95 标准，并且通过 NIOSH 审查的产品就可以称为 N95 型口罩。KN95 口罩则是我国对于颗粒物具有过滤效率的口罩的统称，其颗粒物过滤效率与 N95 口罩基本一致。疫情防控期间，医务人员特别是直接参与救治新冠病毒肺炎患者的医护人员所用口罩，就属于 N95 口罩中的一种。但是，KN95/N95 是颗粒物过滤效果的标准，不是界定口罩特定用途的标准。因而，不是所有的 KN95/N95 口罩都用于医用领域。市场中有部分 KN95/N95 口罩执行的是原国家质量监督检验和检疫局、国家标准化管理委员会公布的呼吸防护用品标准，即 GB 2626—2006，该标准不属于医用标准的范畴，根据该标准生产的 KN95/N95 口罩无法认定为医用卫生材料。

本案中，二被告人在出售口罩时虽声称系 KN95 口罩，但其二人向社会不特定公众销售，且包装上也没有标注口罩具有医疗用途，因此无法认定为医用器材或医用卫生材料。因其过滤效率不符合要求，可认定为"不合格产品"，进而以销售伪劣产品罪予以定性。

除了上述涉 KN95 口罩的案件外，实践中销售质量不合格的一次性使用医用口罩的案件也不在少数。根据《第二批医疗器械产品分类界定汇总》（2019 年第 104 号），这类口罩根据其分类编码 14-14 判断，属于第二类医疗器械，可以认定为《刑法》第 145 条中的"医用器材"。这类案件的认定关键在于涉案行为是否具有"足以严重危害人体健康"的危险。

对于该问题的界定，"两高"研究室主任答记者问中提到，对于是否"足以严重危害人体健康"，应当从是否具有防护、救治功能，是否可能造成贻误诊治，是否可能造成人体严重损伤，是否可能对人体健康造成严重危害等方面，结合医疗器械的功能、使用方式和适用范围等综合判断。所谓"综合判断"，不能只看一点不及其余，如果把涉案口罩防护功能不达标就直接认定为"足以严重危害人体健康"，可能导致这一构成要件被人为虚置，不当扩大本罪的适用范围。从一线办案部门总结的经验来看，如果涉案不符合标准的医用防护口罩、医用外科口罩、一次性使用医用口罩主要销往医疗机构，供医护人员使用，由于医护人员的特殊工作环境，通常可以认为上述不符合标准的口罩"足以严重危害人体健康"。如果涉案不符合标准的一次性使用医用口罩销往非疫情高发地区供群众日常使用，则一般难以满足"足以严重危害人体健康"的要件。实践中，对于相关涉案医用口罩尚无确实、充分证据证明"足以严重危害人体健康"，适用生产、销售不符合标准的医用器材罪存在障碍或者争议，但是销售金额 5 万元以上，或者货值金额 15 万元以上的，可以依照生产、销售伪劣产品罪定罪处罚；符合假冒注册商标、非法经营等其他犯罪构成的，也可以相关犯罪论处。

第四节 案例评析

一、生产、销售以过期、回收食品为原料的产品的性质认定——福某公司生产、销售伪劣产品案

【基本案情】

被告单位上海福某公司、河北福某公司均系食品生产企业。2013年5月至6月间，两被告单位生产、销售的部分食品因不符合百胜公司的工艺和原料要求，被退货或者终止订单，造成相关产品大量积压。同年12月，被告人欧某公司深加工事业部总经理杨某某指令两被告单位用回收食品或超过保质期的食品作为原料进行生产。被告人贺某某传达指令并安排被告人陆某某等人协调相关产品的再加工等生产活动；被告人杜某某据授意，为两被告单位寻找客户，销售用回收食品、超过保质期的食品作为原料再生产的食品。被告人胡某某、刘某某、张某甲分别作为上海福某公司的厂长、计划主管、质量经理，被告人李某某、张某乙、薛某某分别作为河北福某公司的厂长、仓储物流经理、质量经理，根据杨某某等人的指令，并按各自的职责参与相关产品的再加工等生产活动。两被告单位用回收食品或超过保质期的食品作为原料生产风味肉饼、香煎鸡排、黑胡椒牛排、牛肉丝等产品，涉及销售金额150余万元，库存货值金额约140万元。后法院判决被告单位上海福某公司、河北福某公司犯生产、销售伪劣产品罪，分别判处罚金人民币120万元；被告人杨某某、贺某某等人犯生产、销售伪劣产品罪，分别被判处有期徒刑3年至1年7个月，缓刑1年7个月不等，并处罚金10万元至3万元不等。

【争议焦点】

1.涉案食品的原料是否为回收食品或过期食品。

2. 用回收食品或超过保质期的食品作为原料生产的食品是否系生产、销售伪劣产品罪中的"不合格产品"。

【案件评析】

本案涉嫌生产、销售伪劣产品罪系法定犯罪名，具有二次违法性的特点。因此，在定罪逻辑方面，先要确定涉案行为的行政违法性。本案中涉案的牛排、鸡排等涉案产品均系食品范畴，故应当先根据食品安全法等法律法规的规定，确定行为的违法性。在此基础上，应当衔接好食品安全法等法律法规与产品质量法之间的关系，再结合涉案行为违反产品质量法以及达到刑事犯罪起刑点等因素，研判涉案的行为是否构成生产、销售伪劣产品罪。

1. 涉案食品的原料是否为回收食品或过期食品

食品安全法规定，禁止生产、经营以回收食品作为原料生产的食品以及用超过保质期的食品原料生产的食品。那么，本案中的涉案食品是否属于食品安全法中的"回收食品""超过保质期的食品原料"是首先必须界定的问题。

根据不同的经营现状和储存措施，福某公司涉案的食品原料有两类：第一类是因工艺、原料要求不符而由上家退回的烟熏风味肉饼、冷冻香煎鸡排、灯影牛肉丝；第二类是超过保质期的冷冻腌制小牛排、冷冻香煎鸡排、灯影牛肉丝、冰鲜转冰冻的鸡皮和鸡胸肉。

（1）第一类食品是否属于"回收食品"。根据食品安全法、国家质量监督检验检疫总局发布的《关于严禁在食品生产加工中使用回收食品作为生产原料等有关问题的通知》对回收食品作出界定，并规定禁止生产、经营以回收食品作为原料生产的食品。根据上述规定，回收食品包括"因各种原因停止销售，由批发商、零售商退回食品生产加工企业的各类食品及半成品"。本案中的第一类食品均因工艺和原料要求不符而由上家退货的食品，符合回收食品的定义。因此，被告单位使用这类食品作为原料，加工其他食品成品的行为，符合食品安全法规定的"生产以回收食品作为原料生产的食品"。

（2）第二类食品是否属于"超过保质期的食品原料"。食品安全法对保质期作了相关规定，包括"保质期是指预包装食品在标签指明的贮存条件下保持品质的期限，预包装食品的包装上应当有标签、标签应当标明保质期"等内容。保质期的具体规定已由食品安全法予以明确,并为食品行业所明知,两被告单位应严格遵照执行。

根据百胜公司设定的工艺流程,两被告单位完成了涉案冷冻腌制小牛排主要生产加工程序,因工艺、原料要求不符,百胜公司终止订单,遂包装后放入冷库储存。嗣后,销售人员积极寻找客户,在超过系统设定的180天保质期限后,又进行加工并销售。该小牛排超过预设保质期的事实,能够由在案的电子邮件、统计报表等客观证据予以证实。上述冷冻腌制小牛排经过解冻、注射、滚揉等生产加工程序后,添加了全蛋液、调味料等辅料,与小牛排原料已有明显区别,并形成新的食品成品,原小牛排应属于超过保质期的食品原料。因此,被告单位使用超过保质期小牛排加工成黑胡椒牛排的行为,属于食品安全法中规定的"生产用超过保质期的食品原料生产的食品"。

根据在案证据,由河北福某公司库存的2000余箱涉案香煎鸡排均已超过保质期;由百胜公司退回的1000余箱灯影牛肉丝,也已经超过保质期。后被告单位使用上述涉案食品为原料,加工香煎鸡排、香辣牛肉丝。那么,上述两种涉案食品属于"超过保质期的食品原料"。被告单位的加工行为也属于食品安全法中规定的"生产用超过保质期的食品原料生产的食品"。

本案中的冰鲜鸡皮、鸡胸肉系上海福某公司因生产计划改变,自行转为冻品并延长保质期。根据在案证据,涉案冰鲜鸡皮、鸡胸肉的生产日期为2014年5月30日、31日,保质期为6天。同年6月2日,被告单位将冰鲜转冷冻保存。直至同年6月中旬、7月中旬,被告单位将超过"6天"保质期的冰鲜为原料,加工成麦乐鸡、麦香鸡排等成品。那么,涉案冰鲜鸡皮、鸡胸肉属于超过保质期的食品原料,被告单位的加工行为也属于食品安全法中规定的"生产用超过保质期的食品原料生产的食品"。

2. 用回收食品或超过保质期的食品作为原料生产的食品是否系生产、销售伪劣产品罪中的"不合格产品"

本案中,两被告单位实施的行为违反了食品安全法等相关食品安全的法律法规。但鉴定、检测机构在涉案食品中未检出有毒、有害的非食品原料,也未检出标准限量的致病性微生物等危害人体健康的物质。因此,涉案行为不构成生产、销售不符合安全标准的食品罪和生产、销售有毒、有害食品罪。该行为是否构成生产、销售伪劣产品罪，取决于涉案的食品是否系生产、销售伪劣产品罪中的"不合格产品"。

涉案食品是否属于不合格产品，须结合《产品质量法》第26条第2款的规定进行界定。该款规定，产品质量应当符合下列要求：一是不存在危及人身、财产安全的不合理的危险，有保障人体健康和人身、财产安全的国家标准、行业标准的，应当符合相关标准。二是具备产品应当具备的使用性能，但是，对产品存在使用的瑕疵作出说明的除外。三是符合在产品或者在其包装上注明采用的产品标准，符合以产品说明、实物样品等方式表明的质量状况。那么，问题的核心就在于涉案的食品是否违反了该款中的要求。

生产、销售不符合安全标准的食品罪和生产、销售有毒、有害食品罪的评价侧重点不同于生产、销售伪劣产品罪。前两罪的评价重点在于涉案的食品是否会引发实际的人身伤亡以及有没有发生这种实害结果的危险性。后者的评价重点在于产品的质量是否合格。两种标准之间具有包容关系，引发实际的人身伤亡以及具有发生这种实害结果的危险性的食品必然质量不合格，但质量不合格的产品未必具有上述特性。最高人民法院、最高人民检察院《关于办理危害食品安全刑事案件适用法律若干问题的解释》（以下简称《食品安全解释》）第13条规定，生产、销售不符合安全标准的食品，无证据证明足以造成严重食物中毒事故或者其他严重食源性疾病，不构成生产、销售不符合安全标准的食品罪，但是构成生产、销售伪劣产品罪等其他犯罪的，依照该其他犯罪处罚。这则规定也说明，食品质量不合格并不必然意味着涉案食品会引发实际的人身伤亡以及具有发生这种实害结果的危险性，两者的标准存在差异。因此，辩护意见以涉案的食品不具有生产、销售不符合安全标准的食品罪和生产、销售有毒、有害食品罪中的食品安全问题，就认为涉案食品不属于"不合格产品"，无疑是混淆了三个罪名的评价侧重点和认定标准。

从食品安全法的立法初衷以及设置具体禁止性条款的原意来看，违反食品安全法的行为就具有危及健康的风险。只不过这种危及健康的风险有不同的程度。最为严重的是直接发生人员伤亡的实害后果；而后则是具有导致人员伤亡的危险性。最为轻缓的则是原料的来源具有瑕疵，或为回收，或为超过保质期，导致食品具有危及人体健康的风险。

针对上述风险，我国法律体系设立了体系严密的规制模式。对于前两种风险，由生产、销售不符合安全标准的食品罪，生产、销售有毒、有害食品罪予以规制。

后一种风险根据具体的涉案数额，分别由生产、销售伪劣产品罪以及行政违法予以规制。正如前述，生产、销售伪劣产品罪的评价侧重点在于产品的质量本身，不同于生产、销售不符合安全标准的食品罪和生产、销售有毒、有害食品罪。因此，《产品质量法》第26条第2款中"危及人身、财产安全的不合理的危险"的界定标准，不能等同于生产、销售不符合安全标准的食品罪中的"足以造成严重食物中毒事故或者其他严重食源性疾病"的危险，也不能与生产、销售有毒、有害食品罪中的"掺有有毒、有害的非食品原料"画等号。在涉食品犯罪中，"不合格产品"的含义应该理解为违反食品安全法但尚未达到实际致人伤亡的实害后果或者具有该危险性的程度。从食品质量的角度分析，食品的原料是食品的重要组成部分，因此，其也须符合相应的法律规定。如果涉案食品的原料存在过期、回收等情况，那么，食品质量无疑也是不合格的。

实践中应当以是否遵守了食品安全法的规定进行分析。食品安全法是为保证食品安全，保障公众身体健康和生命安全而制定的法律。该法将用回收食品作为原料生产的食品和用超过保质期的食品为原料生产的食品，均规定为不符合食品安全标准或者要求的食品范畴，并明令禁止生产和经营。食品安全法作出上述禁止性规定，是由于回收食品经过储存、运输、销售等多个环节，极易受到外来不明物质的污染，而超过保质期的食品容易腐败、质变。因此使用上述食品为原料生产的食品具有较高的健康风险。本案中，两被告单位使用的原料是回收或过期的食品，该行为违反了食品安全法的规定，因而也就违反了《产品质量法》第26条第2款中"不存在危及人身、财产安全的不合理的危险"的要求。

综上所述，涉案食品应当认定为"不合格产品"。2021年新修订的《食品安全解释》第15条第2款已对此作出明确规定，"生产、销售用超过保质期的食品原料、超过保质期的食品、回收食品作为原料的食品，或者以更改生产日期、保质期、改换包装等方式销售超过保质期的食品、回收食品，适用生产、销售伪劣产品罪定罪处罚"，为今后此类案件的办理提供了直接依据。

二、生产、销售不符合现有产品国家标准的创新产品行为的性质认定——刘某某生产、销售伪劣产品不起诉案

【基本案情】

2017年10月26日，刘某某以每台1200元的价格将其公司生产的"T600D"型电动跑步机对外出售，销售金额合计5万余元。当地市场监督管理部门通过产品质量抽查，委托浙江省家具与五金研究所对所抽样品的18个项目进行检验，发现该跑步机"外部结构""脚踏平台"不符合国家强制标准，鉴定为不合格产品。2017年11月至12月，刘某某将研发的"智能平板健走跑步机"以跑步机的名义对外出售，销售金额共计701.4万元。经市场监督管理部门委托宁波出入境检验检疫技术中心检验，该产品未根据"跑步机附加的特殊安全要求和试验方法"加装"紧急停止开关"，且"安全扶手""脚踏平台"不符合国家强制标准，被鉴定为不合格产品。

【争议焦点】

能否按照跑步机的国家强制标准认定该产品为"不合格产品"。

【案件评析】

涉案产品能否认定为"不合格产品"直接关系到犯罪嫌疑人罪与非罪的问题。司法实践中，对于产品是否合格一般通过司法鉴定即可解决，但本案的特殊之处在于，对于具有一定创新性的新型产品，能否直接按照现有的国家标准来判定其是否合格，这已不是单纯的司法鉴定可以解决的问题，而应由司法机关在综合考虑全案证据的基础上，独立作出判断。

本案中，检察机关通过实地调查核实，发现"智能平板健走跑步机"运行速度与传统跑步机有明显区别。通过电话回访，了解到消费者对该产品的质量投诉为零，且普遍反映该产品使用便捷，未造成人身伤害和财产损失。检察机关经进一步审查，鉴定报告中认定"智能平板健走跑步机"为不合格产品的主要依据，是该产品没有根据跑步机的国家强制标准，加装紧急停止装置、安全扶手、脚踏平台等特殊安全配置。经进一步核实，涉案"智能平板健走跑步机"最高限速仅8公里/小时，远低于传统跑步机20公里/小时的速度，加装该公司自主研发的红外感应智能控速、启停系统后，实际使用安全可靠，并无加装前述特殊安全配置的必要。检察

机关又进一步咨询了行业协会和专业人士,业内认为"智能平板健走跑步机"是一种新型健身器材,对其适用传统跑步机标准认定是否安全不尽合理。在此基础上,检察机关就本案进行听证,听取侦查人员、辩护律师、人大代表、相关职能部门代表和跑步机协会代表等意见。与会听证员一致认为,涉案"智能平板健走跑步机"是企业创新产品,从消费者使用体验和技术参数分析,使用该产品不存在现实隐患,在国家标准出台前,不宜以跑步机的强制标准为依据认定其为不合格产品。综合全案证据,检察机关认定,"智能平板健走跑步机"是一种区别于传统跑步机的创新产品,不应根据传统跑步机质量标准认定其为不合格产品,并由此对犯罪嫌疑人刘某某作出不起诉决定。

笔者认为,对创新产品要进行实质性审查判断,不宜简单套用现有产品标准认定为"伪劣产品"。刑法规定,以不合格产品冒充合格产品的,构成生产、销售伪劣产品罪。认定"不合格产品",以违反产品质量法规定的相关质量要求为前提。产品质量法要求产品符合"不存在危及人身、财产安全的不合理的危险","有保障人体健康和人身、财产安全的国家标准、行业标准的,应当符合该标准"的要求;同时,产品还应当具备使用性能。根据这些要求,对于已有国家标准、行业标准的传统产品,只有符合标准的才能认定为合格产品;对于尚无国家标准、行业标准的创新产品,应当本着既鼓励创新,又保证人身、财产安全的原则,多方听取意见,进行实质性研判。创新产品在使用性能方面与传统产品存在实质性差别的,不宜简单化套用传统产品的标准认定是否"合格"。创新产品不存在危及人身、财产安全隐患,且具备应有使用性能的,不应当认定为伪劣产品。相关质量检验机构作出鉴定意见的,检察机关应当进行实质审查。

第三章 生产、销售、提供假药罪办案指引

第一节 生产、销售、提供假药罪概述

一、生产、销售、提供假药罪的立法沿革

生产、销售、提供假药犯罪严重威胁人民群众的身体健康、生命安全和社会稳定。国家高度重视药品安全,历来重视对药品生产、销售的监督和管理为适应药品监督和管理需要,保护人民群众生命健康安全,我国刑法对本罪作了多次修改完善。

生产、销售、提供假药犯罪的刑事法律发展历程,是与我国药品的监督体制变革交织发展的过程。刑事法律的每次调整,都是对监管制度、社会关切的立法回应,都有着深刻的社会背景。因此,理解适用生产、销售、提供假药罪,必须了解该罪立法的脉络,并准确把握背后的时代背景、社会背景,并据此了解立法的价值取向。

(一) 1979 年刑法之前的立法情况

1957 年的《中华人民共和国刑法草案(初稿)》(第 22 稿)最早出现关于本罪的表述。该草案第 191 条规定:"意图营利,制造、贩卖假药,造成严重后果的,处三年以下有期徒刑或者拘役,可以并处或者单处一千元以下罚金。"此后,1963 年《中华人民共和国刑法草案(修正稿)》(第

33稿）第180条也规定了该罪。

（二）1979年《刑法》相关规定

1979年刑法吸收了1957年草案的立法研究成果在该法第六章"妨害社会管理秩序罪"中，对生产、销售假药罪作出处罚规定。1979年《刑法》第164条规定："以营利为目的，制造、贩卖假药危害人民健康的，处二年以下有期徒刑、拘役或者管制，可以并处或者单处罚金；造成严重后果的，处二年以上七年以下有期徒刑，可以并处罚金。"该条文是首次正式实施的关于生产、销售假药犯罪的刑法条文，也是1979年《刑法》中关于生产、销售伪劣产品类犯罪的唯一条款，凸显了立法者对制售假药犯罪的关注，这对依法惩治生产、销售假药犯罪，加强民生保护，维护人民群众用药安全发挥了重要作用。但实践中，该法规定的不足也逐渐呈现按照1979年《刑法》的规定，制造、贩卖假药构成犯罪，既要具有"以营利为目的"的主观故意，又要产生"危害人民健康"的实害结果，明确彼时该罪属于结果犯。上述规定使得该罪的入罪门槛较高，不利于对假药犯罪的打击惩治。同时，1979年《刑法》出台之时，我国没有配套的法规规章对何为"假药"作出解释，不利于该罪的司法认定。

（三）1984年《药品管理法》颁布至1997年修订刑法期间的情况

1984年9月，第六届全国人民代表大会第七次会议通过了《药品管理法》，这是我国第一部比较完备、比较系统的有关药品管理方面的专门法律。该法第33条、第34条规定，禁止生产、销售假药、劣药。药品所含成分的名称与国家药品标准或省、自治区、直辖市药品标准规定不符合的，或以非药品冒充药品，以他种药品冒充此种药品的，为假药。国务院卫生行政部门禁止使用的，未取得批准文号生产的，变质不能药用的，被污染不能药用的药品，均按假药处理。药品成分的含量与国家药品标准或省、自治区、直辖市药品标准规定不符合的，或超过有效期的，或其他不符合药品标准规定的，为劣药。1984年《药品管理法》第50条、第51条规定了生产、销售假药、劣药应承担的行政法律责任。同时，该法第50条第2款规定，"对生产、销售假药，危害人民健康的个人或者单位直接责任人员,依照刑法第一百六十四条的规定追究刑事责任"。

随着我国市场经济的快速发展,一些犯罪分子受到生产、销售假药暴利的诱惑,将生产、销售假药视为发财的捷径。在一定时期内,此类犯罪数量日益增多,社会危害严重,对人民群众身体健康和用药安全带来较大损害。

1992年的"白武松案"对假药犯罪的刑事立法完善起到了重要的推动作用。1992年,被告人白武松从安徽阜阳医药市场上大量购买便宜、滞销、过期药品,加以改制和伪造后,出售给无证经营的个体药贩,从中非法牟利。在此期间,白武松用限制性剧毒药"氯化琥珀胆碱注射液"伪造成"硫酸小诺霉素注射液"和"硫酸卡那霉素注射液",并投入市场销售,最终造成数名儿童用药后死亡的严重后果。被告人白武松制造、销售假药的行为,构成1979年《刑法》第164条规定的制造、贩卖假药罪。根据该条规定,该罪的法定最高刑为7年,适用在该案中明显畸轻。最终,安徽省阜阳地区中级人民法院一审判决,认定白武松系以制造、销售假药的危险方法致人死亡,判处死刑,剥夺政治权利终身。被告人上诉后,安徽省高级人民法院经过二审审理,裁定驳回上诉,维持原判。"白武松案"一定程度上反映了我国刑法对生产、销售假药劣药犯罪量刑过轻的问题。

为适应药品犯罪的新形势和现实打击需要,在总结司法实践经验的基础上,1993年7月2日,第八届全国人民代表大会常务委员会第二次会议通过了《关于惩治生产、销售伪劣商品犯罪的决定》,该决定作为单行刑法,将生产、销售劣药的行为从假药犯罪中分离出去,并将生产、销售假药罪的最高刑提高到死刑,另增加了没收财产刑和单位犯罪的处罚规定。根据上述决定,"生产、销售假药,致人死亡或者对人体健康造成其他特别严重危害的,处10年以上有期徒刑、无期徒刑或者死刑,并处罚金或者没收财产"。该决定大幅提高了对制售假药犯罪的刑事惩治力度。

其后,在1997年修订刑法时,在第三章"破坏社会主义市场经济秩序罪"的第一节"生产、销售伪劣商品罪"中,规定了生产、销售假药罪和生产、销售劣药罪的罪名。1997年《刑法》第141条规定:"生产、销售假药,足以严重危害人体健康的,处三年以下有期徒刑或者拘役,并处或者单处销售金额百分之五十以上二倍以下罚金;对人体健康造成严重危害的,处三年以上十年以下有期徒刑,并处销售金额百分之五十以上二倍以下罚金;致人死亡或者对人体健康造成特别严重危害的,处十年以上有期徒刑、无期徒刑或者死刑,并处销售金额百分之五十以上二倍以下罚金或者没收财产。"按照该条规定,生产、销售假药罪属于具体危险犯,在定罪时不但要查明确有生产、销售假药的行为,还要查明该假药满足"足以严重危害人体健康"的实际危险程度。该条规定的假药,是指依照《药品管理法》的规定属于假药和按假药处理的药品、非药品。其中,"假药"包括:(1)药品所含成分的外称与国家药品标准或者省、自治区、直辖市药品标准规定不符的;(2)以非药品冒充药品或者以他种药品冒充此种药品的。"按假药处理"包括:(1)国务院卫生行政部门规定禁止使用的;(2)未取得批准文号生产的;(3)变质不能药用的;(4)被污染不能药用的。

(四)2011年《刑法修正案(八)》的修改情况

1997年《刑法》虽然在打击假药犯罪方面起到了巨大的作用,然而随着时间的推移,本条规定的弊端越发明显。第一,构成本罪要求假药必须"足以严重危害人体健康",实践中由于因果关系难以确定,造成打击困难。行政执法和刑事侦查部门反映,假药与严重危害人体健康两者之间的因果关系,由于个体身体条件的差异、药品的药理、药性作用于人体时间长短的不同,有的假药在部分人身体上危害症状明显,在部分人身上危害症状不明显;有的假药对于人体的危害可能很长时间才能显露。在实践中,对人体健康的危害后果难以查明是药品还是疾病本身造成的,或是由于其他疾病导致的,更无法确定服用假药后是否会存在隐性的、长期的危害后果。"足以严重危害人体健康"是临床评价性内容,司法机关不可能为此进行侦查实验。受制于科学技术水平和医疗检测手段,假药与危害人体健康的后果之间的因果关系难以完全查明。由于"足以严重危害人体健康"的规定,造成了食品药品监管部门向司法机关移送案件普遍存在"移送难、立案难、定罪难"的现象。第二,该条规定,对生产、销售假药构成犯罪的,还可以单处销售金额一定比例的罚金,处罚过轻。第三,虽然本罪的立法本意是要严厉打击假药的生产、销售者。但实践中,刑法规定对生产、销售假药犯罪除判处自由刑外,还要"并处销售金额百分之五十以上二倍以下罚金",对生产出来还没有销售的假药,不存在销售金额问题,该不该追究刑事责任,如何判处罚金数额,存在认识分歧,导致部分假药的生产者没有得到应有的惩处。

为加强对民生的保护,2011年《刑法修正案(八)》对《刑法》第141条作了修改,加大了对生产、销售假药犯罪的惩处力度。修改后的《刑法》第141条第1款规定:"生产、销售假药的,处三年以下有期徒刑或者拘役,并处罚金;对人体健康造成严重危害或者有其他严重情节的,处三年以上十年以下有期徒刑,并处罚金;致人死亡或者有其他特别严重情节的,处十年以上有期徒刑、无期徒刑或者死刑,并处罚金或者没收财产。"并在第2款设置了指引性条款,明确本条所称假药即"依照《中华人民共和国药品管理法》的规定属于假药和按假药处理的药品、非药品"。

这次修改主要有三个方面:第一,降低了入罪门槛,将"足以危害人体健康"的客观构成要件要素从罪状描述中删除,只要实施了生产、销售假药的行为就构成犯罪,避免了司法实践中因果关系的证明难题。这样修改是考虑到药品的主要功能是治疗疾病,维护人体健康,生产、销售假药行为已经构成对人体健康的威胁。第二,在加重处罚的情节中增加了关于有其他严重情节和特别严重情节的规定,主要是考虑到,除对人体健康造成严重危害和致人死亡的情节外,司法实践中还存在其他严重情节和特别严重情节,如生产、销售假药数量巨大,对人体健康具有严重的潜在危害等,也需要予以严惩。第三,删除了罚金刑中关于数额的具体规定,既解决了在实践中假药销售金额难以认定的问题,也避免了与当时《药品管理法》规定的行政处罚不协调,有利于办案人员根据案件情况决定需要判处的罚金金额。同时,考虑到生产、销售假药的行为危险性较大,单独判处罚金不足以发挥刑法的惩戒作用,该修正案删除了原单处罚金的规定,加大了对药品犯罪的惩戒力度。这次修改的直接效果,就是降低了本罪的入罪门槛。此后,生产、销售假药罪案件数量有了明显的上升。

根据刑法的规定,对于"假药"的定义,要援引《药品管理法》的规定,这就意味着《药品管理法》对"假药"的界定,直接决定了该罪名的适用范围,假药的范围过宽,打击的范围就可能过大,如果范围过窄,打击面就会缩小。

《药品管理法》在1984年首次颁布后,在现行有效的2019年《药品管理法》实施之前,还经历了2001年、2013年、2015年的三次修改。其中,2015年《药品管理法》对"假药"和"按假药处理"的表述作了调整和扩充,列出了"假药"和"按假药论处"的八种情形,除了两种"典型的假药"或者说是"实质的假药"外,还有六种是"以假药论"的假药,属于法律拟制,共同组成了假药"2+6"的格局。具体如下:

有下列情形之一的,为假药:(1)药品所含成分与国家药品标准规定的成分不符的;(2)以非药品冒充药品或者以他种药品冒充此种药品的。

有下列情形之一的药品,按假药论处:(1)国务院药品监督管理部门规定禁止使用的;(2)依照本法必须批准而未经批准生产、进口,或者依照本法必须检验而未经检验即销售的;(3)变质的;(4)被污染的;(5)使用依照本法必须取得批准文号而未取得批准文号的原料药生产的;(6)所标明的适应症或者功能主治超出规定范围的。

(五)2019年《药品管理法》的修改

《药品管理法》是我国药品监管的基本法律,也是对生产、销售假药犯罪惩处的行政法依据。《药品管理法》于1984年制定,2001年2月修订,除在2013年12月和2015年4月因"放管服"改革对个别条款作了修改以外,没有进行大的修改。十八年间,《药品管理法》的颁布实施对保障公众用药需求、促进医药产业持续较快发展发挥了很大作用,药品产业有了快速迅猛的发展,人民群众对用药安全有效的需求得到了法治保障。但同时,随着经济社会以及医药产业发展,涉药违法行为和损害公众健康的现象出现了新的变化,原有监管制度不能适应且阻碍发展的矛盾越显突出。其间,"陆勇案"以及后续的多个现实版"药神案"引起社会广泛讨论。药品管理法律制度设计与党中央对药品监管工作的新要求、人民群众对药品安全的新期待、药品管理工作面临的新形势等存在一定差距,亟须修改。

陆勇是一名慢粒白血病病人,医生推荐他服用瑞士诺华公司生产的名为"格列卫"的抗癌药,这种药品的售价高达23500元1盒,一名慢粒白血病患者每个月需要服用1盒,这种药物可以稳定病情、正常生活,但花费高昂。2004年6月,陆勇了解到印度仿制"格列卫"抗癌药,药效几乎相同，但一盒仅售 4000 元。印度和瑞士两种"格列卫"对比检测结果显示，药性相似度 99.9%。陆勇开始服用仿制"格列卫"，并向病友分享了这一消息。随后，很多病友让其帮忙购买此药，人数达数千人。2014 年 7 月，湖南省沅江市检察院以"妨害信用卡管理"和"销售假药"为罪名对陆勇提起公诉。起诉后该案受到社会广泛关注，代购境外仿制药问题受到各界热议，将法律拟制假药与实质假药同等对待一律入罪，饱受社会批评。2015 年 2 月，沅江市检察院以陆勇的"购买和助人购买未经批准进口的抗癌药品行为"不是销售行为，不构成销售假药罪，以及网购信用卡行为情节显著轻微，危害不大为由，撤回起诉。"陆勇案"之后又发生的"聊城假药案"中，卡博替尼也是在国外上市并取得一定疗效的新药，因案发时没有经过我国药监部门的批准进口，按假药论处，其中主要的法律依据是当时实施的《药品管理法》。

2019 年 8 月 26 日，十三届全国人大常委会第十二次会议表决通过《中华人民共和国药品管理法》修订草案，于 2019 年 12 月 1 日起正式施行。这是《药品管理法》自 2001 年修订以后 18 年来进行的一次全面的大修。这次修订中，社会关注度较高，对惩治生产、销售假药犯罪影响较大的修订内容，是对假药的范围作了较大调整。修订的重要原因在于，此前法律对假药劣药范围的界定比较宽泛，既有根据药品质量界定的假药、劣药，又有违反药品管理按假药、劣药论处的情形。按"假药论处"的案件社会效果不佳，难以回应群众诉求。全国人大常委会法工委、国家药监局多次组织专家进行专门论证，深入监管执法一线调研，广泛听取国际国内各方意见。经过认真研究，决定作出调整，主要按照药品功效重新界定假药、劣药范围。

一是将假药、劣药、按假药论处、按劣药论处两类四种违法情形，调整为假药、劣药两种违法情形，不再保留按假药论处和按劣药论处的概念。

二是精准界定假药。将假药由八种情形调整为四种情形，包括：（1）药品所含成分与国家药品标准规定的成分不符；（2）以非药品冒充药品或者以他种药品冒充此种药品；（3）变质的药品；（4）药品所标明的适应症或者功能主治超出规定范围。

三是科学界定劣药，调整后的劣药包括：（1）药品成分的含量不符合国家药品标准;(2)被污染的药品;(3)未标明或者更改有效期的药品;(4)未注明或者更改产品批号的药品;(5)超过有效期的药品;(6)擅自添加防腐剂、辅料的药品;(7)其他不符合药品标准的药品。

四是对原按假药论处、按劣药论处情形中国务院药品监督管理部门禁止使用的药品、必须批准而未经批准生产进口的药品、必须检验而未经检验即销售的药品、使用必须批准而未经批准的原料药生产的药品、使用未经批准的直接接触药品的包装材料和容器生产的药品,单独作出规定,明确禁止生产、进口、销售、使用这些药品,从严规定处罚。

修订后的《药品管理法》对假药的认定范围进行缩减,从"2+6"减为4种情形,突出以药品功效评价为核心的假药定义,将药品功效和药品许可管理秩序分开认定,取消了"按假药论处"有关规定,对不合格假药的分类进行了重大调整,将原"按假药论处"的"变质的""所标明的适应症或者功能主治超出规定范围的"药品归入"假药"的范畴,将原"按假药论处"的"被污染的"药品归入"劣药"的范畴,同时删除原"按假药论处"的"依照本法必须批准而未经批准生产、进口,或者依照本法必须检验而未经检验即销售的"的规定。《药品管理法》对假药、劣药的范围进行修改,没有再把未经批准进口的药品列为假药,回应了社会的广泛关切。但应当注意的是,法律把未经批准进口的药品从假药中单列出来规定,并不等于降低了处罚力度,而是分层次设定了法律责任。

(六) 2020 年《刑法修正案(十一)》的修改情况

在 2019 年《药品管理法》对假药的内涵与外延进行了重大调整后,2020 年,《刑法修正案(十一)》对"生产、销售假药罪"作出了相应的调整,具体是将《刑法》第 141 条修改为:"生产、销售假药的,处三年以下有期徒刑或者拘役,并处罚金;对人体健康造成严重危害或者有其他严重情节的,处三年以上十年以下有期徒刑,并处罚金;致人死亡或者有其他特别严重情节的,处十年以上有期徒刑、无期徒刑或者死刑,并处罚金或者没收财产。药品使用单位的人员明知是假药而提供给他人使用的,依照前款的规定处罚。"

本次修正,一是删除了原条文第 2 款有关假药的概念界定,同《药品管理法》中对假药的分类保持了一致做好了衔接,也同时考虑了行政法律修改频繁的具体情况。有意见认为，删除该款规定，会产生假药认定有行政处罚、刑事处罚两种不同认定标准的认识误解。对此需要注意的是，立法修改的目的是做好衔接，可以不在刑法中规定依照相关法律确定具体问题，但关于假药的范围，实践中，还应依照《药品管理法》的规定作出认定。

二是参照了《药品管理法》第119条的规定，明确了药品使用单位人员明知是假药而提供给他人使用的行为的处罚。《刑法修正案（十一）》明确在《刑法》第141条中增加一款，规定"药品使用单位的人员明知是假药而提供给他人使用的，依照前款的规定处罚"。2014年《最高人民法院、最高人民检察院关于办理危害药品安全刑事案件适用法律若干问题的解释》（以下简称《药品司法解释》）第6条进一步明确，药品使用单位及其工作人员明知是假药、劣药而有偿提供而他人使用的，应当认定为《刑法》第141条、第142条规定的"销售"；无偿提供给他人使用的，应当认定为《刑法》第141条、第142条规定的"提供"。也即，对于实践中存在的捐赠、义诊等活动中将假劣药无偿提供给他人使用的情形，也应适用该规定。

此后，最高人民法院、最高人民检察院《关于执行〈中华人民共和国刑法〉确定罪名的补充规定（七）》明确取消"生产、销售假药罪"，修改为"生产、销售、提供假药罪"。与此同时，《刑法修正案（十一）》与修改后的《药品管理法》进一步衔接，将一些此前"以假药论"的情形以及违反药品生产质量管理规范的行为等单独规定为一类犯罪，在《刑法》第142条后增加一条，作为第142条之一："违反药品管理法规，有下列情形之一，足以严重危害人体健康的，处三年以下有期徒刑或者拘役，并处或者单处罚金；对人体健康造成严重危害或者有其他严重情节的，处三年以上七年以下有期徒刑，并处罚金：（一）生产、销售国务院药品监督管理部门禁止使用的药品的；（二）未取得药品相关批准证明文件生产、进口药品或者明知是上述药品而销售的；（三）药品申请注册中提供虚假的证明、数据、资料、样品或者采取其他欺骗手段的；（四）编造生产、检验记录的。"根据最高人民法院、最高人民检察院《关于执行〈中华人民共和国刑法〉确定罪名的补充规定（七）》规定，增设"妨害药品管理罪"。

二、生产、销售、提供假药罪的发案态势

近年来，生产、销售、提供假药犯罪较为多发，且在互联网高速发展的大环境下快速演变升级，从线下实施向线上转移，药品犯罪越发快捷隐蔽，打击惩治难度不断加大。

2010年以来，检察机关办理的生产、销售、提供假药犯罪案件数量总体与《药品管理法》和《刑法》修改关系密切，与法律修改带来的假药犯罪打击力度变化呈正向相关关系。2011年《刑法修正案（八）》出台后，假药犯罪案件大幅上升，2011年检察机关受理审查起诉人数达到2010年的3.4倍，2012年受理人数更是上升至2010年的34倍之多，打击假药犯罪力度明显增大。此后2013年至2019年，检察机关受理假药犯罪案件数量基本持平，稳定在年均受理七千人上下。然而，2019年《药品管理法》修改后，假药范围受到限缩，检察机关办理的生产、销售假药案件数量出现大幅下降，受理人数回落至2011年水平。2020年，《刑法修正案（十一）》正式出台，与《药品管理法》修改相呼应，受该修正案生效影响，2021年检察机关受理审查起诉假药犯罪人数继续大幅下降，受理人数已与2010年水平相当，全年受理人数已不足一千件。在地域分布上，过去十年，广东、江苏、浙江、辽宁等省份办案力度较大。

一是制售假药形成犯罪产业链，规模日益增大。生产、销售假药犯罪团伙横跨多个地区和省份，尤其是利用网络销售伪劣药品时，往往从甲地购得假冒注册商标标识和制假原料设备，在乙地隐蔽地点组织造假、拼装、包装，然后通过网店等形式销售，再通过物流公司送货，由送货人等代收赃款；或以电话订购、在线订购的方式，让患者向指定银行账号汇款，再通过邮寄、快递等方式将假药送到被害人手里；或以国内采购、货代中转的方式跨国销售假药；或利用非法手段租赁、借用、伪造有药品购销资格的经营企业证照和票据，从事非法药品购销活动，致使假药避开监管流入偏僻乡村药店等，形成产业链式犯罪。由于"从业"人员众多，较容易寻找到上下游分工配合，使得制售假药呈现犯罪生态化的特征。生产、销售假药犯罪的低成本、高利润，诱发家庭成员分工合作，"家庭式"共同犯罪的情况逐步增多。

二是制售假药犯罪向互联网转移，手段越发隐蔽。药品案件由传统实

体店销售模式，逐渐转为线上销售模式。犯罪分子往往通过建立网站，或者利用聊天工具、网商平台、二手物品交易平台等，依据便捷的电子支付、快递物流等渠道销售假药，网络广告、网站宣传、网点兜售成为假药流入市场的主要渠道。犯罪分子通过各种渠道广泛获得信息，获取客户资源，利用微信群、朋友圈等发布销售信息，参与人员多，涉及地域广，犯罪手段隐蔽。在药品物流方面，假药通过邮局、快递公司送货并代收货款的方式流入市场，甚至有犯罪分子专门成立快递公司为假药销售商代为送货。

三是涉罪药品种类随社会生活变化呈现新动向。涉案假药种类广泛，风湿骨病药、抗糖尿病药、抗肿瘤药涉案较多，新型医疗美容药品，肉毒素、美白针、溶脂针、麻醉针等美容针剂等涉罪案件增量明显，在新冠肺炎疫情特殊背景下，涉疫苗案件也有所增加。

三、生产、销售、提供假药罪的概念和构成特征

生产、销售、提供假药罪，是指自然人或者单位故意生产、销售、提供假药。本罪是行为犯，只要实施了生产、销售、提供假药的行为，即构成犯罪，并不要求一定要有实际的危害结果发生。

（一）犯罪客体

关于本罪的犯罪客体，或者说所保护的法益，此前曾有一元论和多元论的争论，但目前已趋于统一。通常认为，生产、销售、提供假药罪侵犯的是多重法益，或者说是复杂客体，既侵犯了国家对药品正常的监督管理秩序，又侵犯了不特定多数人的生命、健康和安全。需要注意的是，在侵犯复数法益的犯罪中，法益难免有主次之分，换言之，多重法益难以一直互相一致、相辅相成，甚至在许多情况下会背道而驰，如前文所提"陆勇案"。在法益冲突情况下，法益的优先次序决定何种法益应当优先保护。对此，通常认为，生命健康法益作为人权的基本法益，人民群众的生命健康安全，应当受到优先保护。但从另一角度看，也有观点主张，由于药品规模化生产、销售的性质，在侵犯国家对药品正常的监督管理秩序时，受侵害的不是某一个具体个人的生命健康安全，而是不特定多数人的生命健康安全，更应当得到优先保护。

（二）客观方面

本罪的客观方面表现为生产、销售假药的行为，以及药品使用单位的人员明知是假药而提供给他人使用的行为。

1. 生产、销售、提供的必须是假药

在办理本罪案件时，应当依照 2019 年修改的药品管理法来认定假药。2019 年《药品管理法》第 98 条规定了假药的四种情形：（1）药品所含成分与国家药品标准规定的成分不符；（2）以非药品冒充药品或者以他种药品冒充此种药品；（3）变质的药品；（4）药品所标明的适应症或者功能主治超出规定范围。应当注意的是，认定假药的前提是涉案物品为"药"。《药品管理法》第 2 条第 2 款规定，"本法所称药品，是指用于预防、治疗、诊断人的疾病，有目的地调节人的生理机能并规定有适应症或者功能主治、用法和用量的物质，包括中药、化学药和生物制品等"。因此，作为本罪犯罪对象的假药，是指人用药品或以人用药品名义进行销售的非药品。生产、销售假农药、假兽药不在此范围，可能构成生产、销售伪劣农药、兽药罪或者生产、销售伪劣产品罪等其他罪名。由于本罪对应的药品需要满足作用于人体的基本属性，但并不意味着个案中涉及的物质客观上都能够用于人体，有些物质本来不能用于人体，但行为人将该物质冒充为药品而生产、销售或提供，供人体使用的，符合"以非药品冒充药品"时，就属于本罪所指假药。

2. 具有生产、销售、提供假药的行为

何为"生产"？一般认为，从原料投入到产品出产的全过程，包括原料的采集、收集、配制以及加工、制造等行为。根据《药品司法解释》第 6 条规定，以生产、销售假药、劣药为目的，合成、精制、提取、储存、加工炮制药品原料，或者将药品原料、辅料、包装材料制成成品过程中，进行配料、混合、制剂、储存、包装的，应当认定为《刑法》第 141 条、第 142 条规定的"生产"。

何为"销售"？通常认为，向不特定或者多数人有偿提供假药的行为都是销售假药的行为。销售的方式既可能是公开的，也可能是秘密的；既可能是批量销售，也可能是零散销售；既可能是直接交付对方，也可能是间接交付对方；既可能是获取金钱，也可能是获取其他利益。根据《药品司法解释》第6条规定，药品使用单位及其工作人员明知是假药、劣药而有偿提供给他人使用的，应当认定为《刑法》第141条、第142条规定的"销售"。

何为"提供"？通常认为，是将假药供给、供应给对药品有需要的人。根据《药品司法解释》第6条规定，药品使用单位及其工作人员的"提供"行为，即为无偿提供给他人使用的这一种情形。

同时，根据《药品司法解释》第9条规定，在"明知"他人实施危害药品安全犯罪情况下，提供帮助的行为包括：（1）提供资金、贷款、账号、发票、证明、许可证件的；（2）提供生产、经营场所、设备或者运输、储存、保管、邮寄、销售渠道等便利条件的；（3）提供生产技术或者原料、辅料、包装材料、标签、说明书的；（4）提供虚假药物非临床研究报告、药物临床试验报告及相关材料的；（5）提供广告宣传的；（6）提供其他帮助的。

需要注意的是，并非任何生产、销售假药的行为都被评价为犯罪，根据《药品司法解释》第18条规定，根据民间传统配方私自加工药品或者销售上述药品，数量不大，且未造成他人伤害后果或者延误诊治的，或者不以营利为目的实施带有自救、互助性质的生产、进口、销售药品的行为，不应当认定为犯罪。

（三）犯罪主体

本罪是选择性罪名，生产假药、销售假药、提供假药的犯罪主体有所区别。

生产假药罪、销售假药罪的主体可以是自然人，也可以是单位。两罪的主体都是一般主体。达到刑事责任年龄（已满16周岁）并具有刑事责任能力的自然人均可构成本罪。根据《刑法》第150条之规定，单位也可构成本罪，对单位实行双罚制。单位犯本罪的，对单位判处罚金，并对其直接负责的主管人员和其他直接责任人员，按照本条的规定处罚。生产、销售者是否具有生产、销售药品的合法资格，不影响本罪的成立。

提供假药罪的主体是特殊主体，即药品使用单位及其工作人员。医院、疾病预防控制中心、防疫站、乡镇卫生院等药品使用单位人员具有药品专业知识，在日常工作中承担治疗疾患、疾病预防控制、卫生防疫等特殊职责，从事药品购进、储存、调配以及应用等活动，有的还直接面对人民群众，负有救死扶伤等特定义务。这些单位人员明知是假药而有偿销售、无偿提供给他人使用的行为，严重损害人民群众生命和身体健康，影响职业公信，社会危害严重。因此，刑法对这一特殊群体强化了注意义务。同时，《刑法修正案（十一）》作此修改，也是弥补了按原法律的司法解释，药品使用单位人员只有有偿提供假药才能认定为犯罪的漏洞。

（四）主观方面

本罪主观方面是故意，即明知生产或销售的是假药仍为之，不知道是假药而销售、提供的不构成销售假药罪或提供假药罪。但本罪不要求以获取非法利益为目的，即使低于成本价格出售假药，也不影响本罪的成立。同样，提供假药罪仅限于无偿提供给他人使用，不要求以非法获利为目的。在认定本罪时，不限于直接故意，还包括间接故意，即在行为时明知可能系假药仍然持放任的态度销售、提供给不特定个体的情况。在认定上述"明知"时，《药品司法解释》第10条规定，生产、销售、提供假药，应当结合行为人的从业经历、认知能力、药品质量、进货渠道和价格、销售渠道和价格以及生产、销售方式等事实综合判断认定行为人的主观故意。具有下列情形之一的，可以认定行为人有实施相关犯罪的主观故意，但有证据证明确实不具有故意的除外：（1）药品价格明显异于市场价格的；（2）向不具有资质的生产者、销售者购买药品，且不能提供合法有效的来历证明的；（3）逃避、抗拒监督检查的；（4）转移、隐匿、销毁涉案药品、进销货记录的；（5）曾因实施危害药品安全违法犯罪行为受过处罚，又实施同类行为的；（6）其他足以认定行为人主观故意的情形。

四、生产、销售、提供假药罪的追诉标准

最高人民检察院、公安部《关于公安机关管辖的刑事案件立案追诉标准的规定（一）的补充规定》（以下简称《补充规定》）第2条将最高人民检察院、公安部《关于公安机关管辖的刑事案件立案追诉标准的规定（一）》（以下简称《立案追诉标准（一）》）第17条作了修改。

生产、销售、提供假药的，应予立案追诉。但销售少量根据民间传统配方私自加工的药品，或者销售少量未经批准进口的国外、境外药品，

没有造成他人伤害后果或者延误诊治，情节显著轻微危害不大的除外。以生产、销售假药为目的，具有下列情形之一的，属于本条规定的"生产"：（1）合成、精制、提取、储存、加工炮制药品原料的；（2）将药品原料、辅料、包装材料制成成品过程中，进行配料、混合、制剂、储存、包装的；（3）印制包装材料、标签、说明书的。医疗机构、医疗机构工作人员明知是假药而有偿提供给他人使用，或者为出售而购买、储存的，属于本条规定的"销售"。本条规定的"假药"，是指依照《药品管理法》的规定属于假药和按假药处理的药品、非药品。

是否属于假药难以确定的，可以根据地市级以上药品监督管理部门出具的认定意见等相关材料进行认定。必要时，可以委托省级以上药品监督管理部门设置或者确定的药品检验机构进行检验。

《补充规定》主要是根据《刑法修正案（八）》对《刑法》第141条第1款的修改，对《立案追诉标准（一）》第17条作的修改，主要有四方面：一是生产、销售、提供假药罪由危险犯改为行为犯，其立案追诉标准直接修改为生产、销售、提供假药的应予立案追诉；二是参照《药品司法解释》的相关规定，明确了生产、销售假药罪可以出罪的情形；三是增加规定了"生产"和"销售"的认定；四是修改了"假药"的认定。

从以上修改看，出罪情形中的"销售少量未经批准进口的国外、境外药品"，与《刑法修正案（十一）》和《药品管理法》的规定不一致。上述行为不再纳入生产、销售、提供假药罪的范畴，自然也不再有出罪问题。以假药论的问题，已由新法作出调整，不应再予以执行。具体适用中，应当以"两高"2022年颁布的《药品司法解释》为准，准确把握出犯罪的问题。

根据2022年颁布的《药品司法解释》规定，适用立案追诉标准，应当把握的主要差异有：

关于如何认定"生产"和"销售"。《药品司法解释》第6条规定，以生产、销售、提供假药、劣药为目的，合成、精制、提取、储存、加工炮制药品原料，或者在将药品原料、辅料、包装材料制成成品过程中，进行配料、混合、制剂、储存、包装的，应当认定为《刑法》第141条、第142条规定的"生产"。药品使用单位及其工作人员明知是假药、劣药而有偿提供给他人使用的，应当认定为《刑法》第141条、第142条规定的

"销售"；无偿提供给他人使用的，应当认定为《刑法》第141条、第142条规定的"提供"。

关于如何认定"假药"。《药品司法解释》第19条规定，《刑法》第141条、第142条规定的"假药""劣药"，依照《药品管理法》的规定认定。对于《药品管理法》第98条第2款第2项、第4项及第3款第3项至第6项规定的假药、劣药，能够根据现场查获的原料、包装，结合犯罪嫌疑人、被告人供述等证据材料作出判断的，可以由地市级以上药品监督管理部门出具认定意见。对于依据《药品管理法》第98条第2款、第3款的其他规定认定假药、劣药，或者是否属于第98条第2款第2项、第3款第6项规定的假药、劣药存在争议的，应当由省级以上药品监督管理部门设置或者确定的药品检验机构进行检验，出具质量检验结论。司法机关根据认定意见、检验结论，结合其他证据作出认定。

关于情节显著轻微危害不大、不认定为犯罪的情形。《药品司法解释》第18条规定，根据民间传统配方私自加工药品或者销售上述药品，数量不大，且未造成他人伤害后果或者延误诊治的，或者不以营利为目的实施带有自救、互助性质的生产、进口、销售药品的行为，不应当认定为犯罪。对于是否属于民间传统配方难以确定的，根据地市级以上药品监督管理部门或者有关部门出具的认定意见，结合其他证据作出认定。

第二节　生产、销售、提供假药罪的证据审查

生产、销售、提供假药犯罪案件证据种类复杂，特别是近年来药品犯罪产业化、网络化趋势明显，团伙化、集团化、跨地域实施带来新问题，药品犯罪证据收集、审查难度增大。特别是如何审查认定假药、如何审查认定主观明知等，均是证据收集、审查中的疑难问题。

一、犯罪客体证据

客体方面的证据审查目的是证明单位或行为人实施了生产、销售、提供的行为，侵犯了国家对药品安全的监督管理秩序和公民的生命健康权利。应当注重收集以下证据：

1. 行政部门提供的涉嫌犯罪案件情况的调查报告、认定意见等书证。
2. 被害人的举报材料、诊断材料、陈述、鉴定意见等。
3. 行政执法部门进入有关场所进行检查、取样、查封、扣押、录像、拍照等调查措施后形成的现场照片、电子数据、视听资料等与案件有关的证明材料。
4. 相关行政部门出具的行政执法决定书、责令整改通知书等相关材料。
5. 行为人关于相关资质等问题的供述和辩解。

二、客观方面证据

客观方面的证据审查目的是证明单位或行为人实行了生产、销售、提供的行为，证明行为对象是药品且系假药。办案时，应当注意收集审查以下证据：

（一）注意收集、审查证明案件发生的证据

主要包括公安机关发案、立案和破案经过，如报案登记、受案登记、立案决定书及破案经过证明等材料，以及相关人员的证言等。另外，还包括行政执法机关案件移送函等。

（二）注意收集、审查证明涉案药品是"假药"的证据

必须严格依照新修改的《药品管理法》规定的4类假药种类审查认定。"假药"是认定生产销售假药罪的核心，要在案件中重点审查证明涉案药品属于上述四类"假药"的相关材料。根据《药品司法解释》第19条第2款的规定，针对不同的假药类型，认定方式如下：对于《药品管理法》第98条第2款第2项、第4项及第3款第3项至第6项规定的假药、劣药，能够根据现场查获的原料、包装，结合犯罪嫌疑人、被告人供述等

证据材料作出判断的,可以由地市级以上药品监督管理部门出具认定意见。对于依据《药品管理法》第98条第2款、第3款的其他规定认定假药、劣药,或者是否属于第98条第2款第2项、第3款第6项规定的假药、劣药存在争议的,应当由省级以上药品监督管理部门设置或者确定的药品检验机构进行检验,出具质量检验结论。司法机关根据认定意见、检验结论,结合其他证据作出认定。

结合其他证据综合判断时,应重点收集审查涉案药品的外观特征、内在成分特征、性能特征;作案的工具、设备、原辅料,以及来源、数量、特征、下落;假药的名称、销售价格、包装、标识、功能主治、用法用量等具体特征;被害人购买或获取假药的时间、地点,药品的形状、价格、数量;涉案现场存放的成品、生产原料、生产设备和外包装等。

要加强对假药的鉴定意见、药品检验报告等相关材料的收集、审查,审查时的重点是鉴定意见、检验报告的主体是否合法,是否符合《药品管理法》及相关司法解释的级别要求,检材的提取、检验过程是否规范,以及检材与扣押清单是否一致。

(三)注重收集、审查证明生产、销售、提供假药行为的证据

认定生产、销售、提供假药行为,主要以客观性证据为核心,并同时辅以犯罪嫌疑人供述与辩解、证人证言、被害人陈述等言词证据综合认定。客观性证据主要包括:

1. 生产、销售假药的现场勘验检查笔录、照片;
2. 查封、扣押的假药实物证据、物品清单、照片;
3. 查封、扣押的制作假药的原材料原物、假药原物及清单和照片;
4. 查封、扣押的生产假药的设备及清单、照片;
5. 查封、扣押、冻结的生产、销售假药的资金及其清单、照片;
6. 与生产、销售假药有关的产销合同、委托书、授权书、销售收据、销售账目、业绩提成、出入库单证等材料;
7. 有关假药的说明书、外包装盒、包装铝箔纸、广告、宣传单、药品检验证、药品配方、药品标识、生产计划、生产报表等;
8. 与生产、销售假药有关的书证、物证、录音录像资料及电子数据,包括工作记录、内部培训材料、话术资料、宣传资料、网页截图、聊天记

录、网络支付记录等;

9.与被害人购买或获取假药有关的客观性证据。

(四)注重收集证明生产、销售、提供假药行为是犯罪嫌疑人实施的证据

1.犯罪嫌疑人的供述和辩解,同案犯的供述和指认,对犯罪嫌疑人的辨认笔录,对制售假药的窝点、仓库等的指认,对生产、销售活动知情的相关证人的证言,现场勘验检查笔录,生产、销售活动的录音录像资料和电子数据等。

2.侦查机关现场抓获经过或者说明,现场扣押或者提取的犯罪嫌疑人签字的生产、销售合同、计划、报表,公司、企业员工名单,支付或收取款项证明、银行账单,工商营业执照以及租赁生产、销售场所的合同证明等书证。

3.现场抓获犯罪嫌疑人的,应当审查发破案报告、抓获(经过)说明、扣押笔录等证据;对于未现场抓获犯罪嫌疑人的,应当结合同案犯供述、通信记录、营业执照、往来账户账簿记载、收条欠据等证据予以审查。

审查证据时,应以证实假药与犯罪嫌疑人存在紧密关联的客观等证据为主,同时结合犯罪嫌疑人供述、证人证言等言词证据,生产设备、原材料、产品清单和照片,以及生产记录、产销合同、销售收据和账簿等客观证据所载明的犯罪嫌疑人信息,实现人与行为的链接。对于通过网络销售假药的案件,一方面要注意审查电子数据采集、固定的合法性和客观性;另一方面要注意审查网络账户、网络聊天记录、网络支付记录等电子数据与犯罪嫌疑人的关联性。

(五)注重收集、审查证明犯罪情节的证据

《刑法》第141条规定,"对人体健康造成严重危害或者有其他严重情节"或者"致人死亡或者有其他特别严重情节"情形的,构成本罪的结果加重犯。《药品司法解释》第2条至第4条规定,生产、销售、提供假药,造成轻伤或者重伤的,造成轻度残疾或者中度残疾的;造成器官组织损伤导致一般功能障碍或者严重功能障碍的;其他对人体健康造成严重危害的情形,应当认定为"对人体健康造成严重危害"。引发较大突发公共

卫生事件的；生产、销售、提供假药金额20万元以上不满50万元的；生产、销售、提供假药金额10万元以上不满20万元，并具有本解释第1条规定情形之一的；根据生产、销售、提供的时间、数量、假药种类、对人体健康危害程度等，应当认定为情节严重的，应当认定为"其他严重情节"。致人重度残疾以上的；造成3人以上重伤、中度残疾或者器官组织损伤导致严重功能障碍的；造成5人以上轻度残疾或者器官组织损伤导致一般功能障碍的；造成10人以上轻伤的；引发重大、特别重大突发公共卫生事件的；生产、销售、提供假药金额50万元以上的；生产、销售、提供假药金额20万元以上不满50万元，并具有本解释第1条规定情形之一的；根据生产、销售的时间、数量、假药种类、对人体健康危害程度等，应当认定为情节特别严重的，应当认定为"其他特别严重情节"。

因此，要注重对上述两类情节证据的收集、审查认定。审查认定发生"对人体造成严重危害或者有其他严重情节"或者"致人死亡或者有其他特别严重情节"情形的，需要结合刑事科学技术鉴定对证明加重结果的证据进行审查，包括法医鉴定、伤残鉴定、药物中毒鉴定、医源性疾病鉴定、财产损害估价鉴定、医疗诊断资料、笔记证件等文痕检鉴定，司法会计鉴定等证据综合认定。

另外，《药品司法解释》在第1条还规定了生产、销售、提供假药应当酌情从重处罚的情形，在实践中要注意引导办案机关对除药品本身属性之外的相关证据予以收集，如证明涉案药品的使用范围（以孕产妇、儿童或者危重病人为主要使用对象）、涉案药品的类型（属于注射剂药品、急救药品）、特殊使用时段（用于应对自然灾害、事故灾难、公共卫生事件等情形）等证据，以充分揭示涉案药品对社会的危害，做到罚当其罪。

三、犯罪主体证据

在犯罪主体方面，要注重收集审查以下证据：
1. 犯罪嫌疑人的身份信息、前科劣迹情况。
2. 犯罪嫌疑人是否受到过医药学教育，是否具有医药行业从业经历。
3. 犯罪嫌疑单位的工商登记证明，药品生产、经营许可证、医疗机构制剂许可证等。

4. 犯罪嫌疑人或犯罪嫌疑单位二年内是否因危害药品安全违法犯罪活动受过行政或刑事处罚。

5. 对于提供假药罪的，应当收集涉案单位性质和涉案人员身份信息，证明是否为医疗机构或法律规定的药品使用单位。

需要说明的是，药品犯罪案件中，物证、书证、鉴定意见、电子数据等类型证据较多。相关证据的审查判断方法，与生产、销售伪劣产品犯罪案件的审查判断较相近，在上一章关于生产、销售假冒伪劣产品犯罪案件证据审查判断中已作了专门分析，此处不再赘述，具体可作参考。

四、主观方面证据

主观方面证据要件的目的是证明犯罪嫌疑人（单位）的对药品、假药的主观明知，对生产、销售、提供行为的主观明知。应当注意收集、审查以下证据：

（一）关于自然人犯罪案件

1. 犯罪嫌疑人的供述和辩解、证人证言、被害人陈述。

2. 原材料原物、假药品原物、产品说明书、产品广告、生产许可证、经营许可证、医疗机构制剂许可证、批准文号、国家产品质量标准、会议记录、账册等。

3. 生产、销售、提供假药场所的勘查检验笔录、行政处罚决定书、扣押清单、工作记录，以及犯罪嫌疑人过往学习、工作经历证明等。

4. 药品成分、药品时效的检验报告、鉴定意见、批准文件和许可证的文检、痕检鉴定意见和司法会计鉴定及视听资料、电子数据等。

5. 涉案账户银行资料和销售资金往来银行凭证。

6. 话术培训资料、老板员工客户聊天记录、客户投诉记录、产品副作用说明等。

7. 进货渠道的有关证据，上下家聊天记录等采购、销售证据。

实践中，犯罪嫌疑人常常辩称对生产、销售、提供假药行为"不明知"。对此，可以注重引导侦查机关讯问犯罪嫌疑人是否知道是药品，如果外包装上标示了"适应症""有功能主治、用法用量"等，应审查行为人是否明知是假药；要注重引导侦查机关讯问犯罪嫌疑人是否知道是假药、如何明知是假药等。如果包装上"没有标示国家食品药品监督管理总局批准的药品批准文号"，没有"医药产品注册证号"等，应当注重审查犯罪嫌疑人对行为违法性的明知，可以引导侦查机关讯问是否"已被行政警告或处罚过"等。此外，还应当审查犯罪嫌疑人是否明知是生产、销售、提供假药的行为，可以引导侦查机关讯问是否"摆在柜台上"、是否"明码标价"等。可以结合审查话术培训资料、老板员工客户聊天记录、客户投诉记录、产品副作用说明等，对犯罪嫌疑人使用"行业黑话"、物流信息造假、同行有无被抓、清除聊天记录和交易记录等异常行为进行追问。

（二）关于单位犯罪案件

首先要收集审查是否成立单位犯罪的证据，要重点收集审查单位成立后有无正规业务，是否正常开展业务，成立单位是否以实施生产、销售假药犯罪为目的，是否是生产、销售假药为主要活动，生产、销售假药的行为是否仅是部分业务没有按照正常途径操作，仅是偶尔实施了不法行为，单位成立前是否即实施生产、销售假药犯罪行为。

其次要重点收集、审查有无体现单位意志的证据，包括单位法定代表人、直接主管人员和其他直接负责人员的供述、单位集体讨论记录、有关负责人签署的文件，以及单位财务账目等书证和相关证人证言等证据，以证明生产、销售假药的行为系由单位集体研究决定，或者由单位的负责人或被授权的其他人决定、同意的，谋取的不正当利益或者违法所得大部分归单位所有。

（三）关于共同犯罪案件

审查的重点是为生产、销售、提供假药提供帮助的犯罪嫌疑人是否"知道"或者"应当知道"其所提供的帮助系被用于生产、销售、提供假药。对此，一般只需证明其知道所帮助的对象是制售假药人员即可。鉴于生产、销售假药犯罪具有产业化、链条化、网络化的特点，处于生产、销售链条中的行为人往往借口自己"不明知"以逃避刑事处罚，审查证据时需结合共犯嫌疑人之间的关系、社会背景、从业经历、通信记录、提供帮助行为的方式和处于犯罪产业链中的地位、作用以及同案犯供述等证据进行认定。

对于医疗机构内部人员收集、储存药品包装材料、说明书等与药品相关物品出售的案件，主观明知可分情形进行审查：

1. 对于医生、护士等医务工作人员，一般不需要进一步甄别其主观过错内容。实践中，此类人员应当知道上述物品能够被用于制售假药，一般可以直接依据其提供客观帮助行为的证据推定其"明知"的主观心态。

2. 对于清洁工、护工等非医务工作人员，则需要通过审查证人证言、医疗机构对药品包装材料和说明书的管理制度、人员上岗培训情况，结合其供述与辩解，综合判明其主观心态。对于确有证据证明其"不明知"上述物品会被用于生产、销售假药的，不以本罪的共犯论处。

第三节　生产、销售、提供假药罪的认定处理

一、关于是否为药品的认定

生产、销售、提供假药罪的司法认定中，需要先行判断的关键问题就是涉案物品是否是药品。

根据《药品管理法》第 2 条规定，药品，是指用于预防、治疗、诊断人的疾病，有目的地调节人的生理机能并规定有适应症或者功能主治、用法和用量的物质，包括中药、化学药和生物制品等。根据该条规定，药品应具有以下特征：（1）用途特征，即用于预防、治疗、诊断人的疾病的物质；（2）实质特征，即有目的地调节人的生理机能的物质；（3）形式特征，即规定有适应症或者功能主治、用法和用量的物质。上述三个特征相互关联，反映了药品的本质特征。通常，人们可以通过外包装上是否标有"国药准字"来判断涉案物品是不是药品，但这仅仅是形式意义上的判断，要进一步确定是不是法律规范意义上的药品，还需要加以实质化判断，即

遵循上述有关药品的定义进行判断。

判断涉案物品是否属于药品,关键是要将"药品"与"食品"进行区分,但这在实践中往往存在较多争议,特别是涉案物品是"保健品"时,往往成为适用法律时的焦点问题。近年来,生产、销售性保健药、美容减肥药、风湿骨病药、抗糖尿病药、抗肿瘤药涉假药犯罪案件较多,涉及保健品的假药犯罪案件占比较大。笔者检索检答网,关于保健品案件的提问数量较多,其中对于保健品究竟认定为"食品"还是"药品"有较多疑问。对此,笔者认为应当依据《食品安全法》《保健食品注册管理办法(试行)》等规定进行辨别。

《食品安全法》第15条对食品作出明确定义,并在第四章第四节"特殊食品"中对保健食品作了重点规定,明确将保健食品作为特殊食品管理。该法第78条规定,"保健食品的标签、说明书不得涉及疾病预防、治疗功能,内容应当真实,与注册或者备案的内容相一致,载明适宜人群、不适宜人群、功效成分或者标志性成分及其含量等,并声明'本品不能代替药物'。保健食品的功能和成分应当与标签、说明书相一致"。这表明,保健食品从使用功能上看,没有确切的治疗作用,不能用作治疗、预防、诊断人的疾病,只具有保健功能,这是与药品的本质区分。另一方面,根据《食品安全法》规定,食品是供人食用或者饮用的成品和原料,或按照传统既是食品又是中药材的物品,且不包括以治疗为目的的物品。不以治疗为目的,是食品与药品的本质区别。虽然《食品安全法》对保健食品作出了规定,但并未规定何为"保健品",现行其他法律法规也无"保健品"的定义。可以说,"保健品"不是正规术语,而是俗称。"保健品"与"保健食品"一字之差,有内涵一致的部分,但因缺乏规范,难以严谨讨论。此处仅以法律规定的"保健食品"进行讨论。从使用功能看,保健食品与药品最根本的区别就在于保健食品没有确切的治疗作用,不能用作治疗疾病,只具有保健功能。实践中,保健品市场较为混乱,有的涉案物品标识为食品、保健品,但宣称有治疗作用,如销售饮料但宣称具有抗癌作用的;有的涉案物品添加药物成分,如性保健品中添加西地那非。对此,应当综合考虑涉案物品的使用目的,是否宣称适应症、功能主治等综合判断。实践中,行政执法机关一般是将成分检测和外包装判断等相结合,兼顾犯罪嫌疑人供述综合考量,具体来说:一是成分判断,即委托药品检验机构检验涉案物品的成分。二是外观判断，即观察涉案物品外包装说明，如果明确标有适应症、功能主治、用法用量等药品属性，即考虑判定为"药品"，如进口止咳药，产品外包装上表明了止咳功效以及用法用量说明，可以判定为"药品"。三是看以何名义对外销售。如果行为人将涉案产品以药品名义对外销售，不含药品成分，属于以非药品冒充药品，如果以食品名义出售，即便含有药品成分，也不认定为"药品"。

从检察办案审查认定的角度，可以作以下判断，第一，审查涉案物品的审批文号等国家标识进行判断，标识真实明确，且产品标识和对外宣传一致，表明行为人是完全按照食品或药品的标识介绍来对外经营的，可以直接按照标识来确定产品属性，提高司法认定的效率。第二，如果有明确的标识属于保健品或食品的，如产品标识为"国食健字"的保健品，但产品标识与生产者、销售者对外宣传不一致，应当按照对外宣传的产品性能确定其属于食品还是药品，即如果有充分证据证明经营者对外宣传产品具有治疗疾病的功能，或者可以预防、治疗、诊断人的疾病时，就应当将其认定为药品。第三，如果产品标识不明，无法直接通过标识字号先行判断属性，则可以通过判断经营者以何种名义将涉案物品对外销售，在涉案物品的归类上，应当以生产者、销售者的主观认知和具体销售行为作为判断的依据。生产者、销售者在介绍产品时，认为所生产、销售的产品是调节机体机能，改善人体健康状况的特殊食品，还是具有预防、治疗、诊断人的疾病功能的药品，直接决定涉案物品属性如何认定。比如，在非法保健品商店内查获的物品，在没有产品批号及产品属性，只有物品名称的情况下，认定该类物品为"药品"还是"食品"，可以着重审查行为人是否对该物品进行了宣传，宣传的内容有哪些，是否明示或者暗示其为"药品"，包括物品在柜台或者货架上的摆放位置，是否与其他药品或疑似药品摆放在一起，物品的标示名称，从一般社会认知角度，是否能够判断其属于"药品"，足以误导消费者等，还要结合行为人的供述以及购买者的陈述和相关证人证言，来印证行为人的主观方面及其客观行为。不同的案件具有不同的表现形式，针对刑事司法实践中的复杂状况，可以请药品监管部门在出具的意见中说明药品成分、判断标准、倾向性意见等。但该意见不应被认为是认定为"药品"的终局性结论。司法办案中，仍应依据案件的具体证据、社会的一般认识、经验法则、生活常识、直观判断等因素对假药作出认定。

二、关于是否为假药的认定

在认定涉案物品为"药品"的基础上，还要进一步认定属于"假药"。认定的依据是《药品管理法》第98条，即属于药品所含成分与国家药品标准规定的成分不符、以非药品冒充药品或者以他种药品冒充此种药品、变质的药品、药品所标明的适应症或者功能主治超出规定范围的，应认定为假药。

何为假药，一般不宜简单以司法者的法律知识或内心确认来判断，应注重借助行政部门的专业知识和技能来判断。《药品管理法》第121条规定，对假药、劣药的处罚决定应当依法载明药品检验机构的质量检验结论。根据《药品司法解释》第19条的规定，《刑法》第141条规定的"假药"，依照《药品管理法》的规定认定。对于《药品管理法》第98条第2款第2项、第4项规定的假药，能够根据现场查获的原料、包装，结合犯罪嫌疑人、被告人供述等证据材料作出判断的，可以由地市级以上药品监督管理部门出具认定意见。对于依据《药品管理法》第98条第2款的其他规定认定假药，或者是否属于第98条第2款第2项规定的假药存在争议的，应当由省级以上药品监督管理部门设置或者确定的药品检验机构进行检验，出具质量检验结论。司法机关根据认定意见、检验结论，结合其他证据作出认定。

《药品管理法》和《药品司法解释》都对"检验"作了规定。这里的"检验"，是指具有涉案药品检验资质的检验机构对涉案物品进行定性或者定量的检验等。检验报告如实反映检验过程和检验结果。《药品管理法》第11条规定，药品监督管理部门设置或者指定的药品专业技术机构，承担依法实施药品监督管理所需的审评、检验、核查、监测与评价等工作。相关部门或专业技术机构进行检验，一般是对涉案物品的成分进行定性、定量分析，如是否检出某一成分，或检出的某一成分的含量如何等。实践中对该结果审查时，需要注意检测机构是否取得了对应药品或物质的检测资质、检测条件，没有超范围检测，检测时"CMA""CNAS"等认证均在有效期内等。

《药品司法解释》还规定了"认定意见"。这里的"认定意见"是药监部门对涉案药品及其相关行为作出的定性解释或结论性判定,如根据药品专业技术机构出具的检验报告,认定涉案药品所含成分与国家药品标准规定的成分不符,系假药。但需注意的是,实践中,有的药品企业出具的表明涉案药品非本企业生产的声明,不能作为认定涉案药品为假药的依据,该声明仅能证明涉案物品假冒该药企的商品,但是否符合假药的四种情形,仍需结合其他证据综合判断。

根据《药品司法解释》规定,委托检验和有关部门出具认定意见是"可以"而不是"必须"。办理药品刑事案件,一般认为药监部门的认定意见不是必经程序,检察办案可以根据检验机构出具的检验报告,如"药品所含成分与国家药品标准规定的成分不符"的结论,直接依照《药品管理法》认定为"假药"。实践中,司法机关可以根据检验结果进行司法判断,而行政部门认定并非必经程序,如安徽李某某等生产、销售假药案。①

【案例】2017年10月,被告人李某某、王某某共同商议销售假药。李某某负责提供货源和客户,王某某负责包装、售后,王某某雇用被告人咸某某在安徽省合肥市住处对药品进行加工、包装。后被告人李某某陆续将假药发往王某某居住地进行加工、包装和销售。2018年1月16日,公安机关在合肥市加工窝点现场查获扣押大量待包装或已包装的"盐酸贝那普利片""瑞舒伐他汀钙片""阿托伐他汀钙片""阿司匹林肠溶片"等药品。生产、销售金额合计300余万元。经检验,上述查获的药品均为不符合国家药品标准的假药。2019年7月22日,安徽省合肥市包河区人民法院作出一审判决,以生产、销售假药罪判处被告人李某某、王某某、咸某某有期徒刑12年至4年,并处罚金,追缴三被告人的违法所得。被告人李某某、王某某不服一审判决,提出上诉。2019年9月9日,安徽省合肥市中级人民法院裁定驳回上诉,维持原判。

根据2019年版《药品管理法》第98条规定,假药包括四种情形:(1)药品所含成分与国家药品标准规定的成分不符;(2)以非药品冒充药品或者以他种药品冒充此种药品;(3)变质的药品;(4)药品所标明的适

---

① 最高人民检察院、国家市场监督管理总局、国家药品监督管理局于2021年2月19日联合发布落实食品药品安全"四个最严"要求专项行动典型案例之一。

应症或者功能主治超出规定范围。

第一，药品所含成分与国家药品标准规定的成分不符。《药品管理法》第28条规定，药品应当符合国家药品标准。经国务院药品监督管理部门核准的药品质量标准高于国家药品标准的，按照经核准的药品质量标准执行；没有国家药品标准的，应当符合经核准的药品质量标准。国务院药品监督管理部门颁布的《中华人民共和国药典》和药品标准为国家药品标准。第44条规定，药品应当按照国家药品标准和经药品监督管理部门核准的生产工艺进行生产。药品直接影响药品质量，甚至直接决定药品能否称其为药品。药品所含成分与国家药品标准规定的成分不符，应当认定为假药。如杨某某、金某某销售假药案[①]中，经当地市场监督管理局认定，涉案产品均存在药品所含成分与国家药品规定的成分不符的情况，依照《药品管理法》第98条第2款规定，应认定为假药。法院判决被告人杨某某和金某某均犯销售假药罪。

第二，以非药品冒充药品或者以他种药品冒充此种药品。《药品管理法》第2条规定，本法所称药品，是指用于预防、治疗、诊断人的疾病，有目的地调节人的生理机能并规定有适应症或者功能主治、用法和用量的物质，包括中药、化学药和生物制品等。药检部门执法中对"药品"有狭义和广义两种理解，狭义的药品是指经过国家药监部门审核认可的、进入《中华药典》或有药品标准的药品。广义的药品是只要具备《药品管理法》关于药品描述性定义中的要素，即标明了适应症、功能主治、用法用量等，就是药品。有观点认为，未经过国家药监部门认可的，不具有药品的安全性和有效性，均为"非药品"，如果外包装对外宣传治疗效果，标明了适应症、功能主治、用法用量等，就应当认定为"非药品冒充药品"。该种观点前半段判断"非药品"采用的是狭义的药品概念，而后半段判断"冒充药品"采用的是广义的药品的概念的方式有待商榷。但对于没有药物成分的物质认定为"非药品"，在实践中无争议，如将淀粉片冒充药品即属于非药品冒充药品。对于以他种药品冒充此种药品的情形，虽然临床上有替代药的概念，如氯吡格雷系阿司匹林的替代药，这两种药都是阻断

[①] 检察机关依法惩治危害药品安全犯罪典型案例，2022年3月4日最高人民检察院发布。

血小板P2Y12受体抑制剂，ADP诱导的血小板活化，在作用机理上相同，但二者仍然属于两种药物，以前者冒充后者交付或提供时，由于在药理学上的区别，仍然具有相当的危险性，属于"以他种药品冒充此种药品"。

第三，变质的药品。药品经营、使用过程都有严格的要求。《药品管理法》第59条、第71条规定，药品经营企业、医疗机构等药品使用单位应当制定和执行药品保管制度，采取必要的冷藏、防冻、防潮、防虫、防鼠等措施，保证药品质量。如果措施不力，保管不当，会导致药品变质。变质的药品，不能继续达到药品本来的功效，应当认定为假药。何为"变质的药品"目前均没有明确的判定标准，如何检测"变质的药品"目前亦没有明确的检测标准。实践中，药品检验机构往往不会直接给出该药品是否是"变质"的实质判断，而药品管理部门在没有明确判定标准的情况下亦无法出具"变质药品"的认定意见。另一方面，《药品管理法》将"变质的药品"列入"假药"范围，将"被污染的药品"列入"劣药"范围，如何区分"变质的药品"和"被污染的药品"亦没有明确判定标准，故该条款在实践中难以适用。陕西药监局《关于假劣药认定等有关问题的指导意见（试行）》（2021年6月）中规定，变质的药品，包括但不限于：a.注射剂、无菌制剂质量检验结论显示，无菌检查结论不符合国家药品标准规定的；b.药品质量检验结论显示，颜色、气、味明显变异（包括霉变），不符合国家药品标准或其他药品标准规定的；c.药品质量检验结论显示，内源性毒素物质不符合国家药品标准或其他药品标准规定的。

第四，药品所标明的适应症或者功能主治超出规定范围。《药品管理法》第49条规定，药品包装应当按照规定印有或者贴有标签并附有说明书。标签或者说明书应当注明药品的适应症或者功能主治。第25条规定，国务院药品监督管理部门在审批药品时，对药品的标签和说明书一并核准。如果药品所标明的适应症或者功能主治超出经核准的内容，夸大功能，应当认定为假药。该条主要规制的对象是正规的药品生产企业。也就是所谓的"规定范围"必须是经过药监部门审核或批准的，如果是一些非正规的小作坊的自制药品，由于本身就未经过药监部门审批，就不存在适应症或者功能主治的"规定范围"。

三、关于生产、销售、提供假药罪的其他相关问题

(一) 关于假药认定是否必须载明药品检验机构质量检验结论

药品检验机构的质量检验结论是认定假药的重要依据。此前，在假药认定中，对于是否必须载明药品检验机构的质量检验结论存在争论。原因在于，2015年《药品管理法》第77条规定，对假药的处罚通知，必须载明药品检验机构的质量检验结果。但同时规定了四种不需检验的除外情形，即禁止使用的；必须批准未经批准生产、进口的，或必须检验而未经检验即销售的；必须取得批准文号未取得批准文号的原料药生产的；标明的适应症或功能主治超出规定范围的，这几种情形不需要载明质量检验结果。然而，2019年《药品管理法》修改后，第121条的规定取消了除外条款，直接规定"对假药、劣药的处罚决定，应当依法载明药品检验机构的质量检验结论"，导致实践中对"药品检验机构的质量检验"是否为必备程序出现争议。

有的观点认为，根据第121条字面理解，所有的处罚决定都应载明检验结论，既然行政处罚案件都规定"对假药、劣药的处罚决定，应当依法载明药品检验机构的质量检验结论"，刑事案件证据要求更高，也应该都有药品检验机构的质量检验结论。有的观点认为，实践中难以实现每案都载明检验结论，如过期药品通过外包装可以判断，通过检验反而难以判断。有些药品虽然超过了有效期，但还有一定药品功效，对于药品功效的检验手段有限，仅针对成分、含量检验后检验结果可能是合格的，此种情况如何处理也会令人产生困惑。

2020年6月10日，国家药监局综合司发布《关于进一步做好案件查办有关事项的通知》(药监综法〔2020〕63号)，规定对标明的适应症或者功能主治超过规定范围的药品，过期药品，未标明或者更改有效期、产品批号的药品，以及其他有充分证据证明其为假药或者劣药的，无须送药品检验机构检验，可以直接出具认定意见。

2020年7月10日，国家药监局综合司在公开回复贵州省药监局《关

于假药劣药认定有关问题的复函》中提出，①经商全国人大法工委，对假药、劣药的处罚决定，有的无须载明药品检验机构的质量检验结论。并总结称，"总之，对违法行为的事实认定，应当以合法、有效、充分的证据为基础，药品质量检验结论并非为认定违法行为的必要证据，除非法律、法规、规章等明确规定对涉案药品依法进行检验并根据质量检验结论才能认定违法事实，或者不对涉案药品依法进行检验就无法对案件所涉事实予以认定。如对黑窝点生产的药品，是否需要进行质量检验，应当根据案件调查取证的情况具体案件具体分析"。

上述通知、复函都规定了部分情形下不需要对涉案药品进行检验，一定程度上表明了主管部门的态度，也解决了司法实践中的争议。但值得注意的是，也有观点认为，这些是药品主管部门的对下发文，从效力上不能改变《药品管理法》第121条的规定。

2020年11月，国家药品监督管理局网站上公开发布对全国人大代表关于"积极商请全国人大法工委明确假劣药认定有关问题的意见"建议的答复，再次表达了相同观点，并表示已商全国人大法工委同意。②

此前，曾有观点对此复函持不同意见，认为这属于药品主管部门的对内对下发文，否定《药品管理法》第121条规定的效力不足。以上争议，针对的是行政处罚案件中认定假药是否必须附质量检验报告。虽为行政执法领域问题，但因行政认定对刑事案件的司法认定有密切关联，在《药品司法解释》出台前，刑事案件如何认定假药，是否也以质量检验报告为必要认定依据，曾有一段时期的争议。

对此，2022年颁布的《药品司法解释》第19条作出明确规定，对于《药品管理法》第98条第2款第2项、第4项及第3款第3项至第6项规定的假药、劣药，能够根据现场查获的原料、包装，结合犯罪嫌疑人、被告人供述等证据材料作出判断的，可以由地市级以上药品监督管理部门出具认定意见。也即，在刑事案件的司法认定中，药品所含成分与国家药品标准规定的成分不符的，以及药品所标明的适应症或者功能主治超出规定范围，能够结合在案证据直接判断的，可以由药品监督管理部门出具认定

---

① 参见《国家药监局综合司关于假药劣药认定有关问题的复函》（药监综法函〔2020〕431号）。

② 《对十三届全国人大三次会议第5361号建议的答复》，国药监建〔2020〕7号。

意见，药品检验机构的检验结论不是认定假药的必要依据。

（二）关于主观明知的认定问题

行为人主观上是否有生产、销售提供假药的故意，是认定生产、销售假药罪成立与否的主观要件。故意犯罪以主观明知的判断最为关键，也是本罪的认定难点。生产、销售、提供假药罪的犯罪构成，要求行为人明知系假药而予以生产、销售、提供。

"明知"是行为人的主观心理状态，以行为人的供述最为直接。但实践中，在趋利避害本能的支配下，犯罪嫌疑人往往辩解主观上不明知其生产、销售的药品是假药，以此来逃避刑事惩罚。为了避免因主观明知认定困难造成对生产、销售、提供假药类犯罪的放纵，要强化证据收集意识，合理推定主观明知。需要注重以下两方面：

第一，生产、销售、提供假药罪的明知应当包含已经或应当知道系假药、已经怀疑或应当怀疑系假药、不能肯定或不应肯定系真药，仍予以生产、销售、提供的心理状态。

第二，判断行为人主观上是否明知，不能仅以本人供述为唯一依据，应当根据全案证据，结合行为人的客观行为予以综合判断。具体包括但不限于：

1. 犯罪嫌疑人的从业经历、学历、专业知识，是否有生产、销售、提供假药的前科劣迹，行为人对我国药品生产、销售资质准入的明知，即明知自己无生产、销售药品的资质。

2. 销售价格是否明显低于市场价格，进货渠道是否正当，有无合法手续。我国对药品实行严格的审批、许可制度，如果行为人从没有合法手续的人员处以明显低于市场价格购买，应当推定为其认识到假药的可能性，主观上系明知。

3. 销售方式是否正常。从买卖药品的交接方式、时间、地点分析，如是否在正规药店进行销售，是否在正常交易时间销售，如夜间或小作坊地点交易，则反映出其对假药的认知度。

4. 药品包装、标签、说明书等载明的内容，药品外包装上有无伪造、涂改或明显假冒的痕迹。

5. 有无药品批准文号、合法的经营执照及许可（生产许可证、经营许可证、医疗机构制剂许可证），是否盗用他人的批准文号，或假冒他人的注册商标。

6.生产、销售、提供假药过程中上下线人员、辅助人员以及假药购买者的供述和证言等。

最高人民检察院法律政策研究室《关于具有药品经营资质的企业通过非法渠道从私人手中购进药品后销售如何适用法律问题的答复》（高检研〔2015〕19号）规定，司法机关应当根据《药品管理》法的有关规定，对具有药品经营资质的企业通过非法渠道从私人手中购销药品的性质进行认定，区分不同情况，分别定性处理。对于经认定属于假药、劣药，且达到药品司法解释规定的销售假药罪、销售劣药罪的定罪量刑标准的，应当以销售假药罪、销售劣药罪依法追究刑事责任。即在此情形下，可以推定具有药品经营资质的企业具有主观明知。

对于主观明知认定困难的情况，《药品司法解释》第10条对主观明知的认定进行了规定。具体适用时，可以加强与行政执法部门的沟通，建议行政部门对可能涉嫌本罪的成人用品店、小型药店、网络平台等重点单位进行排摸检查，发放告知书，宣讲可能涉及刑事犯罪的内容，对首次发现的违法行为先行给予行政处罚，再次发现违法行为则可以通过刑事手段打击。通过这种方法，可以将违法性"广而告之"，通过行政处罚前置解决主观明知认定难的问题。

（三）关于共同犯罪的认定

共同犯罪是二人以上共同故意的犯罪形式，认定是否为共同犯罪，需从主客观两方面综合考量，主观上各共犯直接有共同的意思联络，客观上表现为在共同意思联络支配下，相互配合共同实施犯罪行为。共同故意除了以各共同犯罪人口供相互印证之外，还要结合共同犯罪嫌疑人之间的关系、从业经历以及物证、书证、证人证言等综合判断。对于在共同犯罪中提供帮助行为的认定，重点关注行为人主观上是否知道其所提供的物品被用于生产、销售、提供假药活动中。《药品司法解释》第9条中明确以共犯论处的六类帮助行为是：（1）提供资金、贷款、账号、发票、证明、许可证件的；（2）提供生产、经营场所、设备或者运输、储存、保管、邮寄、销售渠道等便利条件的；（3）提供生产技术或者原料、辅料、包装材料、标签、说明书的;(4)提供虚假药物等非临床研究报告的、药物临床试验报告及相关材料的;(5)提供广告宣传的;(6)提供其他帮助的。审查该类证据时,需注意上述行为涉及的账号、发票、场所、设备、技术、宣传材料是否与帮助者有直接关联性,并结合通信记录、行为方式、犯罪嫌疑人供述和辩解、证人证言等综合作出判断。

随着药品犯罪产业化、网络化趋势越发显著,假药逐渐从实体店走向网络,分工越来越精细、产业链越来越严密,对处于产业链顶端的原料提供者、包装者和下游的销售者都严厉打击,才能有效防控此类犯罪。在多层次销售环节中,销售者通过建立销售网络发展下线的模式销售假药,对上下线是否认定共同犯罪,存在一定争议。有观点认为,上家销售给下家是其实现销售行为的必要手段,也是犯罪目的,上下家之间不构成共同犯罪,应当分别对自己的销售数额承担责任。根据《药品司法解释》第9条第3项规定,明知他人实施危害药品安全犯罪而"提供生产技术或者原料、辅料、包装材料、标签、说明书的",以共同犯罪论处。

对于医疗机构人员是否为共同犯罪的认定,也要具体问题具体分析,主要应结合该类人员的专业知识、工作岗位、从业时间等全面、客观分析,可以分两类情形审查判断:

一是对于医生、护士等医务人员,由于该类人员一般具有较高的医学知识,对药品的主观认知度相对高,其销售假药或提供药品包装材料、说明书等与药品相关物品给他人使用的行为,往往不需要进一步甄别其主观罪过内容,可以根据其客观帮助行为的证据直接推定其主观明知;

二是对于医疗机构的财务人员、行政岗位的非医务人员,在缺少行为人主观自认的情况下,推定这类人员的明知要慎重采用,要结合其供述和辩解、同案犯的供述、物证、书证等相关证据综合运用,准确判明其主观心态。对于不能形成完整证据锁链证明其明知的,存在合理怀疑的,本着疑罪有利于被告人的原则,不应以本罪的共同犯罪论处。

(四)关于生产、销售、提供金额的理解

生产、销售、提供假药的金额认定,直接关系到刑罚适用。根据《药品司法解释》,生产、销售、提供假药金额达到20万元(或10万元并具有特殊情形)、50万元以上的,在一定情形下分别对应不同量刑档次。

根据《药品司法解释》第20条规定,"对于生产、提供药品的金额,以药品的货值金额计算;销售药品的金额,以所得和可得的全部违法收入计算"。"所得和可得"的表述在2014年最高人民法院、最高人民检察院《关于办理危害药品安全刑事案件适用法律若干问题的解释》中已有规定。依据该条规定,销售金额应包括销售后已实际得到的金额,已生产或者已购进但尚未销售的金额,已售出但尚未收到的金额。对于销售金额作此规定主要考虑①:一是与《刑法》第140条(生产、销售伪劣产品罪)不同,《刑法》第141条(生产、销售、提供假药罪)、第142条(生产、销售、提供劣药罪)均未以销售金额作为入罪标准,故作此解释在法律依据方面并无问题。二是从实践看,大多数情况下,要准确查明生产、销售、提供假药、劣药者已实际销售的金额,往往存在很大困难;仅据销售金额定罪量刑,还存在轻纵犯罪问题,因此,对"销售金额"作广义理解,将货值金额也计入其中,是合理的、必要的。值得注意的是,上述药品案件中的"销售金额"强调的是所得和可得的全部违法收入,而最高人民法院、最高人民检察院《关于办理生产、销售伪劣商品刑事案件具体应用法律若干问题的解释》(2001)第2条规定,生产、销售伪劣产品罪中的"销售金额"是指生产者、销售者出售伪劣产品后所得和应得的全部违法收入。该条还对产品的货值金额计算方式作出了规定。因此,在不同罪名中,"销售金额"的范围和理解应予区分。

《药品司法解释》对销售假药罪销售金额的认定方式,与销售假药罪的既遂与未遂存在密切关系。实践中,关于销售假药罪是否存在既遂未遂,以及何为假药的既遂标准,何种情形为未遂存在争议。与销售假药罪相比,销售伪劣产品、销售烟草专卖品的既遂与未遂较为明确,最高人民法院、最高人民检察院《关于办理生产、销售伪劣商品刑事案件具体应用法律若干问题的解释》第2条规定,"'销售金额',是指生产者、销售者出售伪劣产品后所得和应得的全部违法收入。伪劣产品尚未销售,货值金额达到刑法第一百四十条规定的销售金额三倍以上的,以生产、销售伪劣产品罪(未遂)定罪处罚"。烟草相关解释也持类似立场,也即,销售上

---

① 参见韩耀元、卢宇蓉、杨建军:《〈关于办理危害药品安全刑事案件适用法律若干问题的解释〉理解与适用》,载《人民检察》2015年第1期。

述两类物品，待售未售部分以犯罪未遂定罪处罚。然而，《药品司法解释》在销售假药罪方面，采取了不同的立场，将已生产或者已购进但尚未销售的金额，以及已售出但尚未收到的金额，与售出已得金额同等认定，这隐含着对既遂标准的判断，《药品司法解释》的立场是假药一旦进入销售环节，处于可销售待销售状态，即为既遂，因此，销售金额可以直接累加计算。这一观点，在《刑事审判参考》编发的案例中也有体现。《刑事审判参考》第128期刊登的"王明等销售假药案"认为，"销售假药罪既未遂与否应以假药进入交易环节为准"。并进一步分析认为，"犯罪既遂是指行为人实施了刑法规定的全部构成要件并已造成法益侵害结果的行为。销售假药罪的构成要件行为或者实行行为是销售行为。但是，准确把握实行行为的起点与终点并不容易。实际上，销售行为是一个过程，卖出或者成交是一种最终既遂的体现，但并不是销售行为的全部。一般意义上来说，产品销售可以分为准备产品、寻找客户、接待客户、咨询需求、推荐产品、处理异议、签订协议、产品成交、收货付款等多个环节。在刑法规范中，出售、有偿提供给他人使用或者为出售而购买、储存都是销售的实行行为。因此，准确判断哪个环节是实行行为的着手，哪个环节是实行行为的完成，是认定销售假药罪既未遂的关键。在销售他人生产的假药案件中，为出售而购入假药即意味着随时可以上架进行销售，此时已经对国家药品监管制度产生了现实的严重侵害危险，只要该行为进一步实施即可造成侵害结果，所以，购入假药的行为应当认定为着手实行犯罪。当然，购入假药只是手段，对外出售才是目的。将假药置入销售环节进行销售则是直接造成法益侵害结果、最充分地实现构成要件的行为，标志着实行行为的完成，构成犯罪既遂"。从结论看，该案认为"销售假药罪既未遂与否应以假药进入交易环节为准"，与《药品司法解释》相对一致。实践中，以进入交易环节作为既遂标准，在计算销售金额和确定法定刑方面也没有逻辑冲突，较为稳妥，上海等办理销售假药犯罪案件较多的地区，也持此观点。

但应当指出的是，上述分析理由并不完备，将上述理由从销售假药推演到销售伪劣商品、销售烟草专卖品，将与现行司法解释对销售上述商品区分已售（既遂）、待售（未遂）存在冲突。因此，我们必须从《药品司法解释》对药品安全加大保护力度、对假药犯罪加大惩罚力度的角度，理解该罪的既遂标准，以及销售金额的计算方式，应当认识到这种认定是打击销售假药犯罪的现实需要和司法实践的选择。案例分析认为,"将假药置入销售环节进行销售则是直接造成法益侵害结果、最充分地实现构成要件的行为,标志着实行行为的完成"的观点,笔者并不赞同。与此同时,该案例还提出"如果因行为人意志以外的原因而未进行实质性的交易行为,则构成犯罪未遂"。这与"销售假药罪既未遂与否应以假药进入交易环节为准"存在逻辑冲突,从案例看,被告人待售假药已经进入销售环节,按该案例所持观点已经既遂的情况下,因被告人被抓获、假药被查获,而从既遂变为未遂,不合逻辑。对此,笔者也持商榷观点。总体看,根据《药品司法解释》规定,笔者倾向认为,假药一旦进入交易环节即为既遂,此后即使因意志以外的原因未实际销售给买家,也不影响既遂的认定。同时,因为自进入交易环节即为既遂,不存在未遂部分,也不存在上述案例第三部分所分析的"销售假药罪部分既遂、部分未遂的量刑"问题。

当然,这也不否定销售假药犯罪存在未遂形态,在以上既遂标准的基础上,对于为销售假药而进行准备,但因意志以外原因未进入销售环节,未进入可售待售状态的,以销售假药罪未遂认定。比如,以销售为目的购买假药,并且已经实施联络购买的行为,但上家尚未发货,或货物在运输过程中被查扣,下家还未收到,此种情况下属于未遂。

(五)关于药品使用单位的人员的认定

《刑法》第141条第2款规定,药品使用单位的人员明知是假药而提供给他人使用的,依照前款的规定处罚。2019年《药品管理法》第72条规定,医疗机构以外的其他药品使用单位,应当遵守本法有关医疗机构使用药品的规定。这是该法首次使用"药品使用单位"这一表述,但该法没有进一步给出药品使用单位的定义或列举。目前,我国也没有法律法规或部门规章对何为"药品使用单位"予以明确,能确认的是"药品使用单位"是"医疗机构+其他药品使用单位"的组合。

根据2016年《医疗机构管理条例》第2条规定,医疗机构是从事疾病诊断、治疗活动的医院、卫生院、疗养院、门诊部、诊所、卫生所(室)以及急救站等。根据《医疗机构管理条例实施细则》(2017年)规定,医疗机构是指依据条例和本细则的规定,经登记取得《医疗机构执业许可证》的机构,包括:综合医院、中医医院、中西医结合医院、民族医医院、专科医院、康复医院；妇幼保健院、妇幼保健计划生育服务中心；社区卫生服务中心、社区卫生服务站；中心卫生院、乡（镇）卫生院、街道卫生院；疗养院；综合门诊部、专科门诊部、中医门诊部、中西医结合门诊部、民族医门诊部；诊所、中医诊所、民族医诊所、卫生所、医务室、卫生保健所、卫生站；村卫生室（所）；急救中心、急救站；临床检验中心；专科疾病防治院、专科疾病防治所、专科疾病防治站；护理院、护理站；医学检验实验室、病理诊断中心、医学影像诊断中心、血液透析中心、安宁疗护中心；其他诊疗机构。

除医疗机构外，还有哪些机构属于"药品使用单位"，可以参考一些地方条例，如《湖北省药品管理条例》规定，药品使用单位，是指依法登记成立并使用药品的医疗机构、计划生育技术服务机构和从事疾病预防、康复保健、戒毒等活动的单位。因此，除医疗机构外，药品使用单位还可以包括疾病预防控制中心、康复保健场所、戒毒所等单位。

"药品使用单位的人员"应理解为药品使用单位中具有药品管理、采购、使用等权限的人员，其他如后勤人员、办公室一般工作人员等，不宜包括在内。

第四节 案例评析

杨某某、金某某销售假药案——共同犯罪中部分行为人主观明知的认定[1]

【基本案情】

2019年年初至2020年1月，被告人杨某某为谋取非法利益，在不具

---

[1] 检察机关依法惩治危害药品安全犯罪典型案例，2022年3月4日最高人民检察院发布。

备药品经营资质的情况下，以明显低于市场价的价格从非正规渠道购入处方药"波利维"硫酸氢氯吡格雷片、"立普妥"阿托伐他汀钙片，并通过网络渠道加价对外出售至上海、湖北、山东等全国多地。其间，被告人金某某明知上述药品来源不明，可能系假药的情况，仍利用身为快递员的从业优势，帮助被告人杨某某从事药品打包、收发、寄送等工作，并从中额外获利。2020年1月8日，被告人杨某某、金某某被民警抓获，民警从被告人金某某处查获尚未寄出的"波利维"硫酸氢氯吡格雷片225盒、"立普妥"阿托伐他汀钙片382盒。

经上海市食品药品检验所检验，涉案"波利维"硫酸氢氯吡格雷片未检出硫酸氢氯吡格雷成分，涉案"立普妥"阿托伐他汀钙片未检出阿托伐他汀钙成分。经上海市崇明区市场监督管理局认定，上述涉案产品均存在药品所含成分与国家药品规定的成分不符的情况，依照《中华人民共和国药品管理法》第98条之规定，应认定为假药。

2020年5月9日，上海铁路运输检察院以被告人杨某某、金某某犯销售假药罪提起公诉。2020年5月27日，上海铁路运输法院作出一审判决，被告人杨某某犯销售假药罪被判处有期徒刑2年，并处罚金人民币4000元；被告人金某某犯销售假药罪被判处拘役4个月，缓刑4个月，并处罚金人民币4000元。判决宣告后，两名被告人均未上诉，判决已生效。

【争议焦点】

共同犯罪中部分行为人主观明知如何认定。

【案件评析】

"波利维"硫酸氢氯吡格雷片主要用于预防和治疗急性心肌梗死，"立普妥"阿托伐他汀钙片用于预防和治疗高胆固醇血症、冠心病等病症，均需在医生指导下使用。但本案涉案药品经检验均未检出相关药品成分，属药品所含成分与国家药品规定的成分不符情形，检察机关按照修订后药品管理法关于假药的规定，认定涉案药品系假药。

被告人杨某某通过网络渠道将假药销往全国多地，社会危害严重。法院经审理认定被告人杨某某构成销售假药罪无疑是定性准确的。

本案中另有被告人金某某，其作为快递人员协助帮助被告人杨某某实施收货、发货、打包等工作，根据《药品司法解释》第9条的规定，属于提供运输、邮寄等便利条件的行为，但最终以共同犯罪论处仍需要证明被告人金某某"明知他人实施危害药品安全犯罪"的主观方面内容。

　　本案中被告人金某某系正规快递公司的工作人员，应当知道快递实名制、核验物品等正规流程，杨某某长期使用假身份邮寄快递，本就具有逃避监管的行为，而金某某未履行其应尽职责，协助杨某某的欺瞒行为，并从杨某某处获得远高于正常快递工作所得的报酬；且被告人金某某从杨某某处承揽快递后，还要协助其打包，能够看到涉案药品外观特征以及杨某某销售涉案药品的客观状况，其已与杨某某形成密切合作关系，对于杨某某长期对外销售药品的情况具有明知，且基于常人经验这种不正规的药品销售渠道对于所销售药品带来的风险是显而易见的，这种情况下，被告人金某某作为快递从业人员仍然利用其自身从业优势，帮助杨某某打包、收发、寄送假药，对他人实施危害药品安全犯罪已经具备了主观明知，构成销售假药罪共犯，应依法追究刑事责任。

　　故在对共同犯罪中的部分行为人认定其主观明知时，可根据其特殊身份、应履行的特定义务并结合案件中的其他客观情形证明其行为违法的认识可能性。由于共同犯罪中存在不同链条，部分共犯可能虽参与了销售某一环节，但在客观上无法接触到销售的所有细节，如被告人金某某并不知道杨某某的具体销售金额等。但这种认识缺漏不影响对于其概括明知的认定，行为人的认识因素只需要证明到知道或者应当知道他人围绕药品实施的不法行为即可。在认识时存在违法性认识错误，如误以为是一般的行政违法错误而实施帮助，在不具有事实认识错误的情况下不影响犯罪成立。在具体认定时，可参照《药品司法解释》第10条的规定作出推断，对于第1项至第5项之外的情形，可以如本案一样在证据充分、排除合理怀疑的情况下适用第6项"其他足以"的规定。

第四章 生产、销售、提供劣药罪办案指引

第一节 生产、销售、提供劣药罪概述

一、生产、销售、提供劣药罪的立法沿革

正如前文在生产、销售假药罪的立法沿革中所提到,1979年刑法中,我国还没有涉及劣药的相关犯罪,仅对假药犯罪作了规定。1984年,我国颁布《药品管理法》,该法第33条、第34条规定,禁止生产、销售假药、劣药,劣药第一次与假药作了区分,从假药中分离出来,为后来刑法修改确立劣药犯罪奠定了基础。根据该法第34条的规定,药品成分的含量与国家药品标准或省、自治区、直辖市药品标准规定不符合的,或超过有效期的,或其他不符合药品标准规定的,为劣药。

1993年7月2日,第八届全国人民代表大会常务委员会第二次会议通过的《关于惩治生产、销售伪劣商品犯罪的决定》,将生产、销售劣药的行为从假药犯罪中分离出去。明确生产、销售劣药,对人体机能可造成严重危害的,处三年以上十年以下有期徒刑,并处罚金;后果特别严重的,处十年以上有期徒刑或者无期徒刑,并处罚金或没收财产。

1997年修订刑法时,在第三章"破坏社会主义市场经济秩序罪"的第一节"生产、销售伪劣商品罪"中,规定了生产、销售假药罪和生产、销售劣药罪。1997年《刑法》第142条规定:"生产、销售劣药,对人体

健康造成严重危害的，处三年以上十年以下有期徒刑，并处销售金额百分之五十以上二倍以下罚金；后果特别严重的，处十年以上有期徒刑或者无期徒刑，并处销售金额百分之五十以上二倍以下罚金或者没收财产。本条所称劣药，是指依照《中华人民共和国药品管理法》的规定属于劣药的药品。"按照该条规定，生产、销售劣药罪属于结果犯，必须发生对人体健康造成严重危害的结果，才构成犯罪。该条规定的劣药，是指依照1984年《药品管理法》第34条规定的劣药。具体包括药品成分的含量与国家药品标准或者省、自治区、直辖市药品标准规定不符合的；超过有效期的。其他不符合药品标准规定的。

1984年以后，《药品管理法》作了多次修改，对劣药的界定标准出现多次微调。其中2001年《药品管理法》第49条规定，药品成分的含量不符合国家药品标准的，为劣药。有下列情形之一的药品，按劣药论处：(1)未标明有效期或者更改有效期的；(2)不注明或者更改生产批号的；(3)超过有效期的；(4)直接接触药品的包装材料和容器未经批准的；(5)擅自添加着色剂、防腐剂、香料、矫味剂及辅料的；(6)其他不符合药品标准规定的。采用了劣药和按劣药论的认定模式。

2019年《药品管理法》再次作出修改，该法第98条规定，有下列情形之一的，为劣药：(1)药品成分的含量不符合国家药品标准；(2)被污染的药品；(3)未标明或者更改有效期的药品；(4)未注明或者更改产品批号的药品；(5)超过有效期的药品；(6)擅自添加防腐剂、辅料的药品；(7)其他不符合药品标准的药品。将原"按假药论处"的"被污染的药品"调整为"劣药"，将原"按劣药处理"的"直接接触药品的包装材料和容器未经批准的"删去，另作单独规定。明确禁止使用未按照规定审评、审批的原料药、包装材料和容器生产药品。

在《药品管理法》对劣药的内涵与外延进行重大调整后，2020年《刑法修正案（十一）》对"生产、销售劣药罪"作出了相应的调整，将《刑法》第142条修改为："生产、销售劣药，对人体健康造成严重危害的，处三年以上十年以下有期徒刑，并处罚金；后果特别严重的，处十年以上有期徒刑或者无期徒刑，并处罚金或者没收财产。药品使用单位的人员明知是劣药而提供给他人使用的，依照前款的规定处罚。"根据最高人民法院、最高人民检察院《关于执行〈中华人民共和国刑法〉确定罪名的补充规定（七）》规定，取消生产、销售劣药罪，修改为生产、销售、提供劣药罪。

二、生产、销售、提供劣药罪的发案态势

根据我国刑法规定，生产、销售劣药犯罪属于结果犯，即生产、销售劣药行为只有在对人体健康造成严重危害的情况下，才能成立犯罪。结果犯的立法模式，使得进入司法实践的生产、销售劣药犯罪案件极少。因为问题药品造成的人体伤害往往有较长的潜伏期，且伴随着个人体质、病症等特殊因素，认定行为人伤亡后果与使用劣药之间具有因果关系存在较大困难，致使该条款成为"僵尸条款"。

《刑法修正案（十一）》对生产、销售劣药犯罪作了修改，但仍未改变该罪为结果犯的立法模式，构成生产、销售、提供劣药犯罪的核心要件，仍是对人体健康造成严重危害。根据《药品司法解释》第2条规定，对人体健康造成严重危害的认定标准有四点：造成轻伤或者重伤的；造成轻度残疾或者中度残疾的；造成器官组织损伤导致一般功能障碍或者严重功能障碍的；其他对人体健康造成严重危害的情形。从监管实践来看，是否满足以上标准，主要依靠伤残鉴定或其他评定。定罪的难点在于如何证明伤残后果与使用劣药之间存在因果关系。另外，对于因使用劣药耽误病情，对患者造成了可预知的隐性伤害或一定时间以后必将导致伤残等后果的情况，也缺少有效的认定手段和程序。可以预见，根据现行刑法规定，且在上述入罪认定难点无法解决的情况下，劣药犯罪的司法办案数量仍难以有较大增加。但是，我们必须看到，劣药的危害性是客观存在的，亟须通过立法和相关司法解释的修订完善来解决打击入罪问题。

三、生产、销售、提供劣药罪的概念和构成特征

生产、销售、提供劣药罪，是指生产者、销售者明知是劣药而进行生产或销售，或者药品使用单位的人员明知是劣药而提供给他人使用的行为对人体健康造成严重危害的行为。本罪是选择性罪名，行为人只要实施了生产、销售、提供劣药行为之一，就构成本罪，既有生产行为、又有销

售、提供行为的，不构成数罪，仍以一罪论处。

（一）犯罪客体

本罪客体为复杂客体，即国家药品监督管理秩序和公民的生命权、健康权。

（二）客观方面

本罪的客观方面表现为生产、销售劣药，以及药品使用单位的人员明知是劣药而提供给他人使用的行为。作为本罪犯罪对象的劣药是指人用药品，生产、销售伪劣农药、兽药的，可能构成生产、销售伪劣农药、兽药罪或者生产、销售伪劣产品罪等其他犯罪。根据《药品司法解释》第19条规定，是否属于《刑法》第141条、第142条规定的"假药""劣药"难以确定的，司法机关可以根据地市级以上药品监督管理部门出具的认定意见等相关材料进行认定。必要时，可以委托省级以上药品监督管理部门设置或者确定的药品检验机构进行检验。

根据2019年《药品管理法》第98条第3款规定，有下列情形之一的，为劣药：（1）药品成分的含量不符合国家药品标准；（2）被污染的药品；（3）未标明或者更改有效期的药品；（4）未注明或者更改产品批号的药品；（5）超过有效期的药品；（6）擅自添加防腐剂、辅料的药品；（7）其他不符合药品标准的药品。上述7种劣药情形均来源于2015年《药品管理法》第49条第1款"劣药"的规定和第2款"按劣药论处"的第1项、第2项、第3项、第5项、第6项，以及第48条第3款"按假药论处"的第4项。个别条文略有修改，如劣药中"擅自添加着色剂、防腐剂、香料、矫味剂及辅料的"修改为"擅自添加防腐剂、辅料的药品"，"其他不符合药品标准规定的"修改为"其他不符合药品标准的药品"，但并未新设项目。劣药的七种情形具体理解如下：

（1）药品成分的含量不符合国家药品标准。药品成分的含量决定了药品功效的大小，药品成分的含量不符合国家药品标准，必然导致药品不能达到预期功效，应当认定为劣药。

（2）被污染的药品。药品被污染，会导致药品所含杂质增多、有效成分的纯度降低，从而使药品的功效"缩水"，应当认定为劣药。

（3）未标明或者更改有效期的药品。药品的标签或者说明书应当注明有效期。有效期是药品保持功效的期限，未标明或者更改有效期的药品，难以判断其是否有效的状态，应当认定为劣药。

（4）未注明或者更改产品批号的药品。药品标签或者说明书应当注明药品的产品批号。产品批号是用于识别一个特定批的具有唯一性的数字和（或）字母的组合。因其具有唯一性，可以确定药品的信息。未注明或者更改产品批号的药品，难以确定药品的信息，不能实行追溯，应当认定为劣药。

（5）超过有效期的药品。有效期是药品保持功效的期限，药品超过有效期，将会导致功效衰减，应当认定为劣药。

（6）擅自添加防腐剂、辅料的药品。生产药品所需的辅料，应当符合药用要求、药品生产质量管理规范的有关要求。根据《药品管理法》第25条规定，国务院药监部门在审批药品时，对相关辅料一并审评。擅自添加未经审评的辅料，可能影响药品有效的纯度，降低药品的功效，应当认定为劣药。防腐剂从广义上来说也是辅料，但与一般辅料相比，其对药品质量影响的风险更大，将其单列出来规定，更具有针对性。

（7）其他不符合药品标准的药品。这是一项兜底规定。这里的药品标准，既包括了国家药品标准，经核准的药品质量标准，也包括省级政府药品监督管理部门制定的中药饮片炮制规范等标准。

根据《药品司法解释》第19条规定，对于《药品管理法》第98条第3款第3项至第6项规定的劣药，能够根据现场查获的原料、包装，结合犯罪嫌疑人、被告人供述等证据材料作出判断的，可以由地市级以上药品监督管理部门出具认定意见。对于依据《药品管理法》第98条第3款的其他规定认定劣药，或者是否属于第98条第3款第6项规定的劣药存在争议的，应当由省级以上药品监督管理部门设置或者确定的药品检验机构进行检验，出具质量检验结论。司法机关根据认定意见、检验结论，结合其他证据作出认定。

（三）犯罪主体

本罪的主体是一般主体，即达到刑事责任年龄（已满16周岁）并具有刑事责任能力的自然人均可构成本罪。根据《刑法》第150条规定，单位也可构成本罪，对单位实行双罚制。单位犯本罪的，对单位判处罚金，并对其直接负责的主管人员和其他直接责任人员，按照本条的规定处罚。提供劣药罪的主体是特殊主体，即药品使用单位及其工作人员。

（四）主观方面

本罪主观方面是故意。表现在生产领域内有意制造劣药，即认识到劣药可能对人体健康造成严重后果并对此持希望或放任的态度；在销售领域内必须具有明知是劣药而售卖的心理状态，不知道是劣药而销售的不构成销售劣药罪；药品使用单位的人员需要明知是劣药而提供给他人使用。

四、生产、销售、提供劣药罪的追诉标准

2008年颁布的《关于公安机关管辖的刑事案件立案追诉标准的规定（一）》第18条规定，生产（包括配制）、销售劣药，涉嫌下列情形之一的，应予立案追诉：(1)造成人员轻伤、重伤或者死亡的；(2)其他对人体健康造成严重危害的情形。本条规定的劣药，是指依照《药品管理法》的规定，药品成分的含量不符合国家药品标准的药品和按劣药论处的药品。

在《刑法修正案（十一）》和2022年《药品司法解释》出台之后，上述追诉标准需要进一步修改，具体追诉标准应当结合2022年《药品司法解释》第2条规定的四种情形予以认定，并将药品使用单位的人员明知是劣药而提供的行为纳入追诉范围。

第二节　生产、销售、提供劣药罪的认定处理

一、劣药使用与"对人体健康造成严重危害"之间的因果关系

本罪以"对人体健康造成严重危害"为构罪要件之一，如果没有造成此后果，即便实施了生产、销售、提供劣药的行为，也不构成本罪。认定构成本罪需要证明对人体健康造成的严重后果是由于使用了生产、销售、提供的劣药引起的，二者之间存在因果关系，即存在引起和被引起的关系。需要查证是否因为使用了劣药才导致被害人身体健康受到严重危害，如果没有使用劣药，被害人身体健康是否会出现严重危害的情况等，这些都需要通过伤情鉴定、死伤原因医学鉴定等进行证明。司法实践中，因果关系证明难度很大，这也是司法实践中本罪适用极少的主要原因。

二、本罪与其他犯罪的区别

（一）本罪与生产、销售、提供假药罪的区别

一是犯罪对象不同。前者的犯罪对象是劣药，后者的犯罪对象是假药。《药品管理法》分别规定了劣药和假药的范围。二是构成犯罪的标准不同。前者是结果犯，生产、销售、提供劣药的行为只有对人体健康造成严重危害的，才构成犯罪。后者是行为犯，不要求有实害结果发生。三是社会危险性不同。劣药的实质是药品质量与效能达不到标准规定或者预期治疗效果，而假药很多情况下是不具备相应的药品成分，或者以非药品冒

充药品，以他种药品冒充此种药品等。假药往往比劣药对人体健康造成的危害性更大，因此后者比前者设置了更高的法定刑和更低的入罪门槛。

司法机关对涉案物品性质进行判断时，可以借助专门行政部门的专业力量。《药品管理法》第113条规定，公安机关、人民检察院、人民法院商请药品监督管理部门、生态环境主管部门等部门提供检验结论、认定意见以及对涉案药品进行无害化处理等协助的，有关部门应当及时提供，予以协助。

（二）本罪与生产、销售伪劣产品罪的区别

一是侵犯的客体不同。前者侵犯的是国家药品管理制度和公民的生命健康权，后者侵犯的是国家产品质量监管制度和消费者的合法权益。二是犯罪对象不同。前者犯罪对象仅限于劣药，后者犯罪对象包括所有产品，也包括劣药。三是构成犯罪的标准不同。前者要求"对人体健康造成严重危害"的后果，后者要求"销售金额在5万元以上"。根据《刑法》第149条规定，生产、销售劣药，无法证明对人体健康造成了严重危害的后果，销售金额、货值金额达到立案追诉标准的要求，依照生产、销售伪劣产品罪定罪处罚。如果同时构成生产、销售劣药罪和生产、销售伪劣产品罪的，依照处罚较重的规定定罪处罚。

第五章 妨害药品管理罪办案指引

第一节 妨害药品管理罪概述

一、妨害药品管理罪的立法沿革

该罪系 2020 年《刑法修正案（十一）》增设的新罪。其中，第七项规定，在第 142 条后增加一条，作为第 142 条之一："违反药品管理法规，有下列情形之一，足以严重危害人体健康的，处三年以下有期徒刑或者拘役，并处或者单处罚金；对人体健康造成严重危害或者有其他严重情节的，处三年以上七年以下有期徒刑，并处罚金：（一）生产、销售国务院药品监督管理部门禁止使用的药品的；（二）未取得药品相关批准证明文件生产、进口药品或者明知是上述药品而销售的；（三）药品申请注册中提供虚假的证明、数据、资料、样品或者采取其他欺骗手段的；（四）编造生产、检验记录的。" 2021 年最高人民法院、最高人民检察院《关于执行〈中华人民共和国刑法〉确定罪名的补充规定（七）》明确《刑法》第 142 条之一为"妨害药品管理罪"。

《刑法修正案（十一）》增设妨害药品管理罪的原因有：

第一，与新修订的《药品管理法》制度相衔接。2019 年新修订的《药品管理法》回应社会热点，关切社会关注点，平衡各方利益，满足特殊人群的用药可及性，将 2015 年《药品管理法》第 48 条第 3 款第 2 项按假药论处的情形，即"依照本法必须批准而未经批准生产、进口，或者依照本法必须检验而未经检验即销售的"从假药定义中删除。同理，按照罪刑法定原则,进而此类药品也就失去了出台前按照《刑法》第141条追究当事人生产、销售假药罪的法律基础。但是,从药品监管实践来看,此类未取得药品批准证明文件生产、进口的药品,其危害性实际上并不亚于生产、销售的假药,当然对于已经在国外合法上市并经临床证明具有相应疗效的真正进口药品除外。实践中,未取得批准证明文件生产药品的危害性主要有以下情形:(1)生产此类药品的违法分子经常是在杂乱的民房、厂房、住宅内生产加工,其生产环境、生产工艺、质量过程控制等方面均不符合《药品生产质量管理规范》要求;(2)生产此类药品的违法分子其生产药品的原辅料来源不可靠,有的可能采取伪劣、变质、污染的原辅料;(3)生产此类药品的违法分子一般不对生产过程的原辅料、中间体、成品进行检验,亦无相应记录;(4)生产此类药品的违法分子通常并不遵循相应质量标准,外包装亦不标示相应质量标准,如果有标示,也是五花八门;(5)生产此类药品的违法分子为了增加疗效,通常会在药品中添加禁用、限用的有害物质。也有可能为了增强所谓疗效,将中药材、中药饮片与化学原料药、制剂混合配制。总之,该类未取得批准证明文件生产的药品,从生产环境、生产工艺、处方、原辅料来源、原辅料检验、成品检验等各方面均无法符合《药品生产质量管理规范》要求,亦不符合《中华人民共和国药典》所规定的药品应当有相应标准并在符合《药品生产质量管理规范》的条件下生产的要求,在质量可控性、稳定性、安全性无法获得相应保障,应当予以严惩。为此,从刑法保护法益的目的出发,特别是以保护人体健康为中心的目的出发,对此类未取得批准证明文件生产、进口的药品除了进行行政法的规制外,对其进行刑法上的规制实有必要。全国人大常委会从刑法应当与行政法(即2019年的《药品管理法》)的法定犯罪进行制度上衔接的角度出发,对此类未取得批准证明文件生产、进口的药品且可能严重危害人体健康的行为进行了刑法上的规制,以期做到刑法与药品管理法制度的相互衔接。

第二,将现行司法解释中药品管理秩序领域认定为犯罪的行为予以完善、修订并法定化。最高人民法院、最高人民检察院《关于办理药品、医疗器械注册申请材料造假刑事案件适用法律若干问题的解释》(以下简称《药品注册解释》,该解释被2022年颁布的《药品司法解释》所废止)第1条规定,将药物非临床研究机构、药物临床试验机构、合同研究组织的工作人员故意实施以下行为认定为提供虚假证明文件罪：（1）在药物非临床研究或者药物临床试验过程中故意使用虚假试验用药品的；（2）瞒报与药物临床试验用药品相关的严重不良事件的；（3）故意损毁原始药物非临床研究数据或者药物临床试验数据的；（4）编造受试动物信息、受试者信息、主要试验过程记录、研究数据、检测数据等药物非临床研究数据或者药物临床试验数据，影响药品安全性、有效性评价结果的；（5）曾因在申请药品、医疗器械注册过程中提供虚假证明材料受过刑事处罚或者二年内受过行政处罚，又提供虚假证明材料的。《药品注册解释》第3条规定："药品注册申请单位的工作人员，故意使用符合该解释第一条第二款规定的虚假药物非临床研究报告、药物临床试验报告及相关材料，骗取药品批准证明文件生产、销售药品的，应当依照刑法第一百四十一条规定，以生产、销售假药罪定罪处罚。"但是，骗取药品批准证明文件生产药品，其实质上也属于未取得药品批准证明文件生产药品，从假药认定的法定原则出发，即行政、司法上认定假药必须以2019年《药品管理法》第98条第2款的规定出发，此类药品亦不得认定为假药，亦即此时不能对注册申请单位的工作人员使用虚假药物非临床研究报告、药物临床试验报告及相关材料，骗取药品批准文明生产销售药品的行为认定为生产、销售假药并追究其刑事责任。然而在实践中，此类违法行为及生产药品的危害性还是显而易见的。例如，药物非临床研究机构隐瞒药物研究过程在动物试验过程可发生致畸、致癌、致突变的风险；药物临床试验机构隐瞒临床试验过程出现的严重不良反应。如果此类具有严重安全风险的药品得以注册并生产销售，无疑会对人体产生严重损害，历史上著名的"反应停事件"即属此类危害。再如，药物临床试验机构编造受试者信息，编造受试者临床疗效，采取外购药品用于试验等。此时该临床研究的试验数据真实性、可靠性均无法保障，其是否具有真实确切的疗效无从得知，如果此类药品得以注册，无疑会影响疾病的诊断、治疗、预防作用，其危害性不可谓不大。因此，对现行司法解释在药品安全领域认定为犯罪的违法行为，有必要予以修正完善并法定化。为此，《刑法修正案（十一）》将"药品申请注册中提供虚假的证明、数据、资料、样品或者采取其他欺骗手段的"的行为予以入罪，当然前提也需要该行为足以严重危害人体健康。

第三，从行政执法与司法实践中的有关案例提炼出药品安全领域违法行为的危害性予以入罪。《刑法修正案（十一）》之所以将"编造生产、检验记录的"认定为妨害药品管理罪的构成要件之一，系从有关行政执法与司法实践的案例中提炼此类违法行为具有一定的危害性且可能对人体的用药安全构成威胁。从实践来看，如果药品生产企业将过期的药品更改生产批记录变成仍在有效期内的，将检验不合格的原料编造成合格并投料生产的，将检验不合格的成品编造成合格并上市销售的，其质量的可控性、安全性无法保证，其行为对人体的危害也是难以估量的。因此，刑法有必要对此类药品安全领域违法行为予以打击，以切实保障人体健康。

2022年《药品安全解释》第7条、第8条进一步明确了妨害药品管理罪中"足以严重危害人体健康""对人民健康造成严重危害""有其他严重情节"的认定。

二、妨害药品管理罪的概念和构成特征

本罪是指生产者、销售者违反药品管理法规，实施了规定中妨害药品管理秩序，足以严重危害人体健康的行为。

（一）犯罪客体

本罪的客体为复杂客体，一是维护药品管理秩序，二是保护人体健康和用药安全。药品是一个风险产品，其在预防、诊断、治疗人体疾病的同时，可能也会带来不确定的损害风险（不良反应等）。为了将这种不确定性控制在最低范围内或可接受的程度内，药品必须在一系列经过反复验证的法定规范下研制、生产、经营、使用。因此，维护良好的、规范的药品管理秩序，使药品的研制、生产、经营持续符合法定要求，可以最大程度上保证药品的质量，降低药品的损害风险，发挥最好的治疗、预防、诊断作用。

2019年《药品管理法》确定的药品管理秩序主要包括药物非临床研究应当符合药物非临床研究质量管理规范；药物临床试验实行审批制，生物等效性试验实行备案制，同时药物临床试验应当符合药物临床试验质量管理规范；药品上市实行注册制，药品生产实行许可制并应当在符合药品

生产质量管理规范的条件下生产；药品生产、检验过程真实完整、可追溯等。因此，违反这些药品管理秩序，特别是实施妨害药品管理罪构成要件的四种行为，有可能对药品质量产生严重影响，进而危害人体健康。刑法作为法益保护的最后的法，将妨害药品管理且足以严重危害人体健康的行为列入其规制范畴。

（二）客观方面

本罪的客观方面是行为人有违反药品管理法规的行为。这里所说的"药品管理法规"，是指违反国家有关药品监督管理方面的法律、法规，如《药品管理法》《中医药法》《药品管理法实施条例》以及其他有关药品监管方面的法律、法规。构成本罪的行为有以下四种：

1. 生产、销售国务院药品监督管理部门禁止使用的药品。这里的"禁止使用的药品"，包括根据《药品管理法》第83条的规定，属于疗效不确切、不良反应大或者因其他原因危害人体健康的情形，被依法注销药品注册证书，禁止使用的药品。对上述禁止使用的药品，药品生产企业、批发单位等应当严格遵守禁止规定，不得生产、销售和使用。如果继续生产、销售和使用这类药品的，应按《药品管理法》第124条的规定予以行政处罚，符合本条规定的入刑条件的，依法追究刑事责任。

2. 未取得药品相关批准证明文件生产、进口药品或者明知是上述药品而销售的。按照《药品管理法》第24条、第41条的规定，从事药品生产、经营活动，应当取得药品生产、经营许可证。在中国境内上市的药品，应当取得药品注册证书。医疗机构配制制剂，应当取得医疗机构制剂许可证、制剂批准文号；进口药品，必须取得进口药品注册证（或者医药产品注册证），进口药品批件后，方可办理进口备案和口岸检验手续。取得药品批准证明文件是药品生产、进口的必备条件，是保证药品安全性、有效性和质量可控性的屏障。未取得药品相关批准证明文件生产、进口药品或者明知是上述药品而销售具有主观故意，情节恶劣，应当惩处。

3. 药品申请注册中提供虚假的证明、数据、资料、样品或者采取其他欺骗手段的。《药品管理法》第24条第2款规定，申请药品注册，应当提供真实、充分、可靠的数据、资料和样品。申请药品注册时提供虚假数据、资料、样品等欺骗行为，将严重影响审评和审批部门的判断。使用采取上述欺骗手段取得药品批准证明文件,生产、进口药品不但侵犯国家正常的药品管理秩序,还将给人民群众用药安全带来严重的危害。

4.编造生产、检验记录的。生产、检验记录涉及药品生产管理、质量管理的实施过程的重要记载,是实现药品按照国家药品标准和经药品监督管理部门核准的生产工艺进行生产,实现药品质量可控的重要手段。编造生产、检验记录影响对药品生产过程以及与质量有关情况的正确判断,严重影响药品安全。《药品管理法》第44条规定,生产、检验记录应当完整准确,不得编造。

(三)犯罪主体

本罪的主体是一般主体,即达到刑事责任年龄(已满16周岁)并具有刑事责任能力的自然人均可构成本罪。根据《刑法》第150条规定,单位也可构成本罪,对单位实行双罚制。单位犯本罪的,对单位判处罚金,并对其直接负责的主管人员和其他直接责任人员,按照本条的规定处罚。

(四)主观方面

本罪主观方面是故意,即明知属于规定的四种违反药品管理法规的情形而为之。

三、妨害药品管理罪的追诉标准

根据《药品司法解释》第7条的规定,实施妨害药品管理的行为,具有下列情形之一的,应当认定为《刑法》第142条之一规定的"足以严重危害人体健康":(1)生产、销售国务院药品监督管理部门禁止使用的药品,综合生产、销售的时间、数量、禁止使用原因等情节,认为具有严重危害人体健康的现实危险的;(2)未取得药品相关批准证明文件生产药品或者明知是上述药品而销售,涉案药品属于本解释第一条第一项至第三项规定情形的;(3)未取得药品相关批准证明文件生产药品或者明知是上述药品而销售,涉案药品的适应症、功能主治或者成分不明的;(4)未取得药品相关批准证明文件生产药品或者明知是上述药品而销售,涉案药品没有国家药品标准,且无核准的药品质量标准,但检出化学药成分的;

(5）未取得药品相关批准证明文件进口药品或者明知是上述药品而销售，涉案药品在境外也未合法上市的；（6）在药物非临床研究或者药物临床试验过程中故意使用虚假试验用药品，或者瞒报与药物临床试验用药品相关的严重不良事件的；（7）故意损毁原始药物非临床研究数据或者药物临床试验数据，或者编造受试动物信息、受试者信息、主要试验过程记录、研究数据、检测数据等药物非临床研究数据或者药物临床试验数据，影响药品的安全性、有效性和质量可控性的；（8）编造生产、检验记录，影响药品的安全性、有效性和质量可控性的；（9）其他足以严重危害人体健康的情形。

对于涉案药品是否在境外合法上市，应当根据境外药品监督管理部门或者权利人的证明等证据，结合犯罪嫌疑人、被告人及其辩护人提供的证据材料综合审查，依法作出认定。

对于"足以严重危害人体健康"难以确定的，根据地市级以上药品监督管理部门出具的认定意见，结合其他证据作出认定。

第二节　妨害药品管理罪的认定处理

一、关于妨害药品管理情形的理解

本条规定了四种妨害药品管理的情形，其中，第1项、第2项是违规生产、进口、销售药品的行为，第3项是骗取药品申请注册的行为，第4项是违反《药品生产质量管理规范》（GMP）的行为。这四项内容与《药品管理法》第124条的第1项、第2项、第5项、第6项基本对应，该条的第3项"使用未经审评审批的原料药生产药品"、第4项"应当检验而未检验即销售药品"、第7项"未经批准在药品生产中进行重大变更"内容没有被吸纳到刑法条文中。在《刑法修正案（十一）草案》一审稿中，曾将"依法应当检验而未经检验即销售药品"列入本条，但在二审稿中被取消。《药品管理法》第68条规定了三种应当指定药品检验机构进行检验的情形，未经检验或者检验不合格的，不得销售或者进口：首次在中国境内销售的药品；国务院药品监督管理部门规定的生物制品；国务院规定的其他药品。但《刑法修正案（十一）》最终未将"依法应当检验而未经检验即销售药品"纳入妨害药品管理罪，意味着违反了《药品管理法》第68条的规定，不能依据本罪追究刑事责任。

需要注意的是：一是本条未设置兜底条款，这四种情形以外的其他情形不能适用本罪；二是违反《药品生产质量管理规范》（GMP）的行为中只有"编造生产、检验记录"行为可能适用本条，其他违反GMP的行为未包括在本条中。

关于妨害药品管理情形的理解：

一是生产、销售国务院药品监督管理部门禁止使用的药品。包括根据《药品管理法》第83条的规定：经评价，对疗效不确切、不良反应大或者因其他原因危害人体健康的药品，应当注销药品注册证书。已被注销药品注册证书的药品，不得生产或者进口、销售和使用。主要考虑是，药品是用于预防、治疗、诊断人的疾病的特殊商品，必须安全、有效、质量可控。药品上市前要进行科学、严谨的药学、药理毒理学等药品非临床研究，需要大量的药物临床试验，最后进行严格的审评审批。有些药品由于上市较早，基于当时科技水平和认知水平的限制，对药品评价不完善，一些缺陷存在至今，经过再评价确认其疗效甚微。有些药品在治疗疾病的同时给人体带来严重危害，导致其他疾病甚至致人死亡。还有些药品在批准上市时，由于临床试验的病例较少，应用面较窄、研究时间短等原因，有些不良反应较难发现，需要通过上市后评价来考察，一旦确认有明显不良反应，该不良反应大于其疗效所带来的益处时，国务院药监部门就会命令禁止适用，注销药品注册证书。

对上述禁止使用的药品，药品生产企业、批发单位等应当严格遵守禁止规定。如果继续生产、销售和使用这类药品的，应按《药品管理法》第124条的规定予以行政处罚。符合本条规定的入刑条件的，依法追究刑事责任。

二是未取得药品相关批准证明文件生产、进口药品或者明知是上述药品而销售的。按照《药品管理法》第24条、第41条的规定，从事药品生产、经营活动，应当取得药品生产、经营许可证。在中国境内上市的药品，应当经国务院药品监管部门批准，取得药品注册证书。医疗机构配制制剂，按照《药品管理法》第74条、《中医药法》第32条的规定，应当取得医疗机构制剂许可证、制剂批准文号；进口药品，按照《药品管理法实施条例》第35条、《药品进口管理办法》第5条规定，必须取得国家食品药品监督管理局核发的进口药品注册证（或者医药产品注册证）、进口药品批件后，方可办理进口备案和口岸检验手续。取得药品批准证明文件是药品生产、进口的必备条件，是保证药品安全性、有效性和质量可控性的屏障。未取得药品相关批准证明文件生产、进口药品或者明知是上述药品而销售具有主观故意，情节恶劣，应当惩处。值得注意的是，关于"药品相关批准证明文件"的范围，《中华人民共和国刑法释义》一书理解的上述范围比《药品管理法》大。上述范围包括了药品生产、经营许可证、医疗机构制剂许可证、制剂批准文号、药品注册证、《进口药品注册证》（或者《医药产品注册证》），或者《进口药品批件》等相关审批手续文件。在《药品管理法》中，药品批准证明文件是与有关许可证并列的文件，如《药品管理法》第116条规定，生产、销售假药的，没收违法生产、销售的药品和违法所得，责令停产停业整顿，吊销药品批准证明文件，并处违法生产、销售的药品货值金额15倍以上30倍以下的罚款；货值金额不足10万元的，按10万元计算；情节严重的，吊销药品生产许可证、药品经营许可证或者医疗机构制剂许可证，10年内不受理其相应申请；药品上市许可持有人为境外企业的，10年内禁止其药品进口。

三是药品申请注册中提供虚假的证明、数据、资料、样品或者采取其他欺骗手段的。药品注册申请，是指药品注册申请人依照法定程序和相关要求提出药物临床试验、药品上市许可、再注册等申请以及补充申请的行为。《药品管理法》第24条第2款规定，申请药品注册，应当提供真实、充分、可靠的数据、资料和样品。这里的"数据、资料、样品"，包括药物临床试验、药品上市许可、再注册等申请以及补充申请的数据、资料和样品。申请药品注册许可，必须基于科学、严谨的责任担当，应当提供真实、充分、可靠的数据资料和样品，证明药品的安全性、有效性和质量可控性。申请药品注册时提供虚假数据、资料、样品等欺骗行为，将严重影响审评和审批部门的判断。使用采取上述欺骗手段取得药品批准证明文件，生产、进口药品不但侵犯国家正常的药品管理秩序，还将给人民群众用药安全带来严重的危害。

四是编造生产、检验记录的。生产、检验记录涉及药品生产管理、质量管理的实施过程的重要记载，《药品生产质量管理规范》对药品生产过程中各个环节所应记录及记录内容作了科学、系统、详细的规定，有利于实现生产过程的可追溯，是实现药品按照国家药品标准和经药品监督管理部门核准的生产工艺进行生产，实现药品质量可控的重要手段。编造生产、检验记录影响对药品生产过程以及与质量有关情况的正确判断，严重影响药品安全。《药品管理法》第44条规定，生产、检验记录应当完整准确，不得编造。

二、关于未经批准生产、进口药品的处罚

根据修订后《药品管理法》的规定，对于"未经批准生产、进口"的药品已不属于"按假药论处"的情形，不再直接适用生产、销售、提供假药罪进行处罚。符合妨害药品管理罪构成要件的，应当以妨害药品管理罪定罪处罚。

一是竞合问题。《刑法》第142条之一规定，有前款行为，同时又构成本法第141条、第142条规定之罪或者其他犯罪的，依照处罚较重的规定定罪处罚。从涉及药品的三个罪名的刑罚配置来看，妨害药品管理罪的刑罚配置最轻。"黑作坊"生产药品，既属于妨害药品管理行为，还可能会产生生产、销售假药、生产、销售劣药的后果；对于违规进口药品，还可能违反进出口管理规定偷逃税款的后果，可以认定为走私行为。在罪名竞合的情况下，根据法律规定应当择一重罪处罚。鉴于此，在办理药品刑事案件的时候，在证据收集上，要注意广泛收集证据，特别是假药、劣药的质量检验结论或者药监部门出具的假劣药认定意见，以及海关计税凭证等。需要注意的是，"未经批准生产"药品及明知而销售，不属于假药、不再以生产、销售假药罪定罪处罚的说法是不准确的，因为如果"未经批准生产的药品"属于《药品管理法》第98条规定的假药，那么就有可能同时构成生产、销售假药罪。

二是对于未经批准生产的药品。（1）如果质量检验结论、药品监督

管理部门的认定意见等证据能够证明为假药、劣药的，可以以生产假药罪、生产劣药罪处罚。（2）未经批准生产的药品，侵犯知识产权的，可以根据具体情况，依照处罚较重的规定定罪处罚。

三是对于未经批准进口的药品。（1）如果质量检验结论等证据能够证明涉案药品的功效发生变化，属于劣药，则可以以销售劣药罪定罪处罚。（2）未经批准进口行为，还可能涉及走私国家禁止进出口的货物、物品罪，走私普通货物、物品罪。《走私案件解释》第21条规定，未经许可进出口国家限制进出口的货物、物品，构成犯罪的，应当依照《刑法》第151条、第152条的规定，以走私国家禁止进出口的货物、物品罪等罪名定罪处罚；偷逃应缴税款，同时又构成走私普通货物、物品罪的，依照处罚较重的规定定罪处罚。

四是出罪情形。《药品管理法》第124条第3款规定，未经批准进口少量境外已合法上市的药品，情节较轻的，可以依法减轻或者免予处罚。司法适用中，对于未经批准进口少量境外已合法上市的药品，一般也不应作为犯罪进行刑事处罚。根据2022年《药品司法解释》第18条规定，不以营利为目的实施带有自救、互助性质的生产、进口、销售药品的行为，不应当认定为犯罪。

第三节　案例评析

王某某等人妨害药品管理案[①]

【基本案情】

2009年8月至2019年8月，被告人王某某伙同他人通过电话联系，

[①] 检察机关依法惩治危害药品安全犯罪典型案例，2022年3月4日最高人民检察院发布。

向湖南、重庆、江西等地销售"张氏筋骨一点通胶囊""复方川羚定喘胶囊"等未取得药品相关批准证明文件生产的药品,销售金额共计238万余元。其间,2019年6月至8月,被告人物流公司邮递员罗某某明知王某某等人托运上述药品的情况下,伙同被告人薛某某帮助邮寄销售,销售金额共计23万余元。

经河南省食品药品检验所检验,涉案的"张氏筋骨一点通胶囊"检出布洛芬、双氯芬酸钠、吲哚美辛等化学药物;"复方川羚定喘胶囊"检出茶碱、醋酸泼尼松等化学药物。经濮阳市市场监督管理局认定,涉案药品长期服用足以危害患者身体健康。

2020年8月10日,河南省濮阳市华龙区人民检察院对王某某等三人提起公诉。2021年6月22日,濮阳市华龙区人民法院作出一审判决,认定王某某等三人犯妨害药品管理罪,判处王某某有期徒刑2年10个月,并处罚金人民币20万元;罗某某有期徒刑1年10个月,并处罚金人民币2万元;薛某某有期徒刑1年7个月,并处罚金人民币1万元。各被告人均未上诉,判决已生效。

【争议焦点】

未取得药品批准证明文件生产药品并销售,检出化学药成分的,适用生产、销售假药罪还是妨害药品管理罪。

【案件评析】

本案在侦查阶段,《药品管理法》尚未修订,当地市场监督管理局依据修订前《药品管理法》第48条,认为涉案药品属于"依照本法必须批准而未经批准生产",作出"按假药论处"的认定。案件进入审查起诉阶段,修订后《药品管理法》对假药的范围进行了调整,删除了"按假药论处"的情形,涉案药品不能再因为未经批准生产而直接认定为"假药"。《刑法修正案(十一)》增设妨害药品管理罪,将《药品管理法》修订前部分违反药品管理规范"按假药论处"的情形,纳入本罪的规制范畴,其中"明知是未取得药品批准证明文件生产的药品而销售"就是妨害药品管理罪表现行为之一。本案中王某某等人销售的"张氏筋骨一点通胶囊""复方川羚定喘胶囊"等涉案药品均属于没有取得药品相关批准证明文件生产的药品,但是否构成妨害药品管理罪,关键要认定涉案药品"足以严重危害人体健康"。本案审查起诉阶段,《药品司法解释》尚未出台,对于"足以严重危害人体健康"如何认定没有明确规定。检察机关探索通过专业论证的方式予以证明。

由于王某某等人销售的药品号称主治风湿哮喘，经检验其中含有多种化学药物成分。经市场监管部门、药品检验检测机构对涉案药品危害性的论证，上述化学药物在使用剂量或使用方法等方面有严格规定，有的为处方药，存在配伍禁忌；有的治疗中主要通过吸入途径给药，需在医生指导下用药，若在长期不知情下服用，会导致脏器损伤或延误疾病治疗，诱发或加重疾病，足以严重危害患者身体健康。销售此类药品不仅严重扰乱了正常的药品管理秩序，还可能造成贻误诊治、加重病情，甚至危害患者生命的严重后果，达到了"足以严重危害人体健康"的程度，构成妨害药品管理罪。检察机关依法从严打击此类犯罪行为，有力震慑危害药品安全违法犯罪活动，切实维护药品安全和人民群众生命健康。此后出台的《药品司法解释》第7条明确了可以认定"足以严重危害人体健康"的情形，其中第4项"未取得药品相关批准证明文件生产药品或者明知是上述药品而销售，涉案药品没有国家药品标准，且无核准的药品质量标准，但检出化学药成分的"正是属于本案情况。

需要注意的是，根据《刑法》第142条之一、《药品司法解释》第8条规定，实施《刑法》第142条之一妨害药品管理罪规定的行为，同时又构成生产、销售、提供假药罪、生产、销售、提供劣药罪或者其他犯罪的，依照处罚较重的规定定罪处罚。即具体案件中，经综合判断如能认定涉案产品为假药、劣药的，还可能适用本罪以外的罪名。

第六章 生产、销售不符合安全标准的食品罪办案指引

第一节 生产、销售不符合安全标准的食品罪概述

一、生产、销售不符合安全标准的食品罪的立法沿革

1979年刑法施行期间，立法者并未在刑法中就危害食品安全犯罪设立专门罪名。1982年，我国颁布《中华人民共和国食品卫生法（试行）》，危害食品安全犯罪以附属刑法的形式，出现在该部法律中。根据该法规定，行为人实施危害食品安全的行为，造成严重食物中毒事故或者其他严重食源性疾病，致人死亡或者致人残疾因而丧失劳动能力的，根据不同情节，对直接责任人员依法应追究相应的刑事责任。为了与相关法律相互衔接，本罪的罪名确定为生产、销售不符合卫生标准的食品罪。这是现行的生产、销售不符合安全标准的食品罪在我国法律中的最初形态和最早的立法例。

1993年，全国人大常委会通过《关于惩治生产、销售伪劣商品犯罪的决定》再次明确了生产、销售不符合卫生标准的食品罪的罪状。1997年《刑法》第143条规定，生产、销售不符合卫生标准的食品，足以造成严重食物中毒事故或者其他严重食源性疾患的，处3年以下有期徒刑或者拘役，并处或者单处销售金额50%以上2倍以下罚金；对人体健康造成

严重危害的,处3年以上7年以下有期徒刑,并处销售金额50%以上2倍以下罚金;后果特别严重的,处7年以上有期徒刑或者无期徒刑,并处销售金额50%以上2倍以下罚金或者没收财产。

《伪劣商品解释》对本罪追诉、量刑的标准作出具体规定。该解释第4条第1款规定,经省级以上卫生行政部门确定的机构鉴定,食品中含有可能导致严重食物中毒事故或者其他严重食源性疾患的超标准的有害细菌或者其他污染物的,应认定为《刑法》第143条规定的"足以造成严重食物中毒或者其他严重食源性疾患"。该条第2款规定,生产、销售不符合卫生标准的食品被食用后,造成轻伤、重伤或者其他严重后果的,应认定为"对人体健康造成严重危害"。该条第3款规定,生产、销售不符合卫生标准的食品被食用后,致人死亡、严重残疾、3人以上重伤、10人以上轻伤或者造成其他特别严重后果的,应认定为"后果特别严重"。

2011年《刑法修正案(八)》对本罪作出了调整:一是为和2009年《食品安全法》有效衔接,《刑法修正案(八)》将罪名和罪状中的"卫生标准"修改为"食品安全标准",并将"食源性疾患"修改为"食源性疾病"。二是增加了第二档法定刑的升格要件,在原来的"对人体健康造成严重危害"的基础上,增加了"其他严重情节"的升格要件。三是取消了原条文中"单处罚金"的规定,并取消了"销售金额50%以上2倍以下罚金"的倍比制罚金规定,代之以无限额的罚金制,以提高财产刑的处罚力度。

2013年《食品安全解释》针对《刑法修正案(八)》中生产、销售不符合安全标准的食品罪修改情况及过去实践中犯罪认定环节的问题,对本罪定罪量刑的标准作出新的规定。例如,对本罪中"足以造成严重食物中毒事故或者其他严重食源性疾病""对人体健康造成严重危害""其他严重情节""后果特别严重"等追诉及法定刑升格要件作出解释。再如,对本罪罚金刑的金额标准作出规定,即一般应当判处生产、销售金额2倍以上的罚金。

2021年新修订的《食品安全解释》特别注意与《食品安全法》及其实施条例,以及《农产品质量安全法》《农药管理条例》《兽药管理条例》等相关规定保持衔接和协调。如对《刑法》第143条规定的"足以造成严重食物中毒或者其他严重食源性疾病"的具体情形对照《食品安全法》作了调整补充。又如，参照《食品安全法》规定，对生产、销售用超过保质期的食品原料、食品以及回收食品作为原料的食品，或者以更改生产日期、保质期、改换包装等方式销售超过保质期的食品、回收食品等严重违法、具有较高食品安全风险，可能构成犯罪的行为如何定性处理作出明确规定，推动将食品安全法相关规定落实落地。《食品安全解释》还对"一老一少"体现了特殊保护。比如，针对特殊食品、特殊机构场所以及"保健品坑老"行为作出规定。

二、生产、销售不符合安全标准的食品罪的发案态势

从犯罪数量来看，2011年至2014年，检察机关办理该罪案件数量增幅较大，2015年之后呈波动下降趋势，反映出食品安全形势整体向好，执法司法机关对食品安全治理取得了一定成效。

在作案主体方面，该罪以自然人犯罪为主，其中有六成以上为共同犯罪。犯罪分子以无业人员、农民和个体劳动者为主，上述三类人员占全部犯罪分子的75%以上；学历一般也相对较低，初中以下学历人员占85%以上。实践中，触犯该罪名的往往是小作坊、小摊贩、小餐饮，例如，甜品小店、包子铺、早餐摊位等。一方面，随着社会生活节奏的加快和生活质量的提高，很多人会在外就餐或外购食物。另一方面，个体经营的准入门槛较低，投入成本不高。当然，也有部分案件的涉案主体是合法成立的食品经营企业。

在作案手法上，大多数案件中的犯罪分子为了提高食品的吸引力和市场竞争力，大量违规添加各类食品添加剂，例如，很多甜品店、早餐铺被查获的涉案食品中，某些重金属含量严重超标，可能会严重危害社会公众的饮食安全和身体健康。随着我国市场对进口食品的需求增大，部分案件中的犯罪分子从国外疫区进口涉案食品入境，并通过销往餐饮单位等途径流入市场。例如，前几年日本发生核泄漏以及美国爆发疯牛病期间，一些犯罪分子从日本进口海鲜生鲜，从美国进口牛肉，并向社会公众销售。

在作案后果上，近几年出现大规模食物中毒、人员伤亡等实害性后果的案件已经较为少见，绝大多数案件中的涉案食品只具有危及人体健康

的危险，尚未达到产生实害后果的程度。例如，很多涉案的包子、馒头、蛋糕确实被检测出重金属含量超标，可能对人体健康产生一定影响，但尚未达到人员伤亡、食物中毒的程度。这种态势主要源于市场监管体系的不断完善和近几年司法机关对于危害食品安全犯罪的从严打击。

三、生产、销售不符合安全标准的食品罪的概念和构成特征

生产、销售不符合安全标准的食品罪，是指违反国家食品安全管理法规，生产、销售不符合安全标准的食品，足以造成严重食物中毒事故或者其他严重食源性疾病的行为。

（一）犯罪客体

生产、销售不符合安全标准的食品罪侵犯的是复杂客体，既侵犯了国家对食品安全的监督管理秩序，又侵犯了公民的生命权、健康权。

（二）客观方面

生产、销售不符合安全标准的食品罪的客观方面表现为，违反国家食品安全管理法规，生产、销售不符合安全标准的食品，足以造成严重食物中毒事故或者其他严重食源性疾病的行为。

由于本罪系法定犯，具有二次违法的特点，因此，本罪的一些构成要件需要结合前置法的规定进行界定。

本罪中的国家食品安全管理法规，是指《食品安全法》《食品安全法实施条例》等法律法规。

本罪中的食品，是指《食品安全法》第150条规定的，各种供人食用或者饮用的成品和原料以及按照传统既是食品又是中药材的物品，但是不包括以治疗为目的的物品。

本罪中的不符合安全标准的食品，需结合《食品安全法》、《农产品质量安全法》、法规规章、各项食品安全国家标准等相关规定予以认定。

《食品安全法》第2条第2款规定，供食用的源于农业的初级产品（以下简称食用农产品）的质量安全管理，遵守《农产品质量安全法》的规定。但是，食用农产品的市场销售、有关质量安全标准的制定、有关安

全信息的公布和本法对农业投入品作出规定的,应当遵守本法的规定。

《食品安全法》第26条规定,食品安全标准应当包括下列内容:(1)食品、食品添加剂、食品相关产品中的致病性微生物、农药残留、兽药残留、生物毒素、重金属等污染物质以及其他危害人体健康物质的限量规定;(2)食品添加剂的品种、使用范围、用量;(3)专供婴幼儿和其他特定人群的主辅食品的营养成分要求;(4)对与卫生营养等食品安全要求有关的标签、标志、说明书的要求;(5)食品生产经营过程的卫生要求;(6)与食品安全有关的质量要求;(7)与食品安全有关的食品检验方法与规程;(8)其他需要制定为食品安全标准的内容。

《食品安全法》第33条规定,食品生产经营应当符合食品安全标准,并符合下列要求:(1)具有与生产经营的食品品种、数量相适应的食品原料处理和食品加工、包装、贮存等场所,保持该场所环境整洁,并与有毒、有害场所以及其他污染源保持规定的距离;(2)具有与生产经营的食品品种、数量相适应的生产经营设备或者设施,有相应的消毒、更衣、盥洗、采光、照明、通风、防腐、防尘、防蝇、防鼠、防虫、洗涤以及处理废水、存放垃圾和废弃物的设备或者设施;(3)有专职或者兼职的食品安全专业技术人员、食品安全管理人员和保证食品安全的规章制度;(4)具有合理的设备布局和工艺流程,防止待加工食品与直接入口食品、原料与成品交叉污染,避免食品接触有毒物、不洁物;(5)餐具、饮具和盛放直接入口食品的容器,使用前应当洗净、消毒,炊具、用具用后应当洗净,保持清洁;(6)贮存、运输和装卸食品的容器、工具和设备应当安全、无害,保持清洁,防止食品污染,并符合保证食品安全所需的温度、湿度等特殊要求,不得将食品与有毒、有害物品一同贮存、运输;(7)直接入口的食品应当使用无毒、清洁的包装材料、餐具、饮具和容器;(8)食品生产经营人员应当保持个人卫生,生产经营食品时,应当将手洗净,穿戴清洁的工作衣、帽等;销售无包装的直接入口食品时,应当使用无毒、清洁的容器、售货工具和设备;(9)用水应当符合国家规定的生活饮用水卫生标准;(10)使用的洗涤剂、消毒剂应当对人体安全、无害;(11)法律、法规规定的其他要求。

《食品安全法》第34条规定,禁止经营下列食品、食品添加剂、食品相关产品:(1)用非食品原料生产的食品或者添加食品添加剂以外的化学物质和其他可能危害人体健康物质的食品,或者回收食品作为原料生产的食品;(2)致病性微生物,农药残留、兽药残留、生物毒素、重金属等污染物质以及其他危害人体健康的物质含量超过食品安全标准限量的食品、食品添加剂、食品相关产品;(3)用超过保质期的食品原料、食品添加剂生产的食品、食品添加剂;(4)超范围、限量使用食品添加剂的食品;(5)营养成分不符合食品安全标准的专供婴幼儿和其他特定人群的主辅食品;(6)腐败变质、油脂酸败、霉变生虫、污秽不洁、混有异物、掺假掺杂或者感官性状异常的食品、食品添加剂;(7)病死、毒死或者死因不明的禽、畜、兽、水产动物及其制品;(8)未按规定进行检验或者检疫不合格的肉类,或者未经检验或者检验不合格的肉类制品;(9)被包装材料、容器、运输工具等污染的食品、食品添加剂;(10)标注虚假生产日期、保质期或者超过保质期的食品、食品添加剂;(11)无标签的预包装食品、食品添加剂;(12)国家为防病等特殊需要明令禁止生产经营的产品;(13)其他不符合法律、法规或者安全标准的食品、食品添加剂、食品相关产品。

需要注意的是,并非所有违反《食品安全法》上述规定的行为都构成犯罪。部分违反上述规定的行为可能构成生产、销售不符合安全标准的食品罪,生产、销售有毒、有害食品罪,生产、销售伪劣产品罪等。

本罪属于具体危险犯,犯罪的成立必须在客观上具有"足以造成严重食物中毒事故或者其他严重食源性疾病"的危险。根据《食品安全法》第150条第9款规定,食源性疾病,是指食品中致病因素进入人体引起的感染性、中毒性等疾病,包括食物中毒。

根据《食品安全解释》第1条规定,具有下列情形之一的,应当认定为"足以造成严重食物中毒事故或者其他严重食源性疾病":(1)含有严重超出标准限量的致病性微生物、农药残留、兽药残留、生物毒素、重金属等污染物质以及其他严重危害人体健康的物质的;(2)属于病死、死因不明或者检验检疫不合格的畜、禽、兽、水产动物肉类及其制品的;(3)属于国家为防控疾病等特殊需要明令禁止生产、销售的;(4)特殊医学用途配方食品、专供婴幼儿的主辅食品营养成分严重不符合食品安全标准的;(5)其他足以造成严重食物中毒事故或者严重食源性疾病的情形。

《食品安全解释》第5条、第17条规定,在食品生产、销售、运输、贮存等过程中，违反食品安全标准，超限量或者超范围滥用食品添加剂；在食用农产品种植、养殖、销售、运输、贮存等过程中，违反食品安全标准，超限量或者超范围滥用食品添加剂、农药、兽药等；对畜禽注水或者注入其他物质，足以造成严重食物中毒事故或者其他严重食源性疾病的，依照本罪定罪处罚。

（三）犯罪主体

生产、销售不符合安全标准的食品罪的主体是一般主体，既可以是达到刑事责任年龄并具有刑事责任能力的自然人，也可以是单位。

（四）主观方面

生产、销售不符合安全标准的食品罪的主观方面是故意。实践中，行为人实施本罪通常具有非法牟利目的，但刑法并未将该目的设定为本罪主观构成的必备要素。

实践中，很多案件中的涉案人员对于犯罪的对象具有概括认知，即知道或者应当知道其生产、销售的食品不符合产品质量或者违反相关食品安全法律法规，但对其具体属于刑法中的伪劣产品、不符合安全标准的食品还是有毒、有害食品尚未达到确知的程度。从行为人主观认识的角度分析，无论其生产、销售的食品属于哪一种违法的种类，均在其主观认知和意愿的范围之内。在此情形下，司法机关根据涉案食品实际的违法种类，对行为人的犯罪行为进行定性，符合主客观相一致的原则。

四、生产、销售不符合安全标准的食品罪的追诉标准

根据《刑法》第143条、第150条规定，生产、销售不符合安全标准的食品，足以造成严重食物中毒事故或者其他严重食源性疾病的，处3年以下有期徒刑或者拘役，并处罚金；对人体健康造成严重危害或者有其他严重情节的，处3年以上7年以下有期徒刑，并处罚金；后果特别严重的，处7年以上有期徒刑或者无期徒刑，并处罚金或者没收财产。单位犯本罪的，对单位判处罚金，并对其直接负责的主管人员和其他直接责任人员，依照第143条的规定处罚。

根据《食品安全解释》第1条规定,"足以造成严重食物中毒事故或者其他严重食源性疾病"具有五种情形,具体内容参见前述有关该罪客观方面的论述。

根据《食品安全解释》第2条规定,"对人体健康造成严重危害"包括以下五种情形:(1)造成轻伤以上伤害的;(2)造成轻度残疾或者中度残疾的;(3)造成器官组织损伤导致一般功能障碍或者严重功能障碍的;(4)造成10人以上严重食物中毒或者其他食源性疾病的;(5)其他对人体健康造成严重危害的情形。

根据《食品安全解释》第3条规定,"其他严重情节"包括以下六种情形:(1)生产、销售金额20万元以上的;(2)生产、销售金额10万元以上不满20万元,不符合食品安全标准的食品数量较大或者生产、销售持续时间六个月以上的;(3)生产、销售金额10万元以上不满20万元,属于特殊医学用途配方食品、专供婴幼儿的主辅食品的;(4)生产、销售金额10万元以上不满20万元,且在中小学校园、托幼机构、养老机构及周边面向未成年人、老年人销售的;(5)生产、销售金额10万元以上不满20万元,曾因危害食品安全犯罪受过刑事处罚或者两年内因危害食品安全违法行为受过行政处罚的;(6)其他情节严重的情形。

根据《食品安全解释》第4条规定,"后果特别严重"包括以下六种情形:(1)致人死亡的;(2)造成重度残疾以上的;(3)造成3人以上重伤、中度残疾或者器官组织损伤导致严重功能性障碍的;(4)造成10人以上轻伤、5人以上轻度残疾或者器官组织损伤导致一般功能障碍的;(5)造成30人以上严重食物中毒或者其他严重食源性疾病的;(6)其他特别严重后果的。

同时,《食品安全解释》对本罪的罚金判处也作出了规定。该解释第21条规定,犯生产、销售不符合安全标准的食品罪,生产、销售有毒、有害食品罪,一般应当依法判处生产、销售金额2倍以上的罚金。

第二节　生产、销售不符合安全标准的食品罪的证据审查

生产、销售不符合安全标准的食品犯罪证据种类复杂、数量庞大，且一些与食品安全相关的认定、检验困难。检察机关应紧紧围绕证据的真实性、合法性、关联性，引导侦查部门依法全面、客观及时收集、固定相关证据，满足生产、销售不符合安全标准的食品罪定罪量刑需要的证据要件，确保案件事实经得起历史、法律的检验。

一、生产、销售不符合安全标准的食品罪的证据要件

（一）犯罪客体证据

本罪以生产、销售不符合食品安全标准的食品，足以造成严重食物中毒事故或者其他严重食源性疾病、对人体健康造成严重危害或者有其他严重情节、后果特别严重为罪状，直接反映本罪的两个犯罪客体，即国家对食品安全的监督管理秩序和人民群众的生命、健康权。证明生产、销售不符合安全标准的食品罪的犯罪客体证据要件，需要分以下两个方面：

1.证明"不符合食品安全标准"。"不符合食品安全标准"是本罪的客观构成要件，直接体现了本罪对国家对食品安全的监督管理秩序这一犯罪客体的侵犯。一般可以通过以下证据进行判断：

（1）法律法规中关于食品的禁止、限制性规定，食品安全国家标准，国务院卫生行政、农业行政部门、食品安全监管部门发布的公告、批复等。证明存在相关食品安全标准。

（2）检验报告，行政主管部门的书面意见，有专门知识的人出具的

意见。证明涉案食品不符合相关食品安全标准。

2.证明"足以造成严重食物中毒事故或者其他严重食源性疾病"以及对人体健康的危害和相关情节。"足以造成严重食物中毒事故或者其他严重食源性疾病",对人体健康的危害,以及相关司法解释规定的涉及人民群众生命、健康的犯罪情节,是本罪的客观构成要件,直接体现了本罪对人民群众生命权和身体健康权这一犯罪客体的侵犯。一般可以通过以下证据进行判断:

(1)检验、鉴定机构出具的检验报告、鉴定意见,行政主管部门出具的书面意见,有专门知识的人出具的意见。一是查明涉案食品对人体健康的危害性;二是查明在《食品安全解释》,最高人民检察院、公安部《关于公安机关管辖的刑事案件立案追诉标准的规定(一)的补充规定》明确规定情形以外的,涉案食品是否足以造成严重食物中毒事故或者其他严重食源性疾病。

(2)医疗诊断证明、政府公告、事故调查报告、涉事新闻报道等书证及涉事人员言词证据。查明涉案食品所导致的人员伤亡、疾病等情况。

(二)客观方面证据

犯罪客观方面是刑法规定的具有社会危害性应受刑罚处罚的行为,以及由此行为造成或可能造成的危害社会的结果。生产、销售不符合安全标准的食品罪的客观方面表现为,违反国家食品安全管理法规,生产、销售不符合安全标准的食品,以及由于上述行为所造成的足以造成严重食物中毒事故或者其他严重食源性疾病、对人体健康造成严重危害或者他严重情节以及特别严重后果。证明生产、销售不符合安全标准的食品罪的犯罪客观方面,需要分以下三个方面:

1.证明犯罪对象系"食品"。对于通常的不符合安全标准的食品犯罪案件,通过社会一般人的认识即可以认定犯罪对象是否属于食品。如在凉皮中非法添加硼酸的案件,作为犯罪对象的凉皮即可被认定为食品。但其他一些情形下可能出现认知混淆,如某种功能性产品属于保健食品还是药品,可能难以认定。一般可以通过以下证据进行判断:

(1)涉案产品、包装、说明书等物证或者书证。《产品质量法》第26条规定,"生产者应当对其生产的产品质量负责。产品质量应当符合下列要求：……（三）符合在产品或者其包装上注明采用的产品标准，符合以产品说明、实物样品等方式表明的质量状况"；第27条规定，"产品或者其包装上的标识必须真实，并符合下列要求：（一）有产品质量检验合格证明；（二）有中文标明的产品名称、生产厂厂名和厂址；（三）根据产品的特点和使用要求，需要标明产品规格、等级、所含主要成份的名称和含量，用中文相应予以标明……裸装的食品和其他根据产品的特点难以附加标识的裸装产品，可以不附加产品标识"。因此，在犯罪对象是否属于食品无法通过社会一般人的认识查明时，可以通过在产品或者其包装上注明采用的标准或者品名，以及产品特点、使用要求等项目，判断其是否属于食品。

（2）涉案人员宣传话术、广告宣传资料、销售产品时与消费者的沟通联络记录、消费者针对涉案人员的证言等书证、言词证据及电子数据。在通过涉案产品外包装及说明难以判断涉案产品是否属于食品的情况下，可以通过审查涉案人员针对消费者的特定及不特定宣传情况，查明其在销售相关产品的过程中是否存在以食品为名销售的情况。

（3）行政主管部门的书面意见。根据《食品安全法》第150条的规定，食品的概念范畴包括了"按照传统既是食品又是中药材的物品，但是不包括以治疗为目的的物品"。对于一般司法工作人员而言，往往难以判断涉案产品是否属于"既是食品又是中药材"，以至于无法准确区分涉案产品的食品或者药品性质。虽然国务院卫生行政部门会同国务院食品安全监督管理部门制定有《按照传统既是食品又是中药材的物质目录》，但是在需要对于相关物品进行实质判断时，仍可以根据《食品安全解释》第24条的规定，对此专门性问题请相关行政主管部门组织出具的书面意见。

2. 证明生产、销售的行为。生产、销售不符合安全标准的食品犯罪的犯罪行为主要体现在对原料、辅料、添加剂的整合制造以及对上下游环节的具体经营。一般可以通过以下证据进行判断：

（1）涉案食品、原料、辅料、添加剂等物证，以及搜查笔录（或者行政执法部门的现场检查笔录）、勘验笔录、扣押笔录、清单、辨认笔录及现场照片等。通过上述物证及笔录，整体证实生产、销售、转运、储存的客观整体情况，用以整体佐证犯罪嫌疑人主观恶性、人身危险性及社会危害性。

（2）原料、辅料、添加剂、半成品、工具、包装等物证，犯罪嫌疑人购买以及过程中形成的沟通联络记录、付款记录、收发货或者出入库记录，办案机关查扣、清点记录等书证，以及涉案人员有关言词证据。通过前述物证、书证及言词证据，查明涉案产品的具体生产流程，以及在具体生产过程中的各项原料、辅料、添加剂、包装配比，进而查明涉案产品的生产数量。如生产某种不符合安全标准的即食坚果，需要使用1份原料A、2份原料B、0.1份违法添加剂、1份外包装盒、30份内包装袋等，如此，可以通过犯罪嫌疑人对相关物品的购买记录或者查扣清点记录，准确认定涉案产品的生产（既遂或未遂）数量。

（3）犯罪嫌疑人报价单、销售合同、购销凭证、对账单、财务账册等财务资料，转账记录、取现记录、交易明细等资金往来资料；运输、仓储单据、运费、仓储支付记录等涉案物品流转资料，证实犯罪嫌疑人销售涉案食品的种类、数量、单价、总价等要素。

3.证明犯罪后果。生产、销售不符合安全标准的食品罪的犯罪后果是，相关行为足以造成严重食物中毒事故或者其他严重食源性疾病、对人体健康造成严重危害或者他严重情节以及特别严重后果。一般可以通过以下证据进行判断：

（1）涉案产品、添加剂、包装，用于食品生产经营的工具、设备等物证，以及相关检验记录。一是查明涉案食品是否属于供婴幼儿等特殊人群使用的食品、特殊医学用途配方食品；二是查明上述涉案食品是否营养成分严重不符合食品安全标准。

（2）涉案产品、原材料生产记录、销售记录、出入库单证、检验检疫证明、行政检查、提示、处罚记录等书证、电子数据。一是查明涉案食品属于病死、死因不明或者检验检疫不合格的畜、禽、兽、水产动物肉类及其制品；二是查明涉案食品的销售地点和销售对象，是否属于在学校、养老机构及周边面向未成年人、老年人销售；三是查明涉案食品生产、销售行为的存续时间，及所受行政、刑事处罚的情况。

（3）涉案食品的报关及通关文书、海关检验检疫单、国际或国内货运单、购销合同及记录、国家卫生、食品安全、海关等行政部门公告等。一是查明涉案食品种属，以及是否属于国家为防控疾病等特殊需要明令禁止生产、销售；二是查明涉案食品是否来自疫区，是否需要经过特殊检验或者属于被限制、禁止进境情形。

（4）检验、鉴定机构出具的检验报告、鉴定意见，行政主管部门的书面意见，有专门知识的人出具的意见。查明在《食品安全解释》，最高人民检察院、公安部《关于公安机关管辖的刑事案件立案追诉标准的规定（一）的补充规定》明确规定情形以外的，涉案食品是否足以造成严重食物中毒事故或者其他严重食源性疾病。

（5）医疗诊断证明、政府公告、事故调查报告、涉事新闻报道等鉴定意见、专家意见、专门性报告及书证，并涉事人员言词证据。查明涉案食品所导致的人员伤亡、疾病以及社会影响等情况。

（三）犯罪主体证据

司法实践中，生产、销售不符合安全标准的食品既有以小作坊、网络平台销售形式存在的自然人犯罪，也有以依法成立的企业为生产、销售主体的单位犯罪。在收集主体方面证据时，要注意其是否取得食品相关的生产、经营资质，部分经批准或备案方能开展的特殊食品类型的经营活动是否已经按照法定程序取得资质。在单位犯罪案件中要注重对单位主体身份、经营范围、经营情况等相关证据的审查，重点审查单位是否真实存在，是否为了实施犯罪而设立，单位设立后是否以实施生产、销售不符合安全标准的食品为主要业务，销售所得的钱款是否进入单位所有、控制的账户，是单位意志还是个人意志，从而准确区分单位犯罪和自然人犯罪。在自然人犯罪案件中则要重点收集涉案人员的户籍资料、前科资料等。

1. 自然人

（1）户籍资料，证实涉案人员的自然身份情况，查明犯罪嫌疑人是否到达刑事责任年龄。

（2）犯罪嫌疑人关于身体情况、精神状况、个人经历等情况的自述，同案犯及相关人员关于上述情况的言词证据，前科资料、病例资料、个人简历资料等书证。一是查明犯罪嫌疑人是否具有不应当从事食品行业的疾病；二是查明犯罪嫌疑人的精神状况，判断是否可能影响其承担刑事责任；三是查明其个人经历，判断是否存在可能影响量刑的前科情况，是否可能存在其他违法犯罪事实。

2. 单位

注意收集、审查和判断其犯罪行为所体现的是个人意志还是单位意志方面的证据，以正确区分实施生产、销售不符合安全标准的食品行为的主体是单位还是自然人。同时，在单位内部还应当证明负直接责任的主管人员和其他直接责任的人员情况。其证据要件如下：

（1）独立法人

第一，书证。①证明事业单位、社会团体性质的相应法律文件，机关、团体法人代码；②企业法人营业执照、工商注册登记证明，税务登记证、享受税收减免优惠政策的有关证明；③从事特殊行业的，应当有相应的批文或"许可证"；④组织人事部门的任命文件等，证明单位的组织形式、直接负责的主管人员和其他直接责任人的证据；⑤银行账号证明、注册资料、年检情况、审计或清理证明等，证明单位管理情况及资产收益、流向、处分等情况的证据；⑥单位已经被撤销的，应有其主管单位出具的证明。

第二，会议纪要、章程、涉案人员任职情况、职责分工等书证，以及独立法人相关人员的言词证据。一是查明单位的决策程序，以及相关食品犯罪的生产经营事项是否系出于单位意志；二是查明决策或者主管人员分工，以及单位的员工是否按照单位的决策或者主管人员的决定实施具体犯罪活动。

第三，财务会计凭证、合同、资金流水等书证。查明相关食品犯罪的生产经营事项是否系以单位名义实施，单位是否获得犯罪利益。

通过以上证据，证明犯罪主体是依法成立、拥有一定财产或者经费、能以自己的名义承担责任的单位。我国刑法中规定的单位，包括国有、集体所有的公司、企业、事业单位，依法设立的合资经营、合作经营企业和具有法人资格的独资、私营等公司、企业、事业单位，还包括社会团体、村民委员会、居民委员会、村民小组等常设性的组织，以及为组织体育赛事、文艺演出或者其他正当活动而成立的组委会、筹委会、工程承包队等非常设性的组织。

（2）分支机构

实施生产、销售不符合安全标准的食品犯罪但不具有独立法人资格的分支机构，是否追究其刑事责任，可以区分两种情形处理：一是全部或部分违法所得归分支机构所有并支配,分支机构作为单位犯罪主体追究刑事责任;二是违法所得完全归分支机构上级单位所有并支配的,不能对分支机构作为单位犯罪主体追究刑事责任,而是应当对分支机构的上级单位(符合单位犯罪主体资格)追究刑事责任。

应当查明:第一,单位内部组织的有关合同、章程、协议书,单位资金的分配、支配、流向方面书证等相关证据。第二,在证明实际控制关系时,应当收集、运用公司决策、管理、考核等相关文件,资金往来记录等证据。

(3)单位的撤销及合并

涉嫌犯罪的单位被撤销、注销、吊销营业执照或者宣布破产的,对实施犯罪行为的单位直接负责的主管人员和其他直接责任人员予以追诉,对该单位不再追诉。

涉嫌犯罪的单位已被合并到一个新单位的,对原犯罪单位及其直接负责的主管人员和其他直接责任人员追究刑事责任。在提起公诉时,对被告单位应列原犯罪单位名称,但注明已被并入新的单位。

(四)主观方面证据

本罪的主观方面表现为故意。在收集和审查主观方面证据时,需要注意过失与放任故意的区分,从认识因素和意志因素两个方面注意收集和审查相关证据材料。一般可以通过以下证据进行判断:

1.证明相关认识因素的证据。在生产、销售不符合食品安全标准的食品犯罪中,对于犯罪嫌疑人认识因素的证明主要在于证明其能够认识犯罪对象的性质不存在事实认识错误,如有非法添加误认为无添加。除对于文化程度低、年龄过长或过幼且无相关从业经历(或者按照当地习惯生产经营食品)的人员外,一般不再另行判断法律认识错误问题。

(1)从业证明、工商登记、学习档案、主管部门提示记录等书证,及相关人员言词证据。查明犯罪嫌疑人的过往学习、从业经历是否存在于食品生产经营相关的情况。

(2)原料来源、生产、储存、运输场所的勘查检验笔录等证据材料(详见本章节犯罪客观方面证据)。查明犯罪嫌疑人在生产、储存、运输过程中,是否遵守食品安全及相关卫生规定,具体行为是否有违社会一般人认知（如某种食品的一般质保时间为1—2天，通过非法添加可以达到一周以上，甚至在储运过程中不需要使用一般情况下要使用的冷链运输）。

（3）购销合同、市场一般价格、供货方相关资质、食品检验检测报告以及买卖双方微信聊天记录等书证、电子数据。查明涉案食品是否存在过低或过高的交易价格，是否存在有违市场一般情况的供给（如市场一般情况只能少量供给，犯罪嫌疑人则可以低价或者平价获得大量供给）。

（4）涉案食品相关知识、处罚的行政提示、处罚记录、专业知识书籍等书证，以及互联网搜索记录、与上下家及同案犯的微信聊天记录等电子数据。查明犯罪嫌疑人曾自行了解或与他人交流有关涉案食品的可能存在不符合安全标准问题，甚至涉及违法犯罪情况。

2.证明相关意志因素的证据。在生产、销售不符合食品安全标准的食品犯罪中，对于犯罪嫌疑人意志因素可以通过其在实施违法犯罪活动的客观表现予以证实。一般可以通过以下证据进行判断：

（1）检验检测记录、风险提示函等书证，微信聊天记录等电子数据，相关人员的言词证据。查明犯罪嫌疑人生产经营涉案食品之前，或者生产经营过程中，是否存在自行检测或者同案犯提示可能存在安全风险的情况；是否存在消费者或者上下家反馈，新闻媒体报道涉案食品可能存在安全风险的情况。

（2）微信聊天记录等电子数据，相关人员的言词证据。查明犯罪嫌疑人是否存在案发前删除聊天记录、伪造检测报告、毁灭证据、逃避侦查的情况。

二、生产、销售不符合安全标准的食品罪常见证据审查

生产、销售不符合安全标准的食品罪常见证据主要包括涉案食品的鉴定意见、检验检疫报告等证据，涉案人员手机、计算机等介质中存储的电子数据，涉案人员言词证据（被害人陈述、证人证言、犯罪嫌疑人的供述和辩解）。对上述证据的审查运用需要首先判断证据能力，即证据的真实性、合法性、关联性，而后判断证据的证明力，即对案件事实的证明作用。

（一）涉案食品的鉴定意见、检验检疫报告等证据

1.形式审查。对鉴定意见、检验检疫报告应当着重审查以下内容：（1）检验检疫、鉴定机构是否具有法定资质；（2）鉴定人是否存在应当回避的情形；（3）检验检疫报告、鉴定意见的形式要件是否完备，是否注明提起检验检疫、鉴定的事由、鉴定委托人、鉴定机构、鉴定要求、鉴定过程、鉴定方法、鉴定日期等相关内容，是否有检验检疫机构、鉴定机构盖章并由鉴定人签名；（4）检验检疫、鉴定程序是否符合法律、有关规定；（5）检验检疫报告、鉴定意见是否明确；（6）鉴定意见是否依法及时告知相关人员，当事人对鉴定意见有无异议。

2.实质审查。（1）检材的来源、取得、保管、送检是否符合法律有关规定，与相关提取笔录、扣押清单等记载的内容是否相符，检材是否可靠；如在部分案件办理过程中，鉴定意见上载明的被鉴定涉案食品名称与侦查机关查扣的涉案食品名称并不一致，此时则需要重点查明导致差异的原因，查明该不一致之处是侦查机关对于查扣的涉案食品命名不严谨导致，还是由于检材实质不同导致。（2）鉴定的过程和方法是否符合相关专业的规范要求，如检材存放环境是否符合涉案食品正常要求的存放条件，检验所用标准是否符合应当适用的检验标准。（3）鉴定意见与案件事实有无关联，重点查明鉴定意见与案件事实之间的因果关系。（4）鉴定意见是否有适当的理由和依据，是否与勘验、检查笔录及相关照片等其他证据存在矛盾；存在矛盾的，能否得到合理解释。（5）当事人对鉴定意见、检验报告的结论是否提出异议及理由，如果涉案人员、辩护人对鉴定意见、检验检疫报告结论的科学性提出异议，需要进一步结合专家证言判断能否采信前述鉴定意见。

（二）涉案人员手机、计算机等介质中存储的电子数据

1.形式审查。办案人员应当按照《刑事诉讼法》以及2016年最高人民法院、最高人民检察院、公安部《关于办理刑事案件收集提取和审查判断电子数据若干问题的规定》（以下简称《刑事电子数据规定》）、2021年《人民检察院办理网络犯罪案件规定》等法规的要求，对电子数据的完整性、客观性、真实性严格审查。本书就此不再赘述。

2. 实质审查。（1）审查手机、计算机等电子数据载体的来源、取得情况，建立电子数据载体与涉案人员、相关事实的关联。如抓捕犯罪嫌疑人时，在其穿着衣物的口袋内扣押手机一部，即可建立其与该手机之间的关联关系；（2）审查手机、计算机中存储的电子数据，建立电子数据载体与涉案人员、相关事实的关联。如上述嫌疑人辩解称其口袋内的手机并非本人使用，而是帮助他人代管，则可以根据手机内存储的录音、照片、社交媒体账号、银行、第三方支付平台账号等内容，建立其与该手机之间的关联关系；（3）注重审查能够建立犯罪嫌疑人与涉案物品关联的电子数据。通过审查照片、第三方平台交易记录、社交媒体沟通联络记录等信息，一是查明犯罪嫌疑人是否保存生产经营涉案食品过程中的照片、沟通联络记录，建立其与生产经营犯罪流程之间的联系；二是通过搜索引擎搜索记录、电子书阅看记录、聊天记录等，查明犯罪嫌疑人是否查阅法律、法律规定、涉案食品特殊管理规定、涉案添加剂使用方式，判断其犯罪故意情况以及沟通谋划犯罪过程；三是通过其电子设备中储存的位置信息，查明其与生产、运输、仓储、销售等犯罪地点的关联关系；四是通过其与上下家、同案犯等相关人员的沟通、联络记录、收付款记录等，查明其与上下家之间的进货、销售情况，与同案犯的分工情况，与提供运输、仓储、设备等帮助人员的交易情况等。

（三）涉案人员言词证据（被害人陈述、证人证言、被告人的供述和辩解）

1. 形式审查。对于被害人陈述、证人证言、犯罪嫌疑人的供述和辩解等言词证据，办案人员应当按照刑事诉讼法，以及最高人民法院《关于适用〈中华人民共和国刑事诉讼法〉的解释》第四章第三节"证人证言、被害人陈述的审查与认定"、第四节"被告人供述和辩解的审查与认定"的要求，对上述证据的证据能力依法审查。本书就此不再赘述。

2. 实质审查。（1）猜测性、评论性、推断性的言词证据，是否属于根据一般生活经验判断符合事实。（2）证言之间以及与其他证据之间能否相互印证，有无矛盾；存在矛盾的，能否得到合理解释。（3）被告人的供述和辩解与同案被告人的供述和辩解以及其他证据能否相互印证，有无矛盾；存在矛盾的，能否得到合理解释。（4）上述言词证据是否存在非亲历不能知晓的细节,且能够与客观证据相互印证。(5)对于被告人翻供的情况,需要注意引导其说出翻供原因,不能合理说明翻供原因或者其辩解与全案证据矛盾,而其庭前供述与其他证据相互印证的,可以采信其庭前供述。

第三节 生产、销售不符合安全标准的食品罪的认定处理

一、生产、销售不符合安全标准的食品罪的罪与非罪

本罪的罪与非罪的界限,是生产、销售涉案食品的行为是否具有"足以造成严重食物中毒事故或者其他严重食源性疾病"的危险。《食品安全解释》第13条第2款规定,生产、销售不符合食品安全标准的食品,无证据证明足以造成严重食物中毒事故或者其他严重食源性疾病,不构成生产、销售不符合安全标准的食品罪,但是构成生产、销售伪劣产品罪,妨害动植物防疫、检疫罪等其他犯罪的,依照该其他犯罪定罪处罚。有些食品生产、销售行为确实违反了食品安全法的相关规定,其设备、场地、原料、技术等方面并未达到食品安全法规定的标准。但是,这类行为未必具有"足以造成严重食物中毒事故或者其他严重食源性疾病"的危险。立法者以是否具有上述危险状态作为本罪成立的要件,就是为了区分行政违法与刑事犯罪的界限。

实践中,一些违反了食品安全法的行为在罪与非罪问题上存在分歧,后因无法证实该行为是否具有"足以造成严重食物中毒事故或者其他严重食源性疾病"的危险,这类行为暂未进入刑事司法程序。

《刑法修正案(八)》对本罪的法定刑升格条件作出了补充,在原来对人体健康造成严重危害的基础上,增加了"其他严重情节"。根据《食

品安全解释》的规定,"其他严重情节"主要以销售金额、销售数量与时间、食品类型及人群作为认定标准。对于无证据证明是否具有"足以造成严重食物中毒事故或者其他严重食源性疾病"的危险状态,但涉案金额达到司法解释规定的升格条件的案件是否构成本罪,实践中存在不同意见。

本罪中的"其他严重情节"属于加重情节,那么,本罪的定罪量刑均须符合情节加重犯的认定原理。情节加重犯,是指实施了符合基本罪状的犯罪行为,由于触犯了加重情节,而使法定刑升格的犯罪情形。换言之,适用加重情节的前提是,犯罪行为符合基本罪状的要件。在本罪中,如果没有证据可以证明是否具有"足以造成严重食物中毒事故或者其他严重食源性疾病"的危险状态,涉案的行为不符合基本罪状的成立条件,也就不存在适用加重情节的前提。

二、生产、销售不符合安全标准的食品罪的此罪与彼罪

(一) 生产、销售不符合安全标准的食品罪与生产、销售有毒、有害食品罪

两罪均属于危害食品安全领域的犯罪,有诸多相似性。两罪侵犯的客体都是国家对食品安全的管理秩序以及不特定多数人的身体健康、生命安全。两罪在客观方面也具有一定的共性,即客观上均实施了生产、销售的行为。两罪的差异主要表现在三个方面:一是两罪中"生产"的含义不同。生产、销售有毒、有害食品罪中的"生产"特指在涉案的食品中掺入有毒、有害的非食品原料的行为。生产、销售不符合安全标准的食品罪中的"生产"就没有这种特定限制,可以结合生活常识、经验来理解其含义。二是犯罪对象不同。生产、销售有毒、有害食品罪中的对象是有毒、有害的食品,即掺有有毒、有害的非食品原料的食品。生产、销售不符合安全标准的食品罪的对象是不符合安全标准的食品。三是入罪标准不同。根据《刑法》第144条的规定,只要行为人实施了生产、销售有毒、有害食品的行为,即可入罪。生产、销售不符合安全标准的食品罪的成立则须具有"足以造成严重食物中毒事故或者其他严重食源性疾病"的危险状态。

实践中，区分两罪的核心要点，在于涉案的食品是否掺有有毒、有害的非食品原料。有些涉案的食品虽然具有毒性，但是，这种毒性系食物自带的天然毒素，而非掺入有毒、有害的非食品原料引起。这种情形应当以生产、销售不符合安全标准的食品罪认定。

【案例】林某等4人曾多次到陈某经营的饮食店就餐，2000年3月20日18时许，4人又到该店吃晚饭，点了河豚焖糟等四道菜。陈某从冰箱内取出当天上午从市场购回已破肚剔除内脏的河豚鱼，去头、尾，切成小块煮熟后给林某等4人食用。19时许，林某等4人吃完晚饭后一同回到旅馆。约20时，林某感到四肢麻木、头晕，即到医院检查，诊断为河豚鱼中毒。随后3人也相继出现相同症状遂住院治疗，林某医治无效于两天后死亡。

一审法院判决该案构成生产、销售有毒、有害食品罪，二审法院经审理认为，原审判决认定事实正确，但适用法律错误，应当以生产、销售不符合卫生标准的食品罪[①]认定。

该案中，河豚鱼的毒性系其自带的天然毒素，不具有掺入有毒、有害非食品原料的性质。因此，二审法院以生产、销售不符合卫生标准的食品罪认定是正确的。

（二）生产、销售不符合安全标准的食品罪与危害人体健康类犯罪

生产、销售不符合安全标准的食品的行为也可能造成他人伤亡的后果。本罪很容易与危害人体健康类犯罪混淆。

实践中有观点认为，如果行为人实施生产、销售不符合安全标准的食品的行为，并对他人的伤亡结果持希望态度的，则以危害他人人体健康类犯罪认定；如果对他人的伤亡结果持放任态度或者主观上具有过失的，则以本罪认定。这种区分标准值得商榷。因为故意杀人罪、故意伤害罪、投放危险物质罪等罪名的主观方面也可以表现为间接故意，过失致人重伤、过失致死亡、过失投放危险物质罪等罪名的主观方面也可以表现为过

[①] 该案二审判决时，《刑法修正案（八）》尚未颁布，故以生产、销售不符合卫生标准的食品罪认定。

失。因此,以上述标准进行区分,难以明确两类犯罪的界限。

两类犯罪的界限较为细微,主要表现在行为人的主观认知。生产、销售不符合安全标准的食品的行为确实会造成他人人身伤亡的后果,然而,行为人主观上认为,其实施的是食品经营行为。换言之,涉案的食品客观上确实有致伤、致残、致死的可能性,但行为人还是将其当作食品进行生产和销售。相反,故意杀人、故意伤害、投放危险物质等犯罪也可能通过生产、销售不符合安全标准的食品的手段来实现,然而,行为人主观上将涉案的食品当成是作案工具,而不具有食品经营的主观认知。当然,这种标准的取证难度较大。由于生产、销售不符合安全标准的食品罪规定在刑法第三章第一节,属于破坏社会主义市场经济秩序罪类型,实践中可把握行为人行为的主要目的在于"求财"而非"害命",行为主体属于市场经济主体,其生产、销售行为符合市场经营一般规律,涉案食品受众具有不特定性等情况。具体办案中,可以结合涉案人员的供述、作案动机、人员矛盾以及涉案食品客观上的毒害性等因素进行综合认定。

【案例】马某甲、吴某夫妇与合租同一牛棚饲养奶牛的马某乙、张某夫妇,因琐事发生矛盾,遂产生报复恶念。马某甲与吴某商议在马某乙家牛奶中投放亚硝酸盐,使牛奶颜色变红或者食用者产生腹泻而不再购买马某乙家牛奶转而购买自家牛奶。吴某购得300克亚硝酸盐,当日吴某目睹马某甲抓了一些亚硝酸盐投进马某乙家盛有牛奶的桶中。马某甲见用户不再购买马某乙家牛奶的目的没有达到,再次将一些亚硝酸盐投进马某乙家盛有牛奶的桶中并用手搅拌后返回。用户食用马某乙家的牛奶后,3名婴幼儿中毒死亡,35人中毒住院治疗,7人出现中毒症状。

法院经审理认为,马某甲与吴某为报复竞争对手,明知亚硝酸盐对人体有害,也明知不特定多人食用马某乙预售牛奶,却不计后果,两次投放,造成3人死亡、多人中毒的严重后果,其行为均构成投放危险物质罪,依法对马某甲判处死刑,对吴某判处无期徒刑。①

该案中,马某甲、吴某没有将亚硝酸盐当成是食品添加剂来使用,而是将其作为致使他人伤亡的作案工具,对其2人以投放危险物质罪认

---

① 参见罗开卷:《论食品生产经营中非法添加行为的刑事责任》,载《法律适用》2018年第8期。

定,无疑是正确的。在证据研判环节,马某甲、吴某与马某乙、张某之间因琐事存在矛盾,是本案中认定马某甲、吴某的主观认知进而区分两类犯罪的重要因素之一。

(三)生产、销售不符合安全标准的食品与生产、销售伪劣产品罪

生产、销售不符合安全标准的食品罪与生产、销售伪劣产品罪均属于刑法第三章第一节规定的罪名,根据《刑法》第149条第1款的规定,二者之间属于特殊与一般的关系,对于生产、销售不符合安全标准的食品尚不足以造成严重食物中毒或者其他严重食源性疾病的情形,如果满足生产、销售伪劣产品罪的入罪条件,以后者论处。二者之间存在罪名竞合,实践中,除坚持《刑法》第149条第2款规定的"择一重"选择罪名外,还需要注意两个罪名之间的区别,即涉案食品是否足以造成严重食物中毒或者其他严重食源性疾病,如果满足这一情形,且适用生产、销售不符合安全标准的食品罪量刑更重,优先适用本罪。

【案例】2016年6月,赵某涛收购江苏省南通市某屠宰加工有限公司,主要经营活牛屠宰、牛肉加工、销售。2017年4月至2018年7月,赵某涛为谋取非法利益,组织、指使被告人贾某银等人在屠宰活牛过程中,采用水管插入牛心注水的方式,增加牛肉重量,再由季某刚等工人分别对注水牛进行屠宰、加工。上述注水牛肉经赵某涛组织,由其子女赵某甲、赵某乙等人分销至上海市多家农贸市场。案发后,公安机关在南通某屠宰加工有限公司屠宰现场当场查获1475千克注水牛肉。经上海司法会计中心有限公司审计,赵某涛等人生产、销售注水牛肉共计80余万千克,销售金额近5000万元。

法院经审理认为,赵某涛等人为谋取不法利益,在屠宰活牛过程中通过注水的方式提升出肉重量,属于在产品中"掺杂、掺假"降低使用性能的行为,已构成生产、销售伪劣产品罪,销售金额在200万元以上,判处赵某涛有期徒刑15年,剥夺政治权利3年,没收个人财产,另判处其他被告人有期徒刑12年至1年6个月不等,并处罚金。

本案中,被告人对待宰牲畜注水,但无证据证明涉案注水牛肉足以造成严重食物中毒事故或者其他严重食源性疾病,故以生产、销售伪劣产

品罪提起公诉、作出判决,定性准确恰当。《食品安全解释》第17条体现了这个规则,对畜禽注水或者注入其他物质,足以造成严重食物中毒事故或者其他严重食源性疾病的,依照《刑法》第143条的规定以生产、销售不符合安全标准的食品罪定罪处罚。虽不足以造成严重食物中毒事故或者其他严重食源性疾病,但符合《刑法》第140条规定的,以生产、销售伪劣产品罪定罪处。

三、生产、销售不符合安全标准的食品罪的其他相关问题

(一)具体危险犯与抽象危险犯的理论争议

是否有"足以造成严重食物中毒事故或者其他严重食源性疾病"的危险,是生产、销售不符合安全标准的食品罪的起刑点和入罪门槛。从立法模式角度分析,本罪属于典型的危险犯立法例。在理论上,危险犯有具体危险犯与抽象危险犯之分。实践中,司法机关对于生产、销售不符合安全标准的食品罪的危险犯种类存在不同意见。

一种观点认为,本罪中的危险状态需要由司法机关具体判断,本罪属于具体危险犯。另一种观点认为,《食品安全解释》主要以推定的方式来认定本罪中的危险状态,符合抽象危险犯的特征。

刑法中的危险犯,是指以实施危害行为并出现某种法定危险状态为构成要件的犯罪。根据危险状态是否需要具体判定,危险犯可以分为具体危险犯和抽象危险犯。具体危险犯中的危险状态须由司法机关具体判断,如果涉案的行为不具有危险状态,涉案行为不构成犯罪或者无法成立犯罪既遂。抽象危险犯中的危险状态是由立法者拟制的,司法机关无需具体判断。只要行为人实施了特定的行为,即可推定产生了相应的危险状态。

生产、销售不符合安全标准的食品罪中的危险状态具有特殊性。从《刑法》第143条的规定来看,"足以造成严重食物中毒事故或者其他严重食源性疾病"符合具体危险犯的特征。但是,《食品安全解释》对上述危险状态的认定作出具体规定,并采取一般性、客观推定式的认定方法,将实践中具有高度危险性的典型情形予以类型化,明确具有五种情形的即可认定具有《刑法》第143条中的危险状态。这五种情形分别为:(1)含有

严重超出标准限量的致病性微生物、农药残留、兽药残留、生物毒素、重金属等污染物质以及其他严重危害人体健康的物质的；(2)属于病死、死因不明或者检验检疫不合格的畜、禽、兽、水产动物肉类及其制品的；(3)属于国家为防控疾病等特殊需要明令禁止生产、销售的；(4)特殊医学用途配方食品、专供婴幼儿的主辅食品营养成分严重不符合食品安全标准的；(5)其他足以造成严重食物中毒或者严重食源性疾病的情形。根据司法解释的条文，只要认定的案件事实中存在上述五种情形，司法机关无须再对"足以"进行具体判断，可直接认定具有法定的危险状态。那么，本罪似乎也符合抽象危险犯的特征。

具体危险犯与抽象危险犯的区分本质上属于理论上的争议，而理论上的分歧就应当紧贴理论本身的特点、划分标准进行分析。正如前述，两种危险犯的根本区别，就是危险状态是否需要具体判断。司法机关采取何种方式进行具体判断，则是另一个层面的问题。实践中，危险犯中危险状态的具体判断有多种方法，有些案件根据相关机构的认定意见、检验报告进行判断，有些案件根据生活常识进行判断，有些案件则通过推定的形式进行判断。根据现行司法解释，《刑法》第143条中的危险状态主要是通过推定的方式进行具体判断。但是，通过推定的方式进行具体判断，并不意味着不需要具体判断，司法解释规定五种推定情形只不过是危险状态具体判断的方法。因此，生产、销售不符合安全标准的食品罪属于具体危险犯。

(二)"足以造成严重食物中毒事故或者其他严重食源性疾病"认定中的难题

实践中，如何认定本罪中的"足以"是司法机关面临的难题。《食品安全解释》第1条对如何认定"足以"作出规定。该条文以事实推定作为认定逻辑，规定了5项基础事实（4项明示规定和1项兜底规定），对"足以"进行推定。其中，第2项、第3项基础事实的认定较为客观，实践中在适用上一般没有分歧。但第1项、第4项的基础事实中仍有价值判断的因素，在适用和认定上各地做法不一，存在分歧。

该解释第1条第1项规定，含有严重超出标准限量的致病性微生物、农药残留、兽药残留、生物毒素、重金属等污染物质以及其他严重危害人体健康的物质的；第4项规定，特殊医学用途配方食品、专供婴幼儿的主辅食品营养成分严重不符合食品安全标准的。其中，第1项中有"严重超出"，第4项中有"严重不符合"。两个"严重"如何判断，关系到是否能够认定"足以"。

实践中，以该两项条款认定"足以"的案件，大多是涉案食品中的食品添加剂超标。例如，蛋糕、点心中的重金属含量超标；奶粉中相关元素的含量超标。对于这些食品添加剂，相关食品安全规定中均有相应的国家标准。司法机关通常会委托鉴定、检验机构对涉案食品中的相关元素是否超过国家标准、超过多少倍率进行检测。但是，这些添加剂的含量超过国家标准多少倍，才能认定为"严重超出"和"严重不符合"，各地掌握标准不一。

目前，各地司法机关主要有两种做法：一种做法是，司法机关根据当地食品安全政策，经协商研究，自行对某种特定添加剂设定一个倍率标准，例如，超过国家标准5倍，即认定"严重超出"。另一种做法是，司法机关委托当地不良反应监测机构、行政主管部门出具对涉案的"超标"情况是否"足以"危害人体健康的书面报告，司法机关根据报告结论作出认定。

两种方法在适用上均面临一些问题。第一种做法的优势是具有明确的操作标准，其问题是特定元素倍率标准的独立性。在设定倍率过程中，司法机关通常会邀请食品安全专业的从业人员对倍率设定进行论证，倍率设定通常是合理的。但不同添加剂的致害性存在差异，每一种添加剂的倍率设定工作均须独立进行，倍率标准不能相互混用。这就导致实践中只能针对常见的添加剂超标设定标准，案件中每出现一种新的涉案添加剂，倍率设定就需要独立进行。第二种做法的优势是作出的结论更加符合食品安全的专业标准，但可操作性有待商榷。一方面，某些地方的不良反应监测机构因法律责任的顾虑以及对于人体不同体质的考虑，虽能够提供部分口头意见，但很少出具终结性书面报告，导致实践中不少案件无法对"足以"作出认定。另一方面，有些涉案元素的成分确实很难定性，例如，某些元素对人体确有致害性，但日常摄入致害性不明显，只有大量摄入才有危害性。

对于如何认定"足以"，司法解释有一个沿革的过程。2001年《伪劣商品解释》第4条规定，经省级以上卫生行政部门确定的机构鉴定，食品中含有可能导致严重食物中毒事故或者其他严重食源性疾患的超标准的有害细菌或者其他污染物的，应认定为《刑法》第143条规定的"足以造成严重食物中毒事故或者其他严重食源性疾患"。但实践反映，检验报告只能就送检物质中的成分、数值、含量作出判断，无法对"足以"提出意见。为了克服这种弊端，2013年《食品安全解释》才对"足以"的认定方式作出调整，采取一般性、客观推定式的认定方法，将实践中具有高度危险性的典型情形予以类型化，明确具有这些情形的即可认定为足以造成刑法规定的危险。同时，考虑到上述物质的种类非常多，危害性的差别较大，无法划出统一的超标倍数作为认定标准，故采用了"严重超出"的表述。① 2021年《食品安全解释》沿用了这种认定方法。

《食品安全解释》第1条设立的目的是，解决过去《伪劣商品解释》规定存在的司法判断与技术判断相混淆的问题。《刑法》第143条中"足以"的认定属于司法判断的范畴，应当由司法机关根据在案证据独立作出判断，其他机构无权作出判断。鉴定意见、检测报告中的意见和结论本质上属于技术判断，不能履行司法判断的职能。鉴于危害食品安全犯罪领域中的某些问题具有专业性，司法机关只能借助鉴定、检测机构解决专业上的技术判断问题，或者参考相关专业机构、人员的意见形成内心确信，而不能将司法判断的问题完全依赖专业机构的意见。

上述第二种做法有过度依赖技术判断之嫌。虽然这种做法在鉴定、检测环节并没有越位，但是，司法机关却是根据不良反应监测机构的书面报告认定"足以"。当这类专业机构无法出具书面报告时，"足以"的认定通常会搁置，转而以其他罪名追究刑事责任。虽然这种做法反映了司法机关入罪慎重的态度，认定的结果也能经得起健康科学层面的检验，然而，将所有的同类案件均设置这种前置程序来认定"足以"，确有将技术判断代替司法判断之嫌。事实上，委托专业机构出具报告的做法可以适用于一些在专业层面上争议较大、无法形成共识的特殊类案件，例如，涉及新型添加剂、添加元素的案件等，辅助司法机关形成内心确信，对司法机关的

---

① 参见陈国庆、韩耀元、吴峤滨：《〈关于办理危害食品安全刑事案件适用法律若干问题的解释〉的理解与适用》，载《人民检察》2013年第13期。

认定起到补充、借鉴作用，使这种方法回归技术咨询的本来定位。

司法实践中，第一种做法可操作性更强。一方面，"足以"的判断本就属于司法判断的范畴，鉴定意见、检测报告或者某些专业机构的意见是重要的参考依据，但并非必不可少的前置程序，司法机关有权在合理性的基础上独立判断；另一方面，在不少省市，倍率的设定经过了长期司法实践经验的积累以及严谨的专家论证，因此，在结论上也具有合理性。这种司法机关自行设定标准的做法，也符合《食品安全解释》设立该条款的初衷，即以推定的方式认定"足以"。从证明方式的角度分析，推定制度必须留给涉案人员提出合理辩解的空间。若涉案人员认为含量超标不足以危害人体健康，则可以提供相应的证据或者可查性线索来形成合理怀疑。

根据《食品安全解释》第24条规定，"足以造成严重食物中毒事故或者其他严重食源性疾病""有毒、有害的非食品原料"等专门性问题难以确定的，司法机关可以依据鉴定意见、检验报告，地市级以上相关行政主管部门组织出具的书面意见，结合其他证据作出认定。必要时，专门性问题由省级以上相关行政主管部门组织出具书面意见。如果证据上确实无法达到确实、充分标准的，则阻却"足以"的成立，不宜以本罪认定。

（三）关于防控疾病规定的溯及力问题

涉案食品是否属于国家为防控疾病等特殊需要明令禁止生产、销售，是认定涉案的生产、销售行为是否具有"足以造成严重食物中毒事故或者其他严重食源性疾病"的危险的认定标准之一。实践中，国家对于防控疾病的禁止性规定往往具有时效性，完全可能出现涉案人员实施生产、销售行为之时，国家的禁令规定正处于施行期间，而在案件审判时，国家禁令已经解除。《刑法》第12条对刑法适用的溯及力作出了明确规定，即我国在刑法适用上遵循从旧兼从轻的原则。生产、销售不符合安全标准的食品罪属于法定犯的范畴，前置法的溯及力问题会影响到刑法适用的结论，实践中不存在争议。那么，上述与刑法适用存在关联的国家禁令的规定，是否须遵循从旧兼从轻的原则，司法实务中存在争议。

实践中，一种观点认为，《食品安全解释》中"国家为防控疾病等特殊需要明令禁止生产、销售"的认定应当以行为时的时间节点为依据，国家的相关禁令无须遵循刑法中的溯及力原则。另一种观点认为，国家的禁令会影响刑法适用的结论,应当遵循从旧兼从轻的原则。

如何适用刑法的溯及力原则,须结合和遵循刑法原理,这里涉及刑法溯及力原则的适用对象及适用实质两个法理问题。

刑法溯及力原则解决的是新旧刑法条文以及新旧刑事司法解释的选择适用问题,即在犯罪行为时与审判时存在不同的刑法条文或刑事司法解释,司法机关如何选择适用法律和司法解释的问题。在防控疾病等国家禁令问题上,司法机关并不会面临不同的刑法条文和刑事司法解释的选择适用问题,其本质上属于事实认定的范畴。虽然国家禁令的变化会导致认定结论发生变化,但是,这类国家禁令本身不属于刑事司法解释的范畴,在司法适用层面,司法解释的规定也没有发生变化,也就不存在犯罪行为时和审判时有不同解释的问题。同时,有关国家禁令也不属于前置法的范畴,其属于规范性文件,不同于《食品安全法》《食品安全法实施条例》等前置法律法规规定。因此,这类国家禁令的变化并不触及刑法溯及力的问题,也就无须遵循从旧兼从轻的原则。

刑法从旧兼从轻溯及力原则的实质需从"从旧"和"从轻"两个层面分别进行分析。"从旧"是罪刑法定原则基本内容的必然要求。在行为时,如果特定的行为没有被规定为犯罪,即便审判时新的刑法规定将这类行为纳入犯罪圈,司法机关也不能依据新法对行为人定罪量刑。否则就有违"法无明文规定不为罪,法无明文规定不处罚"的精神。"从轻"则是有利于被告人原则的具体表现。在行为时,尽管涉案的行为属于刑法中的犯罪行为,但是在审判时,社会观念发生变化,导致原来的犯罪行为在社会危害性上发生变化。其中,有些犯罪行为在新时期不再具有严重社会危害性,适用原来的"重法"对涉案行为进行规制,已经无法反映社会的发展现状。正因如此,司法机关才须选择"轻法"对犯罪行为作出评价。生产、销售不符合安全标准的食品罪中国家禁令的变化涉及的是要不要"从轻"的问题。从社会危害性的角度进行分析,虽然国家禁令已经解除,但是,涉案的食品系疫情发生期间、国家禁令施行期间进口入境,源于涉疾病防控的食品安全隐患或现实危险仍然存在,不会因为国家禁令的解除而发生改变。因此,这类国家禁令的改变并不涉及刑法溯及力原则的适用实质,应当以行为时是否存在相关禁令,来判断是否"足以造成严重食物中毒事故或者其他严重食源性疾病"的危险。

第四节 案例评析

王某某生产、销售不符合安全标准的食品案[①]

【基本案情】

2019年7月15日,被告人王某某在其租住的卤制品加工点内,在制作猪头肉的过程中添加亚硝酸盐进行卤制,并于次日将卤制好的含有亚硝酸钠的猪头肉送至被告人王某某经营的位于某农贸市场的卤菜店里进行销售。2019年7月16日,当地市场监督管理局对该卤菜店销售的猪头肉抽样检验。经检验,该批次猪头肉中的亚硝酸钠含量为660mg/kg,足以造成严重食物中毒事故。被告人王某某自愿认罪认罚。

法院判决被告人王某某犯生产、销售不符合安全标准的食品罪,判处有期徒刑7个月,缓刑1年,并处罚金人民币3000元。禁止被告人王某某在缓刑考验期内从事食品安全生产、销售及相关活动。宣判后,被告人王某某未提出上诉,检察机关未提起抗诉,该判决已发生法律效力。

【争议焦点】

在卤制品中超限量加入亚硝酸盐的行为如何定性。

【案件评析】

1.国家食品药品监督管理总局《关于餐饮服务提供者禁用亚硝酸盐、加强醇基燃料管理的公告》(2018年第18号)要求,禁止餐饮服务提供者采购、贮存、使用亚硝酸盐(包括亚硝酸钠、亚硝酸钾),严防将亚硝酸盐误作食盐使用加工食品。有观点据此认为,亚硝酸盐(包括亚硝酸钠、亚硝酸钾)属于2013年《食品安全解释》第20条第2项"国务院有关部门禁止使用的农药、兽药及其他有毒、有害物质",应当被认定为

[①] 参见(2020)苏0591刑初224号。

"有毒、有害的非食品原料"。这种理解是不正确的。国务院有关部门公告禁止部分主体使用某种食品添加剂的，不改变该物质的属性。上述规定禁止部分主体使用亚硝酸盐，是因为过量的亚硝酸盐对人体危害大，而亚硝酸盐与食用盐的形状相似，为了防止这些主体提供餐饮服务时将其当作食盐误用，从而引发食物中毒事件。该公告第一句即明确"为防止误食亚硝酸盐导致食物中毒……公告如下"。

2. 根据《食品安全国家标准 食品添加剂使用标准》（GB 2760—2014），亚硝酸钠、亚硝酸钾属于允许使用的食品添加剂，功能为护色剂、防腐剂，在用于酱卤肉制品类时，其最大使用量为 0.15g/kg，残留量要求 ≤ 30mg/kg。使用主体的不同并不能改变其食品添加剂的属性，食品添加剂不属于"有毒、有害的非食品原料"。根据《食品安全解释》规定，在食品生产、销售、运输、贮存等过程中，违反食品安全标准，超限量或者超范围滥用食品添加剂，足以造成严重食物中毒事故或者其他严重食源性疾病的，依照《刑法》第 143 条规定，以生产、销售不符合安全标准的食品罪定罪处罚。

3. 超限量滥用亚硝酸盐后，亚硝酸钠残留量超标多少倍才能认定为《刑法》第 143 条规定的"足以造成严重食物中毒事故或者其他严重食源性疾病"，全国并没有统一标准。根据《食品安全解释》规定，"足以造成严重食物中毒事故或者其他严重食源性疾病""有毒、有害的非食品原料"等专门性问题难以确定的，司法机关可以依据鉴定意见、检验报告、地市级以上相关行政主管部门组织出具的书面意见，结合其他证据作出认定。必要时，专门性问题由省级以上相关行政主管部门组织出具书面意见。本案中，涉案卤制品中亚硝酸钠残留量为 660mg/kg，是国家食品安全标准的 20 余倍。办案单位会同当地市场监管局组织食品加工、医学营养等领域专家论证认为，涉案亚硝酸钠系人为添加所致，残留值达到刑法意义上的危险标准。该案以生产、销售不符合安全标准的食品罪定罪处罚是正确的。

4. 国务院有关部门公告禁用物质的禁用原因复杂，不能将国务院公告的禁用物质一律等同于"有毒、有害的非食品原料"。同理，有些被公告禁止在部分食品中使用的食品添加剂，也并不因为被超范围使用而改变其食品添加剂的属性，被超范围使用的食品添加剂不能被认定为"有毒、有害的非食品原料"。

第七章　生产、销售有毒、有害食品罪办案指引

第一节　生产、销售有毒、有害食品罪概述

一、生产、销售有毒、有害食品罪的立法沿革

1979年刑法没有专门规定生产、销售有毒、有害食品罪名。1982年颁布的《食品卫生法（试行）》第7条列举了12种禁止生产经营的食品，其中第（二）项规定为"含有毒、有害物质或者被有毒、有害物质污染，可能对人体健康有害的"；同时该法第41条规定，违反本法，造成严重食物中毒事故或者其他严重食源性疾患，致人死亡或者致人残疾因而丧失劳动能力的，根据不同情节，对直接责任人员分别依照中华人民共和国刑法有关条款追究刑事责任。

1993年全国人大常委会通过的《关于惩治生产、销售伪劣商品犯罪的决定》以单行刑法的形式，同时规定了生产、销售不符合卫生标准的食品罪和生产、销售有毒、有害食品罪，并分别规定了相应的法定刑。该决定第3条第2款规定，在生产、销售的食品中掺入有毒、有害的非食品原料的，处5年以下有期徒刑或者拘役，可以并处或者单处罚金；造成严重食物中毒事故或者其他严重食源性疾患，对人体健康造成严重危害的，处5年以上10年以下有期徒刑，并处罚金；致人死亡或者对人体健康造成其他特别严重危害的，处10年以上有期徒刑、无期徒刑或者死刑，并处

罚金或者没收财产。

1995年10月30日第八届全国人民代表大会常务委员会第十六次会议通过的《食品卫生法》第9条与1982年《食品卫生法（试行）》第7条保持一致，将"含有毒、有害物质或者被有毒、有害物质污染，可能对人体健康有害的"列为禁止生产经营的食品的情形之一，同时该法第39条第2款规定，"违反本法规定，生产经营不符合卫生标准的食品，造成严重食物中毒事故或者其他严重食源性疾患，对人体健康造成严重危害的，或者在生产经营的食品中掺入有毒、有害的非食品原料的，依法追究刑事责任"。上述规定再次明确了对于在生产经营的食品中掺入有毒、有害的非食品原料的，依法追究刑事责任。

1997年修订刑法时，吸收了1993年全国人大常委会《关于惩治生产、销售伪劣商品犯罪的决定》，并与《食品卫生法》相衔接，规定了生产、销售有毒、有害食品罪。1997年《刑法》第144条规定，在生产、销售的食品中掺入有毒、有害的非食品原料的，或者销售明知掺有有毒、有害的非食品原料的食品的，处5年以下有期徒刑或者拘役，并处或者单处销售金额50%以上2倍以下罚金；造成严重食物中毒事故或者其他严重食源性疾患，对人体健康造成严重危害的，处5年以上10年以下有期徒刑，并处销售金额50%以上2倍以下罚金；致人死亡或者对人体健康造成特别严重危害的，依照本法第141条的规定处罚。

2011年《刑法修正案（八）》对本罪进行了修改：一是确定无限额罚金。取消了"单处罚金"，改为一律"并处罚金"，并取消了拘役刑，加强了对犯罪的打击力度。二是为应对犯罪的复杂情况，根据打击犯罪的需要，将第二档刑处刑情节"造成严重食物中毒事故或其他严重食源性疾患，对人体健康造成严重危害"修改为"对人体健康造成严重危害或者有其他严重情节"；将第三档刑处刑情节"致人死亡或者对人体健康造成特别严重危害"修改为"致人死亡或者有其他特别严重情节"。三是为了解决在罚金刑适用中有的犯罪的销售金额难以认定的问题，将具体罚金刑数额，即将销售金额50%以上2倍以下罚金的规定改为不再具体规定罚金数额。这次修改体现出从严打击的立法取向。

值得注意的是，2015年修订的《食品安全法》第135条第2款规定，因食品安全犯罪被判处有期徒刑以上刑罚的，终身不得从事食品生产经营管理工作，也不得担任食品生产经营企业食品安全管理人员。这一条款也被视为食品类犯罪中从业禁止适用依据。2018年、2021年《食品安全法》修正均保留了此款规定。

与《刑法修正案（八）》相适应，2013年《食品安全解释》明确了本罪定罪量刑的具体标准。2017年4月27日，最高人民检察院、公安部印发《关于公安机关管辖的刑事案件立案追诉标准的规定（一）的补充规定》，沿用了2013年《食品安全解释》的表述。2021年新修订的《食品安全解释》沿袭了2013年对生产、销售有毒、有害食品罪名的主要规定，并对司法实践中常见问题作出了针对性指引，如对如何认定《刑法》第144条中的"明知"作出了规定。

二、生产、销售有毒、有害食品罪的发案态势

食品安全问题自1997年入刑以来，一直是刑法重点打击的范畴，生产、销售有毒、有害食品案件呈现如下特点：

（一）案件数量有所上升，发案地域相对集中

从犯罪数量来看，通过分析检察机关近十年来办理的生产、销售有毒、有害食品罪案件，发现2010—2014年之间该罪案件持续大幅上升，2015年之后呈波动下降趋势，2020年以来又出现较高幅度的上升，反映了当前食品安全形势整体向好，但当前犯罪数量上升的情况也应予以警惕。

从犯罪地域来看，该罪主要分布在中东部地区。其中案件数排名前五的省份占全国检察机关受理案件数的六成以上，而排名后十位的省份还不到全国检察机关受理案件数的2%。

（二）案件的判罚总体较轻，缓刑适用率高、罚金数额低

通过在北大法宝上选取2020年时间段的生产、销售有毒、有害食品刑事案件的一审判决书，发现适用缓刑率较高，且罚金刑总体较轻。

（三）生产、销售有毒、有害食品罪的犯罪对象较为集中

司法实践中，生产、销售有毒、有害食品罪的犯罪对象较为集中，其中减肥产品、性保健品、食用油、肉类等较为频发。犯罪手法主要表现为在食品生产过程中掺入有毒、有害的非食品原料，或使用禁用农药、食品动物中禁止使用的药品及其他化合物或国家禁用物质等，严重危害人民群众身体健康和生命安全。

（四）借助互联网平台趋势明显

从犯罪方式来看，网络化趋势明显。当前此类犯罪呈现从传统实体店销售模式向网络营销模式转变，犯罪分子往往通过网络直播、微商等方式层层销售，且产销分离、上下线及受害人分布范围广，短期内可以将销售范围覆盖到全国甚至境外，隐蔽性更强，侦查取证难度升级。

三、生产、销售有毒、有害食品罪的概念和构成特征

生产、销售有毒、有害食品罪，是指违反国家食品安全相关管理法规，在生产、销售的食品中掺入有毒、有害的非食品原料，或者销售明知掺有有毒有害的非食品原料的食品的行为。

（一）犯罪客体

生产、销售有毒、有害食品罪侵犯的是复杂客体，既侵犯了国家对食品安全的管理秩序，同时又侵犯了公民的生命权、健康权。

（二）客观方面

生产、销售有毒、有害食品罪的客观方面表现为以下三个方面：

第一，犯罪对象：有毒、有害的非食品原料制成的食品。这里的"食品"，一般应和行政法规定的食品范围保持协调，根据《食品安全法》第150条规定，食品是指各种供人食用或者饮用的成品和原料以及按照传统既是食品又是中药材的物品，但是不包括以治疗为目的的物品。

有毒、有害的非食品原料，是指对人体具有生理毒性，食用后会引

起不良反应，损害肌体健康的不能食用的原料，根据《食品安全解释》第9条的规定，包括三类：(1) 因危害人体健康，被法律、法规禁止在食品生产经营活动中添加、使用的物质；(2) 因危害人体健康，被国务院有关部门列入《食品中可能违法添加的非食用物质名单》《保健食品中可能非法添加的物质名单》和国务院有关部门公告的禁用农药、《食品动物中禁止使用的药品及其他化合物清单》等名单上的物质；(3) 其他有毒、有害的物质。

第二，客观行为：生产行为、销售行为。具体分为两种：一是行为人在生产、销售的食品中掺入有毒、有害的非食品原料的行为。这里的生产行为不仅包括加工、制作食品行为，也包括为加工、生产提供原材料的养殖行为以及屠宰行为等。如直接将"瘦肉精"用于喂猪，或为"瘦肉精"猪提供屠宰服务。二是行为人明知是掺有有毒、有害的非食品原料的食品而予以销售，即行为人虽未实施掺入有毒、有害非食品原料的生产行为，但明知是有毒、有害的食品仍予以销售。

第三，本罪在犯罪形态上属于行为犯，即只要行为人实施了在生产、销售的食品中掺入有毒、有害的非食品原料或者销售明知掺有有毒、有害的非食品原料的食品的行为，就构成犯罪既遂。如果行为人实施上述行为对人体健康造成了严重危害的，属于结果加重犯。

（三）犯罪主体

本罪的主体是一般主体，既可以是达到刑事责任年龄、具有刑事责任能力的自然人，也可以是单位。

（四）主观方面

生产、销售有毒、有害食品罪主观方面只能是故意，包括直接故意和间接故意，具体内容为，明知是有毒、有害的非食品原料而掺入自己生产、销售的食品中，或者明知是掺有有毒、有害的非食品原料的食品而销售。《食品安全解释》在第14条还规定了五种可以构成共犯的情形，在实践认定中要严格把握构成共犯需要具备的主观明知。

根据《食品安全解释》第10条的规定，主观明知应当综合行为人的认知能力、食品质量、进货或者销售的渠道及价格等主、客观因素进行综合认定。对于本条第6项规定的"其他足以认定行为人明知的情形"应当与前五项推定因素具有相当性。认定生产、销售有毒、有害食品罪，一般从以下方面综合把握：第一，明知的认定标准。不以明确知道食品中含有有毒、有害非食品原料为标准，即原则上认定主观故意并不以行为人承认明知法律禁止性规定为要件，因为物质成分问题专业性极强，不可能将所有犯罪嫌疑人等同于食品领域的专家。目前来看，主要还是通过从业经历、程序履行、销售购买价格、生产销售方式等方面进行认定。第二，明知的具体内容。除了明知可能存在有毒、有害成分外，还着重需要强调明知相关商品用于食用或用作食品原料。

证明生产、销售有毒、有害食品罪的主观明知的内容，需要审查行为人对食品中是否含有有毒、有害成分及可能造成的危害结果两方面内容。一般而言，仅需要证明行为人具有概括的明知即可，且不要求行为人具备直接故意，尤其在销售行为下，行为人多持有放任的心态。就《食品安全解释》中对"有毒、有害的非食品原料"的规定而言，能够被认定为这种类型的物质都属于对食用者生命安全、身体健康可能产生实质负面影响的类型，行为人基于从业背景、食用反馈、生活经验等因素应当能判断出食用涉案食品带来的危害结果。因此根据案件情况一般证明行为人对涉案食品可能含有有毒、有害物质具有明知，即可推定其对危害后果的认识。

四、生产、销售有毒、有害食品罪的追诉标准

根据《刑法》第144条规定，该罪属于行为犯，一经实施生产、销售行为即可入罪，体现立法者对于此类罪名严厉打击的态度。《食品安全解释》明确规定了法定刑升格的标准：

（一）对人体健康造成严重危害

1. 造成轻伤以上伤害的。
2. 造成轻度残疾或者中度残疾的。
3. 造成器官组织损伤导致一般功能障碍或者严重功能障碍的。
4. 造成10人以上严重食物中毒或者其他严重食源性疾病的。

5. 其他对人体健康造成严重危害的情形。

（二）其他严重情形

1. 生产销售金额 20 万元以上不满 50 万元的。

2. 生产销售金额 10 万元以上不满 20 万元，有毒、有害食品数量较大或者生产、销售持续时间 6 个月以上的。

3. 生产、销售金额 10 万元以上不满 20 万元，属于特殊医学用途配方食品、专供婴幼儿的主辅食品的。

4. 生产、销售金额 10 万元以上不满 20 万元，且在中小学校园、托幼机构、养老机构及周边面向未成年人、老年人销售的。

5. 生产、销售金额 10 万元以上不满 20 万元，曾因危害食品安全犯罪受过刑事处罚或者两年内因危害食品安全违法行为受过行政处罚的。

6. 有毒、有害的非食品原料毒害性强或含量高的。

7. 其他情节严重的情形。

（三）其他特别严重情节

1. 生产、销售金额 50 万元以上。

2. 造成重度残疾以上的。

3. 造成 3 人以上重伤、中度残疾或者器官组织损伤导致严重功能障碍的。

4. 造成 10 人以上轻伤、5 人以上轻度残疾或者器官组织损伤导致一般功能障碍的。

5. 造成 30 人以上严重食物中毒或者其他严重食源性疾病的。

6. 其他特别严重的后果。

此外，还有致人死亡的情形。

第二节　生产、销售有毒、有害食品罪的证据审查

在办理生产、销售有毒、有害食品犯罪案件时，检察机关应紧紧围绕证据的真实性、合法性、关联性，引导侦查部门依法全面、客观及时收集、固定相关证据，确保案件事实经得起历史、法律的检验。

一、生产、销售有毒、有害食品罪的证据要件

（一）犯罪客体证据

证明目的是要证明行为人违反国家食品安全管理法律法规，实施生产、销售有毒、有害食品的行为，侵犯了国家对食品安全的管理秩序和公民的生命权、健康权。应当收集的证据包括：

1. 相关行政部门关于涉嫌犯罪案件情况的调查报告。
2. 相关行政部门关于食品安全事故的调查报告。
3. 行政执法部门进入有关场所进行检查、取样、查封、扣押、录音、录像、拍照等调查措施后形成的现场照片、电子数据、视听资料等与案件有关的证明材料。
4. 相关行政部门出具的行政处罚决定书、责令整改通知书等相关材料。
5. 生产或销售的商品、生产工具等物证，主要证明涉案主体生产或销售食品。
6. 商品生产、流通的相关许可材料等书证，包括但不限于进货单、检疫票、合同等，主要证明涉案主体是否履行食品监管有关规定。

7. 检验报告，证明涉案食品中包含可以认定为有毒有害的物质。

（二）客观方面证据

生产、销售有毒、有害食品罪的客观行为表现为生产、销售有毒、有害食品，一般需要证明以下三个方面的内容：一是行为人实施了生产、销售行为；二是生产、销售的是有毒、有害食品；三是危害后果，应紧紧围绕这三个方面审查判断证据：

1. 生产、销售行为的认定

证明涉案主体实施了生产或销售行为，其中，生产行为要注重对掺入行为的审查。

（1）搜查笔录（或者行政执法部门的现场笔录），勘验笔录，扣押笔录、清单，辨认笔录及现场照片等，证明生产、销售场所的概况情况。

（2）与生产相关的原料、半成品、设备、工具、器皿等，有关食品的配方、标识、包装材料、生产工艺流程图、成分说明书等，食品原材料和有毒、有害非食品原料的进货渠道和记录、生产加工记录、生产窝点发货记录等，证明生产行为的实施。

（3）有关特定资质的生产许可证（如养殖、屠宰许可证）、卫生许可证、健康证、专业技术等级证等资质类证件。

（4）证明销售记录或资金状况的证据，如涉案人员与消费人员的微信、短信记录、报价单、销售合同、购销凭证、对账单、财务账册、销售、转账记录、银行账户流水、运输、仓储单据等，证明涉案人员实施了销售的行为以及实际销售的金额。

（5）证明购买或其他关联事实的证人证言，印证涉案人员实施了销售行为。

（6）证明运输情况的证据，如货运单、箱单、出入库单、购货收货凭证等运输单据，印证涉案人员实施了销售行为。

（7）犯罪嫌疑人供述，重点讯问生产、加工场地、时间、种类、分工所用的原料、设备、工艺、过程，进货、销售渠道，生产成本、出售价格、数量、违法所得数额等，证实涉案人员实施了生产、销售的行为。

通过上述证据的综合审查认定，证明涉案人员实施了生产、销售的行为。

2. 食品和有毒、有害物质的认定

食品、药品或是其他产品（兽药、宠物食品等）的认定是准确适用法律的关键，结合司法办案实践，主要通过实际生产、销售的物品本质特点、用途、包装材料以及结合主客观相一致的原则进行综合认定，所以要重点收集、审查以下证据：

（1）勘验笔录、搜查笔录、扣押笔录、清单、现场照片、生产设备、生产场所的照片、生产工艺流程图等，证明涉案食品被依法查扣以及生产现场、生产卫生条件等事实。

（2）涉案食品、涉案食品外包装的照片、生产原料、产地证明、成分说明、配方、标签等，证明涉案食品的种类、品质、外观、原料及来源等事实。

（3）抽样记录、检验委托单、相关部门出具的检验、检测报告，鉴定意见，相关部门的检验、鉴定物质等，证明涉案食品含有的品质、成分，进而证明涉案食品含有有毒、有害物质的事实。

（4）具有专门知识的人出具的说明相关行政主管部门出具的书面意见，证明涉案食品含有有毒、有害物质。

（5）犯罪嫌疑人供述及相关证人证言，重点是食品的成分、原料来源、生产卫生条件等内容，证明涉案食品的品质。

3. 对人体危害后果的认定

证明涉案食品对人体健康造成严重危害或致人死亡。

（1）医疗机构出具的死亡证明、伤残鉴定、医学诊断证明、病历资料、医疗费收据等书证，证明涉案食品被食用后造成被害人死亡、伤残情况。

（2）鉴定意见：食用人的排泄物、胃存物、呕吐物鉴定，法医鉴定，食物中毒鉴定，食源性疾患鉴定，财产损害估价鉴定等，证明涉案食品含有有毒、有害物质。

（3）销售记录、标价纪录、银行流水、转账记录等，证明销售持续时间与被害人食用具有时间上的逻辑关联。

（4）犯罪嫌疑人供述及被害人陈述、证人证言，证明涉案食品的原料来源、生产、销售及与犯罪后果的关系。

（三）犯罪主体证据

司法实践中，生产、销售有毒、有害食品行为多是以自然人或家庭的名义实施的，但也存在以单位名义生产、销售有毒、有害食品的情况，因此需要准确区分单位犯罪和自然人犯罪。

1. 自然人

在生产、销售有毒、有害食品罪中，应当收集行为人的如下证据：

（1）户籍资料，证实涉案人员的自然身份情况。

（2）证明累犯等法定从重情节的判决书、释放证明等法律文书；证明曾因危害食品安全违法行为被行政处罚的决定书等，证实涉案人员的前科情况。

（3）同案犯的供述、犯罪嫌疑人的供述，证实涉案人员在犯罪中的地位作用。

2. 单位

注意收集、审查和判断其犯罪行为所体现的是个人意志还是单位意志方面的证据，以正确区分主体是单位还是自然人。应当证明负直接责任的主管人员和其他直接责任的人员情况。其证据审查如下：

（1）书证。①证明事业单位、社会团体性质的相应法律文件，机关、团体法人代码。②企业法人营业执照、工商注册登记证明；税务登记证、享受税收减免优惠政策的有关证明。③从事特殊行业的，应当有相应的批文或"许可证"。④组织人事部门的任命文件等，证明单位的组织形式、直接负责的主管人员和其他直接责任人的证据。⑤银行账号证明、注册资料、年检情况、审计或清理证明等，证明单位管理情况及资产收益、流向、处分等情况的证据。⑥单位已经被撤销的，应有其主管单位出具的证明。

（2）行为人、被告人供述与辩解：犯罪单位的主管人员、其他直接责任人员关于单位基本情况及个人任职、职责等情况的供述。查明犯罪活动是否经单位决策实施，单位的员工是否按照单位的决策实施具体犯罪活动。

通过以上证据证明犯罪主体是依法成立、拥有一定财产或者经费、能以自己的名义承担责任的单位。我国刑法中规定的单位，包括国有、集体所有的公司、企业、事业单位，依法设立的合资经营、合作经营企业和具有法人资格的独资、私营等公司、企业、事业单位，还包括社会团体、村民委员会、居民委员会、村民小组等常设性的组织，以及为组织体育赛事、文艺演出或者其他正当活动而成立的组委会、筹委会、工程承包队等非常设性的组织。关于单位主体，更多审查内容详见生产、销售不符合安全标准的食品罪证据审查部分。

（四）主观方面证据

主观明知的认定问题，主要体现在销售行为中，销售者往往辩解其不知道含有有毒、有害物质。因此，对单纯销售人员的主观故意的审查判断就成为司法实践中的难点。

一般来说，判断销售人员的主观故意应当根据行为人的供述和辩解，并结合证明其参与实施的具体行为的其他证据进行综合判断。在收集证据时，可围绕《食品安全解释》第10条的规定，针对部分行为人辩解主观上不明知时，应当收集以下证据，推断主观明知：

1. 注重调取销售人员从业经历、反常做法等客观证据。反常做法包括待销售商品放置在隐蔽位置，涂改相关产品说明，交易中要求对方删除交易记录，即时通信中发送相关行为被打击的新闻，伪造检验报告、产地、发货地等，及其他不依法履行保障食品安全义务的证据。

2. 全面收集进货、销货等各环节的程序性书证，如检疫票、入库单等，核实行为人是否严格履行资质审查义务，是否对涉案食品必要信息进行复核、能否就涉案食品的正规来源进行说明等证据。

3. 能够证实正规来源的涉案食品或者同类涉案食品的一般市场价格的证据。

4. 涉案主体与其他人的即时通信聊天记录。

5. 收集印证行为人知道或应当知道其所从事行为具有非法性的证据，如在有关部门发出禁令或者食品安全预警的情况下继续销售，或者曾受过行政处罚或者身边的人曾受过类似行政处罚等。

对主观故意的审查判断并不要求证明所有的行为人对上述内容全部明知，特别是单位犯罪、共同犯罪中的中下层参与人员，在司法实践中应当综合行为人的认知能力、食品质量、进货或者销售的渠道以及价格等主客观因素进行认定。但是，如果有证据证明行为人确系被蒙蔽、欺骗而参与销售的，则不能简单推定。

二、生产、销售有毒、有害食品罪常见证据审查

（一）书证的审查

书证形成后能够独立存在，不容易发生改变，具有较强的客观性。生产、销售有毒、有害食品案中主要存在食品环节有关许可和流通的书证，应当重点审查：

1. 书证的提取是否合法，是否有见证人，见证人、持有人是否在提取笔录上签字确认。

2. 如果是复印件，要审查复印件在保管期间是否发生变化、是否被污染，是否由制作人、提供人确认与原件内容一致。

3. 书证是否收集全面，涉及相关行业许可以及从生产到销售环节流通的书证是否收集全面，查明相关书证是否被销毁及灭失的原因。

4. 异地搜查扣押文书时间是否符合逻辑，扣押清单是否具有当场性，扣押物品是否出现批次混同，搜查笔录与扣押笔录是否有矛盾的地方。

5. 有合理理由怀疑书证被伪造的，应当予以排除，不能作为定案的依据。

（二）电子数据的审查

2012年刑事诉讼法将电子数据增加列为法定的证据种类，电子数据的审查判断及排除规则逐步完善，之前电子数据大多是被作为视听资料的一种形式，用以证明案件事实。销售金额大多是存储于计算机内、云端或者物流公司的后台数据，尤其是相较于以前的食品犯罪，目前随着电子数据越来越多，销售金额的认定越来越精准，需要重点关注。

1. 查明电子数据的完整性、客观性、真实性。电子数据容易被篡改，所以要审查是否提取电子数据原始存储的介质，如计算机硬盘、存储芯片、U盘、电子设备等；对于电子数据的完整性进行校验，得出校验值。对电子数据是否完整，注重审查以下内容：一是原始存储介质的扣押、封

存状态是否完好；二是比对电子数据完整性校验值是否发生变化；三是电子数据的原件与备份是否相同；四是冻结后的电子数据是否生成新的操作日志。对于电子数据的客观性、真实性应当注重审查以下内容：一是是否移送原始存储介质，在原始存储介质无法封存、不便移动时，是否说明原因，并注明相关情况；二是电子数据是否有数字签名、数字证书等特殊标识；三是电子数据的收集、提取过程及结果是否可以重现；四是电子数据有增加、删除、修改等情形的，是否附有说明；五是电子数据的完整性是否可以保证。

2. 对依法初查时提取的电子数据，要妥善保管、固定，以防失去再次取证的条件。

3. 审查取证主体和取证设备应当符合相关技术标准。《刑事电子数据规定》第7条规定，收集、提取电子数据，应当由两名以上侦查人员进行，侦查人员是取证主体，技术人员是提供协助人员。

4. 关于见证人见证问题。电子数据的收集包括三个阶段：一是现场勘验、搜查、提取、扣押；二是电子数据的恢复、破解、统计、关联、对比分析；三是鉴定检验。除了鉴定，其他两个环节涉及电子数据的合法性，有见证人最好，或者对勘验、提取、恢复、检查过程进行录像，佐证取证合法性、真实性、完整性。

5. 认定被告人的网络身份与现实身份的统一性。要核查相关IP地址、网络活动记录、上网终端归属、相关言词证据，进行综合判断。

6. 特别需要说明的是，无论是物流信息还是网络支付信息，都不可能直接转换为销售金额，需要结合相关辅证证据予以认定。如果人数较少，可以考虑逐一核实的方法进行确认；如果人数较多，可以参照最高人民法院、最高人民检察院、公安部《关于办理电信网络诈骗等刑事案件适用法律若干问题的意见》的规定，确因被害人人数众多等客观条件的限制，无法逐一收集被害人陈述的，可以结合已收集的被害人陈述，以及经查证属实的银行账户交易记录、第三方支付结算账户交易记录、通话记录、电子数据等证据，综合认定被害人人数及诈骗资金数额等犯罪事实。随机选取一部分买家进行核实，并结合其他证据情况进行综合认定。

(三) 鉴定意见、专家证言（检验报告）的审查

需要注意的两点是：第一，司法机关不能唯鉴定意见论，基于种种因素，部分案件无法查找到相应的鉴定机构，或者鉴定成本过高，可以通过询问专家证人、申请专家证人出庭等方式，解决专门问题。如果其他证据足以审查判断案件事实的，无须以鉴定意见为必备证据。第二，在本部分证据审查中，注重审查出具证据主体的资质问题和专业性问题，必要时，可以考虑利用专家辅助人来协助进行审查。其中，食品检验报告的资质审查，应采取"注重对机构的资质审查，对检验人员进行经验审查"的原则。食品检验报告的专业问题，聚焦于检验方法的审查，尤其是注重审查检验方法是否取得食品监督管理部门的认可，如果检验方法未被认可，注意向食品监督管理部门取证，明确检验方法是否属于补充检验方法。

第三节　生产、销售有毒、有害食品罪的认定处理

一、生产、销售有毒、有害食品罪的罪与非罪

本罪是行为犯，涉案物品是否属于"有毒、有害的非食品原料"，直接影响罪与非罪、此罪与彼罪的判断。涉案物品不属于"有毒、有害的非食品原料"，相关行为也不能适用其他罪名的，不构成犯罪。

关于有毒、有害的非食品原料的认定，实践中，常见的方法就是依照《食品中可能违法添加的非食用物质名单》、《保健食品中可能非法添加的物质名单》、国务院有关部门公告的禁用农药、《食品动物中禁止使用的药品及其化合物清单》等名单予以认定，实践中情形复杂，对于有些成分未在上述名单中的，如何认定有毒、有害，可以分别按照以下情形认定：

1. 行为人在食品生产经营中添加的虽然不是国务院有关部门公布的禁用名单中的物质,但如果该物质与上述名单中所列物质具有同等属性,并且根据检验报告和专家意见等相关材料能够确定该物质对人体具有同等危害的,应当认定为《刑法》第144条规定的"有毒、有害的非食品原料"。①

2. 行为人添加的虽未在上述名单中,但违反了其他规定,具有同等危害后果的,仍然可以认定为有毒、有害非食品原料。②

二、生产、销售有毒、有害食品罪的此罪与彼罪

(一)与生产、销售伪劣产品罪的区别与联系

根据特殊法优于一般法的法条竞合关系,当犯罪构成生产、销售有毒、有害食品罪时,其相对于生产、销售伪劣产品罪优先适用。但在司法实践中,对于是否一律适用特殊法优于一般法,观点不统一。有的观点认为,在法条竞合的前提下,不应适用重法优于轻法,所以一律应适用于生产、销售有毒、有害食品罪;有的观点则认为,需要考虑罪刑责相适应原则,适用较重刑罚的罪名。

笔者认可第二种意见。第一,法律有明确规定。《刑法》第149条第2款明确规定,生产、销售本节第141条至第148条所列产品,构成各该条规定的犯罪,同时又构成本节第140条规定之罪的,依照处罚较重的规定定罪处罚。第二,未超出行为人的预期。对于行为人生产的食品属于哪一种产品,未超出任何人的预期。另外,销售的具体对象可能影响到两个罪名的适用,如果销售的具体对象并非供人食用或不是直接生产食品,那么就只构成生产、销售伪劣产品罪。

(二)与生产、销售假药罪的区别与联系

关于部分食药类案件如何甄别食品与药品,如"伟哥"既可能以保

---

① 参见最高人民法院指导案例第70号——北京阳光一佰生物技术开发有限公司、习文有等生产、销售有毒、有害食品案。

② 参见(2013)浙台刑二终字第282号——张某新、郑某芹生产、销售有毒、有害食品案;〔2017〕粤0104刑初838号——王某聪生产、销售有毒、有害食品案。

健品名义销售，又可能以药品形式销售，可以从包装与产品说明书等入手判断，具体包括批准文号是保健食品还是药品、产品说明书中有无治疗功能的说明等，并结合主客观相一致的原则，注重犯罪嫌疑人的辩解。

（三）与故意伤害罪的区别和联系

笔者认为，生产、销售有毒、有害食品罪与故意伤害罪属于想象竞合犯，需要区分行为人主观目的是经营食品还是追求造成他人伤害结果；客观方面，行为人实施的是经营食品的行为还是基于报复等原因实施的故意伤害行为，涉案食品是经营对象还是故意伤害他人的工具。

（四）与以危险方法危害公共安全罪的区别与联系

本罪侵犯的是公民的生命权、健康权，客观上可能造成多人伤亡的后果，与以危险方法危害公共安全罪有相似之处，区分的关键在于两罪的主观方面。本罪的故意内容不包括对人体健康严重危害后果的积极追求，只是放任此危害结果的发生；以危险方法危害公共安全罪的故意包括对危害结果发生的追求意志。

三、生产、销售有毒、有害食品罪的其他相关问题

（一）平衡"四个最严"食品药品监管要求与宽严相济刑事政策

在生产、销售有毒、有害食品案件中，需要平衡"四个最严"食品药品监管要求和宽严相济刑事政策，准确判断行为人的责任轻重和刑事追究的必要性，综合运用刑事、行政、经济手段惩治违法犯罪，做到惩处少数、教育挽救大多数，实现罪责刑相适应，具体需要综合考虑参与时间、地位、作用、分赃、认罪态度等情节，对于参与时间短、地位低、作用小、认罪态度好，愿意积极退缴非法所得的，应当充分考虑宽严相济刑事政策，原则上认定为从犯处理；对于参与时间长，作用较大的，即便适用认罪认罚，在从轻的幅度方面也要慎重。

（二）超范围滥用食品添加剂的行为不构成本罪

对于超范围滥用食品添加剂的行为定性，第一种观点认为应认定为生产、销售有毒、有害食品罪；第二种观点则认为是生产、销售不符合安全标准的食品罪，两种观点在判例中均有体现。第一种观点的主要理由：一是食品添加剂安全标准对食品添加剂作出了允许使用的食品类别限制，即标准制定者认为在允许使用的食品类别中是安全的，在不被允许使用的食品中使用则是不安全的，即"有毒、有害的"；二是超范围使用，即在禁止使用的食品类别中使用，符合《食品安全解释》第9条第1项规定的"因危害人体健康，被法律、法规禁止在食品生产经营活动中添加、使用的物质"，应当认定为有毒、有害的非食品原料。第二种观点的主要理由是：食品添加剂允许添加到食品中，不属于有毒、有害的非食品原料，且根据《食品安全解释》第5条第1款规定，超限量和超范围滥用添加剂都是生产、销售不符合安全标准食品罪行为。

笔者赞成第二种观点，超范围滥用食品添加剂应属于生产、销售不符合安全标准的食品行为，分析如下：

首先，超范围、超限量添加有司法解释明确规范。《食品安全解释》第5条规定，在食品生产、销售、运输、贮存等过程中，违反食品安全标准，超限量或者超范围滥用食品添加剂，足以造成严重食物中毒事故或者其他严重食源性疾病的，依照《刑法》第143条的规定以生产、销售不符合安全标准的食品罪定罪处罚。

其次，超范围、超限量添加改变不了食品添加剂的本质。生产、销售有毒、有害食品罪要求添加的是"有毒、有害的非食品原料"，而食品添加剂是食品原料。《食品安全法》对食品添加剂的定义为：为改善食品品质和色、香、味，以及为防腐、保鲜和加工工艺的需要而加入食品中的人工合成或者天然物质，包括营养强化剂。根据该定义，食品添加剂允许添加到食品中食用。

再次，食品添加剂的毒害性与《食品安全解释》规定的"有毒、有害的非食品原料"不相当。《食品安全解释》第9条列举的"有毒、有害的非食品原料"包含《食品中可能违法添加的非食用物质名单》《保健食品中可能非法添加的物质名单》上的物质，如工业酒精、工业明胶、工业用甲醛等，食品添加剂之所以允许添加到食品中，说明其毒性较低，显然不能和上述物质相提并论。

最后，将超范围滥用食品添加剂认定为生产、销售有毒、有害食品会导致刑法过度适用。生产、销售有毒、有害食品罪是行为犯，不要求危险性或后果。如果将超范围滥用食品添加剂认定为生产、销售有毒、有害食品罪的客观行为，则无论添加数量多少，只要有超范围添加的行为即构成犯罪，如此行政执法将不再有适用空间，亦违背刑事司法谦抑性要求。

第四节　案例评析

一、涉案产品是否作为食品原料销售导致适用不同罪名——柳立国等人生产、销售有毒、有害食品，生产、销售伪劣产品案[①]

【关键词】

生产、销售有毒、有害食品罪　生产、销售伪劣产品罪

【要旨】

明知对方是食用油经销者，仍将用餐厨废弃油（俗称"地沟油"）加工而成的劣质油脂销售给对方，导致劣质油脂流入食用油市场供人食用的，构成生产、销售有毒、有害食品罪；明知油脂经销者向饲料生产企业和药品生产企业等单位销售豆油等食用油，仍将用餐厨废弃油加工而成的劣质油脂销售给对方，导致劣质油脂流向饲料生产企业和药品生产企业等单位的，构成生产、销售伪劣产品罪。

【相关立法】

《中华人民共和国刑法》第一百四十四条　第一百四十条　第一百四十一条第一款

[①] 最高人民检察院指导性案例检例第12号。

【基本案情】

被告人柳立国，男，山东省人，1975年出生，原系山东省济南博汇生物科技有限公司（以下简称博汇公司）、山东省济南格林生物能源有限公司（以下简称格林公司）实际经营者。

被告人鲁军，男，山东省人，1968年出生，原系博汇公司生产负责人。

被告人李树军，男，山东省人，1974年出生，原系博汇公司、格林公司采购员。

被告人柳立海，男，山东省人，1965年出生，原系格林公司等企业管理后勤员工。

被告人于双迎，男，山东省人，1970年出生，原系格林公司员工。

被告人刘凡金，男，山东省人，1975年出生，原系博汇公司、格林公司驾驶员。

被告人王波，男，山东省人，1981年出生，原系博汇公司、格林公司驾驶员。

自2003年始，被告人柳立国在山东省平阴县孔村镇经营油脂加工厂，后更名为中兴脂肪酸甲酯厂，并转向餐厨废弃油（俗称"地沟油"）回收再加工。2009年3月、2010年6月，柳立国又先后注册成立了博汇公司、格林公司，扩大生产，进一步将地沟油加工提炼成劣质油脂。自2007年12月起，柳立国从四川、江苏、浙江等地收购地沟油加工提炼成劣质油脂，在明知他人将向其所购的劣质成品油冒充正常豆油等食用油进行销售的情况下，仍将上述劣质油脂销售给他人，从中赚取利润。柳立国先后将所加工提炼的劣质油脂销售给经营食用油生意的山东聊城昌泉粮油实业公司、河南郑州宏大粮油商行等（均另案处理）。前述粮油公司等明知从柳立国处购买的劣质油脂系地沟油加工而成，仍然直接或经勾兑后作为食用油销售给个体粮油店、饮食店、食品加工厂以及学校食堂，或冒充豆油等油脂销售给饲料、药品加工等企业。截至2011年7月案发，柳立国等人的行为最终导致金额为926万余元的此类劣质油脂流向食用油市场供人食用，金额为9065万余元的劣质油脂流入非食用油加工市场。

其间，经被告人柳立国招募，被告人鲁军负责格林公司的筹建、管理；被告人李树军负责地沟油采购并曾在格林公司分提车间工作；被告人柳立海从事后勤工作；被告人于双迎负责格林公司机器设备维护及管理水解车间；被告人刘凡金作为驾驶员运输成品油脂；被告人王波作为驾驶员运输半成品和厂内污水，并提供个人账户供柳立国收付货款。上述被告人均在明知柳立国用地沟油加工劣质油脂并对外销售的情况下，仍予以帮助。其中，鲁军、于双迎参与生产、销售上述销往食用油市场的劣质油脂的金额均为134万余元，李树军为765万余元，柳立海为457万余元，刘凡金为138万余元，王波为270万余元；鲁军、于双迎参与生产、销售上述流入非食用油市场的劣质油脂金额均为699万余元，李树军为9065万余元，柳立海为4961万余元，刘凡金为2221万余元，王波为6534万余元。

【诉讼过程】

2011年7月5日，柳立国、鲁军、李树军、柳立海、于双迎、刘凡金、王波因涉嫌生产、销售不符合安全标准的食品罪被刑事拘留，8月11日被逮捕。

该案侦查终结后，移送浙江省宁波市人民检察院审查起诉。浙江省宁波市人民检察院经审查认为，被告人柳立国、鲁军、李树军、柳立海、于双迎、刘凡金、王波违反国家食品管理法规，结伙将餐厨废弃油等非食品原料进行生产、加工，并将加工提炼而成且仍含有有毒、有害物质的非食用油冒充食用油予以销售，并供人食用，严重危害了人民群众的身体健康和生命安全，其行为均触犯了《中华人民共和国刑法》第一百四十四条之规定，犯罪事实清楚，证据确实充分，应当以生产、销售有毒、有害食品罪追究其刑事责任。被告人柳立国、鲁军、李树军、柳立海、于双迎、刘凡金、王波又违反国家食品管理法规，结伙将餐厨废弃油等非食品原料进行生产、加工，并将加工提炼而成的非食用油冒充食用油予以销售，以假充真，销售给饲料加工、药品加工单位，其行为均触犯了《中华人民共和国刑法》第一百四十条之规定，犯罪事实清楚，证据确实充分，应当以生产、销售伪劣产品罪追究其刑事责任。2012年6月12日，宁波市人民检察院以被告人柳立国等人犯生产、销售有毒、有害食品罪和生产、销售伪劣产品罪向宁波市中级人民法院提起公诉。

2013年4月11日，宁波市中级人民法院一审判决被告人柳立国犯生产、销售有毒、有害食品罪和生产、销售伪劣产品罪，数罪并罚，判处无期徒刑,剥夺政治权利终身,并处没收个人全部财产;被告人鲁军犯生产、销售有毒、有害食品罪和生产、销售伪劣产品罪,数罪并罚,判处有期徒刑十四年,并处罚金人民币四十万元;被告人李树军犯生产、销售有毒、有害食品罪和生产、销售伪劣产品罪,数罪并罚,判处有期徒刑十一年,并处罚金人民币四十万元;被告人柳立海犯生产、销售有毒、有害食品罪和生产、销售伪劣产品罪,数罪并罚,判处有期徒刑十年六个月,并处罚金人民币四十万元;被告人于双迎犯生产、销售有毒、有害食品罪和生产、销售伪劣产品罪,数罪并罚,判处有期徒刑十年,并处罚金人民币四十万元;被告人刘凡金犯生产、销售有毒、有害食品罪和生产、销售伪劣产品罪,数罪并罚,判处有期徒刑七年,并处罚金人民币三十万元;被告人王波犯生产、销售有毒、有害食品罪和生产、销售伪劣产品罪,数罪并罚,判处有期徒刑七年,并处罚金人民币三十万元。

一审宣判后,柳立国、鲁军、李树军、柳立海、于双迎、刘凡金、王波提出上诉。

浙江省高级人民法院二审认为,柳立国利用餐厨废弃油加工劣质食用油脂,销往粮油食品经营户,并致劣质油脂流入食堂、居民家庭等,供人食用,其行为已构成生产、销售有毒、有害食品罪。柳立国还明知下家购买其用餐厨废弃油加工的劣质油脂冒充合格豆油等,仍予以生产、销售,流入饲料、药品加工等企业,其行为又构成生产、销售伪劣产品罪,应予二罪并罚。柳立国生产、销售有毒、有害食品的犯罪行为持续时间长,波及范围广,严重危害食品安全,严重危及人民群众的身体健康,情节特别严重,应依法严惩。鲁军、李树军、柳立海、于双迎、刘凡金、王波明知柳立国利用餐厨废弃油加工劣质油脂并予销售,仍积极参与,其行为分别构成生产、销售有毒、有害食品罪和生产、销售伪劣产品罪,亦应并罚。在共同犯罪中,柳立国起主要作用,系主犯;鲁军、李树军、柳立海、于双迎、刘凡金、王波起次要或辅助作用,系从犯,原审均予减轻处罚。原判定罪和适用法律正确,量刑适当;审判程序合法。2013年6月4日,浙江省高级人民法院二审裁定驳回上诉,维持原判。

【争议焦点】

1. 如何准确认定主观方面。
2. 涉案产品流向不同渠道如何准确适用危害食品安全犯罪相关罪名。

【案件评析】

1.《刑法》第 144 条规定的生产、销售有毒、有害食品罪属于故意犯罪，构成本罪要求主观方面具有生产、销售有毒、有害食品的故意。以地沟油加工油脂，可以用于脂肪酸产品、金属加工等合法工业用途，但不能用作食用油。根据 2012 年 1 月 9 日最高人民法院、最高人民检察院、公安部《关于依法严惩"地沟油"犯罪活动的通知》，对于利用地沟油生产"食用油"以及明知是利用地沟油生产的"食用油"而予以销售的，应当以生产、销售有毒、有害食品罪追究刑事责任。本案中，柳立国等人如果将地沟油提炼后合法供工业用途使用，则不构成犯罪。但是柳立国等人明知他人将其使用地沟油加工的劣质油脂冒充食用油进行销售，仍然进行生产、销售，表明柳立国等人具有生产、销售有毒、有害食品的明知，希望或者放任生产、销售有毒、有害食品犯罪的发生。同样道理，《刑法》第 140 条规定的生产、销售伪劣产品罪，构成该罪要求主观方面具有生产、销售伪劣产品的故意。柳立国等人明知下游厂商将其用地沟油加工而成的劣质油脂直接或经勾兑后，冒充豆油等油脂以假充真销售给饲料生产企业和药品生产企业等单位，仍予生产、销售，表明柳立国等人具有生产、销售伪劣产品的明知，希望或者放任生产、销售伪劣产品犯罪的发生。

2. 认定和适用某一具体罪名，以行为人犯罪行为是否符合某一犯罪的全部构成要件为前提。本案中，柳立国等人以地沟油加工劣质油脂进行生产、销售的行为可以分为两类情形：一类是柳立国等人将用地沟油加工而成的劣质油脂销售给食用油经销商，导致劣质油脂流入食用油市场供人食用，其行为侵害了食品安全，主观上具有生产、销售有毒、有害食品的故意，客观上实施了生产、销售有毒、有害食品的行为，符合生产、销售有毒、有害食品罪的构成要件，应当认定为生产、销售有毒、有害食品罪。另一类是柳立国等人将用地沟油加工而成的劣质油脂销售给下游厂商，由其直接或者经勾兑后，冒充豆油等油脂以假充真销售给饲料生产企业和药品生产企业等单位，其行为破坏了社会主义市场经济秩序、侵害了消费者的合法权益，主观上具有生产、销售伪劣产品的故意，客观上实施了生产、销售伪劣产品的行为，符合生产、销售伪劣产品罪的构成要件，应当认定为生产、销售伪劣产品罪。因此，柳立国等人用地沟油加工而成的劣质油脂的生产、销售行为，分别侵犯对了不同客体，应当根据具体犯罪构成要件，分别适用生产、销售有毒、有害食品罪和生产、销售伪劣产品罪。

办理此类案件时，应当注意综合全案准确认定犯罪构成要件，特别是认定行为人的主观明知、核实客观的犯罪数额。本案中，多名犯罪分子形成了一个较为稳定的犯罪团伙，成员之间分工明确，生产、销售等各个环节相互配合又相对独立，上下游犯罪关系复杂，取证特别是证实犯罪行为的主观故意要求高。在办案过程中，检察机关通过突破上下游环节，获取证据，证实被告人具有生产、销售有毒、有害食品的明知。危害食品安全犯罪持续性、链条性特点，给取证特别是查清生产、销售全部金额带来障碍，对此，在审查证据时，应结合具体案情，注意生产、销售犯罪行为实施的时间、过程，注重审查主客观证据以认定被告人的犯罪数额。

二、彭某某、李某某生产、销售有毒、有害食品案[1]

【基本案情】

彭某某、李某某夫妻二人在位于四川某县的家中收购竹笋，将竹笋通过加食盐蒸煮或用食品添加剂焦亚硫酸钠浸泡后销售给竹笋加工企业。2019年4月初，因收购的竹笋数量大，为提高生产加工效率，降低成本，二人商议决定使用工业硫磺熏制竹笋。二人遂使用在网上购买的工业硫磺对未加工完成的竹笋在夜间进行熏制，并将熏制好的竹笋装入编织袋内存放准备销售。现场查获彭某某、李某某使用工业硫磺熏制的竹笋20余吨。经检验，查获的竹笋中二氧化硫残留量严重超标。二人自愿认罪认罚。

法院一审判决二被告人犯生产、销售有毒、有害食品罪，判处彭某某有期徒刑1年，并处罚金人民币1万元；判处李某某有期徒刑1年，缓刑2年，并处罚金人民币1万元，禁止李某某在缓刑考验期间从事食品的生产、销售及相关活动。一审宣判后，两名被告人未上诉，判决已生效。

【争议焦点】

在食品生产过程中使用工业硫磺的行为如何定性。

---

[1] 检察机关依法惩治制售假冒伪劣商品犯罪典型案例，2022年3月14日最高人民检察院发布。

【案件评析】

1. 食用农产品"从农田到餐桌"链条长、风险多，尤其像竹笋等农副产品时令性强、生产周期短，易腐败变质，个别家庭作坊或小规模企业为防腐并降低生产成本，使用工业硫磺等物质进行加工，用来漂白、防腐，容易对人体神经系统、肾脏、肝脏造成伤害，具有高致癌风险。涉案竹笋检出二氧化硫残留量严重超标，具有严重的食品安全风险。工业硫磺属于《食品中可能违法添加的非食用物质名单》（第一批）物质。国家有关部门自2008年12月至2011年6月，陆续发布了6批《食品中可能违法添加的非食用物质和易滥用的食品添加剂品种名单》。每批公布的总名单中包括两部分，即《食品中可能违法添加的非食用物质名单》和《食品中易滥用的食品添加剂品种名单》。根据2013年《食品安全解释》第20条规定，"国务院有关部门公布的《食品中可能违法添加的非食用物质名单》"的物质，应当认定为《刑法》第144条规定的"有毒、有害的非食品原料"，以生产、销售有毒、有害食品罪定罪处罚。2021年《食品安全解释》第9条作出一致规定，"因危害人体健康，被国务院有关部门列入《食品中可能违法添加的非食用物质名单》"的物质，应当认定为"有毒、有害的非食品原料"，比2013年版本增加了"因危害人体健康"的字样，即只有由于危害人体健康原因被列入相关名单，才能认定为"有毒、有害非食品原料"。目前，有关行政主管部门正在修订上述名单，办案时需要注意名单的更新和变化。

2. 并非所有"硫磺"都属于"有毒、有害的非食品原料"。本案中，二被告人之前处理竹笋使用的是食品添加剂焦亚硫酸钠，根据《食品安全国家标准 食品添加剂使用标准》（GB 2760—2014）规定，在干制蔬菜中是允许使用的。在食品安全国家标准规定的食品范围内，遵守最大使用量的要求，规范使用食品添加剂的行为是合法的。如果行为人实施了超范围或者超限量滥用食品添加剂硫磺或者食品添加剂焦亚硫酸钠的行为，根据《食品安全解释》规定，在食品生产、销售、运输、贮存等过程中，违反食品安全标准，超限量或者超范围滥用食品添加剂，足以造成严重食物中毒事故或者其他严重食源性疾病的，依照《刑法》第143条的规定以生产、销售不符合安全标准的食品罪定罪处罚。

3. 并非所有工业类物质均可直接认定为"有毒、有害的非食品原料"。上述6批《食品中可能违法添加的非食用物质名单》中共有9种带"工业"字样物质,其中第一批包括工业用甲醛、工业用火碱、工业硫磺、工业染料,第三批包括工业用矿物油、工业明胶、工业酒精、工业用乙酸,第四批包括工业氯化镁。根据《食品安全解释》关于"有毒、有害的非食品原料"类型化推定的认定模式,《食品中可能违法添加的非食用物质名单》上的物质应当认定为《刑法》第144条规定的"有毒、有害的非食品原料"。但其他带有"工业"字样的物质不能一概直接认定为"有毒、有害的非食品原料"。比如工业盐类案件,工业盐的成分差异较大,有的含有有毒、有害物质,有的重金属超标,有的仅含有一些杂质,有的只是不含碘。对于此类案件,不能因为"工业"字样就将工业盐直接认定为"有毒、有害的非食品原料",也不能用一个罪名来处理所有情形,而应当根据工业盐的成分和检出残留物质区分认定。根据2020年3月27日最高人民检察院《关于废止〈最高人民检察院关于办理非法经营食盐刑事案件具体应用法律若干问题的解释〉的决定》,对以非碘盐充当碘盐或者以工业用盐等非食盐充当食盐等危害食盐安全的行为,应区分不同情况,以生产、销售伪劣产品罪,或者生产、销售不符合安全标准的食品罪,或者生产、销售有毒、有害食品罪追究刑事责任。

第二编

走私罪

第一章 走私罪概述

第一节 走私罪的立法沿革

走私犯罪古已有之,世界各国有关走私罪的立法历史也比较悠久。我国对于走私罪的刑事立法,适应社会经济发展以及打击走私犯罪司法实践的需要,经历了逐步丰富完善的过程,走私罪名从相对单一罪名发展到由12个具体走私罪名组成的体系(含走私毒品罪、走私制毒物品罪),走私罪的刑罚从没有死刑到设立死刑再到取消死刑、从单一法定刑标准到因走私对象的不同设立相应的法定刑标准,逐步构建起罪刑轻重相适应的较为科学合理的处罚体系。总的来看,我国有关走私犯罪立法大致经历了四个阶段。

一、1979年刑法对走私罪的规定

1979年刑法用3个条文规定了走私犯罪,其中,第116条规定:"违反海关法规,进行走私,情节严重的,除按照海关法规没收走私物品并且可以罚款外,处3年以下有期徒刑或者拘役,可以并处没收财产。"第118条规定:"以走私、投机倒把为常业的,走私、投机倒把数额巨大的或者走私、投机倒把集团的首要分子,处3年以上10年以下有期徒刑,可以并处没收财产。"第119条规定:"国家工作人员利用职务上的便利,犯走私、投机倒把罪的,从重处罚。"1979年刑法对走私罪规定了两档法定刑:3年以下有期徒刑或者拘役和3年以上10年以下有期徒刑。同时,

1979年《刑法》第173条规定:"违反文物保护法规,盗运珍贵文物出口的,处3年以上10年以下有期徒刑,可以并处罚金;情节严重的,处10年以上有期徒刑或者无期徒刑,可以并处没收财产。"这里规定的盗运珍贵文物罪,虽然规定在妨害社会管理秩序罪一章中,但从其罪状表述看,也属于走私犯罪性质。

20世纪80年代初期,鉴于走私活动日益猖獗,为严厉打击走私犯罪,加大惩罚力度,1982年3月8日全国人大常委会通过的《关于严惩严重破坏经济的犯罪的决定》规定,对包括《刑法》第118条走私罪、第173条盗运珍贵文物罪在内的有关犯罪,其法定刑分别补充或者修改为:情节特别严重的,处10年以上有期徒刑、无期徒刑或者死刑,可以并处没收财产。该规定大幅提高了走私犯罪的法定刑幅度,最高法定刑为死刑。

二、1987年至1996年对走私罪的刑事立法

这一时期通过在行政法律中规定刑事犯罪、制定单行刑事法律的形式,丰富了走私犯罪的刑事立法。

(一) 1987年海关法对走私罪的修改补充

1987年1月23日全国人大常委会通过的《海关法》对走私罪进行了修改补充:

一是将走私犯罪主体由自然人扩大到单位。根据《海关法》第47条第4款规定,企业事业单位、国家机关、社会团体犯走私罪的,由司法机关对其主管人员和直接责任人员依法追究刑事责任;对该单位判处罚金,判处没收走私货物、物品、走私运输工具和违法所得。

二是将走私罪的对象细化为四类:(1)特殊物品,如毒品、武器、伪造货币、淫秽物品、文物;(2)国家禁止进出口的其他物品;(3)国家限制进出口物品;(4)依法应当缴纳关税的货物、物品进出境的物品。

三是规定了特殊形式的走私行为。(1)间接走私行为,根据《海关法》第49条规定,直接向走私人非法收购国家禁止进口的物品的,或者直接向走私人非法收购走私进口的其他货物、物品,数额较大的,以及在

内海、领海运输、收购、贩卖国家禁止进出口的物品的，或者运输、收购、贩卖国家限制进出口的货物、物品，数额较大，没有合法证明的，按走私罪论处。（2）武装走私、暴力抗拒检查行为。

（二）1988年全国人大常委会《关于惩治走私罪的补充规定》对走私罪的修改补充

1988年全国人大常委会通过的《关于惩治走私罪的补充规定》，采用单行刑事立法的形式，对走私罪进一步作了明确规定：

1. 依据不同走私对象分别规定了不同走私罪名。《关于惩治走私罪的补充规定》第1条至第7条规定了8个具体走私罪名，分别是走私毒品罪，走私武器、弹药罪，走私伪造的货币罪，走私国家禁止出口的文物罪，走私珍贵动物及其制品罪，走私贵重金属罪，走私淫秽物品罪，走私普通货物、物品罪。

2. 对不同具体走私罪名规定了不同的定罪量刑标准：

一是根据《关于惩治走私罪的补充规定》第1条的规定，走私鸦片等毒品、武器、弹药或者伪造的货币的，处7年以上有期徒刑，并处罚金或者没收财产；情节特别严重的，处无期徒刑或者死刑，并处没收财产；情节较轻的，处7年以下有期徒刑，并处罚金。

二是根据《关于惩治走私罪的补充规定》第2条的规定，走私国家禁止出口的文物、珍贵动物及其制品、黄金、白银或者其他贵重金属的，处5年以上有期徒刑，并处罚金或者没收财产；情节特别严重的，处无期徒刑或者死刑，并处没收财产；情节较轻的，处5年以下有期徒刑，并处罚金。

三是根据《关于惩治走私罪的补充规定》第3条的规定，以牟利或者传播为目的，走私淫秽的影片、录像带、录音带、图片、书刊或者其他淫秽物品的，处3年以上10年以下有期徒刑，并处罚金；情节严重的，处10年以上有期徒刑或者无期徒刑，并处罚金或者没收财产；情节较轻的，处3年以下有期徒刑或者拘役，并处罚金。

四是根据《关于惩治走私罪的补充规定》第4条的规定，走私普通货物、物品的，根据情节轻重，分别依照下列规定处罚：（1）走私货物、物品价额在50万元以上的，处10年以上有期徒刑或者无期徒刑，并处罚金或者没收财产；情节特别严重的，处死刑，并处没收财产。（2）走私货物、物品价额在 15 万元以上不满 50 万元的，处 7 年以上有期徒刑，并处罚金或者没收财产，情节特别严重的，处无期徒刑，并处没收财产。（3）走私货物、物品价额在 5 万元以上不满 15 万元的，处 3 年以上 10 年以下有期徒刑，并处罚金。（4）走私货物、物品价额在 2 万元以上不满 5 万元的，处 3 年以下有期徒刑或者拘役，并处罚金；情节较轻的，或者价额不满 2 万元的，由海关没收走私货物、物品和违法所得，可以并处罚款。

3. 对单位走私罪规定了同时处罚单位和其直接负责的主管人员和其他直接责任人员的双罚制。根据《关于惩治走私罪的补充规定》第 5 条的规定，企业事业单位、机关、团体走私毒品、武器、弹药、伪造的货币的，判处罚金，并对其直接负责的主管人员和其他直接责任人员，依照本规定对个人犯走私罪的规定处罚。企业事业单位、机关、团体走私普通货物、物品，价额在 30 万元以上的，判处罚金，并对其直接负责的主管人员和其他直接责任人员，处 5 年以下有期徒刑或者拘役；情节特别严重，使国家利益遭受重大损失的，处 5 年以上 10 年以下有期徒刑。

4. 规定了间接走私、变相走私、走私共犯、武装走私等。该补充规定比较完整地明确了走私罪的各种形式，奠定了走私罪罪名体系的基础。

（三）1990 年全国人大常委会《关于禁毒的决定》对走私毒品犯罪的规定

1990 年 12 月 28 日全国人大常委会《关于禁毒的决定》对走私毒品犯罪作了修改、补充：

1. 进一步明确规定了走私毒品罪定罪量刑标准。根据《关于禁毒的决定》第 2 条的规定，走私鸦片 1000 克以上、海洛因 50 克以上或者其他毒品数量大的，或者走私毒品集团的首要分子，或者武装掩护走私的，或者以暴力抗拒检查、拘留、逮捕，情节严重的，或者参与有组织的国际贩毒集团的，处 15 年以上有期徒刑、无期徒刑或者死刑，并没收财产；走私鸦片 200 克以上不满 1000 克、海洛因 10 克以上不满 50 克或者其他毒品数量较大的，处 7 年以上有期徒刑，并处罚金；走私鸦片不满 200 克、海洛因不满 10 克或者其他少量毒品的，处 7 年以下有期徒刑、拘役或者管制，并处罚金。

2. 规定了走私制毒物品罪。根据《关于禁毒的决定》第 5 条的规定，非法运输、携带醋酸酐、乙醚、三氯甲烷或者其他经常用于制造麻醉药品和精神药品的物品进出境的，处 3 年以下有期徒刑、拘役或者管制，并处罚金；数量大的，处 3 年以上 10 年以下有期徒刑，并处罚金。

三、1997 年刑法对于走私罪的全面修订

1997 年修订刑法时，涉及有关走私罪修订的主要考虑因素：一是在制定一部统一的、比较完备的刑法的指导思想下，将 1979 年以后分散规定在单行刑事法律和非刑事法律中有关走私犯罪的刑法规范均纳入刑法；二是鉴于走私犯罪行为当时已经很严重，需要相应加重刑罚；三是一些新的走私犯罪行为，如实践中出现的走私核材料、珍稀植物行为，应规定为犯罪。因此，1997 年 3 月 14 日第八届全国人民代表大会第五次会议通过了修订的《刑法》，其中对走私罪也进行了全面修订：

1. 确立了走私罪名体系。1997 年刑法分则第三章破坏社会主义经济秩序罪第二节专门规定了走私罪，共 10 个罪名，分别是：走私武器、弹药罪（第 151 条第 1 款），走私核材料罪（第 151 条第 1 款），走私假币罪（第 151 条第 1 款），走私文物罪（第 151 条第 2 款），走私贵重金属罪（第 151 条第 2 款），走私珍贵动物、珍贵动物制品罪（第 151 条第 2 款），走私珍稀植物、珍稀植物制品罪（第 151 条第 3 款），走私淫秽物品罪（第 152 条第 1 款），走私固体废物罪（第 152 条第 2 款）和走私普通货物、物品罪（第 153 条、第 154 条）。

2. 新增设了 3 个走私罪名，即走私核材料罪，走私珍稀植物、珍稀植物制品罪、走私固体废物罪。

3. 修改了走私普通货物、物品罪的定罪处罚标准。根据 1997 年《刑法》第 153 条第 1 款的规定，走私货物、物品偷逃应缴税额在 5 万元以上不满 15 万元的，处 3 年以下有期徒刑或者拘役，并处偷逃应缴税额 1 倍以上 5 倍以下罚金。走私货物、物品偷逃应缴税额在 15 万元以上不满 50 万元的，处 3 年以上 10 年以下有期徒刑，并处偷逃应缴税额 1 倍以上 5 倍以下罚金；情节特别严重的，处 10 年以上有期徒刑或者无期徒刑，并处偷逃应缴税额 1 倍以上 5 倍以下罚金或者没收财产。走私货物、物品偷

逃应缴税额在50万元以上的，处10年以上有期徒刑或者无期徒刑，并处偷逃应缴税额1倍以上5倍以下罚金或者没收财产；情节特别严重的，依照本法第151条第4款的规定处罚，即处无期徒刑或者死刑，并处没收财产。

相较于1988年《关于惩治走私罪的补充规定》，一是定罪处罚的数额计算标准由走私货物、物品价额改为偷逃应缴税额，具体入罪数量标准也由2万元调整为5万元，更能够体现走私罪的社会危害程度大小。二是将有期徒刑的法定幅度由3年以下、3年至7年有期徒刑、7年以上有期徒刑调整为3年以下、3年至10年有期徒刑、10年以上有期徒刑。三是采取倍比罚金制，更加具体、可操作性更强。

4.调整了单位走私普通货物、物品罪的定罪处罚标准。根据1997年《刑法》第153条第2款的规定，单位犯走私普通货物、物品罪的，对单位判处罚金，并对其直接负责的主管人员和其他直接责任人员，处3年以下有期徒刑或者拘役；情节严重的，处3年以上10年以下有期徒刑；情节特别严重的，处10年以上有期徒刑。

相较于1988年《关于惩治走私罪的补充规定》，1997年刑法对于单位走私特定物品行为未做改动，仅将单位走私普通货物、物品罪中直接负责的主管人员和其他直接责任人员的法定刑处罚标准，由两档即5年以下有期徒刑或者拘役、5年至10年有期徒刑，修改为三档，即3年以下有期徒刑或者拘役、3年至10年有期徒刑和10年以上有期徒刑，调高了法定最高刑。

5.将走私毒品罪和走私制毒物品罪归入刑法分则第六章妨害社会管理秩序罪第七节走私、贩卖、运输、制造毒品罪中，这是因为走私毒品罪和走私制毒物品罪主要侵犯了我国严禁毒品的管理制度，危害了公民的身心健康，归入妨害社会管理秩序罪一章与其他毒品犯罪一同规定，有利于针对毒品犯罪的特点加强对毒品犯罪的惩治和预防，也使刑法体系更为协调。

四、1998年至今对走私罪的刑事立法

1997年修订刑法实施后，根据走私犯罪的新情况、新问题，以及国

家刑事政策调整，陆续通过刑法修正案的形式对走私犯罪的刑事立法作了一些修改完善：

（一）2002年《刑法修正案（四）》对走私犯罪的修改完善

1.增设了走私废物罪。《刑法修正案（四）》在《刑法》第152条中增加一款，作为第2款，规定了走私废物罪，相应删去《刑法》第155条第3项走私固体废物罪。主要理由：一是除刑法第151条、第152条明确规定走私几类特殊物品的处罚以外，刑法对走私罪是按照行为人偷逃应缴税额的多少规定刑罚的。由于对走私固体废物无法计算应缴税额，实践中量刑存在一定困难，应单独规定刑罚。二是走私液态废物和置于容器中的气态废物，也应适用走私固体废物的规定。《刑法修正案（四）》同时将《刑法》第339条第3款的规定修改为："以原料利用为名，进口不能用作原料的固体废物、液态废物和置于容器中的气态废物的，依照本法第一百五十二条第二款、第三款的规定定罪处罚。"

2.明确了在界河、界湖实施的走私行为定性。2000年7月，全国人大常委会通过的修订后的《海关法》第83条已将在界河、界湖实施上述行为规定为走私，将《刑法》第155条第2项修改为："在内海、领海、界河、界湖运输、收购、贩卖国家禁止进出口物品的，或者运输、收购、贩卖国家限制进出口货物、物品，数额较大，没有合法证明的"，以走私罪论处。

（二）2009年《刑法修正案（七）》增加了走私国家禁止进出口的货物、物品罪

《刑法》第151条对走私国家禁止进出口的货物、物品作了具体列举，分别规定了走私核材料罪，走私假币罪，走私文物罪，走私贵重金属罪，走私珍贵动物、珍贵动物制品罪，走私珍稀植物、珍稀植物制品罪。《刑法修正案（七）》将《刑法》第151条第3款修改为："走私珍稀植物及其制品等国家禁止进出口的其他货物、物品的，处五年以下有期徒刑或者拘役，并处或者单处罚金；情节严重的，处五年以上有期徒刑，并处罚金。"从而将走私《刑法》第151条第1款、第2款、第3款具体列举以外的其他所有国家禁止进出口的货物、物品的行为都包括进来。

《刑法修正案（七）》增加走私国家禁止进出口的货物、物品罪的原因，主要是在查禁走私国家禁止进出口的货物、物品犯罪时出现了一些新情况，一是古生物化石走私外流情况严重，导致珍贵化石被破坏、贩卖和流失，使我国失去大量宝贵的地质遗产，对科学研究造成不可估量的损失。对于走私具有科学价值的古脊椎动物化石、古人类化石两类化石的，全国人大常委会2005年12月29日《关于〈中华人民共和国刑法〉有关文物的规定适用于具有科学价值的古脊椎动物化石、古人类化石的解释》明确规定，按照走私文物罪追究刑事责任，但对于走私上述两类化石以外的、有科学研究价值的无脊椎动物、古植物化石的行为，难以适用上述解释追究刑事责任。二是走私国家明令禁止进出口的来自境外疫区的动植物及其产品屡有发生，严重威胁人民群众的生命安全和身体健康，也严重冲击了国内的冻品市场和畜牧业等相关行业的健康发展，破坏正常的市场经济秩序。对此类案件以走私普通货物罪认定，很难确定其实际成交价格，并且走私此类货物的社会危害性远比一般货物严重，仅以其偷逃税额的大小区分罪与非罪和量刑，不足以体现其行为的社会危害性。此外，考虑到随着我国社会经济形势的发展变化，国家禁止进出口的货物、物品还会不断调整。因此，《刑法修正案（七）》对第151条第3款作了修改，以概括式的罪状表述。

（三）2011年《刑法修正案（八）》对走私犯罪的修改完善

1.《刑法修正案（八）》取消了13个非暴力性犯罪的死刑罪名，其中有5个是走私犯罪，具体是走私文物罪，走私贵重金属罪，走私珍贵动物、珍贵动物制品罪，走私普通货物、物品罪。主要考虑：一是取消这些犯罪的死刑符合我国一贯坚持的慎用死刑原则，也符合减少死刑的国际趋势。这些犯罪的死刑是根据当时打击犯罪的需要规定或增加的，随着形势变化，已没必要对这些犯罪适用死刑。二是在取消这些犯罪的死刑后，仍保留了无期徒刑，从罪刑相适应角度看是适当的，可以做到罚当其罪。近年来这些犯罪在实际中一直未适用或较少适用死刑，取消这些犯罪的死刑，不会对打击犯罪带来影响。

2.修改完善了走私普通货物、物品罪。《刑法修正案（八）》除了取消走私普通货物、物品罪的死刑外，还对该罪作了如下修改完善：

一是将小额多次走私行为入罪。鉴于实践中一些走私分子为逃避法律制裁，采取"化整为零""蚂蚁搬家"式的小额多次走私方式，虽然《刑法》第153条第3款规定"对多次走私未经处理的，按照累计走私货物、物品的偷逃应缴税额处罚"，但对已受到过行政处罚的行为人，不论其走私次数和累计偷逃税额的多少，都无法再追究刑事责任。行政处罚已经起不到威慑作用，造成"走了罚，罚了再走"的恶性循环局面，因此有必要对"蚂蚁搬家式"的走私予以刑事打击，《刑法修正案（八）》将"一年内曾因走私被给予二次行政处罚后又走私的"行为规定为犯罪。

二是对构成犯罪的偷逃应缴税额标准不再规定具体数额。将《刑法》第153条规定的各法定刑幅度的具体偷逃应缴税额去除，修改为"偷逃应缴税额较大""偷逃应缴税额巨大或者有其他严重情节""偷逃应缴税额特别巨大或者有其他特别严重情节"。

三是对罚金不再规定处偷逃应缴税额1倍以上5倍以下的具体比例。

四是调整处罚顺序。将走私普通货物、物品罪的刑罚顺序由原来的从重到轻改为从轻到重，并整合法定刑档次，将五档刑改为三档刑。

（四）2015年《刑法修正案（九）》对走私犯罪的修改

2015年《刑法修正案（九）》废除了走私武器、弹药罪，走私核材料罪，走私假币罪的死刑，从而全部废除了走私犯罪的死刑。

第二节　走私罪的发案态势

近年来，我国对外开放程度不断扩大，对外交往日趋频繁，国际经贸活动更加活跃，对外贸易途径更为多样化，海关监管方式更加多元化，跨境贸易趋于便利化。与此同时，各类走私违法犯罪活动也乘虚而入，严重扰乱外贸秩序，威胁国家贸易安全、海洋安全、生态安全等。总体而

言,近年来走私犯罪呈现以下发展态势:

一、司法实践中走私案件数量持续上升,走私规模不断扩大

近年来,走私案件数量与走私规模都呈上升趋势。一方面,国际经贸往来日趋便利化,客观上走私分子也得以利用各种有利条件更加频繁地实施走私活动;另一方面,执法部门加大查处力度,查办的案件数量增加。实践中,走私成品油、白糖、冻品等动辄达到成百上千吨,印度走私象牙、穿山甲鳞片等珍贵濒危野生动物制品也达到上百公斤甚至数千公斤。海关缉私部门每年查获的走私案件案值都在千亿以上,近万人受到追究。

二、走私普通货物、物品罪在走私类案件中占比较大

从案件类型看,走私普通货物、物品罪在走私类案件中占绝大比例,占走私类案件总数的60%左右。其他发案较多的罪名依次是:走私国家禁止进出口的货物、物品罪,走私废物罪,走私珍贵动物、珍贵动物制品罪,以上四类案件占走私类案件总数的95%以上,其他类型走私案件相对较少。

在走私普通货物、物品案件中,一是走私冻品、成品油、烟草制品等主要涉税商品突出。国内对肉类冻品、成品油、烟草制品等需求强劲,境内外差价大,走私上述物品犯罪比较活跃。其中,走私肉类冻品、成品油多通过海上跨境偷运形式,烟草制品则以假冒原产地,假冒国产品牌香烟形式通过小额边境贸易形式走私入境。二是走私酒类、化妆品、手机、箱包、手表等高档消费品突出。

三、行业性、系列性走私现象比较普遍,而且有明显的团伙化、专业化趋势

走私犯罪与进出口货物税率高低和货物国内市场行情等因素息息相关。一般而言,关税税率越高的货物,内外市场越易形成巨大价格差,越

容易让走私分子铤而走险；国内市场越是走俏的货物，越容易成为犯罪分子走私对象，从而形成特定行业性、系列性走私。比如，近年来海产品、冻品、烟草（包括电子烟弹）、酒、成品油、白糖、婴幼儿用品、化妆品、奢侈品、汽车及其配件、木材等都是司法实践中常见的走私对象。行业性、系列性走私通常团伙作案，从货源、通关（绕关）、申报到运输、销售、收购等各个环节分工明确，专业性强，跨区域作案。行业内不同团伙利用监管漏洞走私，作案手法高度相似，不同团伙之间常常有一定交叉性；行业性作案过程又有一定长期性、阶段性，案发时往往案值特别高，走私规模特别大。

四、走私犯罪地域性特征明显，沿海沿边地区走私案件较多发

走私犯罪与国际贸易、对外交往息息相关。整体而言，我国东部、南部沿海地区、西南边境地区以及设有大型国际机场的部分内陆城市，往往对外交往更加便利，国际经贸往来更为频繁，走私分子也更加容易利用各种便利条件实施走私。而且不同地区有各自的地理特征、区位优势，对外交往方式有各自侧重点，从而也会影响到不同走私方式在不同区域的分布。东部、南部沿海地区有不少国际化大型港口，传统海运渠道通关走私仍然比较常见，但近年来沿海地区海上绕关走私迅速增长，而且参与人员的籍贯多数集中在东南沿海省份。特别是珠江口水域河网密集复杂，地理位置独特，为走私提供了便利条件，一直是全国走私重点区域。由于我国香港、澳门的高档消费品与内地差价较大，不法分子通过组织他人以旅客夹带入境的形式进行"水客"走私。随着海南岛离岛免税政策的实施，不法分子组织他人以离岛旅客身份帮助代为购买化妆品、手表等完税产品带入内地从中获利，形成了"套代购"走私。由于各地对海上走私执法力度、执法标准有一定差异，走私团伙也常常在不同地区之间漂移作案。西南、西北边境地区毗邻东南亚、中亚，陆上绕关走私以及利用边境贸易政策实施走私的问题比较突出。在一些设有大型国际机场和靠近港澳地区的城市，以及在涉外包裹、邮件中转集散地，行邮渠道走私则比较常见。

五、分段式走私、产业化分工、专业化操作的作案模式更加普遍，隐蔽性更强

传统模式下，犯罪分子通常在境外货源地组织货物，通过各种途径直接走私入境，但近年来这种情况发生一定变化。大量走私分子在世界各地组织货源，先行将货物进口到中国香港、澳门、台湾地区以及东南亚地区，然后伺机行动，或者通过海路、陆路直接绕关走私入境，或者以边境贸易、个人自用物品等形式将货物化整为零陆陆续续走私入境。在海上走私中，分段运输接力型走私更为常见。通常表现为大型母船从境外批量装载数千吨甚至上万吨成品油、白糖、冻品等货物，开行至靠近我国的近海长期漂泊在海上；然后走私团伙自行组织或者联系其他买家组织各种各样的中小型船舶（俗称"中巴"），从境内码头驶往近海靠近大船接驳货物；之后，这些中小型船舶可能直接驶往境内码头卸货，也可能驶往更靠近海岸线的海域，在海上将货物过驳给其他小船（俗称"小巴"），小船接货后再驶往境内码头。由于分段式走私涉及环节更多，走私团伙分工更细，操作手法更为专业化，作案隐蔽性也更强。

第三节　走私罪的特征

一、跨境性特征

刑法规定了12个具体走私罪名，对于有的走私对象，在国内生产、流通、运输等环节，刑法针对相关具有严重社会危害性的行为设置了相应罪名予以规制。以珍贵动物及其制品为例，刑法在进出境环节与国内环节分别设置走私珍贵动物、珍贵动物制品罪与非法收购、运输、出售珍贵、濒危野生动物、珍贵、濒危野生动物制品罪规制人们的行为。基于同样逻

辑，走私武器、弹药罪，走私毒品罪，在国内环节分别对应非法制造、买卖、运输枪支、弹药、爆炸物罪和制造、贩卖、运输毒品罪，其他以此类推。

可见，走私罪规制货物、物品进出境（即边境）环节，而其他关联罪名则规制同样货物、物品在国内环节一般性的生产、流通、运输环节，这体现走私罪的跨境性特征。虽然在行为手段上不同，但在行为对象上相同或相似，这也说明走私罪通常保护双重法益：一方面保护国家对外贸易秩序，这是走私罪所特有的；另一方面则根据不同对象，保护国家对特定货物、物品的管理秩序，这是走私罪与其他关联犯罪所共有的。例如，走私珍贵动物罪与非法收购、运输、出售珍贵、濒危野生动物罪都侵犯了国家对野生动物的保护管理制度，但前者侧重于野生动物的跨境管理制度。理解走私罪的跨境性特征，对于走私案件办理中的事实认定、法律适用等都有重要意义：

（一）走私案件办理中的体系性思维

在理解走私罪相关概念、社会危害性、量刑标准等内容时，应当注重结合同一犯罪对象相对应的国内罪名来把握。例如，虽然走私武器、弹药罪罪状没有描述爆炸物，但本罪行为方式与非法制造、买卖、运输枪支、弹药、爆炸物罪相似，两罪危害性相当，如将爆炸物排除在本罪犯罪对象之外，会造成同样数量爆炸物国内非法制造、买卖、运输行为大于走私行为的局面，不符合罪刑相适应原则。再结合爆炸物本身的特性，有必要将爆炸物纳入走私弹药罪犯罪对象。[①] 同样是这两个罪名，在2014年最高人民法院、最高人民检察院《关于办理走私刑事案件适用法律若干问题的解释》（以下简称《走私案件解释》）出台之前，旧司法解释立足于枪支用途，区分军用和非军用枪支，设定走私武器罪定罪量刑标准；而非法制造、买卖、运输枪支罪司法解释则立足于枪支性能，区分以火药为动力和以压缩气体等非火药为动力的枪支，设定相应定罪量刑标准。为保持两类罪名定罪量刑标准的延续性、平衡性，2014年《走私案件解释》予以调

---

① 参见南英主编：《〈最高人民法院、最高人民检察院关于办理走私刑事案件适用法律法律问题的解释〉理解与适用》，中国法制出版社2015年版，第23页。

整，也立足于枪支性能设定走私武器罪的定罪量刑标准。

（二）注重从行为方式和行为对象两方面把握走私犯罪主观故意。

一方面，同样犯罪对象可以区分为境内违法犯罪和跨境违法犯罪，只有后者才属于走私罪，这就要求行为人主观上认识到系跨境违法行为才可能构成走私罪。例如，甲走私出口珍贵动物，乙在境内帮其收购、运输，只有乙认识到甲意欲运输出境，才构成走私珍贵动物罪共犯，否则乙只构成非法收购、运输珍贵、濒危野生动物罪。另一方面，即便认识到系走私行为，由于走私罪有12个具体罪名，要求行为人主观上认识到具体对象，或者某类具体对象是否有可能在其认识范围之内，否则就属于认识错误，而认识错误还需要进一步区分具体认识错误和抽象认识错误，在案件定性上也更为复杂。

（三）基于走私罪跨境性特征，案件证据、事实和法律适用常常涉及境外因素

证据方面，涉及境外证据的取证、效力；事实方面，涉及境外供货商、采购商，人员、货物、资金的跨境转移，货物、物品来源地，疫区的认定，与境外相关联的真实价格，国际贸易战中相伴随的关税加征、退减因素如何影响偷逃应缴税额的认定等；法律适用方面，涉及国际条约的适用，比如《濒危野生动植物种国际贸易公约》是认定珍贵动物范围的重要依据，我国加入的多边国际贸易协定影响税率的适用，联合国国际海洋公约对海上走私案件办理有重要影响，等等。走私案件的上述大量涉外因素，使之与多数只涉及境内因素的普通犯罪有显著区别。

二、法定犯属性

自然犯与法定犯是学理上对犯罪的两种基本分类，走私罪是典型而古老的法定犯。罪刑法定是现代法治的基本原则，走私罪的认定需要以刑法明确规定为前提。然而，作为法定犯的走私罪具有二次违法性特征，与自然犯的认定思路有显著区别。自然犯违反一般伦理道德，其行为违法性

以伦理道德为重要坐标；行政犯以法律特别规定为前提，其行为违法性以行政性法律规范为重要坐标。在走私案件办理中，特别需要合理把握刑事规范与行政规范的关系，这对于准确认定走私罪有基础性作用。

（一）走私罪的认定对行政规范的依附性

走私罪的认定既涉及行为性质、犯罪主观故意的判断，也涉及犯罪情节的认定以及刑法上相关概念的理解等，这些内容都与行政规范密切相关。

第一，行为性质的判断取决于行政规范。认定走私罪的前提是对走私行为的判断，这取决于《海关法》《海关行政处罚实施条例》以及国家对进出境货物、物品的相关监管规定。上述法律法规将违反海关监管规定的行为区分为普通违规行为和走私行为，如果某一行为不属于走私行为，就不可能构成走私犯罪。

第二，犯罪主观故意的判断与行政规范息息相关。一方面，行为人对行政规范的了解程度及其相应的违法性认识构成法定犯主观故意的重要内容；另一方面，行为人是否刻意违反国家对进出境货物、人员、资金以及交通工具等方面的监管规范要求，是否存在刻意逃避相关部门执法检查的情形等，可以作为判断走私犯罪主观故意的重要依据。

第三，走私货物、物品的数量、价值、税额等情节也需要结合行政规范进行认定，尤其是货物、物品价值的认定、完税价格的确定以及税则号归类、税率的适用，直接依行政规范进行判断。

第四，走私罪相关概念依附于行政规范。例如，刑法上规定特定减免税进口的货物、物品，禁止进出口物品，限制进出口货物、物品，海关监管现场、珍贵动植物等概念，都需要结合行政规范来理解。

（二）行政规范的变动与走私罪认定的关系

与刑事规范相比，行政规范政策性强，变动程度较大，涉及货物、物品进出口的行政规范更是如此。那么行政规范变动后是否适用刑法"从旧兼从轻原则"？对此，应根据走私罪所依赖的行政规范是认定行为性质的规范还是认定犯罪情节的规范做具体分析。

第一，如果某一行政规范涉及行为性质的判断，涉及是否属于走私行为的认定,那么这些行政规范本身是走私犯罪构成要件的重要组成部分,按照从旧兼从轻原则进行评判更为合理。例如,在海南琼海艺发贝壳工艺厂涉嫌走私珍贵动物制品案中,行为当时涉案唐冠螺需要办理濒危野生动植物种许可证才能进口,案发后海关总署等部门发布新的公告,从2005年1月1日起,上述唐冠螺不在禁止或限制进出境动物之列。据此,二审法院认为应当按从旧兼从轻原则处理,本案不构成走私珍贵动物制品罪。①

第二,如果某一行政规范单纯只涉及事实的查明,则应按照案件发生当时的行政规范来认定。例如,偷逃应缴税额就是一个典型的事实认定问题,如果对事实的判定也可以适用"从旧兼从轻原则",那么完全同样的行为却只是因为案发时间的区别或者诉讼阶段的区别而出现不同的"案件事实",这显然是不合理的。对此《走私案件解释》第18条第1款规定,应缴税额以走私行为实施时的税则、税率、汇率和完税价格计算。

三、经济性特征

从立法体例看,走私罪属于刑法分则第三章"破坏社会主义市场经济秩序罪"第二节,本节规定10个具体走私罪名(走私毒品罪、走私制毒物品罪除外),旨在维护国家对外贸易管理秩序;从行为过程看,走私犯罪分子主要着眼于通过偷逃税款或者其他跨境非法交易获取不当经济利益。可见,经济性是走私罪的另一个典型特征,把握这一特征对办理走私案件有重要意义。

第一,案件事实的认定中要注重梳理不同主体之间的经济关系,注重审查体现经济利益的会计账目、资金流水等证据。走私一般体现为货物、资金、运输工具、人员等要素的跨境转移,通常情况下涉及货物买卖、通关代理、货物运输、居间联络等基本经济活动,不同个人、单位(公司)交织参与其中,案件办理的基础工作就是要梳理不同参与者之间的经济关系,准确还原走私模式、操作手法、获利方式,明确各个主体的角色、地位、作用等。同时,经济往来中常常会形成各式各样的会计账

---

① 参见海南省高级人民法院(2006)琼刑终字第25号刑事判决书。

目、资金流水，注重收集、审查这类证据，有利于更好还原案件事实。

第二，行为性质和量刑情节的认定中，是否以牟利为目的、谋取经济利益的情况是重要考量因素。一是走私淫秽物品罪要求行为人必须以牟利为目的。二是是否以牟利为目的是区分走私罪中货物、物品的重要依据。三是不以牟利为目的，为留作纪念而走私珍贵动物制品进境，数额不满10万元的，可以免予刑事处罚；情节显著轻微的，不作为犯罪处理。四是走私的仿真枪经鉴定为枪支，构成犯罪的，以走私武器罪定罪处罚。不以牟利或者从事违法犯罪活动为目的，且无其他严重情节的，可以依法从轻处罚；情节轻微不需要判处刑罚的，可以免予刑事处罚。五是谋取经济利益的模式、数额大小等是分析走私罪主从犯的重要参考因素。例如，有观点将参与走私不同获利模式区分为谋利型走私和谋生型走私，前者以追求利润最大化为目标实施走私，通常体现为走私犯罪投资人（股东、货主）；后者以获取相对固定报酬为目标参与其中，通常体现为领取工资、收取固定代理费等。实践中，前者被认定为主犯的概率更高，后者被认定为从犯的概率更高。

第三，主观故意的分析中，可以将行为人是否明显违背商业惯例作为重要考量因素。从中性角度看，走私行为也是一种国际经济贸易活动。而正常经济活动通常都有符合经济特征的商业惯例或者公认的行业准则，与之相反的是，可能涉嫌违法犯罪的经济活动在某个或某些环节通常会明显背离这些正常的商业惯例、行业准则。通过查清这些反常情形，有助于对走私犯罪分子主观故意的认定。走私犯罪属于典型的非正常经济行为，结合走私犯罪的一般行为方式，可以从货物交接方式、资金往来情况、成本收益、商业信息往来方式等角度分析其是否有主观故意。例如，2002年最高人民法院、最高人民检察院、海关总署《关于办理走私刑事案件适用法律若干问题的意见》（以下简称《走私案件意见》）第5条规定，以明显低于货物正常进（出）口的应缴税额委托他人代理进（出）口业务的，可以认定行为人有走私的主观故意。该条规定就是着眼于经济活动中的成本收益法则来推定走私犯罪主观故意。

第四节 走私罪认定的共性问题

一、单位走私犯罪的认定和处理

刑法分则第三章第二节规定的 10 个走私罪名均规定了单位犯罪，司法实践中随着市场经济主体的多样化，涉外经济贸易往来日益密切，单位实施走私犯罪的情形比较普遍，由于刑法和司法解释对于单位犯罪与自然人犯罪规定了不同的定罪处罚标准，因此，准确认定单位犯罪成为办理走私案件的一个共性问题。

（一）认定单位走私犯罪的标准

《走私案件意见》规定，具备下列特征的，可以认定为单位走私犯罪：（1）以单位的名义实施走私犯罪，即由单位集体研究决定，或者由单位的负责人或者被授权的其他人员决定、同意；（2）为单位谋取不正当利益或者违法所得大部分归单位所有。实践中，把握上述规定，应注意三点：

1. 关于以单位名义和由单位决定

单位意志是区分单位犯罪与自然人犯罪的关键因素，单位意志一般体现在以单位名义实施和由单位决定这两方面。其中，以单位名义实施是单位意志的外在表现形式，由单位决定是形成单位意志的内在条件。单位行为往往比较复杂，存在行为相对方的经济活动中，一般会以单位名义表现出来，但在不少单方行为或秘密进行的场合，甚至为达到逃避责任，对外身份可能比较模糊或隐蔽。但如果确实由单位决定并实施，符合单位犯罪特征的，不能仅仅因为"以单位名义"特征不明显而直接否定单位犯罪。在有相对方的交往（交易）中，单位合法行为与非法行为交织时，如果没有反映"以单位名义"的,一般情况下比较难以被认定为体现单位意志。

相反,对于表面上"以单位名义"实施,但实际上并没有经单位决策层同意或认可,不能体现单位意志;或者只是单纯挂靠或借用单位名义,单位实际控制人没有参与决策,利益也没有归属单位的,不能体现单位意志。例如,在广州敦克公司走私普通货物案中,该公司总经理王某某、副总经理叶某某以及法定代表人石某某共同商议以低报价格的方式进口仪器设备,截至2008年共偷逃税款39万余元。2008年,叶某某在受委托代理香港展达公司进口4票红酒过程中,利用广州敦克公司名义低报价格进口,偷逃税款9万余元。两节事实都体现了广州敦克公司的名义,然而进口红酒完全系叶某某一人操作,并没有与单位其他人员商量,利益也归属其个人,判决书认定该节事实属于自然人犯罪。①

2. 关于为单位谋取不正当利益或者违法所得归单位所有

利益归属也是区分单位犯罪与自然人犯罪的重要因素。当然,单位利益与个人利益常常交织,个人即便代表单位参与犯罪,也或多或少会从犯罪中获得一定利益。对此,需要综合犯罪利益的形态、主要去向、个人对犯罪利益特别是违法所得的决定情况、个人获得利益的来源和比例等因素综合判断。对于违法所得主要直接由个人支配,且没有重新用于单位支出的,一般应当认定犯罪利益归属于个人。例如,在潘某富等人走私普通货物案中,潘某富辩解其系代表公司实施走私。法院认为,潘某富的非法所得并没有打给公司,而是打到其个人或妻子账户,且部分违法所得用于偿还个人债务,体现个人可以自由处置非法所得,也无证据证实潘某富将违法所得转入公司账户,故谋取的不正当利益应认定为归于个人所有或使用而非公司。②

相反,对于违法所得主要归集到单位并由单位实际掌控的,单位再基于员工工资、业务提成奖励等因素再次分配,则应当认定犯罪利益归属于单位。例如,在东盛弘公司等走私珍贵动物制品案中,东盛弘公司为降低经营成本,在未取得蟒蛇及其制品进口许可证情况下,从越南、泰国绕

---

① 参见广州市中级人民法院刑事判决书(2009)穗中法刑二初字第30号。
② 参见上海市高级人民法院刑事裁定书(2020)沪刑终39号。

关走私入境，由公司下属各办事处直接销售。东盛弘公司提出违法所得去向不明，大部分未归单位所有。法院认为，证据显示走私的费用由公司承担，境内销售收入大部分汇回东盛弘公司，违法所得到达公司后的二次分配不影响违法所得主要归公司所有的定性。①

3. 关于单位以违法犯罪为主要活动

单位成立后，以实施犯罪为主要活动的，不以单位犯罪论处。对于单位是否以从事违法犯罪为主要活动，应根据单位实施违法犯罪行为的次数、频度、持续时间、资金规模、资金流向、单位进行合法经营的状况等因素综合考虑。②司法实践中，由于部分单位会计资料不全、负责人变换频繁、单位机构设置不健全等因素，实际查清单位合法经营活动情况比较困难。对于能够明确查清合法经营业务比例的，比较容易判断。对于难以查清合法经营业务基本比例的，可以从以下几方面分析判断：

第一，结合单位法定业务范围、实际经营情况等判断。以董某等人走私普通货物案为例，2011年至案发，董某利用其设立的文某公司名义，采用"水客"与快件清关两种伪报贸易性质方式走私进口奶粉、保健品等，偷逃应缴税额3300余万元。法院认为，在案证据显示文某公司未在海关注册登记为进出口货物收发货人或报关企业，无开展进出口经营活动资质，说明公司成立后以实施走私违法犯罪为主要活动，依法不能认定为单位犯罪。③可见，如果公司存续过程中完全超业务经营，可以认定其以违法犯罪为主要活动。

第二，结合单位依法纳税情况综合判断。对于公司、企业等经营性单位而言，依法纳税是其法定义务，单位的纳税情况可以在一定程度上体现其合法经营的比重。从正面看，在低报价格走私案件中，即使单位成立后一直实施低报价格走私活动，但如若低报的比例不高，依法缴纳税款在应缴税款中占绝大多数，就不属于主要从事违法犯罪活动。④从反面看，

---

① 参见海南省高级人民法院刑事判决书（2019）琼刑终17号。
② 参见2019年《最高人民法院、最高人民检察院、公安部关于办理非法集资刑事案件若干问题的意见》第2条、《走私案件意见》第17条。
③ 参见福建省高级人民法院刑事裁定书（2019）闽刑终233号。
④ 参见南英主编：《〈最高人民法院、最高人民检察院关于办理走私刑事案件适用法律法律问题的解释〉理解与适用》，中国法制出版社2015年版，第397—398页。

单位成立后基本没有纳税记录的,可以作为判断主要从事违法犯罪活动的重要依据。以金某某等人走私普通货物为例,金某某于2013年设立威海金旭物流有限公司。2017年7月以来,金某某以夹藏方式走私进口韩国化妆品等货物,偷逃应缴税额7100余万元。法院认为,该公司各种税种均为零申报,自成立以来未开展实际性经营活动,属于以实施犯罪为主要活动。①

(二)是否构成单位走私犯罪的具体认定

1. 单位走私犯罪主体的一般范围

根据1999年最高人民法院《关于审理单位犯罪案件具体应用法律若干问题的解释》规定,《刑法》第30条规定的"公司、企业、事业单位",既包括国有、集体所有的公司、企业、事业单位,也包括依法设立的合资经营、合作经营企业和具有法人资格的独资、私营等公司、企业、事业单位。上述单位走私的,应认定为单位走私犯罪。

2. 单位的分支机构或者内设机构、部门走私的,应认定为单位走私犯罪

根据2001年最高人民法院《全国法院审理金融犯罪案件工作座谈会纪要》,以单位的分支机构或者内设机构、部门的名义实施犯罪,违法所得亦归分支机构或者内设机构、部门所有的,应认定为单位走私犯罪。2008年最高人民法院、最高人民检察院《关于办理商业贿赂刑事案件适用法律若干问题的意见》规定,《刑法》第163条、第164条规定的"其他单位",既包括事业单位、社会团体、村民委员会、居民委员会、村民小组等常设性的组织,也包括为组织体育赛事、文艺演出或者其他正当活动而成立的组委会、筹委会、工程承包队等非常设性的组织。根据上述规定精神,以单位的分支机构或者内设机构、部门的名义实施走私犯罪,违法所得亦归分支机构或者内设机构、部门所有的,应认定为单位走私犯罪。

在涉及内设机构单位犯罪中,做出决定、具体实施、对外交往、利益归属等方面常常会出现单位与内设机构相交织的状态,比如有一些事项

---

① 参见威海市中级人民法院刑事判决书(2018)鲁10刑初56号。

由单位内设机构决定并具体操作,但在对外交往、资金往来中又通常以其所在单位名义实施,而利益可能归属单位内设机构,也可能归属内设机构所在单位,这比单纯均由单位决定、组织实施、获得利益要复杂得多。因此,这就涉及如何区分内设机构作为犯罪主体,还是内设机构所在单位作为犯罪主体。

【案例】广西华兴集团于2012年设立国际贸易部专门经营冻海产品进口、销售,并任命李某某为采购经理、吴某某为销售经理;2014年8月国际贸易部改由吴某某任经理,李某某任副经理,共同负责冷海产品采购、进口和销售。2012年11月至2015年8月,在国际贸易部具体经营下,华兴集团以支付包通关费用方式,委托邱某某以低报价格手段走私进口冻鱿鱼等水产品,共偷逃应缴税款1188万余元。①

本案中,华兴集团辩称具体进口由国贸部实施,公司高层不知道低报价格进口,并无走私犯罪故意。法院认为应当以华兴集团作为犯罪主体,而不是华兴集团国际贸易部。一方面,华兴集团专门成立国际贸易部并由李某某担任负责人,得到集团法定代表人和总裁的同意,因此李某某在得到授权的业务范围内所实施的行为可以体现华兴集团的意志;另一方面,在对外交易和利益归属上,都是以华兴集团名义委托相关合作单位,对外收付货款、支付报关费用、利润分配均通过华兴集团。尽管由国际贸易部门具体实施进口,但无论从单位意志还是利益归属上,以华兴集团作为单位犯罪主体是合适的。

与之相反,在东星公司机电部走私普通货物案中,作为东星公司内设部门机电部经理张某某决定,代理南京陆港公司进料加工保税进口铝锭后在国内倒卖牟利。尽管在进口中,张某某是以东星公司名义对外签订协议,收取1%代理费也归属于东星公司,但东星公司领导层对其走私行为并不知情,其也没有获得公司授权或认可,不能体现东星公司的意志,只能体现东星公司机电部的意志。因此,法院认定东星公司机电部为单位犯罪主体。②

通过上述两起案例可以看出,由单位内设机构决定实施的犯罪,主

---

① 参见厦门市中级人民法院刑事判决书(2016)闽02刑初94号。
② 参见南英主编:《〈最高人民法院、最高人民检察院关于办理走私刑事案件适用法律法律问题的解释〉理解与适用》,中国法制出版社2015年版,第377页。

要围绕能否体现单位意志来判断犯罪主体。如果内设机构得到单位授权作出的决定，且利益也归属单位的，可以体现单位意志；如果没有得到授权，又在单位不知情的情况下实施犯罪，只能体现单位内设机构的意志。

实践中，经常涉及承包经营内设机构的商业模式，此时重点分析承包经营关系是否真实存在，内设机构所在单位是否知情以及利益归属等问题综合判断单位犯罪主体。以郑某某等人走私普通货物案为例，郑某某向厦门华某公司承包经营业务六部，2013年3月至2014年9月，经郑某某决定，业务六部代理厦门格瑞斯特科技环保有限公司等单位进口气体分析仪，并以伪报品名的方式向海关申报，偷逃税额100万余元。法院认定华某公司业务六部构成走私普通货物罪。①该案承包关系客观存在，具体操作也由业务六部实施，实际利益也归属该部门，因此以业务六部作为单位犯罪主体。

3.筹备中的单位可以成为单位犯罪的主体

筹备中的单位尚处于准备酝酿阶段，没有取得独立法律主体资格，确实有别于正式成立的单位，形式上有些类似于尚未出生的自然人。然而，单位本来就是法律拟制的主体，其权利义务的逻辑关系与自然人相比有很大区别。在诉讼活动中，一定条件下的单位权利义务具有可继承性，其法律责任也有可继承性。第一，根据相关司法解释规定，单位发生分立、合并或者其他资产重组等情况的，只要承受该单位权利义务的单位存在，应当追究单位的刑事责任。②既然往后延伸，原单位不存在后，仍然有追究原单位刑事责任的可能性；那么往前延伸，当设立中的单位实施犯罪，也存在由成立后的单位承担其刑事责任的可能性。第二，从民事责任角度来讲，根据公司法及其司法解释，设立中的公司权利义务由成立后的公司继承的，或者发起人以设立中的公司对外签订合同的，相应民事责任应当由成立后的公司承担；但发起人利用设立中的公司为自己谋取利益

---

① 参见厦门市中级人民法院刑事判决书（2016）闽02刑初130号。
② 参见《走私案件意见》第19条。

的，由发起人自行承担。①民事责任与刑事责任尽管有很大区别，但设立中的公司与成立后的公司原本就是同宗同源，即便实施违法犯罪，只要能够体现单位意志、利益归属单位，在责任上（包括民事和刑事）由成立后的单位继受更为客观公正，否则由个人承担明显有失公允。因此，如果筹建中的单位实质上具备意志行为能力和刑罚适应能力，具备单位犯罪主体的实质特征，可以作为单位犯罪主体承担刑事责任。

【案例】孙某某在帮助越南皇龙集团筹备郑州皇龙公司期间，将本应按一般贸易方式申报进口的巴沙鱼等冷冻水产品，委托他人伪报成边民互市贸易方式走私入境，偷逃应缴税款计992万元。郑州皇龙公司成立后，孙某某以郑州皇龙公司的名义向越南皇龙集团采购巴沙鱼等冷冻水产品，采用同样方式走私进口，偷逃税款145万元。检察机关指控孙某某参与第一节走私系自然人犯罪，参与第二节走私系单位犯罪。法院则认为，第一节事实中孙某某系代表单位利益走私，虽然公司尚处于筹备阶段，但相关利益由筹备后成立的郑州皇龙公司所继承，也应当成立单位犯罪。②

本案中，在公司筹备阶段，走私冷冻水产品的行为虽由孙某某决定实施，但并非以孙某某个人名义进行，而是在其组织指挥下，由设立中的公司员工实施诸如订单、物流管理、库存账面管理、支付清关费用、管理销售资金等一系列行为；在公司正式成立后孙某某担任总经理，因走私行为所获取的利益也由郑州皇龙公司承继，体现的是公司利益。法院将全案认定为单位犯罪处理是合理的。

综上所述，设立中的单位有可能作为单位犯罪主体。当然前提是成立中的单位有一定组织机构、具备相对独立的意志能力，符合单位犯罪特征，而且需要以单位最终成立为条件；如果单位最终不成立，筹备阶段的

---

① 参见最高人民法院《关于适用〈中华人民共和国公司法〉若干问题的规定（三）》第2条规定，"发起人为设立公司以自己名义对外签订合同，合同相对人请求该发起人承担合同责任的，人民法院应予支持。公司成立后合同相对人请求公司承担合同责任的，人民法院应予支持"。第3条规定，"发起人以设立中公司名义对外签订合同，公司成立后合同相对人请求公司承担合同责任的，人民法院应予支持。公司成立后有证据证明发起人利用设立中公司的名义为自己的利益与相对人签订合同，公司以此为由主张不承担合同责任的，人民法院应予支持，但相对人为善意的除外"。

② 参见宁德市中级人民法院刑事判决书2018闽09刑初18号。

权利义务由设立单位的发起人承担，不应当作为单位犯罪主体。

4. 一人公司是否构成单位走私犯罪的认定

一人公司并不是指公司只有一个人。根据公司法规定，一人有限责任公司，是指只有一个自然人股东或者一个法人股东的有限责任公司。因此，一人公司是具有独立资格的市场主体。只要符合一人有限公司的成立条件，且依照公司章程运转的，对其实施的走私犯罪，应以单位走私犯罪认定。如果是为进行走私活动而设立一人公司后实施走私犯罪的，或者一人公司成立后，以实施走私犯罪为主要活动的，应认定为自然人走私罪。实践中，对于一人公司走私是否属于单位犯罪，也应按照《走私案件意见》关于单位走私犯罪规定的精神，特别是犯罪所得的实际归属，进行实质性判断。

5. 境外公司、企业或者其他组织是否构成单位走私犯罪的认定

2003年，最高人民法院研究室《关于外国公司、企业、事业单位在我国领域内犯罪如何适用法律问题的答复》提出，符合我国法人资格条件的外国公司、企业、事业单位，在我国领域内实施危害社会的行为，符合我国刑法构成犯罪的，应当依照我国刑法关于单位犯罪的规定追究刑事责任。据此，境外公司、企业或者其他组织可以构成单位走私犯罪的主体。在认定是否属于境外公司、企业或者其他组织时，要注意从其是否独立承担法律责任的实质条件把握。

6. 不具有法人资格的合伙企业和独资企业不属于单位走私犯罪主体，应认定为自然人犯罪

1997年合伙企业法规定，合伙企业，是指按照该法在中国境内设立的由各合伙人订立合伙协议，共同出资、合伙经营、共享收益、共担风险，并对合伙企业债务承担无限连带责任的营利性组织。1999年个人独资企业法规定，个人独资企业，是指依照该法在中国境内设立，由一个自然人投资，财产为投资人所有，投资人以个人财产对企业债务承担无限责任的经营实体。依据上述法律规定，不具有法人资格的合伙企业和独资企业均不具有法人资格，不能独立承担法律责任，因而不能成为单位犯罪的主体。因此，根据1999年最高人民法院《关于审理单位犯罪案件具体应用法律若干问题的解释》规定精神，不具有法人资格的合伙企业和独资企业不属于单位犯罪主体，其实施的犯罪行为按自然人犯罪处理。

7. 个人为进行走私活动而设立单位后实施走私犯罪的，或者单位成立后，以实施走私犯罪为主要活动的，应认定为自然人走私犯罪，不以单位走私犯罪论处

根据 1999 年最高人民法院《关于审理单位犯罪案件具体应用法律若干问题的解释》规定，个人为进行违法犯罪活动而设立的单位实施犯罪的，或者单位成立后，以实施犯罪为主要活动的，不以单位犯罪论处。根据《走私案件意见》规定，认定单位是否以实施走私犯罪为主要活动，要结合单位实施走私行为的次数、频度、持续时间、单位进行合法经营的状况等因素综合考虑认定。实践中，对于会计资料不全、负责人变换频繁等单位，可以结合单位成立时间、客户情况、资金往来、言辞证据等综合判断，如果能够查实单位的主要业务属于走私活动，即便只查清其中一部分走私犯罪数额，也应当按照自然人犯罪处理。在低报价格走私案件中，如果单位成立后长期实施低报价格，从次数看，属于主要从事走私活动。如果偷逃税额在应缴税额或公司营业收入中占比很低，应当进行实质判断，从整体上讲公司业务还是以合法业务为主，认定单位犯罪更为合理。[①]

从编发时间来看，林春华等走私普通货物案这一指导案例是对 1999 年最高人民法院《关于审理单位犯罪案件具体应用法律若干问题的解释》相关内容的一个阐释。对公司成立后以走私为主要活动或者利用公司名义走私后违法所得归个人所有两种情形不以单位犯罪而以自然人犯罪认定，已经成为共识，实践中需要解决的问题主要在于通过收集充足证据证明公司成立后是否以走私为主要活动或者主要违法所得是否归个人所有。这里所谓"成立后以走私为主要活动"，并没有具体的量化指标，一般来说，主要是指成立后除走私活动外没有开展过其他合法经营活动，或者成立后虽然也开展过少量的正常业务，但单位实施的大多数活动为走私活动。

8. 以单位名义走私，违法所得归自然人所有的，应认定自然人走私犯罪；违法所得无法查清的，应认定为单位犯罪

根据 1999 年最高人民法院《关于审理单位犯罪案件具体应用法律若干问题的解释》规定，盗用单位名义实施犯罪，违法所得由实施犯罪的个

[①] 参见《林春华等走私普通货物案——以公司名义进行走私，违法所得归个人所有》，载《刑事审判参考》1999 年第 3 辑（总第 3 辑），第 18 号。

人私分的,依照刑法有关自然人犯罪的规定定罪处罚。①

9.关于承包情形下的走私犯罪的认定

承包经营,是指企业所有人在不改变企业资产所有权的前提下,与承包人订立承包经营合同,将企业经营管理权全部或部分在一定期限内交给承包人,由承包人对于企业进行经营管理,并承担经营风险并依合同分配收益的一种经营活动。承包人以承包企业的名义走私,如果犯罪所得归企业所有的,应认定为单位犯罪;如果承包人将走私犯罪所得的全部或者大部分直接占为己有的,则属于假借单位名义谋取个人利益的行为,应认定为自然人犯罪。

(三)单位走私犯罪中直接负责的主管人员和直接责任人员的认定

1.单位走私犯罪中直接负责的主管人员的认定

根据2001年最高人民法院《全国法院审理金融犯罪案件工作座谈会纪要》规定,直接负责的主管人员,是在单位实施的犯罪中起决定、批准、授意、纵容、指挥等作用的人员,一般是单位的主管负责人,包括法定代表人。实践中单位的形式多种多样,既有几个人的小单位,也有人员众多、组织架构复杂、层级较多、分工精细化的集团性单位,因此认定单位走私犯罪中直接负责的主管人员,要注意以下几点:

一是单位的法定代表人是否属于直接负责的主管人员,应根据其在单位走私犯罪中的实际作用认定。单位法定代表人直接决定、批准、授意、指挥走私犯罪的,应当认定为直接负责的主管人员。单位法定代表人没有具体决策组织指挥实施走私犯罪,但对下属业务部门通过走私方式开展进出境业务知晓后没有制止的,其主观上明知,客观上起到了默许、纵容走私犯罪的作用,也应认定为直接负责的主管人员。单位法定代表人既没有决策具体组织指挥实施走私,又由于分工关系对下属业务部门开展进出境业务方式是否通过走私不知晓的,不应认定为直接负责的主管人员。

---

① 参见《王红梅、王宏斌、陈一平走私普通货物、虚开增值税专用发票案——以单位名义实施走私犯罪,现有证据只能证实少量违法所得用于单位的经营活动,绝大部分违法所得的去向无法查清的,是单位犯罪还是个人犯罪》,载《刑事审判参考》2005年第2集(总第43集),第336号。

二是直接负责的主管人员可以是一人也可以是数人。根据《走私案件意见》规定，根据单位人员在单位走私犯罪活动中所发挥的不同作用，对其直接负责的主管人员和其他直接责任人员，可以确定为一人或者数人。因此，具有一定单位管理职能的并在单位走私犯罪中起决定、批准、授意、纵容、指挥等作用的人员，均应认定为直接负责的管理人员。既可以是单位分管进出境业务的正副职，也可以是单位进出境业务部门的正副职，不同管理层级的人员可以同时被认定为直接负责的管理人员。

2. 单位走私犯罪中的其他直接责任人员

根据 2001 年最高人民法院《全国法院审理金融犯罪案件工作座谈会纪要》规定，其他直接责任人员，是在单位犯罪中具体实施犯罪并起较大作用的人员，既可以是单位的经营管理人员，也可以是单位的职工，包括聘任、雇佣的人员。应当注意的是，在单位犯罪中，对于受单位领导指派参与实施了一定犯罪行为的人员，一般不宜作为直接责任人员追究刑事责任。《走私案件意见》规定，对于受单位领导指派而积极参与实施走私犯罪行为的人员，如果其行为在走私犯罪的主要环节起重要作用的，可以认定为单位犯罪的直接责任人员。认定单位走私犯罪中直接负责人员，要注意以下几点：

一是必须是在单位走私犯罪中具体实施犯罪并起较大作用，受单位领导指派的人员积极参与实施走私犯罪并在走私犯罪的主要环节起重要作用。

二是直接责任人员单位的经营管理人员，也可以是单位的职工。

三是出于打击面的考虑，并非所有的受指派参与实施了一定单位走私犯罪行为的人都一律认定为直接负责人员。

此外，单位责任人员在实施单位犯罪的同时，其个人又犯与单位犯罪相同之罪的，应数罪并罚。

（四）单位走私犯罪中主、从犯的认定

根据 2001 年最高人民法院《全国法院审理金融犯罪案件工作座谈会纪要》规定，对单位犯罪中的直接负责的主管人员和其他直接责任人员，应根据其在单位犯罪中的地位、作用和犯罪情节，分别处以相应的刑罚。根据该规定，认定单位走私犯罪中主从犯，注意把握以下几点：

1. 单位走私犯罪中行为人主从关系不明显的，可不分主、从犯。

2. 在具体案件可以分清主、从犯，且不分清主、从犯，在同一法定刑档次、幅度内量刑无法做到罪刑相适应的，应当分清主、从犯。

3. 应当综合考虑行为人在单位中的地位、职责，以及在具体犯罪中的地位和作用。通常情况下，直接负责的主管人员在单位走私犯罪中起决定、批准、授意、纵容、指挥等作用，可认为主犯；但是，并非所有直接负责的主管人员都必然是主犯，其他直接责任人员也不必然就是从犯。

（五）单位共同走私犯罪中主、从犯的认定

根据2001年最高人民法院《全国法院审理金融犯罪案件工作座谈会纪要》规定，两个以上单位以共同故意实施的犯罪，应根据各单位在共同犯罪中的地位、作用大小，确定犯罪单位的主、从犯。

（六）单位走私犯罪案件自首的认定

《走私案件意见》规定，在办理单位走私犯罪案件中，对单位集体决定自首的，或者单位直接负责的主管人员自首的，应当认定为单位自首。认定单位自首后，如实交代主要犯罪事实的单位负责的其他主管人员和其他直接责任人员，可视为自首，但对拒不交代主要犯罪事实或逃避法律追究的人员，不以自首论。2009年最高人民法院、最高人民检察院《关于办理职务犯罪案件认定自首、立功等量刑情节若干问题的意见》规定，单位犯罪案件中，单位集体决定或者单位负责人决定而自动投案，如实交代单位犯罪事实的，或者单位直接负责的主管人员自动投案，如实交代单位犯罪事实的，应当认定为单位自首。单位自首的，直接负责的主管人员和直接责任人员未自动投案，但如实交代自己知道的犯罪事实的，可以视为自首；拒不交代自己知道的犯罪事实或者逃避法律追究的，不应当认定为自首。单位没有自首，直接责任人员自动投案并如实交代自己知道的犯罪事实的，对该直接责任人员应当认定为自首。根据上述规定，认定单位走私犯罪自首应注意以下几个问题：

1. 单位自首的成立条件：一是单位自动投案；二是如实交代单位犯罪事实。

2. 代表单位投案的三种情形：一是单位集体决定；二是单位负责人

决定;三是单位直接负责的主管人员决定。

3.在认定单位自首的情形下,对于其直接负责的主管人员和其他直接责任人员是否认定自首需要把握三点:一是直接负责的主管人员自动投案,如实交代单位走私犯罪事实的,应当认定自首;二是未自动投案的直接负责的主管人员和直接责任人员,如实交代自己知道的犯罪事实的,可以视为自首;三是未自动投案的直接负责的主管人员和直接责任人员,拒不如实交代自己知道的犯罪事实或者逃避法律追究的,不应当认定为自首。

4.在走私犯罪单位没有自首的情形下,直接责任人员自动投案并如实交代自己知道的犯罪事实的,应当认定为自首。①

(七)关于单位走私犯罪后发生资产重组或者单位消亡情形下追究刑事责任的问题

1.关于单位走私犯罪后发生资产重组情形下追究刑事责任的问题

《走私案件意见》第19条规定,单位走私犯罪后,单位发生分立、合并或者其他资产重组等情况的,只要承受该单位权利义务的单位存在,应当追究单位走私犯罪的刑事责任。走私单位发生分立、合并或者其他资产重组后,原单位名称发生更改的,仍以原单位(名称)作为被告单位。承受原单位权利义务的单位法定代表人或者负责人为诉讼代表人。根据2021年最高人民法院《关于适用〈中华人民共和国刑事诉讼法〉的解释》第345条规定,审判期间,被告单位合并、分立的,应当将原单位列为被告单位,并注明合并、分立情况。对被告单位所判处的罚金以其在新单位的财产及收益为限。实践中适用上述规定,应注意把握以下几点:

一是单位发生分立、合并或者其他资产重组等情况,不影响对犯罪单位追究刑事责任,被告单位是实施走私犯罪的资产重组前的单位。

二是单位走私犯罪后发生分立、合并或者其他资产重组情形,无论承受该单位权利义务的单位是否存在,均应追究原单位直接负责的主管人员和其他直接责任人员的刑事责任。

---

① 参见《陈德福走私普通货物案——犯罪单位的自首如何认定》,载《刑事审判参考》2002年第1辑(总第24辑),第151号。

三是对被告单位所判处的罚金，应根据2021年最高人民法院《关于适用〈中华人民共和国刑事诉讼法〉的解释》第345条规定，以其在新单位的财产及收益为限。不再以《走私案件意见》的相应规定为依据。

2.关于单位走私犯罪后发生单位消亡情形下追究刑事责任的问题

2002年最高人民检察院《关于涉嫌犯罪单位被撤销、注销、吊销营业执照或者宣告破产的应如何追诉问题的批复》规定，涉嫌犯罪的单位被撤销、注销、吊销营业执照或者宣告破产的，应当根据刑法关于单位犯罪的相关规定，对实施犯罪行为的该单位直接负责的主管人员和其他直接责任人员追究刑事责任，对该单位不再追诉。2021年最高人民法院《关于适用〈中华人民共和国刑事诉讼法〉的解释》第344条规定，审判期间，被告单位被吊销营业执照、宣告破产但尚未完成清算、注销登记的，应当继续审理；被告单位被撤销、注销的，对单位犯罪直接负责的主管人员和其他直接责任人员应当继续审理。《走私案件意见》第19条第3款规定，单位走私犯罪后，被依法注销、宣告破产等情况的，无论承受该单位权利义务的单位是否存在，均应追究原单位直接负责的主管人员和其他直接责任人员的刑事责任。实践中适用上述规定，应注意把握以下几点：

一是单位走私犯罪后被撤销、注销、吊销营业执照或者宣告破产，如果没有起诉的，则对犯罪单位不再追诉；如果已经起诉后、在法院审判阶段被吊销营业执照或者宣告破产但尚未完成清算、注销登记的，应当继续审理。

二是单位走私犯罪后，被依法注销、宣告破产等情况的，均应追究原单位直接负责的主管人员和其他直接责任人员的刑事责任。

（八）同一自然人参与不同单位走私的处理问题

司法实践中，同一自然人参与不同单位走私的现象比较普遍，但情况又比较复杂：有些案件中不同单位均已达到入罪标准，但数额累计后可能出现跨越量刑档次的情形；而有些案件部分单位达到入罪标准，部分单位未达到入罪标准，甚至所有单位未达到入罪标准，但数额累计后达到入罪标准。对于参与不同单位走私的自然人而言该如何处理，实践中有所分歧。第一种意见认为，犯罪主体是不同单位，应当分别定罪，对自然人实施数罪并罚。第二种意见认为，应当分别定罪，但择一重罪处罚。第三种意见认为，将自然人参与的所有金额累计后，按单位犯罪标准定罪处罚。哪种意见更为合理？以被告人万某某走私普通货物案为例进行分析。

【案例】2014年至2016年，在被告人万某某的实际经营管理下，被告单位春光公司、云某澳丰公司和锦德公司从土耳其等国订购大理石荒石，以低报价格的方式走私进口37票。三家公司偷逃应缴税额分别为92.9万元、39.3万元、15.8万元。检察机关指控被告人万某某和被告单位春光公司、云某澳丰公司犯走私普通货物罪，万某某偷逃应缴税额148万余元（即涉案三家公司偷逃税额之和）。法院认为，被告单位春光公司、云某澳丰公司构成走私普通货物罪；被告人万某某作为上述二被告单位直接负责的主管人员，参与二被告单位走私犯罪，偷逃应缴税额132万元（即扣除未达到单位犯罪入罪标准的锦德公司偷逃税额15.8万元），情节严重，应以走私普通货物罪追究其刑事责任，判处万某某判处有期徒刑3年，缓刑4年。①

本案涉及三家单位，其中两家单位已经构成犯罪，且均属于一般情节（即法定刑有期徒刑3年以下），另一家单位则尚未到达入罪标准。一方面，法院认定被告人万某某属于情节严重，说明是将犯罪金额累计后，按单位犯罪标准评价其犯罪情节；另一方面，法院又剔除万某某在锦德公司中参与走私的金额，说明法院并不是直接将不同公司的走私数额简单累计后评价，而只是对于构成单位犯罪的金额累计后评价。简言之，对于同一自然人分别参与不同单位走私普通货物时，本案在吸收上述几种观点的基础上，体现"分别定罪合并处罚"的原则，即对自然人参与不同单位走私的，先按单位犯罪定罪标准分别定罪，再对该自然人涉及的单位犯罪数额累计，然后按单位犯罪量刑标准评价犯罪情节予以处罚。笔者认为，无论是数罪并罚、择一重罪处罚，还是简单累加后定罪处罚，都存在一定悖论，而本案"分别定罪合并处罚"的处理思路是合理妥当的，也符合司法实际情况。理由如下：

第一，单位犯罪中的自然人有相对独立的意志，从而决定其也有相对独立的刑事责任。从单位实际运行过程看，单位的意识和意志能力依附于单位中具体的自然人，单位的决策和执行都离不开具体的主管人员和直

---

① 参见广东省广州市中级人民法院刑事判决书（2019）粤01刑初426、439号。

接责任人员，①某一个具体自然人对于是否参与单位行为、参与单位哪些行为、参与哪几个单位的行为都有自主权。这种自主权决定其应当对参与的所有违法犯罪承担相应责任。法律明确规定多次走私未经处理的应当累计计算，既适用于个人犯罪中的自然人，也适用于单位犯罪中的自然人；既适用于参与同一单位犯罪中的自然人，没理由排除参与不同单位违法犯罪行为中的同一自然人。

第二，对同一自然人参与不同单位违法犯罪金额累计后综合评判犯罪情节，体现罪责刑相适应的原则。从社会危害性角度来说，当犯罪金额相同时，同一人通过一家单位走私达到某一犯罪金额，与同一人通过不同单位走私达到同样犯罪金额，其社会危害性没有实质性区别，该自然人所实施的行为对国家造成的损失、对法益造成的侵害是相同的。从社会公平角度来讲，如果不将同一自然人参与不同单位违法犯罪金额累计后综合评判犯罪情节，明显有失公平。因此，如果只是择一重罪处罚无法充分评价其犯罪情节；如果实施数罪并罚，由于都属于单位走私普通货物罪，系同种数罪，有违我国同种数罪不并罚的理论原则。

第三，单位犯罪中自然人责任对单位责任有一定依附性，因此不能脱离单位犯罪本身评价其责任。单位中的自然人在参与犯罪过程中，形式上体现单位名义、实质上维护单位利益。就整体而言，对单位中自然人刑事责任之有无、大小应当依单位犯罪的标准来评判。自然人对某一单位走私承担刑事责任，应当以该单位构成犯罪为前提；自然人参与不同单位走私，最终应当按单位犯罪量刑标准评价情节轻重。

当然，如果行为人同时利用不同单位进行走私，且犯罪数额都达不到单位犯罪标准，行为人可能会恶意利用该漏洞实施单位走私。对此，如果行为人只是通过个别单位进行走私的，可以启动行政程序予以从重处罚；如果查明系恶意实施上述行为，走私利益、财产等在个人与单位之间或者不同单位之间发生混同的，显然是将单位作为犯罪工具，可以按自然人犯罪处理。

---

① 参见冯先美：《在不同单位实施单位走私可否累计数额追究其刑事责任》，载《人民检察》2007年第11期。

（九）单位走私犯罪案件诉讼代表人问题

2021年最高人民法院《关于适用〈中华人民共和国刑事诉讼法〉的解释》第336条、第337条，对于单位犯罪的诉讼代表人问题作了规定。《走私案件意见》也明确了单位走私犯罪案件诉讼代表人的确定和相关问题的处理意见。根据上述规定，在办理单位走私犯罪案件过程中，对于诉讼代表人问题应注意以下几点：

1. 单位走私犯罪案件诉讼代表人的范围

根据最高人民法院《关于适用〈中华人民共和国刑事诉讼法〉的解释》第336条的规定，单位犯罪的诉讼代表人可以是以下三类人员：

一是被告单位的法定代表人、实际控制人或者主要负责人。被告单位的诉讼代表人，首先应当是法定代表人、实际控制人或者主要负责人。

二是由被告单位委托的其他负责人或者职工。法定代表人、实际控制人或者主要负责人被指控为单位犯罪直接责任人员或者因客观原因无法出庭的，应当由被告单位委托其他负责人或者职工作为诉讼代表人。但是，有关人员被指控为单位犯罪直接责任人员或者知道案件情况、负有作证义务的除外。

三是由被告单位委托律师等单位以外的人员。在犯罪单位的被指控为单位犯罪直接责任人员或者因客观原因无法出庭，同时难以确定由被告单位委托其他负责人或者职工作为诉讼代表人的，可以由被告单位委托律师等单位以外的人员作为诉讼代表人。

2. 单位走私犯罪案件诉讼代表人不出庭的处理

根据最高人民法院《关于适用〈中华人民共和国刑事诉讼法〉的解释》第337条的规定，诉讼代表人不出庭的，作出以下处理：

一是对于诉讼代表人系被告单位的法定代表人、实际控制人或者主要负责人，无正当理由拒不出庭的，人民法院可以拘传其到庭。需要注意的是，2021年最高人民法院《关于适用〈中华人民共和国刑事诉讼法〉的解释》规定的可以适用拘传的诉讼代表人被限定为被告单位的法定代表人、实际控制人或者主要负责人，因此《走私案件意见》中有关可以拘传其他诉讼代表人的规定不再适用。

二是由人民检察院另行确定诉讼代表人。具体分为两种情形：其一，单位的法定代表人、实际控制人或者主要负责人因客观原因无法出庭，或者下落不明的，人民检察院应当另行确定诉讼代表人参加诉讼。其二，诉讼代表人系单位的法定代表人、实际控制人或者主要负责人以外的人员，如果不出庭的，人民检察院应当另行确定诉讼代表人参加诉讼。

3. 对直接负责的主管人员和其他直接责任人员均未归案的单位走私犯罪案件，可以先行追究单位的刑事责任

根据《走私案件意见》规定，对直接负责的主管人员和其他直接责任人员均无法归案的单位走私犯罪案件，只要单位走私犯罪的事实清楚，证据确实、充分，且能够确定诉讼代表人代表单位参与刑事诉讼活动的，可以先行追究该单位的刑事责任。

4. 对已归案的单位走私犯罪案件直接负责的主管人员和其他直接责任人员，可以先行追究其刑事责任

根据《走私案件意见》规定，被告单位没有合适人选作为诉讼代表人出庭的，因不具备追究该单位刑事责任的诉讼条件，可按照单位犯罪的条款先行追究单位犯罪中直接负责的主管人员或者其他直接责任人员的刑事责任。人民法院在对单位犯罪中直接负责的主管人员或者直接责任人员进行判决时，对于扣押、冻结的走私货物、物品、违法所得以及属于犯罪单位所有的走私犯罪工具，应当一并判决予以追缴、没收。

二、走私犯罪既遂的认定

根据《走私案件解释》，实施走私犯罪，具有下列情形之一的，应当认定为犯罪既遂：(1) 在海关监管现场被查获的；(2) 以虚假申报方式走私，申报行为实施完毕的；(3) 以保税货物或者特定减税、免税进口的货物、物品为对象走私，在境内销售的，或者申请核销行为实施完毕的。实践中，根据上述规定认定走私犯罪既遂应注意以下几点：

（一）凡是在海关监管现场被查获的，应当认定为既遂

实践中，走私犯罪表现形式复杂多样，绝大多数案件属于监管现场查获。从走私罪的立法精神和有利于打击此类犯罪角度看，不管是通关走私还是绕关走私，在海关监管现场被查获的，均按犯罪既遂处理。

这里的海关监管现场，应当理解为海关依法行使监管执法权力的现场，包括但不限于海关监管区。根据《海关法》第6条的规定，海关可以在下列地域行使相关权力：一是在海关监管区和海关附近沿海沿边规定地区，检查有走私嫌疑的运输工具和有藏匿走私货物、物品嫌疑的场所，检查走私犯罪嫌疑人的身体；对有走私嫌疑的运输工具、货物、物品和走私犯罪嫌疑人，经直属海关关长或者其授权的隶属海关关长批准，可以扣留。二是在海关监管区和海关附近沿海沿边规定地区以外，海关在调查走私案件时，对有走私嫌疑的运输工具和除公民住处以外的有藏匿走私货物、物品嫌疑的场所，经直属海关关长或者其授权的隶属海关关长批准，可以进行检查；对其中有证据证明有走私嫌疑的运输工具、货物、物品，可以扣留。三是对于进出境运输工具或者个人违抗海关监管逃逸的，海关可以连续追至海关监管区和海关附近沿海沿边规定地区以外，将其带回处理。根据《海关法》第100条的规定，海关监管区，是指设立海关的港口、车站、机场、国界孔道、国际邮件互换局（交换站）和其他有海关监管业务的场所，以及虽未设立海关，但是经国务院批准的进出境地点。由此可见，海关依法行使监管执法权力的区域除了海关监管区以外，还包括海关附近沿海沿边规定地区涉嫌走私的运输工具和场所，在调查走私案件时有权对海关监管区和海关附近沿海沿边规定地区以外的涉嫌走私的运输工具和场所行使检查权，还可以对海关监管区和海关附近沿海沿边规定地区以外行使连续追击的权力。

（二）以虚假申报方式走私，申报行为实施完毕的，应当认定为犯罪既遂

根据《海关进出口货物申报管理规定》，货物通关大体可以分为三个程序：一是申报人申报。即货物的发货人或其代理人按照要求填录海关进出口货物报关单，进行电子申报；二是海关验核、查验和征税；三是放行。通过以上程序可以看出，在通关伪报走私的情形下，从行为人的角度看，其申报完毕即应视为走私犯罪行为实行完毕。

（三）以保税货物或者特定减税、免税进口的货物、物品为对象走私，在境内销售的，或者申请核销行为实施完毕的，应认定为犯罪既遂

根据《刑法》第154条规定，后续走私分为两种情形：（1）未经海关许可并且未补缴应缴税额，擅自将批准进口的来料加工、来件装配、补偿贸易的原材料、零件、制成品、设备等保税货物，在境内销售牟利的；（2）未经海关许可并且未补缴应缴税额，擅自将特定减税、免税进口的货物、物品，在境内销售牟利的。这里的两类货物、物品在向海关申报进口时是合法的，但其后续行为违反了海关监管规定，因此也被称为后续走私。认定是否构成后续走私，一是看是否实施了境内违规销售的行为。只要行为实施了销售行为，无论是否销售完毕还是是否实现牟利，均应认定为既遂。二是对于尚未实施销售行为但申请核销行为实施完毕的，由于核销完毕意味着其偷逃应缴税款的行为已经完成，因此也应认定为犯罪既遂。

根据《走私案件意见》的规定，《刑法》第154条第1项、第2项规定的"销售牟利"，是指行为人主观上为了谋取非法利益而擅自销售海关监管的保税货物、特定减免税货物。该种行为是否构成犯罪，应当根据偷逃的应缴税额是否达到《刑法》第153条及相关司法解释规定的数额标准予以认定，实际获利与否或者获利多少并不影响其定罪。

三、走私共同犯罪的认定

（一）《刑法》第156条规定的"与走私罪犯通谋"的认定

《刑法》第156条规定，与走私罪犯通谋，为其提供贷款、资金、账号、发票、证明，或者为其提供运输、保管、邮寄或者其他方便的，以走私罪的共犯论处。根据《走私案件意见》的规定，这里的通谋是指犯罪行为人之间事先或者事中形成的共同的走私故意。下列情形可以认定为通谋：（1）对明知他人从事走私活动而同意为其提供贷款、资金、账号、发票、证明、海关单证，提供运输、保管、邮寄或者其他方便的；（2）多次为同一走私犯罪分子的走私行为提供前项帮助的。

（二）关于海上走私犯罪的共犯认定

《刑法》第 155 条第 2 项规定，在内海、领海、界河、界湖运输、收购、贩卖国家禁止进出口物品的，或者运输、收购、贩卖国家限制进出口货物、物品，数额较大，没有合法证明的，以走私罪论处。实践中的此类案件，往往只是查获了运输船只和运输人员。在没有查获货主的情况下，对于运输人员应如何认定问题，根据《走私案件意见》的规定，对《刑法》第 155 条第 2 项规定的实施海上走私犯罪行为的运输人、收购人或者贩卖人应当追究刑事责任。对运输人，一般追究运输工具的负责人或者主要责任人的刑事责任，但对于事先通谋的、集资走私的或者使用特殊的走私运输工具从事走私犯罪活动的，可以追究其他参与人员的刑事责任。适用上述规定时，应注意以下几点：

一是追究刑事责任的运输人的范围，一般限于运输工具的负责人或者主要责任人的刑事责任，以限缩打击面。

二是如果事先通谋的、集资走私的或者使用特殊的走私运输工具从事走私犯罪活动的，可以走私罪共犯追究其他参与人员的刑事责任。

（三）海关工作人员认定为走私共犯的情形

根据《走私案件意见》的规定，依照《刑法》第 411 条的规定，负有特定监管义务的海关工作人员徇私舞弊，利用职权，放任、纵容走私犯罪行为，情节严重的，构成放纵走私罪。放纵走私行为，一般是消极的不作为。如果海关工作人员与走私分子通谋，在放纵走私过程中以积极的行为配合走私分子逃避海关监管或者在放纵走私之后分得赃款的，应以共同走私犯罪追究刑事责任。

四、走私犯罪主观故意的认定

（一）走私犯罪主观故意的认定

走私犯罪是直接故意犯罪。实践中，由于走私犯罪的复杂性，给认定行为人主观上是否具有走私的主观故意带来困难。为此，《走私案件意见》规定，行为人明知自己的行为违反国家法律法规，逃避海关监管，偷逃进出境货物、物品的应缴税额,或者逃避国家有关进出境的禁止性管理,并且希望或者放任危害结果发生的,应认定为具有走私的主观故意。走私主观故意中的"明知",是指行为人知道或者应当知道所从事的行为是走私行为。具有下列情形之一的,可以认定为"明知",但有证据证明确属被蒙骗的除外:(1)逃避海关监管,运输、携带、邮寄国家禁止进出境的货物、物品的;(2)用特制的设备或者运输工具走私货物、物品的;(3)未经海关同意,在非设关的码头、海(河)岸、陆路边境等地点,运输(驳载)、收购或者贩卖非法进出境货物、物品的;(4)提供虚假的合同、发票、证明等商业单证委托他人办理通关手续的;(5)以明显低于货物正常进(出)口的应缴税额委托他人代理进(出)口业务的;(6)曾因同一种走私行为受过刑事处罚或者行政处罚的;(7)其他有证据证明的情形。

(二)走私犯罪概括故意的认定和处理

概括故意,是指行为人对于行为性质的违法性和危害结果的发生具有概括性的认识,但对违法性程度和行为所导致的危害后果上缺乏明确具体的认识。在走私犯罪案件中,常表现为走私犯罪嫌疑人主观上具有走私犯罪故意,但是对于所走私货物、物品究竟是普通货物还是禁限货物,抑或是哪种具体的货物,行为人没有明确的认知或者没有证据证明行为人有明确的认知。对此,《走私案件意见》规定,走私犯罪嫌疑人主观上具有走私犯罪故意,但对其走私的具体对象不明确的,不影响走私犯罪构成,应当根据实际的走私对象定罪处罚。但是,确有证据证明行为人因受蒙骗而对走私对象发生认识错误的,可以从轻处罚。对此不应一概以实际的走私对象定罪处罚,而应根据主客观相一致原则,综合全案案情准确认定适用:

一是实际的走私对象是在犯罪嫌疑人概括故意认知范围内的,应当以实际的走私对象定罪处罚。如犯罪嫌疑人具有走私普通货物的概括故意,实际走私的物品也属于普通货物的,应认定为走私普通货物、物品罪,其对实际走私的物品是电子产品还是化妆品不明知的,不影响认定。再如,犯罪嫌疑人具有走私的概括故意,至于走私的是普通货物还是禁限物品,均在其概括故意范围的,则按照实际走私的物品定罪处罚。

二是对于实际走私的物品明显超出了其概括故意认知范围的，则不能以实际走私的物品是禁限物品定罪处罚。如果犯罪嫌疑人具有走私普通货物的概括故意，实际走私的物品是禁限物品，则不能机械地以所走私的禁限物品定罪处罚。

五、武装掩护走私的认定

《刑法》第157条规定，武装掩护走私的，依照《刑法》第151条第1款的规定从重处罚。"武装掩护走私"并非独立罪名，仍然需要结合具体对象确定走私罪名，再按照《刑法》第151条第1款的规定从重处罚。"武装掩护走私"，主要是指走私行为人自行或雇佣其他人员装备武器，采取牵制、阻击、压制等手段，以保障其走私活动安全进行、顺利实施的行为。"武装"主要是指走私过程中携带武器、弹药等具有较大杀伤力的热兵器（包括爆炸装置）。如果是刀、弓、剑等冷兵器的，不属于武装掩护走私的范畴。如果是借助合法的武装力量如军人、武警，此时不强调其是否携带武器，因为掩护人员身份本身就代表一种武装的含义。"掩护"包括掩饰和保护两种行为方式，只要体现通过武装力量为走私活动保驾护航，就属于掩护，但不限于实际使用武器装备或者实际对抗。"走私"需要以走私不同对象本身构成走私犯罪为前提，如果走私行为本身不构成走私罪，不属于本条规定的武装掩护走私。

对于"武装掩护走私"的行为，实行量刑与定罪相分离的模式。在定罪方面，根据武装掩护走私的不同对象，结合具体条文选择相应走私罪名；在量刑方面，则适用《刑法》第151条第1款的刑罚，并在此基础上从重处罚。在刑罚的具体适用上，应根据走私行为人走私对象所确定的罪（本罪）的情节轻重（或数额大小），以本罪确定的量刑档次分别对应《刑法》第151条第1款规定的量刑档次，在第151条第1款规定的所对应的量刑档次内选择较重刑种或者较长刑期进行处罚。例如，走私普通货物、物品罪根据其情节，分为数额较大、数额巨大和数额特别巨大三个量刑档次，其对应的自由刑分别为3年以下、3年以上10年以下以及10年以上有期徒刑或无期徒刑。而第151条第1款分别规定情节较轻（法定刑3年以上7年以下有期徒刑，并处罚金）、一般情节（法定刑7年以上有期徒刑，并处罚金或者没收财产）和情节特别严重（法定刑无期徒刑，并处没收财产）三个量刑档次。如果行为人武装掩护走私普通货物，偷逃应缴税额巨大，属于第二个量刑档次，应当适用第151条第1款第二个量刑档次（即一般情节）进行处罚，判处7年以上有期徒刑，并处罚金或者没收财产。其他罪名以此类推。

当然，对于武装掩护走私其他货物、物品时，夹带武器、弹药，符合走私武器、弹药罪定罪量刑标准的，以走私武器、弹药罪与所构成的其他走私犯罪数罪并罚。对于武装掩护走私过程中使用掩护走私的武装抗拒缉私的，按照"武装掩护走私"有关规定进行处罚，再与妨害公务罪进行数罪并罚；如果使用武装抗拒缉私造成人员伤亡的，则与故意杀人罪或故意伤害罪等进行数罪并罚。

六、走私犯罪加重处罚情节

《走私案件解释》对走私武器、弹药罪，走私假币罪，走私文物罪，走私珍贵动物、珍贵动物制品罪，走私禁止进出口的货物、物品罪，走私淫秽物品罪，走私废物罪，走私普通货物、物品罪等罪名均采取数额加情节相结合的量刑标准，其中均将犯罪集团的首要分子或者使用特种车辆从事走私活动作为加重处罚情节，对于走私犯罪达到一定数量数额标准同时又具有犯罪集团的首要分子或者使用特种车辆从事走私活动情形之一的，均在上一档法定刑幅度内处罚。

（一）犯罪集团的首要分子

根据《刑法》第26条、第97条规定，三人以上为实施犯罪而组成的较为固定的犯罪组织，是犯罪集团，对组织、领导犯罪集团的首要分子，按照集团所犯的全部罪行处罚。首要分子，是指在犯罪集团或者聚众犯罪中起组织、策划、指挥作用的犯罪分子。近年来，走私犯罪专业化、集团化特征越来越明显，不同环节彼此联系、互相配合，共同完成走私，走私犯罪集团在走私犯罪中比较常见，社会危害性更大，也是打击走私犯罪的重点。因此，有加重处罚的必要。

（二）使用特种车辆从事走私活动

结合道路交通安全法及其实施条例等相关规定，特种车辆主要包括军车、警车、消防车、救护车、工程抢险车、公路监督检查专用车等执行特殊或专门任务的车辆。上述车辆在通行规则上享有其他车辆所不具有的特权，尤其在执行紧急任务上通常有优先通行权；在外形特征上，具有不同于一般社会机动车辆的标志、涂装等，便于公众识别，对于保障优先通行权等有直接的作用。走私分子如果使用上述车辆从事走私犯罪活动，相比于使用普通运输工具而言，其隐蔽性更强，查处的难度更大，走私得逞的概率更高，社会危害性也更大。因此，将其作为加重处罚情节。

第五节 走私货物、物品，走私违法所得与走私犯罪工具的处理

根据《走私案件意见》、最高人民法院《关于走私犯罪案件法院未判决没收的走私运输工具海关能否没收意见的复函》等规定，在办理走私犯罪案件过程中，对走私货物、物品，走私违法所得以及走私犯罪工具，分别按照下列方式处理：

1.对发现的走私货物、物品，走私违法所得以及属于走私犯罪分子所有的犯罪工具，走私犯罪侦查机关应当及时追缴，依法予以查扣、冻结。在移送审查起诉时应当将扣押物品文件清单、冻结存款证明文件等材料随案移送，对于扣押的危险品或者鲜活、易腐、易失效、易贬值等不宜长期保存的货物、物品，已经依法先行变卖、拍卖的，应当随案移送变卖、拍卖物品清单以及原物的照片或者录像资料；人民检察院在提起公诉时应当将上述扣押物品文件清单、冻结存款证明和变卖、拍卖物品清单一并移送；人民法院在判决走私罪案件时，应当对随案清单、证明文件中载

明的款、物审查确认并依法判决予以追缴、没收；海关根据人民法院的判决和海关法的有关规定予以处理，上缴中央国库。

2. 在办理走私普通货物、物品犯罪案件时，对于走私货物、物品因流入国内市场或者投入使用，致使走私货物、物品无法扣押或者不便扣押的，应当按照走私货物、物品的进出口完税价格认定违法所得予以追缴；走私货物、物品实际销售价格高于进出口完税价格的，应当按照实际销售价格认定违法所得予以追缴。

3. 对于行为人明知他人实施走私犯罪而提供自己所有的犯罪工具的，可以依法没收。实践中，对于行为人向走私人提供自己所有的运输工具，具有下列情形之一的，应当认定其"明知"，但确有证据证明被蒙骗或者具有相反证据的除外：(1) 未经有关部门批准擅自改装、进行伪装或者对他人擅自改装、伪装行为予以默许的；(2) 明知租（借）船人因走私受过行政处罚，又出租、出借给同一走私人或者同一走私团伙使用的；(3) 拒不提供真实的实际承运人信息，或者提供虚假的实际承运人信息的；(4) 其他可以认定明知的情形。

第六节 走私犯罪案件的管辖

一、走私犯罪案件的侦查管辖

走私犯罪案件的侦查管辖，是指某一类走私犯罪案件由何种侦查机关管辖。由于走私犯罪案件侦查机关的特殊性，走私犯罪案件的管辖也呈现不同于普通刑事案件的特点。根据法律和相关规定，海关缉私局、中国海警局和地方公安机关三类机关对走私犯罪案件均有侦查权，对于不同类型的走私犯罪案件，由相应的侦查机关管辖。

(一)海关缉私局对走私犯罪案件的侦查管辖

1998年12月3日,最高人民法院、最高人民检察院、公安部、司法部、海关总署《关于走私犯罪侦查机关办理走私犯罪案件适用刑事诉讼程序若干问题的通知》(署侦〔1998〕742号)第1条规定,走私犯罪侦查机关在中华人民共和国海关关境内,依法查缉涉税走私犯罪案件和发生在海关监管区内的走私武器、弹药、核材料、伪造的货币、文物、贵重金属、珍贵动物及其制品、珍稀植物及其制品、淫秽物品、固体废物和毒品等非涉税走私犯罪案件,接受海关调查部门、地方公安机关(包括公安边防部门)和工商行政等执法部门查获移送的走私犯罪案件。

据此,海关缉私局管辖的走私犯罪案件包括两类:一类是涉税走私犯罪案件(不包括发生在海上的),即走私普通货物、物品罪案件;另一类是发生在海关监管区内的非涉税走私犯罪案件,包括走私普通货物、物品罪由海关缉私警察管辖。即走私武器、弹药罪,走私核材料罪,走私假币罪,走私文物罪,走私贵重金属罪,走私珍贵动物、珍贵动物制品罪,走私国家禁止进出口的货物、物品罪,走私淫秽物品罪,走私废物罪,走私毒品罪,走私制毒物品罪等11个罪名案件。

(二)海警局对走私犯罪案件的侦查管辖

2018年10月26日,第十三届全国人大常委会第六次会议审议通过的《关于修改〈中华人民共和国刑事诉讼法〉的决定》在附则中增加规定:"中国海警局履行海上维权执法职责,对海上发生的刑事案件行使侦查权""中国海警局办理刑事案件,适用刑事诉讼法的有关规定"。依照上述规定,中国海警局的侦查权性质上同公安机关对刑事案件的侦查是相同的,享有同公安机关相同的侦查职权。由此,自1998年以来确立的"联合缉私、统一处理、综合治理"的缉私体制发生了改变,缉私部门对于海上发生的涉税走私案件不再行使管辖权。

海警局管辖发生在海上的走私犯罪案件。需要说明的是,海警局的侦查范围,除发生在海上的走私犯罪案件外,还包括非法捕捞水产品、交通肇事等发生在海上的犯罪案件。

(三) 地方公安机关（包括公安边防机关）对走私犯罪案件的侦查管辖

这里的地方公安机关是除海关缉私局、海警局以外的，依照法律、司法解释和公安部有关规定负有查缉走私犯罪职责的公安机关。值得注意的是，2018年3月，中共中央印发《深化党和国家机构改革方案》，明确提出公安边防部队改制。公安边防机关也属于地方公安机关。

地方公安机关对非海关监管区发生的非涉税走私犯罪案件行使管辖权。这里的非涉税走私犯罪案件，是指除走私普通货物、物品罪案件以外的走私普通货物、物品罪由海关缉私警察管辖。具体包括走私武器、弹药罪，走私核材料罪，走私假币罪，走私文物罪，走私贵重金属罪，走私珍贵动物、珍贵动物制品罪，走私国家禁止进出口的货物、物品罪，走私淫秽物品罪，走私废物罪，走私毒品罪，走私制毒物品罪等11个罪名案件。

2000年7月，全国人大常委会对1987年制定的《中华人民共和国海关法》作了第一次大幅度修订，修订后的海关法规定"国家实行联合缉私，统一处理，综合治理的缉私体制"，同时还具体规定"海关负责组织、协调、管理查缉走私工作""各有关行政执法部门查获的走私案件，应当给予行政处罚的，移送海关依法处理；涉嫌犯罪的，应当移送海关侦查走私犯罪公安机构、地方公安机关依据案件管辖分工和法定程序办理"。根据1998年12月3日最高人民法院、最高人民检察院、公安部、司法部、海关总署《关于走私犯罪侦查机关办理走私犯罪案件适用刑事诉讼程序若干问题的通知》和《公安机关办理刑事案件程序规定》，海关走私犯罪侦查机构管辖中华人民共和国海关关境内发生的涉税走私犯罪案件和发生在海关监管区内的非涉税走私犯罪案件。相应地，非海关监管区发生的非涉税走私犯罪案件，由地方公安机关行使管辖权。

二、走私犯罪案件的审判管辖

(一) 走私犯罪案件的级别管辖

1.海关缉私局侦查的走私犯罪案件，无论是否可能判处无期徒刑，均由中级人民法院管辖。根据1998年12月3日最高人民法院、最高人民检察院、公安部、司法部、海关总署《关于走私犯罪侦查机关办理走私犯罪案件适用刑事诉讼程序若干问题的通知》第7条规定，对于基层人民法院管辖的案件，可以依照《刑事诉讼法》第23条的规定，向当地中级人民法院提起公诉，人民法院应当依法作出判决。

2. 海警局侦查的走私犯罪案件，按照刑事诉讼法的规定确定人民法院的级别管辖。2020年2月20日，最高人民法院、最高人民检察院、中国海警局联合印发的《关于海上刑事案件管辖等有关问题的通知》（海警〔2020〕1号）第5条规定，对人民检察院提起公诉的海上刑事案件，人民法院经审查认为符合刑事诉讼法、司法解释以及本通知有关规定的，应当依法受理。根据该规定，海警侦查的海上走私犯罪案件依据法院的审判管辖原则进行，其中，对于可能判处无期徒刑的案件由中级人民法院管辖，其他案件均由基层人民法院管辖。

3. 地方公安机关侦查的走私犯罪案件，按照刑事诉讼法的规定确定人民法院的级别管辖。

（二）走私犯罪案件的地域管辖

1. 海关缉私局侦查的走私犯罪案件，由海关缉私局所在地的中级人民法院管辖。1998年12月3日，最高人民法院、最高人民检察院、公安部、司法部、海关总署《关于走私犯罪侦查机关办理走私犯罪案件适用刑事诉讼程序若干问题的通知》第7条规定，对于基层人民法院管辖的案件，可以依照《刑事诉讼法》第23条的规定，向当地中级人民法院提起公诉，人民法院应当依法作出判决。

2. 海警局侦查的走私犯罪案件的审判管辖。根据2020年2月20日，最高人民法院、最高人民检察院、中国海警局联合印发的《关于海上刑事案件管辖等有关问题的通知》（海警〔2020〕1号）第1条规定，海警局侦查的走私犯罪案件的审判管辖分为以下几种情形：

一是在中华人民共和国内水、领海发生的走私犯罪案件，由犯罪地或者被告人登陆地的人民法院管辖，如果由被告人居住地的人民法院审判更为适宜的，可以由被告人居住地的人民法院管辖。

该规定适用于在中华人民共和国内水、领海发生的走私犯罪案件，其根据是《刑事诉讼法》第25条规定，即"刑事案件有犯罪地的人民法院管辖。如果由被告人居住地的人民法院审判更为适宜的，可以由被告人居住地的人民法院管辖。据此，海警局和地方公安机关侦查的走私犯罪案件，依法由犯罪地或者被告人居住地人民法院审判"。

这里的犯罪地包括犯罪行为发生地和犯罪结果发生地，具体参照《公安机关办理刑事案件程序规定》第16条第1款的规定，犯罪行为发生地，包括犯罪行为的实施地以及预备地、开始地、途经地、结束地等与犯罪行为有关的地点；犯罪行为有连续、持续或者继续状态的，犯罪行为连续、持续或者继续实施的地方都属于犯罪行为发生地。犯罪结果发生地，包括犯罪对象被侵害地、犯罪所得的实际取得地、藏匿地、转移地、使用地、销售地。

之所以规定被告人登陆地的法院也可以管辖，是因为目前我国部分省域海界划分以及部分沿海省份的县域海界划分没有完成，即使确定了犯罪地所在的内水、领海海域，由于这些内水、领海海域未确定行政管辖而难以确定属地管辖的法院，此外，在一些案件中被告人居住地可能是内陆地区，在海上将其抓获后，由登陆地的法院管辖更符合诉讼效率要求。

二是在中华人民共和国领域外的中国船舶内的走私犯罪案件，由该船舶最初停泊的中国口岸所在地或者被告人登陆地、入境地的人民法院管辖。

三是中国公民在中华人民共和国领海以外的海域实施的走私犯罪案件，由其登陆地、入境地、离境前居住地或者现居住地的人民法院管辖；被害人是中国公民的，也可以由被害人离境前居住地或者现居住地的人民法院管辖。

四是外国人在中华人民共和国领海以外的海域对中华人民共和国实施的走私犯罪案件，根据我国刑法应当受到处罚的，由该外国人登陆地、入境地、入境后居住地的人民法院管辖，也可以由被害人离境前居住地或者现居住地的人民法院管辖。

需要说明的是，后三种情形中规定的入境地，包括进入我国陆地边境、领海以及航空器降落在我国境内的地点。

3.地方公安机关侦查的走私犯罪案件，原则上按照刑事诉讼法的规定确定人民法院的级别管辖，即以犯罪地或者被告人居住地人民法院管辖。

三、侦诉判管辖的协调

由于走私犯罪案件的侦查和审判管辖情形比较复杂,检察机关在办理案件过程中就要准确适用法律和相关司法解释,同时要发挥指控机关的主动性,做好走私犯罪案件侦查、起诉和审判阶段的管辖协调工作。

一是对于法律和司法解释确定管辖的走私案件,与海关缉私局、海警局、法院建立相应的工作衔接机制。

二是对于管辖不明或者有争议的走私案件做好指定管辖工作。如对于依据审判管辖原则确定的管辖地未设海警机构的,根据2020年2月20日最高人民法院、最高人民检察院、中国海警局联合印发的《关于海上刑事案件管辖等有关问题的通知》(海警〔2020〕1号)第2条规定,由有关海警局商同级检察院、法院指定管辖,减少在审查起诉阶段可能出现的因管辖不明确或者管辖争议而导致协商管辖和指定管辖的问题,节约司法成本,提高诉讼效率。

第二章 走私普通货物、物品罪办案指引

第一节 走私普通货物、物品罪概述

一、走私普通货物、物品罪的立法沿革

1979年刑法设立走私罪一个罪名,未区分犯罪对象。1988年1月21日起施行的《关于惩治走私罪的补充规定》,依据不同对象分别规定不同走私罪名,其基本思路是针对特定对象确定特定的走私罪名(如走私毒品罪、走私武器、弹药罪等),同时针对特定对象以外的其他对象规定了具有兜底性质的走私罪名,即走私普通货物、物品罪。其后,1997年《刑法》、2011年《刑法修正案(八)》两次对走私普通货物、物品罪进行了调整。因此,该罪名的立法经历了三个阶段的发展变化。

第一阶段为1988年至1997年,以"货值"为主的立法模式。根据《关于惩治走私罪的补充规定》第4条、第5条规定,主要按照商品价额评判走私普通货物、物品的罪行轻重,而且个人犯罪与单位犯罪的量刑档次和量刑标准都不一样。个人犯罪分为四个量刑档次,最高刑为死刑;单位犯罪分为两个量刑档次,最高刑为10年有期徒刑。

第二阶段为1997年至2011年,以"确定税额"为主的立法模式。这一阶段根据偷逃应缴税额大小评判走私普通货物、物品的罪行轻重,分别设立三个量刑档次,且刑法明确规定偷逃应缴税额5万元以上、15万元

以上和50万元以上作为区分量刑档次的依据。单位犯罪与个人犯罪一样区分三个量刑档次，根据当时的司法解释规定，单位犯罪对应的量刑标准为个人犯罪的5倍，且单位犯罪最高刑为15年有期徒刑。

第三阶段为2011年以来，《刑法修正案（八）》所确立的"税额+情节"的立法模式。其变化主要体现在：一是刑法条文不再直接规定具体税额，由司法解释规定。《走私案件解释》大幅提升本罪定罪量刑标准，分别为偷逃应缴税额10万元以上、50万元以上和250万元以上，而单位犯罪对应的量刑标准为个人犯罪的2倍，缩小了二者的差距。二是规定了新的入罪标准，即一年内曾因走私被给予二次行政处罚后又走私的，按走私普通货物、物品罪定罪处罚。三是取消了走私普通货物、物品罪死刑的规定，将本罪的法定最高刑规定为无期徒刑。

二、走私普通货物、物品罪的发案态势

长期以来，走私普通货物、物品案件在所有走私案件中占比最高，近年来呈现以下趋势：

一是走私方式多样化，非设关地走私和行邮渠道走私犯罪显著增加。传统模式下，走私普通货物、物品案件以货运渠道通关走私为主，其中低报价格走私占很大比例，近年来这种状况发生了一定变化。一方面，伴随着交通、通信等各种客观条件便利化，通过西南边境和东部、南部沿海非设关地走私普通货物、物品比较普遍，走私规模庞大，走私对象集中于成品油、冻品、白糖、香烟等货物。另一方面，随着人员进出境更加频繁、网络销售更加便利，行邮渠道走私普通货物、物品犯罪明显增加，比如普通旅客出入境偶尔走私、常态化有组织的"水客"走私、以自用物品的名义邮寄走私等。其中，体积较小、价值较高的电子产品、香烟、化妆品、奢侈品等货物在行邮渠道走私中占比较高。

二是利用税收优惠政策伪报贸易性质走私明显增多，案件定性有一定争议。近年来，边境贸易、跨境电商贸易、特定区域保税商品销售等新型贸易方式蓬勃发展，相对于传统的一般贸易方式，这些新型贸易方式往往能够享受很大的税收优惠，有很强的市场吸引力，但在人员身份、货物数量、交易方式等方面有各种条件限制。实践中走私分子利用这些税收优

惠政策漏洞，以合法形式掩盖走私的情形比较常见。比如，本应以一般贸易方式进口的货物，通过化整为零的方式，雇用特定边民采取多人次、多批次，以边民互市贸易的形式携带入境；或者盗用、冒用普通消费者个人信息，以个人自用物品的名义邮寄入境，入境后再由实际货主组织销售。该类行为如果单次、单票评判，在通关环节形式上往往符合税收优惠条件，但整体看属于伪报贸易性质，这种行为通过不正当手段获得税收优惠，扰乱同类货物国内正常竞争秩序。由于此类作案手法隐蔽性较强，在如何认定实际货主、如何区分普通违规与走私犯罪上往往有较大争议。

三是单位走私普通货物、物品犯罪占有一定比例，中小民营企业低报价格走私案件多发。与其他经济犯罪相比，走私案件中单位犯罪占比一直很高，而单位走私又集中体现在走私普通货物、物品案件中。据统计，2016 年至 2020 年全国检察机关受理审查起诉的走私案件中，单位走私案件数量约占 1/3；在单位走私中，涉及走私普通货物的企业占比 2/3 以上，涉及低报价格的企业占比 60% 以上。单位犯罪中，单位与自然人之间、单位与单位之间共同走私犯罪的现象也更为常见。

三、走私普通货物、物品罪的概念和构成特征

走私普通货物、物品罪，是指违反海关法规，逃避海关监管，携带、运输、邮寄《刑法》第 151 条、第 152 条、第 347 条、第 350 条规定以外的货物、物品进出境，偷逃应缴税额较大，或者一年内曾因走私被给予二次行政处罚后又走私上述货物、物品的行为。

走私罪从学理上可以分为涉税走私和非涉税走私，走私普通货物、物品罪属于涉税走私，偷逃进出口环节应缴税额是走私普通货物、物品罪最关键的要素。进出口环节应缴税额不仅包括进出口关税，还包括进出口环节由海关代征的增值税、消费税等。

（一）犯罪客体

本罪客体是国家对外贸易管理制度中的海关税收征管秩序。《海关法》《进出口关税条例》《增值税暂行条例》《消费税暂行条例》等法律、行政法规规定了海关对进出境普通货物、物品实施监管、征收关税以及进

出口环节增值税、消费税的制度。本罪犯罪对象是《刑法》第151条、第152条、第347条、第350条规定以外的货物、物品，包括国家法律、法规允许自由进出口或者限制进出口并且依法应当予以征税的货物、物品。

（二）客观方面

本罪客观方面表现为行为人违反海关法规，逃避海关监管，非法携带、运输、邮寄货物、物品进出境，偷逃进出口环节应缴税额较大，或者一年内曾因走私被给予二次行政处罚后又走私普通货物、物品。违反海关法规、逃避海关监管、偷逃应缴税款是本罪客观方面的三个基本特征。违反海关法规，是指违反海关对进出口（境）货物、物品实施监管和征税的法律、行政法规、行政措施、决定。逃避海关监管，是指采用隐瞒、隐藏、伪报、蒙混、绕关等方式、方法，躲避海关监督、管理和检查。如果只是违反海关法规，携带、运输、邮寄不符合规定的货物、物品，但没有逃避海关监管，不能以走私论处。

从行为方式区分，走私普通货物、物品的行为表现为以下几种：（1）通关走私，即经过设立海关的地点，但采取欺骗性手段逃避海关监管、检查，运输、携带、邮寄依法应当缴纳税款的货物、物品进出境，从而达到不缴或少缴税款目的的行为。通关走私最常见的有伪报或瞒报货物价格、数量、品名、贸易性质等。（2）绕关走私，即直接从未设立海关的地点运输、携带依法应当缴纳税款的货物、物品进出境的行为。绕关走私主要包括海上绕关走私和陆上绕关走私。（3）后续走私，即未经海关许可并且未补缴应缴税额，擅自将批准进口的来料加工、来件装配、补偿贸易的原材料、零件、制成品、设备等保税货物或特定减税、免税进口的货物、物品，在境内销售牟利的行为。（4）间接走私，即直接向走私人非法收购走私的普通货物、物品，偷逃应缴税额较大的行为。（5）水上走私，即在内海、领海、界河、界湖运输、收购、贩卖国家限制进出口货物、物品，数额较大，没有合法证明的行为。

此外，一年内曾因走私被给予二次行政处罚后又走私普通货物、物品的行为也构成本罪。这里的"一年内"，根据《走私案件解释》规定，以因走私第一次受到行政处罚的生效之日与"又走私"行为实施之日的时间间隔计算确定；"被给予二次行政处罚"的走私行为，包括走私普通货物、物品以及其他货物、物品；"又走私"行为仅指走私普通货物、物品。

（三）犯罪主体

本罪主体为一般主体，即年满16周岁且具有刑事责任能力的自然人和单位。

（四）主观方面

本罪主观方面是故意，过失不构成本罪。行为人明知自己的行为违反国家海关监管法律、法规，逃避海关监管，偷逃进出境货物、物品应缴税额，希望或者放任危害结果发生的，应当认定为具有走私普通货物、物品的故意。走私普通货物、物品罪的主观方面主要是出于直接故意，但也存在间接故意，间接故意比较常见的有包通关走私，或者罔顾货物实际情况，长期以相对固定的价格申报进出口，导致低报价格的情形。

四、走私普通货物、物品罪的追诉标准

走私普通货物、物品罪分为三个量刑档次：第一，走私货物、物品偷逃应缴税额较大或者一年内曾因走私被给予二次行政处罚后又走私的，处3年以下有期徒刑或者拘役，并处偷逃应缴税额1倍以上5倍以下罚金。第二，走私货物、物品偷逃应缴税额巨大或者有其他严重情节的，处3年以上10年以下有期徒刑，并处偷逃应缴税额1倍以上5倍以下罚金。第三，走私货物、物品偷逃应缴税额特别巨大或者有其他特别严重情节的，处10年以上有期徒刑或者无期徒刑，并处偷逃应缴税额1倍以上5倍以下罚金或者没收财产。

根据相关司法解释规定，偷逃应缴税额在10万元以上不满50万元的，属于"偷逃应缴税额较大"；偷逃应缴税额在50万元以上不满250万元的，属于"偷逃应缴税额巨大"；偷逃应缴税额在250万元以上的，属于"偷逃应缴税额特别巨大"。此外，走私普通货物、物品，具有下列情形之一，偷逃应缴税额在30万元以上不满50万元的，属于"其他严重情节"；偷逃应缴税额在150万元以上不满250万元的，属于"其他特别

严重情节":(1)犯罪集团的首要分子;(2)使用特种车辆从事走私活动的;(3)为实施走私犯罪,向国家机关工作人员行贿的;(4)教唆、利用未成年人、孕妇等特殊人群走私的;(5)聚众阻挠缉私的。

单位犯走私普通货物、物品罪,偷逃应缴税额在20万元以上不满100万元的,对单位判处罚金,并对其直接负责的主管人员和其他直接责任人员,处3年以下有期徒刑或者拘役;偷逃应缴税额在100万元以上不满500万元的,属于"情节严重",对单位判处罚金,并对其直接负责的主管人员和其他直接责任人员,处3年以上10年以下有期徒刑;偷逃应缴税额在500万元以上的,属于"情节特别严重",对单位判处罚金,并对其直接负责的主管人员和其他直接责任人员,处10年以上有期徒刑、无期徒刑。

第二节 走私普通货物、物品罪的证据审查

相对于其他刑事案件,走私案件的证据收集和审查除共性外,还具有一定的特殊性。2020年7月29日,最高人民法院第四检察厅和海关总署缉私局联合印发了《走私普通货物、物品罪证据收集和审查指引(试行)》(以下简称《证据指引(试行)》),对于司法机关在办理走私普通货物、物品犯罪案件中收集和审查判断证据工作作出了内容详细、针对性较强的规定,有利于指导和规范走私普通货物、物品犯罪案件证据收集和审查工作,提高办案质量和效率。一般来说,要紧密围绕犯罪构成要件的四个方面,结合案件的具体类型,按照《证据指引(试行)》的规定全面收集、审查相关证据。

一、走私普通货物、物品罪的证据要件

（一）犯罪客体证据

走私普通货物、物品罪侵犯国家对外贸易管理制度中的海关税收征管秩序，要通过犯罪嫌疑人供述和辩解、证人证言、物证、书证、鉴定意见、勘验检查笔录等证据，证实行为人的行为触犯了我国对外贸易管理制度，同时也侵犯了海关对普通货物、物品进出（边）境正常监管制度，造成国家进出口环节税款流失。围绕本罪客体特征，需要重点收集、审查以下证据：

1. 通关记录、报关资料等体现货物、物品通过口岸进出境的证据。主要证明行为人是否通过设关的口岸进出口涉案货物、物品，相关货物、物品是否存在逃避海关监管、通过非设关地进出口的情形。

2. 海关现场查验记录以及货物、物品鉴定意见等。主要证明进出口货物、物品实际种类、数量等，是否符合海关监管要求，是否存在伪报、瞒报品名、数量等逃避海关监管的情形。

3. 海关征税依据（文件）以及货进出口环节缴税证明书等。主要证明进出口货物、物品是否属于应税货物、物品，是否存在未缴或少缴应缴税款从而侵犯海关税收征管秩序的情形。

（二）客观方面证据

由于走私普通货物、物品形式多样，作案模式差别很大，不同类型案件客观方面的证据情况也有较大区别。实践中常见的走私普通货物、物品犯罪类型主要有通关环节瞒骗类型、擅自内销保税货物类型、伪报加工贸易类型、绕关走私类型以及间接走私类型等。《证据指引（试行）》第7至11条针对上述五种类型走私普通货物、物品案件规定了客观方面证据的收集指引，在审查时也应注意有针对性地审查。

1. 通关环节瞒骗类走私案件

通关环节瞒骗类走私犯罪，是指犯罪嫌疑人在向海关申报进出口货物的过程中，采用伪报、瞒报货物真实品名、规格、数量、价格、原产地或者骗取、冒用国家减免税证明等手法，逃避海关监管，影响成交价格认

定或者税率适用，偷逃应缴税额达到起刑点的行为。

（1）该类案件的一般证据

第一，反映真实情况的证据，主要包括四个方面：

一是反映进出口货物、物品真实交易信息的证据材料，如货物交易的记账或对账记录，电子邮件、即时通讯记录、传真，货物进出口合同、协议，进出口代理协议，询价单、价格确认书，函件，商业发票、装箱清单，货物原产地证明等。

二是反映进出口货物、物品性状及其流向的证据材料，如扣押的货物及其照片、录像等视听资料，商品检验鉴定意见、痕迹检验鉴定意见及其他鉴定意见；舱单、提单、补料单、装货单（海运）、运单（空运）、领货凭证（陆运）、装箱清单、理货单、进出口货物的国内销售合同、收货记录、协议等。

三是反映资金流向的证据材料，如收、付汇的支付凭证，财务凭证、账簿、银行票据和外汇核销材料、司法审计意见，金融部门提供的资金往来材料。

四是其他可反映真实情况的证据材料，如犯罪嫌疑人供述和辩解，财务人员、货物运输人员、仓储人员、报关人员、供货商、代理商、收货人、海关工作人员的证人证言，《涉嫌走私的货物、物品偷逃税款海关核定证明书》、文件检验鉴定意见等。

第二，反映瞒骗的证据材料，主要包括以下三个方面：

一是向海关提交的虚假单证材料，如用于瞒骗申报的货物进出口合同、商业发票、装箱清单、运输单据（提单或者装货单、运单、领货凭证等）、出口收汇核销单等与进出口货物真实情况不符的商业和货物单证。

二是从海关调取的报关单证，如从海关调取的报关单，电子申报数据，特定减免税证明，配额许可证，海关关税、代征税专用缴款书，委托代理进出口协议和报关委托书，以及其他各类海关监管证件和相关批准文件。

三是其他有关货物流、票据流、资金流、信息流中可以证明犯罪嫌疑人瞒骗申报的证据材料。

在收集、审查该类案件一般性证据时，应当注意以下三点：

第一，对于办案中有税率、税种调整情形的，应当根据《走私案件解释》第 18 条的规定，以走私行为实施时的税则、税率、汇率和完税价格计算；多次走私的，以每次走私行为实施时的税则、税率、汇率和完税价格逐票计算；走私行为实施时间不能确定的，以案发时的税则、税率、汇率和完税价格计算。计算偷逃税额，不适用"从旧兼从轻"原则。

第二，鉴于瞒骗申报手法隐蔽性强，较难当场查获且可能存在同时瞒报品名、数量、价格等多个申报要素的情形，应当注意提示侦查机关在案发第一时间全面收集证实货物真实情况的证据材料。

第三，《涉嫌走私的货物、物品偷逃税款海关核定证明书》作为核心证据，其中货物品名、HS 编码、计税价格、适用税率、已缴税款及偷逃税款等内容不仅要求客观全面的证据材料作为支撑，而且涉及归类、审价等多方面海关知识，专业性较强。办案机关应当积极配合海关计核部门，全面介绍案件情况并提供核税所需的证据材料，同时也要充分了解计核方法和依据，必要时还可以协助邀请海关专家对商品归类、税款计核等专业问题进行具体说明。

（2）瞒骗走私案件几种常见手法的特殊证据

第一，对于品名、规格瞒骗案件，还要求有以下证据材料：

一是商品实物及其视听资料，勘验检查笔录，现场查验记录等。

二是海关、价格认证等法定检验机构出具的关于货物品名、规格、品质、价格等情况的鉴定意见。

三是其他反映涉案货物、物品真实品名、规格的证据材料。

应当注意的是，品名、规格瞒骗案件大多涉及 HS 编码的确定问题，即归类问题。在此方面应当着重注意四点：一是注重收集涉案货物的真实的材质、功能、用途的证据，必要时委托专业机构鉴定，以便查明确切归类；二是注重查明犯罪嫌疑人故意伪瞒报规格、品名或技术性能的事实，以证明其确实存在逃避海关监管的情形；三是注意查明犯罪嫌疑人本人的职业身份、专业背景，排除其因专业知识不足造成的认知错误；四是注重了解对涉案货物归类问题的行业共识、主流观点、是否存在归类争议或者不同关区归类差别等情况，进行综合判断，排除犯罪嫌疑人基于合理原因的归类申报变动。

第二，对于数量瞒骗案件，还要求有以下证据材料：

一是扣押的货物及其照片、录像等视听资料,现场理货报告、现场称重资料,舱单、载货清单,货物存储部门的收、提货登记,海关现场查验记录或查获经过等反映货物实际数量的证据材料。

二是港杂费结算单据、侦查实验笔录等其他可以证明货物实际情况的证据材料。

应当注意的是,实践中,数量瞒骗案件的认定更多依赖收发货记录、运输单证、交易单证认定。由于海关监管日趋严密,直接伪瞒报重量的案件日趋减少,大多利用计税与计量单位转换作假,如重量与计税面积、体积、套件数量转换进行伪瞒报。收集证据时,应当注意换算关系的逻辑合理性,必要时,可以通过侦查实验排除证据之间的矛盾。

第三,对于价格瞒骗案件,还要求有以下证据材料:

一是进口货物的境外运输合同和运费单据、出口货物的境内运输合同和运费票据等反映真实运费的证据材料。

二是进出口货物的保险单或保险公司提供的反映真实保险费用的证据材料。

三是应计入实际成交价格的佣金、经纪费,包装成本,特许权利费、技术服务费等费用。

四是货物进口后转售、处置或者使用的实际收益,各贸易方之间存在特殊经济关系的相关证明等间接证实成交价格的证据材料。

应当注意的是,对于价格瞒骗案件,第一,对于利用预付款和后期余额付款途径支付货款的,应注意根据犯罪嫌疑人分签合同、伪造合同、篡改合同价格和支付方式条款等证据材料加以认定。第二,对于利用间接付款的途径支付货款的,应注意根据犯罪嫌疑人通过第三方分开发票,多次支付价款等证据材料加以认定。第三,对于利用"地下钱庄"等非法方式支付货款的,应注意运用相关证据材料证明非法付汇渠道,查不清具体环节的不影响认定,涉及洗钱罪的按相关规定办理。第四,差额货款支付无法与每票涉嫌走私货物形成对应关系的,不影响对低报价格走私犯罪的认定,但应当注意收集犯罪嫌疑人供述、证人证言等证据材料对相关情况予以解释说明。

第四,对于原产地瞒骗案件,还要求有以下证据材料:

一是原产地证明文件及材料。

二是商品检验鉴定意见和其他可以证明涉案货物真实原产地的证据材料。

应当注意的是，办理此类案件应当注意收集反映犯罪嫌疑人调换、毁损、涂改、隐瞒货物包装、装箱单等可以体现货物实际原产地的证据材料。在办理利用优惠原产地证明走私的案件中，需要向有关国家核实优惠原产地证书真伪的，可以通过海关总署原产地管理部门向有关国家进行核实。另外，应当注意优惠原产地证书中所载项目与其他单证材料反映的船期、货柜号、出发港、路线、货物中转等事项是否吻合。

第五，对于征免性质瞒骗案件，还要求有以下证据材料：

一是犯罪嫌疑人在海关等部门办理减免税货物申请时提供的虚假材料，包括虚假投资、虚假注册、虚假资质材料等。

二是进出口货物减免税证明等海关登记备案资料。

三是采购订单、付款单证、托运单证、真（假）出入仓记录、固定资产记录等反映进口货物的实际收货人、所有权人或使用人的书证材料。

四是反映真实出资、资质情况的证据材料。

五是反映货物真实性能、状态的技术参数资料。

六是反映进口货物非法使用、存储情况的勘验检查材料。

办理此类案件：第一，应当注意收集证据以证明犯罪嫌疑人利用虚假的企业注册、资质材料、技术参数，骗取进出口货物减免税证明，或者冒用他人的进出口货物减免税证明，将应照章征税的货物伪报为特定减免税货物。第二，鉴于进口货物减免税政策涉及的管理部门多、政策变化快，应当注意研究相关减免税政策的出台背景、适用范围和程序步骤，必要时可以走访制定相关政策的国家机关，审慎判断案件性质。

2.擅自内销保税货物走私案件

擅自内销保税货物走私犯罪，是指未经海关许可并且未补缴应缴税额，擅自将加工贸易手册项下原材料、制成品等保税货物，在境内销售牟利，偷逃应缴税额达到起刑点的行为。对此类案件重点收集、审查以下证据：

（1）证明内销货物保税性质的证据材料

一是加工合同手册备案登记情况，出口成品、边角余料、残次品情况等资料，如加工贸易手册、进口报关单及随附单据等证据材料。

二是入仓记录、配料单、生产指令、成本核算会计资料等仓储、生产的单据资料；企业质量管理及生产部门有关边角料、残次品、节余料件的记录材料；实际单耗低于备案单耗，以及配料表、制造单等高报单耗的证据材料。

三是内销货物保税性质的犯罪嫌疑人供述、辩解和证人证言，以及海关入厂检查记录，内销货物品质同一鉴定等其他证据材料。

（2）证明擅自销售的证据材料

一是订单、合同、便函等订约证据材料。

二是出仓记录、放行单、送货单、运输单证、收货单、入仓记录及相关的视听资料等物流证据材料。

三是现金日记账、对账单、银行转账单、收据等证据材料。

四是征税证明、电话记录、传真件、会议记录、与经营有关的私人往来信函和工作日记、有关人员和车辆出入厂登记等其他证据材料。

五是销售、运输、购货等相关人员关于保税料件的销售、出库、运输、购买、入库、收付款等所作的证言和犯罪嫌疑人供述、辩解。

（3）以假结转、假出口、高报单耗、以次充好等方式骗取海关核销的证据材料

一是犯罪嫌疑人办理假结转、假出口相关手续、收发货等客观行为的供述和辩解；假结转、假出口的报关、销售、采购、仓管及其他相关人员就结转、出口以及核销等情况的证人证言。

二是深加工结转货物申报单、报关单、出口报关单、出仓单、装卸记录、制造单、配方表、领料单等反映结转、出口与申报不符的证据材料。

三是实际单耗低于备案单耗以及配料表、制造单等高报单耗的证据材料。

四是其他以低价原料生产成品出口、以次充好骗取核销的购买、生产、出口、骗核相关证据材料。

五是从海关调取的加工贸易料件核销材料。

（4）《涉嫌走私的货物、物品偷逃税额海关核定证明书》等其他证据材料

应当注意的是：

一是对擅自内销保税货物案件，应当注意首先综合各方面证据查清截至案发之日的保税货物实际状态和数量平衡情况。可综合合同手册进出口数据、实际物流和货物仓储情况制作保税货物平衡表，以核实保税货物确系短少，排除涉案企业违规串料等情形，确保案件定性准确。

二是对于犯罪嫌疑人以假租赁、假合作经营等手法掩盖买卖关系，或者采取抵扣工资、以货抵债、以货易货等方法进行贸易结算的情况，应全面、客观收集证据综合证实销售牟利的违法行为。

三是该类型案件中虚报单耗、多报少出、只报不出等犯罪手法隐蔽性较强、辩解空间大，可以综合使用侦查实验、聘请司法审计等侦查措施，证实犯罪嫌疑人的客观违法行为。

四是假核销行为是否构成走私犯罪需要综合考虑走私犯罪的各项构成要件是否齐备，特别应当注意根据假核销的目的作出不同判断。例如，《走私案件意见》第10条明确规定，有证据证明因不可抗力原因导致保税货物脱离海关监管，经营人无法办理正常手续而骗取海关核销的，不认定为犯罪。因此，办理此类案件应注意收集涉案企业是否因不可抗力等原因所致而发生假核销行为的证据，如由于生产环节出现意外损耗而采用虚假的手段假核销以应付海关监管等情形的，则不宜认定为犯罪。

五是办理此类案件，对于有证据证明未经海关许可已经内销保税料件的，也应注意结合犯罪嫌疑人逃避海关监管并偷逃应缴税款主观故意认定犯罪的构成，做到主客观相统一。

3. 伪报加工贸易性质走私案件

伪报加工贸易性质走私犯罪，是指骗取或冒用他人加工贸易登记手册，将一般贸易货物申报为保税货物进口，偷逃应缴税额达到起刑点的行为。该类案件需要重点收集、审查以下证据：

（1）反映货物本应以一般贸易方式进口，犯罪嫌疑人骗取或冒用他人加工贸易登记手册进口的证据材料

一是海关备案资料，支付"指标费""包柜费"以及认定"三无工厂"的证据材料等。

二是采购订单、付款单证、运输单证、真（假）出入仓库记录等证明货物实际所有权人的证据材料。

三是反映骗取或冒用他人加工贸易登记手册情况的犯罪嫌疑人供述、

辩解和证人证言等证据材料。

四是指标提供人、利用人、中介人、运输司机或其他知情人的辨认、指证等证据材料。

（2）反映货物保税进口的证据材料

一是加工贸易登记手册、进口报关单及随附单证等证明货物已经保税进口的证据材料。

二是进口货物运输、存储、处置的单证资料。

三是报关人员对进口过程所作的证言，采购、运输、仓管人员就境外采购、运输、入库等行为所作的证言，境外承运人关于托运人的指证，运输司机关于非指运地卸货的证言等。

四是勘验检查笔录、海关现场检查记录及《涉嫌走私的货物、物品偷逃税额海关核定证明书》等其他证据材料。

应当注意的是，实践中存在伪报贸易性质进口的货物，经国内加工、仓储后复出口的情形。对于伪报加工贸易性质的案件，侦查机关还应当注意收集证实犯罪嫌疑人主观故意和后续货物去向的相关证据，综合全部证据准确判断案件性质。

4.绕关走私普通货物案件

绕关走私普通货物犯罪，是指违反海关法及有关法律、行政法规，逃避海关监管，从未设立海关的地点运输、携带依法应当缴纳税款的货物进出境，偷逃应缴税额达到起刑点的行为。该类案件需要重点收集、审查以下证据：

（1）绕关行为方面的证据材料

第一，对于走私货物的实际收发货人，应当注意收集下列证据材料证实其采购、交运、收货等行为：

一是对走私进境的货物实施境外采购、境内收货行为的证据材料，如合同签名，发票抬头，装箱单、提单收货人名称，转账、付款账户名称，收货单、入仓单落款，微信、电子邮件账号，作案手机号码等。

二是对走私出境的货物实施销售、发货行为的证据材料，如合同签名，发票落款，收款账户名称，发货单、出仓单落款，微信、电子邮件账号，作案手机号码等。

三是与揽货绕关组织者往来沟通的证据材料，如微信、短信、电子邮件、信函，给付走私运费（包税费）的转账付款记录、视听资料、电子数据、证人证言等。

四是犯罪嫌疑人的相关供述和辩解，同案犯对实际收发货人的辨认笔录，查获经过等其他能够证实采购、交运、收货等行为的证据材料。

第二，对于中间揽货人，应当注意收集下列证据材料证实其揽货、交货等行为：

一是与实际收发货人往来沟通的证据材料，如微信、短信、电子邮件、信函，收取走私运费（包税费）的收付款记录、视听资料、电子数据、证人证言，走私货物、物品接收、交付的记录等。

二是联系、组织、指挥绕关运输人的证据材料，如微信、短信、电子邮件，支付走私劳务费（运费）的转账付款记录、视听资料、电子数据、证人证言，走私货物拆分、汇集记录等。

三是犯罪嫌疑人的相关供述和辩解，同案犯对中间揽货人的辨认笔录，查获经过等其他能够证实揽货、交货等行为的证据材料。

第三，对于绕关运输人，应当注意收集下列证据材料证实其接货、运输、交货等行为：

一是与揽货绕关组织者往来沟通的证据材料，如微信、短信、电子邮件，收受走私劳务费（运费）的收款记录、视听资料、电子数据、证人证言等。

二是走私货物、物品接收、仓储、拆分、汇集的记录、指令和报告等。

三是反映运输路线、方式的证据材料，如行为人对进出境地点现场辨认笔录，现场勘验检查笔录，进出境地理方位图和进出境路线图，运输工具及附着痕迹勘验检查笔录、鉴定意见，船舶航行日志、GPS记录、海事部门出入境登记，车辆出入境登记等。

四是犯罪嫌疑人的相关供述和辩解，同案犯对绕关运输人的辨认笔录，查获经过等其他能够证实接货、运输、交货等行为的证据材料。

（2）绕关走私对象方面的证据材料

一是反映走私对象实际成交价格的证据材料，如采购合同、供应商发票、货款支付凭证和价格鉴定意见等。

二是反映走私对象来源或运往境外的证据材料，如走私货物的特殊包装、外文标识、产地证明、进出港口文件、装卸货物记录等。

三是反映走私对象规格型号、数量、普通货物属性、税则号列的证据材料，如商检鉴定意见、装箱单、收货单、入仓单、商品归类意见等。

四是反映走私对象各物流环节标的同一性的证据材料，如集装箱号、收货单号、入仓单号、货物的拆分和汇集记录等。

五是犯罪嫌疑人的相关供述、辩解和证人证言。

（3）绕关犯罪工具方面的证据材料

一是犯罪工具权属证据材料，如船舶、车辆、集装箱等工具的权属登记，反映特制、改装设备所有权的书证、证言等。

二是犯罪工具用于作案的证据材料，如特制、改装设备勘验检查笔录，查获经过，现场勘查笔录，犯罪嫌疑人供述，证人证言等。

收集、审查绕关走私案件的证据应当注意以下几点：

第一，绕关走私犯罪的组织形式多为团伙作案，应注意区分走私犯罪的组织、指挥、策划人员和直接从事绕越关境活动的运输人、境内接应人以及货主，注意查明货物的交接、联系方式和相关犯罪嫌疑人的分工情况及其在案件中的地位、作用、受雇情况和报酬数额等。

第二，对于"蚂蚁搬家"式的化整为零走私案件，应注意从货物流向、资金流向、运输环节来核实，包括犯罪嫌疑人、被告人与相关人员往来函件、收发货清单、运输凭证、货物交接单、磅码单、出入库单、收付款凭证、金融机构的收付款凭证等。现场未查获实物的，如果相关证据足以证明犯罪嫌疑人、被告人以绕关方式走私货物进出境的，可以予以认定，并按照有利于犯罪嫌疑人、被告人的原则计核偷逃税额。

第三，办理绕关走私案件，可以利用该商品在海关无正常通关记录的查询结论或者该商品生产、销售商在我国境内设立的专卖机构的销售记录等证据材料，认定涉案货物通过非正常方式进入境内。

第四，办理将国际航线伪装成国内航线、将外贸货物伪装成内贸货物的绕关走私案件，应注意收集船舶及其航行资料，结合贸易合同等其他证据，综合认定案件事实。船舶资料主要包括：从事国际航线运输的船舶应持有船舶国籍证书、船舶载货清单或提单副本、国际航行船舶进出口岸许可证、船舶进出境（港）海关监管簿。中国籍从事国际航线运输的船舶除持有上述证件外，还应持有交通运输部批准的从事国际海运的批件。航行资料主要包括：船舶的海上定位图、航海日志、船舶 GPS 定位数据等。

5.间接走私普通货物案件

间接走私普通货物犯罪，是指直接向走私人非法收购走私进口的普通货物，偷逃应缴税额达到起刑点的行为。

对于间接走私行为，应当重点收集证明犯罪嫌疑人从走私人手中收购走私进口的货物且系直接购买也即第一手购私的有关证据材料：

一是犯罪嫌疑人向走私人进行收购行为的证据材料，如反映商品交易沟通联络过程的微信、短信、电子邮件、信函，给付货款的转账付款记录、视听资料、电子数据，订购单、送货单、托运单、收货单、入仓单等。

二是犯罪嫌疑人的有关供述、辩解和证人证言，查获经过等其他能够证实收购等行为的证据。

收集、审查该类犯罪证据，还应当注意：

第一，注意区分间接走私与走私共犯。行为人与走私人事前通谋的，应当认定为走私共犯。通谋方式可以是明示形式，也可以是长期合作、心照不宣等默示方式。

第二，注意区分间接走私与掩饰、隐瞒犯罪所得两种不同行为。行为人主观上明知对方是走私人，客观上作为第一手买家直接向走私人收购走私货物、物品的，应当认定为间接走私。明知是犯罪所得而予以购买，但不是第一手买家的，应当认定为掩饰、隐瞒犯罪所得。

（三）犯罪主体证据

本罪主体为一般主体，包括自然人和单位。围绕本罪主体特征，需要重点收集、审查以下证据：

1.证明自然人犯罪主体的证据

（1）应当收集证明自然人的姓名（曾用名）、性别、出生年月日、居民身份证或其他有效身份证件号码、民族、籍贯、文化、职业、现住地等情况的证据，主要包括：

一是内地居民身份证、户口簿、居住地证明以及公安机关出具的户籍证明等。

二是港、澳居民身份证、护照、来往内地通行证，台湾居民来往大陆通行证，以及居住地证明资料等。

三是外国人护照、出入境证明、在华长期居留证明，以及其国籍国驻华使、领馆出具的身份证明资料等。

四是有关犯罪嫌疑人违法犯罪经历的行政处罚决定书、刑事判决书等。

五是犯罪嫌疑人有关身份信息的供述。

（2）收集证明自然人主体的证据应当注意以下事项：

一是自然人主体身份情况的证据，主要是户籍所在地公安机关出具的户籍证明材料。户籍证明应当附犯罪嫌疑人照片，未附照片的，可以收集有关人员（如亲属、邻居等）关于犯罪嫌疑人情况的证言及辨认笔录，以证明犯罪嫌疑人与户籍所载人员的同一性。如果办案单位通过公安信息网系统打印的犯罪嫌疑人身份信息和犯罪嫌疑人供述一致，打印的照片与及其本人相符，经加盖办案单位印章，并注明制作时间、来源，由办案人员签名的，可以作为证据使用。

二是对犯罪嫌疑人第一次讯问，应当问明犯罪嫌疑人的姓名、别名、曾用名、出生年月日、户籍所在地、现住地、经常居住地、籍贯、国籍、出生地、民族、职业、文化程度、家庭情况、社会经历（包括学历、工作经历、违法犯罪经历等）、是否是人大代表、政协委员等情况。

三是犯罪嫌疑人的国籍身份，一般应根据其入境时的有效证件确认；犯罪嫌疑人拥有两国甚至多国护照的，应当以其进境时所持的护照确认其国籍。偷越国边境的，以其所持真实有效的证件确认其国籍，必要时，根据有关国家驻华使、领馆出具的证明确认其国籍。国籍不明的，可以通过出入境管理部门协助查明，或者以有关国家驻华使、领馆出具的证明加以确认。无法查明国籍的，以无国籍人员论。

犯罪嫌疑人入境时使用的证件于案发后被确认无效的。若被告人主张自己是证件签署国公民，证件签署国书面予以确认的，以确认证明为认定国籍的依据；证件签署国否认但第三国确认的，可认定为第三国公民；确实无法查明的，以无国籍人论。如证件签署国与我国无外交关系，也无利益代管国，既无法确认、也无法排除其国籍主张的，可按其自报国籍认定。

2. 证明单位犯罪主体的证据

以单位名义实施走私普通货物、物品犯罪，违法所得归单位所有的，是单位犯罪。

（1）证明单位基本情况的证据

应当收集证明单位的名称、设立日期、性质、办公地点、住所地、法定代表人、存续状况、直接负责的主管人员和其他直接责任人员等情况的证据，主要包括：

一是国家机关、事业单位、社会团体性质的相应法律文件，机关、团体法人统一社会信用代码证书。

二是企业法人营业执照，从事特殊行业的，应当收集相应的批文或者许可证件。

三是单位已被注销或者撤销的，应有注销证明或者撤销机构出具的相关证明。

四是单位为分支机构或者内设机构的，应有其与上级单位关系、被授权权限或者经营范围等的证明材料。

五是单位实施走私犯罪后，发生分立、合并或者其他资产重组等情况的，应有分立、合并或者其他资产重组以及承受原单位权利义务的资料。

六是单位组织的有关合同、章程、协议等证明单位的组织形式、直接负责的主管人员和其他直接责任人员分工的材料。

七是犯罪嫌疑人有关犯罪单位及直接负责的主管人员、其他直接责任人员在犯罪活动中地位、作用内容的供述和辩解。

八是单位内部人员、业务合作人员有关犯罪单位及直接负责的主管人员、其他直接责任人员在犯罪活动中地位、作用内容的证人证言。

九是其他证明单位情况的相关材料。

（2）证明"以单位名义"的证据

一是单位决策机构作出的决定、会议纪要等。

二是单位实际控制人、主要负责人或者授权的分管负责人作出决定或者表示同意的材料。

三是单位实际控制人、主要负责人或者授权的分管负责人在得知单位成员以单位名义实施走私普通货物、物品犯罪行为后，纵容、默许、未表示反对和制止的材料。

（3）证明"违法所得归单位所有"的证据

主要是证明单位应当支出税款而未支出或者少支出，非法收益归本单位或者本单位多数员工所有的证据，主要包括：

一是单位会计账簿、资金流向、单位银行资产账户。

二是审计、鉴定意见等。

三是单位实际控制人、主要负责人或者授权的分管负责人有关为单位赚取利益、非法利益归单位所有的供述。

四是会计人员等单位内部人员、业务合作人员有关为单位谋取利益、非法利益归单位所有的证人证言等材料。

（4）应当注意的事项

一是单位走私犯罪证据应重点围绕单位犯罪的基本特征，通过收集客观证据，证实走私犯罪行为，分析、确定单位和相关人员的刑事责任。对国际贸易环节、报关环节、虚假单据制作、货款支付等走私犯罪实施环节以及违法所得归属等情况，均应尽可能通过客观证据落实到具体单位和个人。

二是报关单上的经营单位（收发货人）、收货单位（消费使用单位）与实际认定的犯罪嫌疑单位（人）不一致的，确定犯罪嫌疑单位时，应当以收集委托代理协议、电子邮件、资金往来、税款缴纳等客观证据为主，并结合相关证人证言、犯罪嫌疑人供述等综合予以判定。

对于存在多重、复杂代理关系的，应当收集各环节人员的证言及书证、电子数据等材料，以准确认定犯罪嫌疑单位及相关人员的责任。

三是对直接负责的主管人员、其他直接责任人员身份、地位、作用的认定，应收集任职文件、会议记录、出资、收益分配、工资发放情况、内部岗位职责分工记录、业务审批记录、往来邮件、即时通信记录以及言词证据等主客观证据，予以综合认定。重点收集直接负责的主管人员实施决定、批准、授意、纵容、指挥等行为和其他直接责任人员积极实施犯罪行为的客观证据。

四是单位犯罪中，单位意志的形成不必然要求由单位的法定代表人决定或者同意。在法定代表人没有参与犯罪的情形下，也应当对其进行询问，查明公司基本情况、运营状况、涉案人员及其自身参与公司业务情况等，排除犯罪嫌疑人假借、盗用单位名义从事犯罪活动的情形。

五是证明收益归单位所有时应当注意，实践中常有企业以个人名义开具账户存放单位资金，应当注意查明个人账户与单位的关系。

（四）主观方面证据

本罪主观方面表现为故意，即行为人明知自己的行为违反国家海关法律法规，逃避海关监管，偷逃进出境货物、物品应缴税额，并希望或者放任这种危害结果发生的主观心态。

1. 收集主观方面证据的重点

走私主观故意中的"明知"，是指行为人知道或应当知道所从事的行为是走私行为。具有下列情形之一的，可以认定为"明知"，但有证据证明确属被蒙骗的除外：

一是逃避海关监管、运输、携带、邮寄依法应当缴纳税款的货物的。

二是用特制的设备或者运输工具走私货物的。

三是未经海关同意，在非设关的码头、海（河）岸、陆路边境等地点，运输（驳载）、收购或者贩卖非法进出境货物的。

四是提供虚假的合同、发票、证明等商业单证委托他人办理通关手续的。

五是以明显低于货物正常进（出）口的应缴税额委托他人代理进出口业务的。

六是曾因同一种走私行为受过刑事处罚或者行政处罚的。

七是其他有证据证明的情形。

在收集证据时，应侧重收集明显有悖于正常社会认识、生活常识、业务要求、商业惯例等的行为，以印证其主观故意。

2. 应当注意的事项

一是证明犯罪嫌疑人的主观故意，应当注意侧重收集客观证据，如物证、书证、电子数据、鉴定意见等客观证据材料，特别是注意电子邮件、微信、QQ、短信、whatsapp 等即时通信记录、录音、录像、上网记录、网站信息等电子数据。尽量通过客观证据来认定犯罪嫌疑人的主观故意，不能过于依赖口供。

二是通过讯问犯罪嫌疑人、询问证人查明犯罪嫌疑人主观故意时，应着重注意三点：第一，重视对主观心态和犯罪行为的细节进行讯问，注意发现不正常和矛盾的问题;第二,对矛盾之处和明显有悖于正常社会认识、生活常识、业务要求、商业惯例等细节要重点进行讯问、询问,反映犯罪嫌疑人的心态;第三,对可能印证犯罪嫌疑人供述、证人证言真实性的客观证据进行重点讯问、询问,以达到证据之间的相互印证。

三是对于间接走私的情形,应重点收集行为人明知对方应系走私人的相关证据材料。

四是对于事先通谋为走私分子提供便利的走私共犯,应注意收集犯罪嫌疑人明知对方从事走私犯罪活动并给予协助的证据。通谋是指犯罪行为人之间事先或者事中形成的共同的走私故意,下列情形可以认定为通谋,收集证据时应注意:

第一,对明知他人从事走私活动而同意为其提供贷款、资金、账号、发票、证明、海关单证,提供运输、保管、邮寄或者其他方便的。

第二,多次为同一走私犯罪分子的走私行为提供前项帮助的。

二、走私普通货物、物品罪常见证据审查

(一)书证的审查

走私普通货物、物品案件中常见的书证包括进出口报关资料、税款缴付凭证、付汇资料、公司记账本、货物出入库单证等。其中,进出口报关资料主要包括报关单、委托代理协议、合同、形式发票、装箱单、提单等,这类书证也通常是通关走私案件中数量最多的证据,对于认定行为人是否如实申报、缴纳税款情况、货物实际情况等有重要意义。对此,需要重点从以下几方面对书证进行审查判断:

1. 审查证据的合法性

对于书证合法性的审查:一是书证本身是否符合法律法规和相关规范性文件要求。二是对书证的收集、调取等程序、方式是否符合法律法规和相关规范性文件的要求。走私普通货物、物品案件的书证主要有两种来源:一种来自海关、银行等单位及其当事人进出口环节运输、代理等合作方;另一种来自犯罪嫌疑单位、犯罪嫌疑人或涉案单位员工。对于前者,通常由侦查机关依法调取,需要重点审查是否有取证通知书及提供单位或

人员的盖章、签名；对于后者，通常由侦查机关在搜查、检查过程中获取，需要重点审查是否有搜查笔录、扣押清单及见证人、当事人签名等。

2.审查证据的客观性

书证容易被人为篡改，因此需要重点审查书证是否为原件，只能提供复印件的，是否有正当合理的理由，复印件是否有被涂改、篡改、伪造等情形。对于通过真实合同、公司内账等形式证明真实价格、数量的案件，需要重点审查涉案合同是否为真实交易合同，公司内账记录能否体现实际交易情况。书证本身内容有错误的，不能要求书证持有者或相关人员在书证上直接进行修改，可以结合其他证据通过言词证据等方式进行解释。收集、调取书证时，书证本身已经有手写的签注、修改等痕迹的，应当通过笔录等方式对签注、修改痕迹的时间、来源、内容、原因等进行说明，并综合其他证据确认书证内容的真实性及与犯罪事实的关联。

3.审查证据的关联性

对于书证关联性的审查一般从两个方面把握：一是涉案书证与案件事实是否有关联；二是各类书证之间的关联性。在走私案件中，审查书证的关联性应当注意以下几点：

（1）对真实贸易单据、报关单及随附单据应当核实形式上的关联性，以集装箱号、提单号或合同、发票号等客观标志进行关联，不能简单以货物品名、重量以及货物规格相同或者相似确定关联性。

（2）通过勘验、检查、搜查等方式收集的书证，应当通过辨认、鉴定等方式确定其与案件事实的关联。对书证，可以直接由相关人员在书证上签字、注释的方式进行确认，需注明书证的来源、内容、性质等信息，必要时可注明书证与其他证据的关联。

（3）对书证承载的信息应当充分挖掘，综合证据内容，通过笔录、辨认等方式，确定证据之间的关联性。如收集或者调取的银行账户交易记录，应当由犯罪嫌疑人或相关人员对上述书证中体现的资金来源、路径、性质等内容进行筛选、辨认，将书证和案件事实建立关联。

(二) 物证的审查

走私普通货物、物品案件的物证主要为被查获的走私货物、物品，对于认定货物的实际品名、数量有重要意义。对此，需要重点从以下几方

面对物证进行审查判断:

1. 物证来源的合法性审查

实践中,侦查机关或其他执法部门通常在海关通关现场、海上或陆上运输途中、非设关码头、陆上边境线或当事人厂房、仓库等处查获走私货物。需要重点审查相关执法部门是否有执法权、是否有搜查笔录、扣押清单、见证人员、查验记录,相关清单、记录是否描述货物、物品被扣押时间、地点、规格、数量,是否有反映查扣现场货物、物品具体情况的照片,物证查扣部门与案件侦办部门不一致的,是否有移交清单等。

2. 物证的关联性审查

一是物证与案件当事人之间的关联性,即查扣在案的货物、物品是否与当事人有关联。二是物证是否为当事人所走私的货物、物品。实践中,对于物证,可以采取犯罪嫌疑人指认并拍照、录像等方式确认与案件事实的关联。因羁押等客观原因不便直接确认的,也可以由犯罪嫌疑人对物证的相关照片进行确认,对确认过程应当录音录像。对于并不是在进出境现场被查获的货物,办案机关通常会查扣大量疑似走私的货物,这就需要仔细甄别哪些是走私的,哪些并非走私的,或者哪些无法确定是否为走私的,对于无法确定的,不宜计入走私数额。例如,在李某走私电子烟弹案中,侦查机关在其住处查扣万宝路、百乐门等各种品牌电子烟弹。经审查,其中万宝路牌电子烟弹系李某走私进口;其他品牌电子烟弹系其通过网络采购,无法确定是否其走私入境,对于后者就不宜计入走私数额,而应当考察是否符合非法经营罪定罪处罚标准。[①]

(三)电子数据的审查

电子数据对于办理走私普通货物、物品案件所起的作用越来越大。从数量上看,大量走私案件中以电子数据形式呈现的证据体量最大、占比最高;从作用上看,多数走私案件中电子数据通常也是认定案件事实最关键、最重要的证据。

走私犯罪有两个突出特征:一是经济性,即走私犯罪通常以谋取特定经济利益为主要目的,因此当事人之间往往会有较为密切的资金往来、

---

① 参见浙江省宁波市中级人民法院刑事判决书(2019)浙02刑初32号。

账目计算、货物记录等,从而留下大量电子数据。二是国际性,即走私犯罪通常涉及境内外不同主体之间商贸往来,与之相伴随的就是货物、资金、信息、人员等要素的跨境往来,而发达的信息技术为这些要素往来提供极大便利,从而留下大量电子数据。司法实践中,走私普通货物、物品案件常见电子数据有电子邮件、即时通信聊天记录、电子账册、出入境交易记录以及订单、资金、物流记录等。

1.电子邮件的审查

国际贸易离不开信息传递,与其他网络通信工具相比,电子邮件有两方面优势:一是高度保密性,网络服务提供商通过一定的账号和密码来识别邮箱所有者和使用者的身份,保密性较高,满足国际贸易中信息保密的要求。二是电子邮件综合功能强大,传递信息详尽、快捷,可以通过"附件"的形式大批量、大规模、较完整传递报价信息、发货清单、电子单证等各种文件。对于电子邮件,需要从以下几方面进行审查:

第一,审查电子邮件的来源。办案机关提取电子邮件一般有两种来源途径:一是从第三方网络服务商处获取;二是从当事人电子邮箱内提取。对于直接从网络服务商处提取的电子邮件,需要审查提取电子邮件的取证通知书等法律文书,所获取的电子邮件应当有网络服务商的确认。对于从相关当事人电子邮箱内直接提取得的,需要重点审查该邮件是来源于发件人、收件人,还是转发人,提取过程是否有相应的提取笔录或检查记录,相关笔录或记录是否符合法律规定。

第二,审查电子邮件当事人的真实身份。电子邮件体现为不同当事人之间的信息传递,包括发送方、接收方、转发方。因此,针对电子邮件需要审查清楚发送方、接收方、转发方所各自对应的电子邮箱账户,然后再进一步审查各个邮箱账户的实际所有者、使用者,从而厘清楚电子邮件真正的发送人员、接收人员、转发人员,以判断同一份邮件内容究竟被哪些人所了解,哪些人通过电子邮件展开了协商、达成了合意、形成了配合,进而为进一步分析邮件的具体内容奠定基础。

第三,电子邮件具体内容的梳理。走私案件当事人常常通过电子邮件协商、谈判、交流、传递贸易信息,从而形成内容丰富、数据翔实、时间跨度大的电子邮件。因此,电子邮件往往能够反映当事人就走私过程中某个问题或某些问题相互之间从无到有、从少到多、从提出到成熟这一个逐步发展、逐步完善的过程。各种内容往往夹杂其中，这就需要按照时间顺序和逻辑顺序对电子邮件内容进行梳理排序，从而提取有助于认定案件事实的有效信息。

2. 即时通信聊天记录的审查

相比电子邮件，国际贸易中通过微信、QQ、MSN 等即时通信工具进行交流互动、传递信息有以下几个优势：一是普及广泛、使用便利；二是交流互动性强、实效性高；三是信息简洁明了、形式多样。

如果说电子邮件最大的优势在于保密、详尽，可以完整地传递诸如报价单、订单、货款清单、详细账目等货物信息，在那些涉案时间跨度长、票数多、数据杂的走私案件中普遍适用；那么，即时通信工具的最大优势在于高效、便捷，可以在受时空条件影响很小的情况下，快速、简洁地传递关键数据，在那些涉案时间较短、次数较少、货物信息单一的走私案件中比较普遍适用。因此，对于走私案件当事人而言，电子邮件和即时聊天工具有很强的互补功能，在不同类型的走私案件中发挥不同作用。

针对网络即时通信记录，首先需要重点审查相关网络账户的实际控制者、使用者。即时通信记录总是形成于特定的账号之间，诸如 QQ 通信工具有唯一的 QQ 账号、微信有微信账号。不同当事人借助于具体的通信工具，通过各自的账户登录，与其他人在聊天平台上实现互动，留下具体的电子数据。而聊天账户又是虚拟的，要将聊天记录运用于具体案件中，就应当确认聊天账户的真实户主，从而在实际户主与聊天记录之间建立关联性。从司法实践看，审查聊天账户真实身份的方法多种多样，以下是几类常见分析思路：

一是从聊天记录的来源上确认该账户的真实户主。侦查机关获取的聊天记录，可能是从一方当事人的账户内提取，也可能从对方当事人的账户提取；可能从与某一方当事人有关联的计算机、手机等电子设备上提取，也可能从第三方网络服务提供商处提取。如果是基于其中一方当事人直接登录账户，或者直接从与当事人有关联的计算机、手机上提取，则基本可以确认该账户与当事人之间的关联性，甚至可以直接确认当事人为该账户的真实户主。

二是从犯罪嫌疑人供述、证人证言、被害人陈述等言词证据中获取信息。一般情况下，当事人会使用某个聊天账户与不同人进行网上沟通联络，会与自己亲友的聊天账户建立关联性。因此，可以从与当事人有关联的亲友中确认聊天账户的真实户主。

三是从聊天记录的具体内容中分析判断。如果一方当事人在聊天记录中明确提到其个人信息，比如具体电话号码、银行账户、住址，甚至直接提到个人姓名等内容，也可以从这些数据中获取有效信息，分析该账户的实际户主。

四是通过 IP 地址、上网终端归属等方式判断相关网络账户的真实户主。

3.电子账册的审查运用

走私案件中当事人常常会详细记载有关走私货物的名称、规格、数量、价格、货款支付等信息，从而形成各种各样的账册，以电子数据的形式存储于计算机等设备中，这些账册是认定走私货物实际情况的重要依据。针对电子账册，需要重点从以下几方面进行审查：

第一，电子账册的合法性审查。首先，原始存储介质的合法性审查。审查存储电子账册的计算机、智能手机、移动硬盘、U盘等电子设备的来源是否合法，这些电子设备的调取手续是否完备，相关勘验、搜查笔录、扣押清单是否记载涉案电子设备及其所记载的信息与扣押在案的实物是否相符，上述设备被扣押后是否依法封存等。其次，电子数据本身的合法性审查。审查侦查人员是否按照法定程序通过勘验、检查上述电子设备的方式依法调取电子账册；对于需要通过技术手段获取的数据，是否将电子设备依法送往相关专业机构进行勘验、检查，相关勘验、检查、提取笔录是否符合法律规定的形式；对于原始存储介质不方便移送的，是否有反映直接调取电子账册过程的证据材料。依法取得的电子账册是否以合理的形式固定在案并随案移送。

第二，电子账册的真实性审查。重点围绕电子账册中所记载的进出口货物涉及的各类单证编号（如提单号、集装箱号、报关单号、合同号）、货物真实价格、货款支付情况、当事人出入境时间、货物进出口时间等要素是否真实可靠，能否与实际报关单证、资金交易记录以及相关人员、交通工具进出境记录相互印证。

第三，电子账册的关联性审查。一是电子账册与案件相关行为人之间的关联性审查。二是电子账册与案件事实之间的关联性审查。走私案件中电子账册的一个重要特点就是形式格式化、信息批量化，账册中常常以各类简称、缩写或代码来指代某项内容，这就需要结合犯罪嫌疑人供述、证人证言或其他账册信息，查清这些代码、缩写的真实含义和完整内容，以还原账册的真实信息，建立与案件事实之间的关联关系。三是审查不同电子账册之间的关联性。走私案件常常涉及不同的经济主体，如有销售方、中间商、购买方，在进出口环节还有代理方、报关方、运输方。这些不同经济主体往往会各自记账，形成各自的电子账册，这些来源不同的电子账册，如果针对同一笔事实或同一项货物有相同的记载，或者二者存在一定关联性，将大大增加这些电子账册的证明力。

电子邮件、网络聊天记录、电子账册是走私案件中最典型、最常见的电子数据。此外，订单、资金、物流以及人员进出境等记录也是重要的电子数据。对于这些电子数据，最关键也是要审查证据来源是否合法，相关证据与当事人之间是否有关联，同样可以借鉴上述三类典型电子数据的思路进行审查判断。

（四）海关核定证明书的审查

《涉嫌走私的货物、物品偷逃税款海关核定证明书》（以下简称海关核定证明书）是走私普通货物、物品案件最关键的证据之一，对定罪量刑至关重要。根据相关规定，海关是负责涉嫌走私的货物、物品偷逃税款计核工作的法定主管机关，其授权计核税款的部门（以下简称计核部门）是负责计核工作的主管部门，具体由走私案件管辖地的海关计核部门（通常是关税处）出具。[①]海关作为进出口货物税收征管部门，在关税等税收认定上具有权威性、法定性，最高人民法院、最高人民检察院及其海关总署也确定由海关计核部门出具核定证明书。因此，从证据形式上看，海关核定证明书符合鉴定意见的特性，本质上属于鉴定意见。对此，主要围绕以下几方面展开审查：

第一，海关核定证明书的形式审查。主要审查是否由走私案件管辖地的海关计核部门所出具，是否加盖海关税款核定专用章，是否载明计

[①] 参见《海关计核涉嫌走私的货物、物品偷逃税款暂行办法》（以下简称《计核偷逃税款办法》）第4条、《走私案件意见》第3条。

核事项、计核结论，是否简要描述计核依据和计核方法，有无计核人员签名；是否随附《涉嫌走私的货物、物品偷逃税款计核资料清单》，该清单是否包括涉案货物、物品的品名、原产地、规格、数量、税则号列、计税价格、税率、汇率等内容；针对同一计核事项进行补充核定或重新核定的，计核部门是否另行指派专人进行核定；计核部门的计核人员是否存在应当回避的情形等。①

第二，审查走私货物、物品的基本情况。重点围绕核税证明书上涉案货物、物品的品名、数量、重量以及计税价格所依据的基础价格与其他证据之间的关联性。通关伪报型走私的，主要结合核税证明书的报关单号与报关单证、付款资料、真实账单、合同等证据之间确立相应的关联性；非设关地走私、行邮渠道走私的，主要审查走私的时间、数量、货物价格等要素能否得到资金交易记录、即时通信聊天记录、物流记录以及各类账册等证据佐证，同类货物国际市场价格或国内价格鉴定文书等。同一案件中不同当事人参与时间、数额不同的，还应当审查其各自参与的起止时间、主观明知走私的开始时间以及实际涉案货物数量。

第三，审查计税价格的认定方式以及货物、物品所适用的税则号、税收种类、税率等要素。在确定货物、物品的品名、数量、重量、基础价格的前提下，结合相关规章制度审查最终所依据的计税价格是否合法合理，应当增减的费用是否做出相应的增减，货物归类是否恰当，税收种类的确定以及税率的选择是否准确，是否附有计税所依据的相关公告等文件，核税部门或侦查部门是否对计税依据、方法和主要过程进行合理的说明。

第四，审查偷逃应缴税额的计算是否准确。在前面几点要求的基础上，进一步核实依据可靠的货物数量、计税价格和税率所计算的应缴税额是否准确，是否将涉案货物已缴税额依法予以扣除，每一项（票）货物偷逃税款是否计算准确，全案偷逃税款统计是否正确，同一案件中不同当事人犯罪数额不相同的，是否分别计核偷逃税款，或者通过表格、情况说明等方式明确各个单位、个人偷逃税额的认定依据、认定方式及其实际数额。

---

① 参见《计核偷逃税款办法》第11条、第14条、第15条。

第五，审查核税结论的告知情况。核税证明书应当书面告知当事人，核税过程比较复杂的，应当通过笔录的方式告知其所认定的涉案时间、货物数量等基本计税依据，让当事人在能够理解涉案数额基本含义的基础上询问其是否有异议。

（五）主观故意证据的审查

对主观故意证据的审查，可以侧重从以下几个方面进行：

1. 犯罪嫌疑人的供述和辩解，证实走私的动机、目的和预谋过程；走私的时间、地点、参与人、具体手段以及是否曾受过处罚等；是否故意违反海关法规，逃避海关监管；共同犯罪的犯意提起、意思联络、分工等。

2. 举报人、财务人员、报关人员等证人证言，证明犯罪嫌疑人故意违反海关法规，逃避海关监管。

3. 走私货物、物品的实物、合同、票据、往来电函、出入关报关单、进出口许可证、走私现场的勘验检查搜查笔录及相关痕迹物证、仓储现场的检查笔录、扣押清单、行政处罚决定书、水上绕关走私的 AIS 记录、航海日志等证据，证明犯罪故意形成过程、故意逃避监管的手段。

4. 伪造的报关单、进出口许可证等的鉴定意见、会计、审计鉴定意见以及视听资料、电子数据等，证明行为人故意逃避检查的手段。

审查主观故意证据时应当注意以下几点：

1. 应当着重审查犯罪嫌疑人是否存在明显有悖于正常社会认识、生活常识、业务要求、商业惯例等的行为，注意通过此类行为判断其主观故意。

对于绕关走私，可以重点参考最高人民法院、最高人民检察院、海关总署《打击非设关地成品油走私专题研讨会会议纪要》中主观故意认定的有关规定。

2. 对于仅参加部分走私环节的犯罪嫌疑人的主观故意，应当围绕该部分活动在整体走私事实所起的作用和犯罪嫌疑人对本人参加部分犯罪事实与整体犯罪事实的认识因素、意志因素综合判断。

3. 对没有直接参与报关等活动，特别是具有"货主"身份的嫌疑单位（人），应当重点审查其对纳税、税率、进出口费用、进出口业务流程、相关规定等的明知情况。

4. 采取"包税"方式走私的案件中，对发包方的主观故意应当尽量获取客观证据予以证明。例如，反映货主同时明知实际成交价格、应缴税款金额、包税进口费用的书证、电子数据等，以确定存在"以明显低于货物正常进出口的应缴税额委托他人代理进出口业务"。

5. 对以集装箱夹藏、邮递、随身隐秘携带等方式走私货物、物品的，应当注意审查案发初始时涉案货物、物品原始状态的照片、录像等音视频资料，相关书证、痕迹物证的鉴定意见，审查判断犯罪嫌疑人逃避海关监管的心理状态。

第三节 走私普通货物、物品罪的认定处理

一、走私普通货物、物品罪的罪与非罪

（一）区分走私普通货物、物品罪罪与非罪的一般标准

判断走私普通货物、物品罪的罪与非罪，需要围绕客体、客观方面、主体、主观方面四个构成要件进行分析。在具体判断中，最核心的是客观方面与主观方面的认定。结合本罪自身特性和司法实践疑难点，主要围绕三个方面认定本罪：第一，是否违反海关法规；第二，是否逃避海关监管；第三，是否偷逃应缴税款且数额较大。

首先，行为人是否违反海关法规是认定走私普通货物、物品罪的基础。走私罪是典型的行政犯，具有二次违法性特征，即某一行为首先违反行政法律规范，而刑事规范则是将情节较为严重的上述违法行为纳入刑法评价的范围。《海关法》《海关行政处罚实施条例》以及国家对进出境货

物、物品的相关监管规定等是判断行为人是否违反海关法规的具体依据。当然，随着海关监管方式的多样化，许多行为从表面上或者单纯进出口环节孤立看符合海关相关规定，但如果从整体上进行评价，可能会违反海关法规，这种情形在伪报贸易性质、低报价格走私中比较常见，需要仔细甄别是否确实违反海关法规，是合法行为还是违法行为。

其次，行为人是否逃避海关监管是区分走私行为与违反海关监管规定的行为（以下简称违规行为）的关键。《海关法》《海关行政处罚实施条例》将违反海关法律、法规的行为区分为走私行为和违规行为，是否逃避海关监管则是区分二者的根本标准。如果某一行为虽然违反海关法规，但没有逃避海关监管，则不应认定为走私行为，更不属于走私犯罪。针对逃避海关监管可以从两方面理解：主观上有逃避监管的故意，客观上实施了逃避监管的行为。例如，行为人在货物归类出现错误、申报时少报一部分价格，显然违反海关法规，但如果行为人确实对归类发生认识分歧，或者对某一费用是否需要申报产生误解而出现错误的，主观上没有逃避监管的故意，则不属于走私行为，由海关依据相关规定予以行政处罚。

最后，行为人是否偷逃应缴税款并达到数额较大，是区分违规行为、走私行为与走私犯罪的重要依据。走私普通货物、物品罪侵犯海关税收征管秩序，其主要目的在于保障国家对进出口货物、物品的税收征管权。因此，如果某一违规行为在进出口环节并没有也不会造成国家税款流失，则不构成本罪；如果个人走私造成税款损失不满10万元或者单位走私造成税款损失不满20万元的，则属于一般走私行为，尚不构成本罪。从国际贸易角度看，绝大部分出口货物为零关税，甚至出口货物可以享受退税政策，仅少部分资源性、稀缺性产品关税税率大于零。从这个角度来说，走私普通货物、物品罪大多数是进口走私，出口走私按本罪处理的情况相对较少。

（二）减免税货物进出口中走私普通货物、物品罪的认定

根据《海关法》《进出口关税条例》等规定，在一些特定贸易模式下，本来需要缴税的货物进出口时可以减免税收或者暂缓缴税。例如，通过加工贸易项下进口来料加工、来件装配、补偿贸易的原材料、零件、制成品、设备等保税货物，符合国家规定的特定减税、免税进口的货物、物

品，或者以转口贸易的形式暂时进口后拟复运出境的货物等。针对上述减免税进口货物，根据《刑法》第154条规定，符合下列情形之一的，以走私普通货物、物品罪定罪处罚：（1）未经海关许可并且未补缴应缴税额，擅自将批准进口的来料加工、来件装配、补偿贸易的原材料、零件、制成品、设备等保税货物，在境内销售牟利的；（2）未经海关许可并且未补缴应缴税额，擅自将特定减税、免税进口的货物、物品，在境内销售牟利的。

司法实践中，存在一些本来符合减免税进出口条件的货物、物品，由于种种原因行为人没有按照减免税进口程序进出口货物，在进出口过程中实施低报价格、伪报品名等违规方式进出口。在此情形下，应当结合具体的行为模式，客观分析本质上是否符合减免税条件、是否产生实质性税赋、是否造成国家税款流失。以宋某某涉嫌走私普通货物案为例。

【案例】检察机关以被告单位中海贸经济贸易开发公司（以下简称中海贸公司）、被告人宋某某（中海贸公司进出口部经理）犯走私普通货物罪提起公诉。一审法院查明：中油管道物资装备总公司（以下称管道公司）向美国劳雷工业公司（以下称劳雷公司）订购8套"气动管线夹"，货物价值为42.7万美元，用于该公司在苏丹援建石油管道工程建设项目，在1998年5月10日前运抵苏丹。后管道公司委托中国海外贸易总公司（以下称中海贸公司）办理该批货物由美国经中国再运至苏丹的转口手续，并于1998年2月6日与该公司第九经营部经理宋某某签订了委托代理合同。当日，宋某某又代表中海贸公司与劳雷公司签订了购货合同。合同约定：劳雷公司货运时间为1998年3月23日前，中海贸公司在交付日30日前开具信用证。中海贸公司因经济纠纷致账户被查封冻结，管道公司即于同年2月23日将货款人民币355万元（折合42.7万美元）汇入由宋某某任法定代表人的北京海明洋科贸中心（以下简称海明洋公司）账户内。3天后，该款转至中国农业银行北京分行国际结算部，用于开具信用证。后劳雷公司因故推迟至4月上旬交货，宋某某遂于同年3月19日向中国农业银行申请将信用证交货时间由3月23日变更为4月5日。其间，宋某某在中海贸公司低报货物价值，办理了价值6.4万美元的机电产品进口审批手续，后又模仿劳雷公司经理签字，伪造了货物价值为6.4万美元的供货合同及发票，并委托华捷国际货运代理有限公司办理报关手续，由该公司负责在北京提货并运至天津新港后再转口到苏丹。在办理报关过程中，宋某某使用海明洋公司的资金，按6.4万美元的货物价值缴纳了进口关税、代扣增值税共计人民币24万余元。同年4月3日，北京海关查验货物发现货值不符，即将货物扣留。北京海关对此批货物已于同年6月8日放行，运至苏丹。一审法院认为，本案是转口贸易，货物转口中并不产生税赋，不构成走私普通货物罪。检察机关提请抗诉，二审法院维持原判。①

　　本案中，行为人在货物进口过程中实施了低报价格的行为，但法院没有单纯就进口这一环节进行评价，而是立足于整个案件来龙去脉，从转口贸易的角度进行整体评价。本案案发于1998年，法院结合当时《海关法》第59条规定、1992年3月18日国务院发布的《进出口关税条例》第30条等规定、1993年4月1日海关总署发布的《海关法行政处罚实施细则》第三章关于违反海关监管规定的行为及处罚中第9条、第11条等规定，被告人宋某某在为他人代理转口业务过程中，低报货物价值，不如实报关的行为属违法行为，依海关有关规定，货物转口对国家不产生税赋，宋某某缴纳的税款按有关规定不产生退税，不构成走私普通货物罪。

　　因此，在涉及减免税进出口货物等特定贸易模式中，如果本质上不产生税赋，行为人虽然实施了相关违规行为，但不会对国家税收造成实质性流失的，不应以走私普通货物、物品罪定罪处罚。以某企业加工贸易案为例。某加工贸易企业长期从事家具加工贸易业务。在某一段时期，出于缩短业务流程时间、避免加工贸易备案核查环节、节省业务成本等考虑，公司决策层决定对一批实际为加工贸易性质的家具用高级布料采取一般贸易低报价格申报进出口的方式处理。具体操作中，布料通过大幅度低报价格方式进口加工后又低报价格全部复出口。本案中，涉案企业出于缩短业务流程时间、节省业务成本等目的，将本来就是加工贸易性质的布料，以一般贸易方式大幅度低报价格申报进口，加工后复运出口。从单独进出口环节看，进出口过程中实施了低报价格的行为。但涉案企业长期从事家具加工贸易业务，涉案行为只是其长期经营中的一段时间，而且这期间进口的货物也是加工后复出口，从整体看本质上属于加工贸易，不产生税赋，

---

　　① 参见《宋世璋被控走私普通货物案——在代理转口贸易中未如实报关的行为不构成走私罪》，载《刑事审判参考》2003年第6集（总第35集）。

不构成走私普通货物、物品罪，对其进出口中的违规行为可以予以行政处罚。

对于实质上不产生税赋的违规低报价格行为，不构成走私普通货物、物品罪。然而，虽然可能在税收减免政策范围内，但具体贸易方式达不到税收减免优惠条件的，根据相关规定税赋仍然客观存在，如果采取低报价格、伪报品名等方式进出口，且造成国家税收流失，达到入罪标准的，应当以走私普通货物、物品罪定罪处罚。

【案例】某进出口代理公司，以能够帮助进口企业向海关申请减免税为诱饵，先后代理数家企业进口燃气轮机发电机组。代理进口过程中，该代理公司通过伪造合同、提单、箱单和伪报行业协会文件等，将货物名称由"燃气轮机发电机组"修改为"燃气轮机"，由此进口税率由原本的10%降低为3%，进口的6台设备经海关计核共偷逃税款2000余万元。辩方认为，涉案的进口设备全部符合国家鼓励进口投资项目且不在《国内投资项目不予免税的进口商品目录》（以下简称《不予免税目录》）中，符合免税的实质条件，不应缴纳关税，国家没有税款损失，因而不构成走私普通货物罪，并提出了与涉案设备同类的设备在其他关区报关享受了免税的有关材料。一审法院认定，上述行为构成走私普通货物罪，对被告单位判处罚金，对被告人判处有期徒刑。后被告单位、被告人均提起上诉，二审法院驳回上诉，维持原判。①

根据国家规定，进口涉案设备享受减免税政策需要符合两个条件：一是实质上符合国际鼓励进口投资项目且不在《不予免税目录》中，二是程序上应当向海关申请办理减免税备案及审批手续。如果只是符合国家免税政策，但没有向海关申请办理减免税备案及审批手续并经海关审批同意，表明行为人放弃税收减免的优惠条件，仍然需要按照一般贸易方式承担相应税赋。本案中，涉案6台设备只有一台办理了免税备案但未显示办理申请免税审批手续，其余5台则均未申请办理减免税备案及审批手续，因而6台设备都不符合享受免税的条件，行为人通过伪报税号的手段进口涉案货物，实质上偷逃了国家税款，构成走私普通货物罪。

---

① 参见河南省郑州市中级人民法院刑事判决书（2014）郑刑一初字第40号、河南省高级人民法院刑事裁定书（2017）豫刑终24号。

（三）海上走私中走私普通货物、物品罪的认定

近年来，海上分段运输接力型绕关走私犯罪越来越普遍。通常表现为大型母船从境外批量装载数千吨甚至上万吨成品油、白糖、冻品等货物，开行至靠近我国的近海后长期漂泊在海上；然后走私团伙自行组织或者联系其他买家组织各种中小型船舶，从境内码头驶往近海靠近大船接驳货物；之后，这些中小型船舶可能直接驶往境内码头卸货，也可能驶往更靠近海岸线的海域，又在海上将货物过驳给其他小船，小船接货后再驶往境内码头。

在这一走私模式下，如何准确认定行为性质至关重要。不同船舶之间过驳货物的海域经常不定，可能在公海、专属经济区、毗连区、领海甚至内海，不同海域之间的界限在茫茫大海中，案发后要从证据角度还原实际接驳位置通常有较大难度，因此更多情况下难以准确查实货物过驳的实际海域。实践中，绝大多数情况下只能查处到靠岸或者临近靠岸的终端环节。判断绕关走私的根本标准是将境外货物从领海以外非法运输入境，那么不同主体接货地点对于行为性质的判断就产生重要影响。首先，来自境外的供货母船停在专属经济区、公海上向境内出海的船舶提供走私货源时，母船尚未进入毗连区或领海，是否属于走私行为、沿海国是否有管辖权等。其次，境内船舶出海非法接驳货物时，大量情况下海上过驳货物的海域不清楚，难以从事实角度明确这些船舶在领海以外接驳货物，甚至就在领海、内海上过驳货物，其行为性质该如何认定。

1. 提供走私货源的境外大型供货母船行为定性

在海上分段运输接力型走私中，如果境外大型供货母船以走私为目的非法进入领海、毗连区，可以直接认定走私犯罪。当母船在专属经济区或者公海上向中小型船舶提供走私货源时，该如何定性？以蔡某某等人走私柴油案为例。

【案例】2004年的二三月，玻利维亚籍MIRI轮分三次从境外装载万余吨柴油，长期漂泊在靠近广东的专属经济区上，非法将7000余吨柴油过驳给境内"粤陆丰28077"等渔船走私入境，最后一次在专属经济区（北纬21°30′、东经116°30′）上向境内出海的"粤陆丰28338"渔船非

法过驳柴油时被缉私民警抓获,并当场查扣4000多吨柴油。①

根据相关法律规定,沿海国在专属经济区虽然可以采取登临、检查、逮捕、扣留和进行司法程序等必要的措施,但也仅限于针对行使有关勘查、开发、养护和管理专属经济区生物资源的主权权利。②可见,难以单纯根据专属经济区的权利内容直接推导出沿海国在该区域有打击走私方面的刑事管辖权。但可以根据《联合国海洋法公约》"推定存在"规则以及刑法保护管辖原则确定我国的缉私管辖权。

第一,根据《联合国海洋法公约》第111条第4款规定,如果母船派出的小船进入沿海国领海、毗连区或者专属经济区,并且违反沿海国在该海域相应法律和规章,那么沿海国可以对母船行使紧追权,并且追究其法律责任,即便母船不在上述海域或违反相应的法律和规章。③该制度就是国际海洋法上的"推定存在"规则,是指小船的存在视为其母船存在于相应海域,小船的行为就视为其母船的行为。我国作为该公约缔约国之一,可以适用上述规定。具体到本案,MIRI轮已经多次将柴油非法卸驳给境内渔船走私入境,虽然MIRI轮所实施的行为在我国专属经济区内,它实施走私的小船"粤陆丰28077"船、"粤陆丰28338"船等在我国领海之内,小船的存在视为母船MIRI轮也存在于我国领海之内,小船所实施的走私行为视为其母船MIRI轮所实施的走私行为。我国对"粤陆丰28077"船、"粤陆丰28338"船等船舶的走私行为有管辖权,对其母船MIRI轮也就享有管辖权。

第二,根据我国刑法规定,基于保护管辖原则,在我国领域外对中华人民共和国国家或者公民犯罪的,可以依照刑法追究刑事责任。母船的

---

① 参见广东省汕头市中级人民法院刑事判决书(2005)汕中法刑二初字第1号。
② 《专属经济区和大陆架法》第12条第1款规定,"中华人民共和国在行使勘查、开发、养护和管理专属经济区的生物资源的主权权利时,为确保中华人民共和国的法律、法规得到遵守,可以采取登临、检查、逮捕、扣留和进行司法程序等必要的措施"。
③ 《联合国海洋法公约》第111条第4款规定,"除非追逐的船舶以可用的实际方法认定被追逐的船舶或其小艇之一或作为一队进行活动而以被追逐的船舶为母船的其他船艇是在领海范围内,或者,根据情况,在毗连区或专属经济区内或在大陆架上,紧追不得认为已经开始。追逐只有在外国船舶视听所及的距离内发出视觉的停驶信号后,才可开始"。

行为虽然发生在领海之外的专属经济区或公海上,但母船往往航行至靠近我国沿海的海域上长时间停泊,伺机卸油,通过一元纸币等作为暗号与境内出海船舶对接,而且长期反复向不同中小型船舶大批量供油,又无合法手续,显然明知这些船舶实施走私行为,构成走私共犯,母船的行为属于对中华人民共和国国家实施的犯罪,我国具有管辖权。对此,最高人民法院、最高人民检察院、海关总署《打击非设关地成品油走私专题研讨会会议纪要》第1条第4款规定,"行为人与他人事先通谋或者明知他人从事走私成品油犯罪活动,而在我国专属经济区或者公海向其贩卖、过驳成品油的,以走私罪共犯论处"。

2. 境内出海非法接货的中小型船舶行为定性

对于出海接货的中小型船舶,其难点在于当接货的位置难以确定或者就是在领海、内海从大型船舶上接货时,此类行为该如何定性?以李某等人走私普通货物案为例。

【案例】2017年11月某日夜晚,李某等人驾驶"盛峰78"船,从浙江省慈溪市红旗闸码头出发,开行三四海里后,至七姐八妹列岛附近海域,从一艘大船上接驳燃料油,后返航至红旗闸码头,直接卸驳。11月至12月间,"盛峰78"船以上述方式开行至同一海域共从大船接驳无合法手续的燃料油3次500余吨,涉及进出口环节应交税额共计104万余元;接驳无合法手续的白糖3次1270余吨,涉及进出口环节应交税额共计283万余元。其中,该船最后一次非法运输白糖在红旗闸码头卸驳时,被边防派出所查获,白糖合计570吨,白糖外包装上印有"泰国生产""甘蔗""白砂糖"等字样。①

本案接货地点位于领海以内,涉案船舶没有跨越领海。结合本案具体情况,可以分两个步骤来判断行为性质。首先,可以认定本案涉案货物来源于境外。主要有两点理由:其一,涉案白糖外包装上印有"泰国生产""白砂糖"等字样,这些外包装清楚显示涉案货物来自泰国,可以判断货物来源于境外。其二,从逻辑上讲,本案海上接驳的货物要么来源于国内陆上,由其他船舶运输至涉案海域后过驳给小船;要么由其他船舶从境外运输至涉案海域过驳给小船。显然,从一般商业逻辑看,前者不太可

---

① 参见浙江省宁波市中级人民法院刑事判决书(2019)浙02刑初68号。

能，概率也非常低，结合本案大批量货物、无合法手续运输以及当前沿海走私白糖、成品油泛滥的大背景下，可以推定上述货物来自境外。因此，除非当事人有相反证据佐证货物确实来源于境内，否则可以推定涉案货物来源于境外。

在认定涉案货物来源于境外的基础上，着眼于海上走私整体来判断行为性质。基于海洋特殊性，在海上走私过程中，船舶抵达海岸或靠泊码头卸货之前，整个海上走私尚未全部结束，各个船舶在海上不同环节介入非法接驳货物，它们分别属于整个海上走私的其中一个环节，这些不同环节前后互相衔接共同完成海上走私，无论是在哪段海域介入接驳货物的，只要在货物抵达海岸之前，都是海上走私共同犯罪。因此，本案"盛峰78"船上人员多次在离海岸三四海里海域从其他船舶上非法接驳成品油、白糖运输的行为属于走私犯罪。

当然，对于境内出海船舶接货的行为，如果能够综合其他证据确定涉案船舶在领海以外非法接驳货物后运输入境的，可以直接认定为走私行为。实践中，通常可以结合当事人供述的开船时间、速度、船舶状况等因素综合认定。比如，一般出海接货需要10多个小时，时速七八节，也就是开行100多海里才能从大船上接到油。而领海宽度为12海里，可见船舶开行的距离远远超出领海区域，可以认定是从领海以外接驳货物。不过，这些证据对当事人口供依赖性较大。

二、走私普通货物、物品罪的此罪与彼罪

（一）走私普通货物、物品罪与洗钱罪的区分

洗钱罪，是指明知是毒品犯罪、黑社会性质的组织犯罪、恐怖活动犯罪、走私犯罪、贪污贿赂犯罪、破坏金融管理秩序犯罪、金融诈骗罪的违法所得及其收益，为掩饰、隐瞒其来源和性质，而提供资金账户的，或者协助将财产转换为现金、金融票据、有价证券的，或者通过转账或者其他结算方式协助资金转移的，或者协助将资金汇往境外的，或者以其他方法掩饰、隐瞒犯罪所得及其收益的来源和性质的行为。本罪侵犯的

客体包括国家金融管理秩序和司法机关的正常活动。①一方面，洗钱罪规定在"破坏金融管理秩序罪"章节中，因而其侵犯的是国家的金融管理秩序；另一方面，其犯罪对象是特定上游犯罪的所得及其产生的收益，而犯罪所得及其收益需要由司法机关依法追缴、没收，因而其侵犯司法机关正常活动。

从犯罪对象看，洗钱罪针对的是包括走私罪在内的七类特定犯罪。因此，从这个意义上来说，走私普通货物、物品罪与洗钱罪之间是上下游犯罪。行为人明知是走私普通货物、物品犯罪所得及其产生的收益，仍然通过提供资金账户、转化为现金、转移资金等方式予以掩饰、隐瞒的，以洗钱罪定罪处罚。根据《刑法》第156条规定，与走私罪犯通谋，为其提供贷款、资金、账号、发票、证明，或者为其提供运输、保管、邮寄或者其他方便的，以走私罪的共犯论处。提供贷款、资金、账号、运输等通常也是洗钱罪的重要表现形式。如果与走私罪犯没有通谋，为其提供贷款、资金、账号的，以洗钱罪定罪处罚。

洗钱罪在行为方式上可以分为转移型和转换型两种，转移型包括货物在物理方位上的转移（如运输）和资金在不同账户间的转移；转换型则是将上游犯罪的物品、资金等存在方式互相转换，比如将物品转换成资金，将资金转换成物品，或者将此种非法资金转换为彼种合法资金。而买卖则是在物品与资金之间转换。从这个意义上讲，行为人收购走私犯罪等上游犯罪货物，属于帮助将走私货物转化为资金，系《刑法》第191条所规定的"协助将财产转换为现金、金融票据、有价证券"的行为，也可以理解为最高人民法院《关于审理洗钱等刑事案件具体应用法律若干问题的解释》第2条所规定的"通过典当、租赁、买卖、投资等方式，协助转移、转换犯罪所得及其收益的"行为。因此，在一定条件下，收购走私的普通货物、物品的行为有可能构成洗钱罪。当然，根据《刑法》第155条第1项规定，直接向走私人非法收购走私进口的普通货物、物品，数额较大的，以走私普通货物、物品罪论处。可见，针对收购走私货物、物品的行为，如果是直接向走私人收购，属于间接走私，以走私普通货物、物品

---

① 参见王作富主编：《刑法分则实务研究》（上），中国方正出版社2013年版，第488页。

罪定罪处罚；如果是向其他人收购，且明知是走私的货物，则以洗钱罪定罪处罚。①

（二）走私普通货物、物品罪与逃税罪的区分

逃税罪，是指纳税人采取欺骗、隐瞒手段进行虚假纳税申报或者不申报，逃避缴纳税款数额较大，占应纳税额10%以上，或者缴纳税款后，以假报出口或者其他欺骗手段，骗取所缴纳的税款的行为，或者扣缴义务人采取欺骗、隐瞒等手段，不缴或者少缴已扣已收税款，数额较大的行为。②

走私普通货物、物品罪与逃税罪侵犯的都是国家税收征管制度，体现为行为人故意不依法履行纳税义务，采用虚假申报或者不申报等方式达到不缴或少缴应缴税款。但走私普通货物、物品罪侵犯的是进出口环节海关对普通货物、物品的税收征管秩序，而逃税罪侵犯的是国内环节税务机关的税收征管秩序，二者存在较大区别，主要体现在：第一，税种不同。前者偷逃的是关税以及进出口环节由海关代征的增值税、消费税等税收，后者偷逃的主要是消费税、营业税、所得税等国内税收。第二，入罪标准不同。前者要求个人偷逃应缴税额10万元以上或者单位偷逃应缴税额20万元以上，或者行为人两年内被行政处罚后再次走私普通货物、物品的；后者要求偷逃应缴税额5万元以上并且占应纳税额10%以上。第三，对行为人追究刑事责任的前置条件不同。就逃税罪而言，如果经税务机关依法下达追缴通知后，纳税人补缴应纳税款，缴纳滞纳金，已受行政处罚的，不予追究纳税人刑事责任；当然，如果是五年内因逃避缴纳税款受过

---

① 最高人民法院、最高人民检察院、海关总署《打击非设关地成品油走私专题研讨会会议纪要》第1条第2款规定，"对不构成走私共犯的收购人，直接向走私人购买走私的成品油，数额较大的，依照刑法第一百五十五条第（一）项的规定，以走私罪论处；向非直接走私人购买走私的成品油，根据其主观故意，分别依照刑法第一百九十一条规定的洗钱罪或者第三百一十二条规定的掩饰、隐瞒犯罪所得、犯罪所得收益罪定罪处罚"。

② 当然，根据《刑法》第201条第4项规定，对于纳税人采取欺骗、隐瞒手段进行虚假纳税申报或者不申报，逃避缴纳税款的行为，如果经税务机关依法下达追缴通知后，补缴应纳税款，缴纳滞纳金，已受行政处罚的，不予追究刑事责任；但是，五年内因逃避缴纳税款受过刑事处罚或者被税务机关给予二次以上行政处罚的除外。

刑事处罚或者被税务机关给予二次以上行政处罚，或者扣缴义务人不缴或者少缴已扣已收税款的，不受上述条件限制。就走私普通货物、物品罪而言，则不存在上述情形，只要达到入罪标准应当追究刑事责任。

（三）走私普通货物、物品罪与骗取出口退税罪的区分

骗取出口退税罪，是指以假报出口或者其他欺骗手段，骗取国家出口退税款，数额较大的。走私普通货物、物品罪与骗取出口退税罪的主要区别表现在：

一是客体方面。走私普通货物、物品罪侵犯的客体是国家对普通货物、物品进出口贸易监管以及进出口环节税收征管制度，骗取出口退税罪侵犯的是国家出口退税制度。出口退税制度，是指对在国内已征收过的产品税、增值税、营业税、特别消费税的产品，在其出口时对其已征收过的上述税款予以退回，以增强出口商品在国际市场上的竞争力，促进对外贸易的发展。

二是客观方面表现不同。走私普通货物、物品罪客观方面表现为行为人违反海关法规，逃避海关监管，非法携带、邮寄、运输货物、物品进出境，偷逃进出口环节应缴税额较大，或者一年内曾因走私被给予二次行政处罚后又走私普通货物、物品的行为。骗取出口退税罪表现为违反国家有关出口退税的税收法律、法规，采取假报出口或者其他欺骗手段，骗取国家出口退税款，数额较大的。所谓"假报出口"，是指以虚构已税货物出口事实为目的，具有下列情形之一的行为：（1）伪造或者签订虚假的买卖合同；（2）以伪造、变造或者其他非法手段取得出口货物报关单、出口收汇核销单、出口货物专用缴款书等有关出口退税单据、凭证；（3）虚开、伪造、非法购买增值税专用发票或者其他可以用于出口退税的发票；（4）其他虚构已税货物出口事实的行为。"其他欺骗手段"常见的有：（1）骗取出口货物退税资格的；（2）将未纳税或者免税货物作为已税货物出口的；（3）虽有货物出口，但虚构该出口货物的品名、数量、单价等要素，骗取未实际纳税部分出口退税款的；（4）以其

他手段骗取出口退税款的。①

当然，走私普通货物、物品罪与骗取出口退税罪也有一定共性，主要体现在：从行为方式看，二者都与货物进出口有一定关联，就出口货物而言，计税价格都是依据离岸价格（FOB）计算，即出口退税数额按照货物的 FOB 价格乘以出口退税率；而出口货物属于应税货物的，计算关税税额按照货物的 FOB 价格乘以关税税率。从侵害后果看，二者都侵害了国家税收征管制度，侵害的法益比较接近。正因为此，刑法及其司法解释对二者配置大体相当的三个量刑档次和量刑标准。②

三、偷逃应缴税额的认定

（一）偷逃应缴税额认定的一般思路

偷逃应缴税额取决于进出口环节应缴税额和已缴税额。对于绕关走私而言，由于不存在已缴税额，应缴税额就是犯罪数额。已缴税额通常比较容易认定，主要难点在于应缴税额的认定。应缴税额包括进出口货物、物品应当缴纳的进出口关税和进口环节海关代征税的税额。应缴税额以走私行为实施时的税则、税率、汇率和完税价格计算；多次走私的，以每次走私行为实施时的税则、税率、汇率和完税价格逐票计算；走私行为实施时间不能确定的，以案发时的税则、税率、汇率和完税价格计算。③实践中，进出口环节应缴税额主要包括关税、增值税、消费税三种。④

---

① 参见最高人民法院《关于审理骗取出口退税刑事案件具体应用法律若干问题的解释》第 1 条、第 2 条。

② 骗取出口退税罪分为 5 年以下、5 年至 10 年以及 10 年以上三个档次，最高刑为无期徒刑，分别对应骗取税款 5 万元以上、50 万元以上以及 250 万元以上。走私普通货物、物品罪亦分为三个量刑当次，最高刑为无期徒刑，分别对应骗取税款 10 万元以上、50 万元以上以及 250 万元以上。二者的罚金刑均为骗取（或偷逃）税款 1 倍以上 5 倍以下。

③ 参见《走私案件解释》第 18 条。

④ 基本法律依据分别见《海关法》第 53 条，《增值税暂行条例》第 2 条，第 20 条以及《消费税暂行条例》第 11 条、第 12 条。

1. 应缴关税的基本认定方法

根据《进出口关税条例》第36条，进出口货物关税，以从价计征、从量计征或者国家规定的其他方式征收，其计算公式为：

从价计征关税的应纳税额 = 完税价格 × 关税税率

从量计征关税的应纳税额 = 货物数量 × 单位税额

具体而言，认定进出口货物、物品应缴关税，可以分为三个步骤：第一，确定货物、物品的数量和完税价格。能够确定成交价格的，以成交价格核定；成交价格不能确定的，由海关估定完税价格。第二，对货物进行正确归类，选择合理的税则号。货物、物品的归类，是确定税率的基础。在走私案件办理中，大量情况下（尤其是绕关走私中）货物品名不够具体明确、又缺少实物，一般只能归入某一大类，再按照有利于被告人原则，就低确定相应税率，从而对货物、物品进行归类。第三，适用正确的关税税率。根据《进出口关税条例》等法规规定，进出口货物关税税率包括普通税率、最惠国税率、协定税率、特惠税率、普通税率、暂定税率、关税配额税率、报复性关税税率以及反倾销、反补贴税税率等。根据涉案货物的具体情况，选择合适的税率计算应缴关税税额。

关税的税目、税则号列和税率按照《中华人民共和国进出口税则》、《中华人民共和国进境物品进口税税率表》确定。①

2. 进出口环节应缴消费税的认定方法

货物进口环节消费税由海关代征。消费税主要适用于进口的少数商品，其税目、税率依照《消费税暂行条例》所附《消费税税目税率表》执行。根据该税率表，目前进口环节应税消费品主要有以下十四类：烟、酒及酒精、化妆品、贵重首饰及珠宝玉石、成品油、鞭炮及焰火、汽车轮胎、摩托车、小汽车、高尔夫球及球具、高档手表、游艇、木制一次性筷子、实木地板。

消费税实行从价定率计税、从量定额计税，或者从价定率和从量定额复合计税（以下简称复合计税）的办法计算应纳税额。消费税应纳税额计算公式分别为：②

---

① 参见《进出口关税条例》第3条。
② 参见《消费税暂行条例》第5条、第9条。

从价计征消费税的应纳税额 ＝ 销售额 × 比例税率

从量计征消费税的应纳税额 ＝ 销售数量 × 定额税率

复合计征消费税的应纳税额 ＝ 销售额 × 比例税率 ＋ 数量 × 定额税率

进口的应税消费品，属于从量定额计税的，直接按照进口货物数量与相应的定额税率计算；属于从价定率计税或复合计税的，需要先确定组成计税价格，再根据上述公式计算进口货物应缴消费税。

3. 进出口环节应缴增值税的认定方法

增值税主要适用于进口货物，由海关代征。进口货物应纳增值税税额，按照组成计税价格和货物对应的税率计算应纳税额。其计算公式为：

进口货物应纳增值税税额 ＝（关税完税价格 ＋ 关税 ＋ 消费税）× 增值税税率[①]

可见，增值税是在认定关税和消费税的基础上进行计算。目前，进口货物增值税税率主要分两档，即13%和9%。[②]

对于走私犯罪嫌疑人为出售走私货物而开具增值税专用发票并缴纳增值税，是其走私行为既遂后在流通领域获违法所得的一种手段，属于非法开具增值税专用发票。对走私犯罪嫌疑人因出售走私货物而实际缴纳走私货物增值税的，在核定走私货物偷逃应缴税额时，不应当将其已缴纳的增值税额从其走私偷逃应缴税额中扣除。[③]

4. 个人自用物品进口税的认定方法

海关总署规定数额以内的个人自用进境物品，免征进口税。超过海关总署规定数额但仍在合理数量以内的个人自用进境物品，由进境物品的纳税义务人在进境物品放行前按照规定缴纳进口税。超过合理、自用数量的进境物品应当按照进口货物依法办理相关手续。[④]

[①] 参见《增值税暂行条例》第14条。

[②] 2019年4月1日起施行的财政部、税务总局、海关总署《关于深化增值税改革有关政策的公告》规定，增值税一般纳税人（以下称纳税人）发生增值税应税销售行为或者进口货物，原适用16%税率的，税率调整为13%；原适用10%税率的，税率调整为9%。

[③] 参见《走私案件意见》第12条。

[④] 参见《进出口关税条例》第57条。

进境物品的关税以及进口环节海关代征税合并为进口税,由海关依法征收,①进口税实行从价计征,其税率按照《进境物品进口税税率表》执行。

5. 多次走私未经处理的理解与适用

根据《刑法》第 153 条第 3 款规定,多次走私普通货物、物品未经处理的,应当累计计算。这里的未经处理包括未经行政处理和刑事处理。

(二)完税价格的认定方法

完税价格是计算进出口环节应缴税额的基础,直接影响关税、消费税、增值税税额的认定。根据《计核偷逃税款办法》第 16 条、第 17 条规定,涉嫌走私的货物能够确定成交价格的,其计税价格应当以该货物的成交价格为基础审核确定;成交价格经审核不能确定的,以海关所掌握的其他合理价格为基础确定。据此,走私货物、物品完税价格的认定有两种。

1. 基于成交价格确定完税价格

基于进口货物与出口货物的不同,其完税价格的认定有所区别。根据《海关审定进出口货物完税价格办法》(以下简称《海关审价办法》)第 5 条、第 38 条规定,进口货物完税价格由海关以该货物成交价格为基础审查确定,并且应当包括货物运抵中国境内输入地点起卸前的运输及其相关费用、保险费;出口货物的完税价格由海关以该货物的成交价格为基础审查确定,并且应当包括货物运至中华人民共和国境内输出地点装载前的运输及其相关费用、保险费。② 简言之,进口货物完税价格按照货物到岸价格来确定(即国际贸易术语 CIF 价),出口货物完税价格按照货物离岸价格来确定(即国际贸易术语 FOB 价)。

进出口货物成交价格,是指进口时买方向卖方实付、应付的价款,或者出口时卖方向买方直接收取和间接收取的价款总额。③ 当然,不同贸

---

① 参见《进出口关税条例》第 56 条。

② 根据《进出口关税条例》和《海关审价办法》,正常进出口商品计税所依据的价格称为"完税价格";根据《计核偷逃税款办法》,走私应税商品计税所依据的价格称为"计税价格"。尽管二者称谓上有所区别,但在走私案件办理中,二者本质上是一样的。

③ 参见《海关审价办法》第 7 条、第 39 条。

易内容或不同贸易主体之间,对于实付、应付价款的约定方式、明确程度会有所区别,因此该办法同时规定认定成交价格调整项目。总体而言,成交价格调整项目包括两大类:一是应当计入完税价格的项目,如进口货物中由买方支付的佣金和经纪费(购货佣金除外)、包装的材料费和劳务费、符合一定条件的特许权使用费等;二是不应当计入完税价格的项目,如进口货物购货佣金、进口环节税款以及成交价格中单独列明发生在境内的安装、维修、运输、保险等费用。

进口货物的运输及其相关费用,应当按照由买方实际支付或者应当支付的费用计算;无法确定的,海关应当按照该货物进口同期的正常运输成本审查确定。进口货物的保险费,应当按照实际支付的费用计算;无法确定或者未实际发生,按照"货价加运费"两者总额的3‰计算保险费。其计算公式如下:

$$保险费 = (货价 + 运费) \times 3‰[1]$$

此外,涉嫌走私进口的黄金、白银和其他贵重金属及其制品、珠宝制品以及其他有价值的收藏品,应当按国家定价或者国家有关鉴定部门确定的价值核定其计税价格。[2]

2. 基于海关所掌握的其他合理价格

涉嫌走私的货物成交价格经审核不能确定的,其计税价格应当依次以下列价格为基础确定:(1)海关所掌握的相同进口货物的正常成交价格;(2)海关所掌握的类似进口货物的正常成交价格;(3)海关所掌握的相同或者类似进口货物在国际市场的正常成交价格;(4)国内有资质的价格鉴证机构评估的涉嫌走私货物的国内市场批发价格减去进口关税和其他进口环节税以及进口后的利润和费用后的价格,其中进口后的各项费用和利润综合计算为计税价格的20%;(5)涉嫌走私的货物或者相同、类似货物在国内依法拍卖的价格减去拍卖费用后的价格;(6)按其他合理方法确定的价格。[3]

在确定走私货物完税价格时,需要注意的是,前述几种方法有比较

---

[1] 参见《海关审价办法》第35条、第36条、第37条。
[2] 参见《计核偷逃税款办法》第19条。
[3] 参见《计核偷逃税款办法》第17条。另外,出口货物成交价格不能确定时如何确定完税价格,确定思路比较接近,详见《海关审价办法》第41条。

严格的先后顺序。首先，如果能够确定货物成交价格的，要优先以成交价格为基础确定完税价格。其次，成交价格不能确定的，再适用其他估价方法，而且在适用其他估价方法时，仍然有一定的前后顺序，即只有在先的估价办法无法适用时，才适用在后的估价办法。以被告人林某某等人走私普通货物案为例。

【案例】被告人林某某召集被告人吴某某等人驾驶一艘"三无"油船走私柴油入境。第一次走私柴油260吨，在浙江省温州卸油，经侦查机关委托海关价格鉴定中心评估计核，该批走私柴油偷逃应缴税额54万余元。林某某等人第二次走私柴油时，从境外油船上过驳柴油完成后，返航途中在领海外的毗连区处被查获。该次走私柴油274.941吨，经海关部门计核，偷逃应缴税额57万余元。①

本案涉案货物有两个价格：一个是侦查机关委托价格鉴定中心评估的价格，另一个是案发后侦查机关变卖涉案货物的销售价格，而且销售价格低于评估价格。对此，辩方提出应按照有利于被告人原则，依变卖价格进行核税。然而，根据上述计价规则，价格鉴定机构评估的价格优先于国内拍卖价。本案鉴定机构能够估价确定价格，应当优先适用该价格计税。

（三）税率的适用问题

根据《进出口关税条例》规定，我国对进口货物关税设置最惠国税率、协定税率、特惠税率、普通税率、关税配额税率等税率，在一定期限内可以实行暂定税率。出口关税设置出口税率，在一定期限内可以实行暂定税率。② 由于进口货物税率比较多样，本节主要分析进口货物各类税率及其适用条件。

1. 常见税率及其适用条件

（1）最惠国税率。原产于共同适用最惠国待遇条款的世界贸易组织成员的进口货物，原产于与我国签订含有互相给与最惠国待遇条款的双边贸易协定的国家或者地区的进口货物，以及原产于中华人民共和国境内的进口货物，适用最惠国税率。由于我国已加入WTO，故从所有WTO成员

---

① 参见浙江省温州市中级人民法院刑事判决书（2018）浙03刑初219号。
② 参见《进出口关税条例》第9条。

进口的货物都适用最惠国税率，即使少数与我国有贸易往来的国家未加入WTO，如俄罗斯等国，由于这些国家与我国签订了互惠协议，互相承认并给予对方最惠国待遇。

（2）协定税率。原产于与我国签订含有关税优惠条款的区域性贸易协定的国家或者地区的进口货物，适用协定税率。我国与马尔代夫、格鲁吉亚、澳大利亚、秘鲁、新加坡、新西兰、智利、巴基斯坦、东盟等多个国家和地区组织签订了双边或多边自贸区协定，与印度、韩国、孟加拉国、斯里兰卡、老挝签订了优惠贸易的亚太贸易协定，从前述国家进口货物关税适用协定税率。

（3）特惠税率。原产于与我国签订含有特殊关税优惠条款的贸易协定的国家或者地区的进口货物，适用特惠税率。特惠税率主要目的是鼓励不发达国家。

（4）普通税率。原产于上述情形以外国家或者地区的进口货物，以及原产地不明的进口货物，适用普通税率。普通税率高于最惠国税率、暂定税率、协定税率、特惠税率。

（5）暂定税率。暂定税率是在海关进出口税则规定的进口优惠税率和出口税率的基础上，对进口的某些重要工农业生产原料和机电产品关键部件以及出口的部分资源型产品实施更为优惠的关税税率。暂定税率一般按照年度制定实施，并且可以根据需要随时中止。适用最惠国税率的进口货物有暂定税率的，应当适用暂定税率；适用协定税率、特惠税率进口的货物有暂定税率的，应当从低适用税率；适用普通税率的进口货物，不适用暂定税率。适用出口税率的出口货物有暂定税率的，应当适用暂定税率。

（6）关税配额税率。按照国家规定实行关税配额管理的进口货物，关税配额内的，适用较为优惠的关税配额税率；关税配额外的，根据具体情况选择前面五种税率其中一种。

（7）其他税率。按照有关法律、行政法规的规定对进口货物采取反倾销、反补贴、保障措施的，其税率的适用按照《反倾销条例》、《反补贴条例》和《保障措施条例》的有关规定执行。对于偷逃反倾销税、反补贴税的，应当计入偷逃应缴税额。对于偷逃临时反补贴措施的保证金和临时反倾销措施的保证金的，应区别对待。第一，根据《反倾销条例》第28

条、第29条规定，临时反倾销税与保证金等担保形式在实体和程序上均存在明显区别，前者由国务院关税税则委员会决定，后者由外经贸主管部门决定并公告。根据《进出口关税条例》，国务院关税税则委员会是制定、调整、解释关税事项的有权部门。因此临时反倾销税属于关税措施，而外经贸主管部门决定收取的保证金不属于关税措施，偷逃临时反倾销措施中的保证金不计入偷逃应缴税额。第二，根据《反补贴条例》第29条、第30条规定，临时反补贴措施中采取保证金担保形式是由国务院关税税则委员会决定征收，该保证金作为临时反补贴税的形式，属于关税措施。可见，临时反补贴措施中的保证金与临时反倾销措施中的保证金在性质上存在较大区别。因此，偷逃临时反补贴措施的保证金的行为应视同偷逃国家税款。

2. 原产地不明货物的税率适用问题

针对原产地不明的货物，海关总署关税司于2006年和2007年分别作出两个批复。2006年，海关总署关税司在回复拱北海关的批复中指出："根据关税条例第十条规定，原产地不明的进口货物，适用普通税率。因此，无论是否涉及违规，只要进口货物原产地不明，海关都应按普通税率计核税款。但实践中，在判断货物原产地时，海关和当事人的举证责任视情况有所不同。在正常进口过程中，纳税义务人申报纳税时应首先向海关举证（如提交合同、发票、原产地证明等）所进口货物适用何种税率，如其不同意举证货物原产地，海关即应按普通税率计核税款。但在办理走私违规案件的处理过程中，海关应首先负责举证货物的原产地，如查案部门不能举证涉嫌走私违规货物原产地时，按照最惠国税率等计核税款。"①之后，海关总署关税司于2007年给杭州海关的批复内容是："在办理走私案件时，海关对证明案件事实负有举证责任，如原产地不明且办案部门举证不能，则应适用优惠税率计核偷逃税款。因此，对于走私违规货物，如原产地不明且办案部门举证不能，海关应适用最惠国税率计核税款；如果同时存在最惠国税率和暂定税率的，应优先适用暂定税率计核税款。"②

结合上述两个规定可以看出，海关总署关税司区分正常通关进口货

---

① 参见税管函〔2006〕140号文。
② 参见税管函〔2007〕149号文。

物和走私违规案件,依据不同举证责任做不同处理。对于走私违规案件的,举证责任在办案部门,在办案部门举证不能的情况下适用优惠税率,优先适用最惠国税率,同时存在最惠国税率和暂定税率的,应优先适用暂定税率。

此外,通过非设关地走私成品油、白糖、冻品等货物的,一律按照普通税率计核偷逃应缴税额,不适用最惠国税率或者暂定税率。

(四)偷逃税额认定中几项税款优惠与扣减因素的把握

通过前面分析,进出口货物、物品应缴税额主要取决于三个因素:一是货物、物品的归类;二是税率的适用;三是完税价格的认定。司法实践中,对于协定税率、货物索赔、国内税费、购货佣金等涉及应缴税额优惠或扣减的因素,如何理解和把握比较容易引起争议。

1. 协定税率、货物索赔与境内税费问题

协定税率主要影响税率的选择适用,货物索赔主要影响完税价格的认定,二者对偷逃应缴税额的认定都有重要影响。根据相关规定,原产于与我国签订含有关税优惠条款的区域性贸易协定的国家或者地区,在进口申报时提交或者及时补充符合要求的原产地证书、原产地声明等材料的,可以适用协定税率。[①] 进出口货物因货物短少、残损、品质不良、规格不符等原因发生短装部分退还或者赔偿相应货款的,纳税义务人自缴纳税款之日起1年内,可以根据已经退款或者赔款的证明文件等材料向海关申请退还进口或者出口短装部分的相应税款。[②]

司法实践中,不少走私案件当事人在通关申报时未按要求提交或者及时补充原产地证明等材料,或者案发后未按规定就货物索赔申请退税。那么,在刑事案件案发后,行为人能否主张适用协定税率或者扣减索赔部分的税款?一种观点认为,只要实质上符合行政规范原产地优惠条件或者存在货物短少、退赔的,应当予以扣减或优惠;另一种观点认为,由于形式上不符合行政规范的要求,不应扣减。

---

① 参见《进出口关税条例》第10条第2款,《海关进出口货物优惠原产地管理规定》第21条第1款。

② 参见《进出口关税条例》第50条,《进出口货物征税管理办法》第62条、第63条。

一般来说,对于通关走私涉及原产地以及退货或索赔的问题,可以以案发时间为节点来判断是否予以扣减,即对于案发前已经取得形式合法、有效的原产地证书,该原产地证可以作为计税依据予以优惠,案发之后的则不适用协定税率;对于案发前已经实际完成索赔、退货的,相关货物对应的税款予以扣减,案发后发生的则不予扣减。主要理由有三点:第一,对于案发前已经客观存在的税收优惠条件,尽管在正常通关环节没有按照规定向行政机关提出主张,但刑法更强调实质危害性,按照实际查明的优惠条件来认定偷逃应缴税款,更加符合实质合理性原则,也能体现罪责刑相适应原则。第二,走私案件具有很强的涉外性,原产地证明、索赔资料等涉及许多境外证据的采信、域外事实的查明,由于境外的特殊性,这些证据查证属实难度非常大,如果允许根据当事人案发后所提交的货物原产地证明、索赔资料等扣减应缴税款,要么使司法机关无从查实,要么当事人可以轻易利用这种情形不当减轻相应罪责,使司法活动陷入不确定性。第三,以案发时间为节点认定税款的扣减,也符合经济犯罪案件涉案数额的认定思路。例如,同样是经济犯罪的诈骗类犯罪,对于案发前已经实际归还被害人的数额予以扣减,案发后归还的则不从诈骗数额中扣减,否则行为人是否构成诈骗犯罪将永远处于不确定状态。

此外,根据《海关审价办法》第15条规定,进口货物价款中单独列明货物进口后发生的建设、安装、装配、维修等费用以及进口环节和国内发生的税款(统称国内税费),均不计入货物完税价格。实践中,不少进口货物合同上写明成交价包含上述费用,但没有单独列明的,能否扣除存在争议。对此,也应坚持实质合理性原则,对于确实有正式合同体现成交价包含上述国内税费,且有证据证明实际发生过上述合理税费的,在认定完税价格时予以适当扣除。①

与原产地证明相关联的协定税率、基于货物索赔而申请退税以及进口货物中单列的国内税费可以扣除等行政规定,是国家对正常国际贸易、以通关的方式接受海关监管的行为予以优惠减免的措施。针对通过非设关地走私入境的情形,由于严重逃避海关监管,不符合行政规范中关于

---

① 参见南英主编:《〈最高人民法院、最高人民检察院关于办理走私刑事案件适用法律法律问题的解释〉理解与适用》,中国法制出版社2015年版,第269页。

税收优惠减免的最基本规范要求,在认定偷逃应缴税额时不应予以优惠或扣减。

2. 购货佣金问题

根据相关规定,进口货物中由买方负担的购货佣金以外的佣金和经纪费,应当计入完税价格。①可见,购货佣金不需要计入完税价格中,如何认定购货佣金容易成为争议焦点。所谓"购货佣金",是指买方为购买进口货物向自己的采购代理人支付的劳务费用。②结合法律对购货佣金的定性以及买方与所谓"代理人"(以下简称中间人)之间的关系,可以从以下几方面把握双方是否属于代理关系、买方所支付的相关费用是否属于"购货佣金"。

第一,从行为人在贸易关系中的主动权来分析。在典型代理关系中,中间人根据买家(委托人)的指示和要求实施相应的商业行为,主要从事事务性而非决策性行为。在整个贸易关系中,委托人处于主动地位,对实际卖家的选择、交易价格、规格和数量的确定等与交易有实质性关系的因素,委托人都具有决定权,中间人无太大自主权,而委托人对于中间人本身有一定的自主选择权,必要时委托人可以绕开中间人直接向卖方购买相关产品。

第二,从贸易过程中中间人对货物拥有的相关权利、风险承担范围来判断。如果中间人仅仅代为委托人寻找买方,为买卖双方最终达成交易提供具体劳务活动,那么在买卖双方的货物转移过程中,中间人对货物不享有独立所有权,也不承担相应的货物风险,买家与中间人之间是代理关系。

第三,从相关费用的约定方式、组成方式以及实际金额是否在合理幅度内等因素综合判断。购货佣金是进口商(买方)向采购代理人的劳务付出所支付的对价。如果买方与中间人明确约定具体费用且有相对固定的计算标准,相关费用在买方整个贸易支出中所占比例不会太大,费用仅限于中间人劳务报酬而不包括仓储、运输、海运等其他费用,那么相关费用更接近佣金。

---

① 参见《进出口关税条例》第19条、《海关审价办法》第11条。
② 参见《海关审价办法》第56条。

四、走私普通货物、物品罪既遂与未遂的认定

根据《走私案件解释》第23条规定,实施走私犯罪,具有下列情形之一的,应当认定为犯罪既遂:(1)在海关监管现场被查获的;(2)以虚假申报方式走私,申报行为实施完毕的;(3)以保税货物或者特定减税、免税进口的货物、物品为对象走私,在境内销售的,或者申请核销行为实施完毕的。

结合上述规定,对于通关走私普通货物、物品而言,既未遂的判断同时存在海关监管现场标准和申报行为实施完毕标准,两个标准的适用就会存在一定冲突。例如,实践中许多走私货物已经进入海关监管现场,但尚未申报完毕便案发。对此,该适用哪一项标准认定犯罪既未遂,理论与实践都有一定分歧。一种观点认为,上述两个标准并行不悖,申报行为尚未实施完毕即在海关监管现场被查获,只要根据相关证据足以认定构成走私犯罪的,同样应认定为走私既遂。① 另一种观点则认为,只要存在申报行为或者是打算通过虚假申报的方式实施走私活动的,应独立(优先)适用申报行为实施完毕标准。②

司法解释既然将申报行为实施完毕作为判断走私犯罪既遂的标准之一,由于申报行为本身即是主动接受海关监管的过程,只要犯罪嫌疑人尚未虚假申报,那就有悔改余地,因此,我们认为,独立(优先)适用申报行为实施完毕标准更能体现罪刑相适应原则。

针对走私犯罪属性,向来有行为犯和结果犯之争,进而对既未遂的判断有不同观点。从《走私案件解释》所规定的走私犯罪既未遂三项标准看,更侧重于行为犯的观点。从行为角度来说,走私犯罪最核心的行为在于逃避海关监管的行为,当行为人全部实施完成逃避海关监管的行为,才构成既遂。从货物通关的一般情况看,接受海关监管主要体现两方面行为:一是货物进入监管区域,表明行为人以通关方式进出口货物;二是实施申报行为,表明主动接受监管。因此,从通关走私角度讲,只有当货

---

① 参见南英主编:《〈最高人民法院、最高人民检察院关于办理走私刑事案件适用法律法律问题的解释〉的理解与适用》,中国法制出版社2015年版,第357页。

② 参见朱曙光:《走私犯罪既遂标准探析》,载 http://www.511vh.com/web/article/articleDetail.do?id=3039&from=timeline&isappinstalled=0。

物进入监管区域并且完成申报,行为人才全部实施完成逃避海关监管的行为,①也才构成走私既遂。换言之,行为人可能一开始有走私的故意并着手实施,但在完成实际申报前也可能因为各种原因改变主意,转而如实申报或者降低虚假申报的程度,从而减少行为的社会危害程度,尚有犯罪未遂或中止的可能。因此,通关走私普通货物中,一般情况下应当适用申报行为实施完毕标准来判断犯罪既未遂。以汪某走私普通货物案为例。

【案例】在汪某走私普通货物案件中,以 7.5 美元/千克向香港客户购买合计 5.5 万千克偏光片,其以虚假品名和价格委托他人分三票进口,第二票货物进口时,在申报完毕后海关查验时被发现品名与实际不符而案发。因第二票货物已经被发现,在货物运至晋江陆地港后,遂改成以真实品名及价格申报第三票,欲将货物放行出关未果,后被海关查扣。该案中,第三票货物已经进入海关监管现场,但尚未申报完毕就案发。2015 年 12 月,二审法院作出判决,认为汪某在已经着手实施第三票以虚假申报方式进行走私犯罪活动的过程中,因其申报行为尚未实施完毕即被查获,犯罪未能得逞,可认定为犯罪未遂。②

当然,由于通关走私的情况比较复杂多样,进入海关监管现场后尚未申报前,如果根据客观情况、按照一般通关流程,行为人已经不具有依法如实申报的现实可能性,则后续申报行为只不过是形式上掩盖其走私过程、保障其获得走私预期结果的一种手段而已,但申报与否对走私行为的判断、对逃避海关监管的认定不具有实质性影响。在此情况下,只要货物已经进入海关监管区域,表明行为人已经完成了逃避海关监管的行为,即可以认定为既遂。以李某华等人走私普通货物案为例。

【案例】2013 年 10 月,被告人李某华接受韩国客商委托代理进口化妆品,李某华联系被告人路某雅办理进口手续,路某雅又委托被告人包某忠代理进口。路某雅、包某忠决定将化妆品伪报成聚丙烯向海关申报进口,并从国内采购与申报品名、重量、数量一致的一批聚丙烯,以应付进口环节的行政监管。包某忠接受委托后,确定聚丙烯的申报价格用于制作合同、发票等虚假报关单证,并以进口聚丙烯的名义委托代理公司具体办

---

① 完成逃避海关监管的行为不等于成功逃避海关监管,前者表明行为人主动而为之;后者只是预期的结果,结果出现与否还取决于其他诸多因素。

② 参见福建省高级人民法院刑事判决书(2015)闽刑终字第 333 号。

理进口手续。货物进口后，李某华根据韩国客商提供的信息，通过国内物流分发到不同的货主手中。半年之内，李某华、路某雅、包某忠以上述方式从韩国走私进口化妆品8票共8个集装箱。其中第8个集装箱到达口岸前，路某雅等人已因涉嫌走私其他货物被刑事拘留，该票货物长期滞留港口未申报，后该票化妆品因他人举报而案发，涉及税款120余万元。其余7票化妆品经追查，最终能查实的货物税款60余万元。一审法院认定全案化妆品走私既遂，二审法院维持原判。①

包通关走私是实践中常见的走私形式，委托人通常以低于应缴税款的价格委托他人包通关，货物进口方式、申报要素（价格、品名、数量等）都由受托方自行决定的，由于受托方收取费用低（不足以缴纳税款），不掌握货物实际交易情况，也不具有如实申报的可能性。本案就是一起典型的包通关走私案，李某华、路某雅、包某忠都是受托包通关进口化妆品，自始至终不掌握货物真实品名、数量、价格，不具有如实申报的现实可能性，认定犯罪既遂时无需考虑申报情况，只要进入海关监管现场，就可以认定为犯罪既遂。

综上所述，针对通关走私的既未遂问题，申报行为实施完毕标准与海关监管现场标准有其各自适用的空间，界限在于进入海关监管现场后、申报完毕前是否存在依法如实申报的现实可能性。如果尚有依法如实申报的现实可能性，则依申报行为实施完毕标准认定既未遂；反之，则直接适用海关监管现场标准来认定。②

五、走私普通货物、物品罪主犯与从犯的认定

走私犯罪具有明显的团伙化、职业化特征，犯罪链条较长、环节较多，涉及人数众多，准确认定主从犯对合理平衡罪责、有效调节量刑有至关重要的意义。《刑法》第26条第1款规定："组织、领导犯罪集团进行犯罪活动的或者在共同犯罪中起主要作用的，是主犯。"第27条第1款规定："在共同犯罪中起次要或者辅助作用的，是从犯。"关于主要作用与次

---

① 参见浙江省高级人民法院刑事判决（2015）浙刑二终字第106号。

② 尽管海关监管现场概念大于海关监管区域，但在通关环节涉及的走私中，海关监管现场主要是指海关监管区域。

要作用的区分,张明楷指出,"一方面要分析犯罪分子实施了哪些具体犯罪行为,对结果的发生起什么作用;另一方面要分析犯罪分子对其他共犯人的支配作用"。① 其进一步解释道,"要根据行为人在共同犯罪中所处的地位、对共同故意形成的作用、实际参与的程度、具体行为的样态、对结果所起的作用等进行具体分析"。② 上述标准为区分走私案件主从犯提供了一般性思路。本书结合走私案件自身特色,首先分析走私案件主从犯认定的主要考量因素,其次分析走私犯罪中几类常见角色主从犯的认定问题。

(一) 走私案件中主从犯认定的主要考量因素

结合走私案件自身特色,可以从行为分工和利益分配两个维度考量主从犯,前者是主要因素,后者是补充因素。

1.行为分工

从整个犯罪过程看,走私一般可以区分为组织准备、指挥联络、出入境运输、销售和运输、款项收付等不同环节,而组织准备环节还可以进一步区分为起意策划、提供资金、招募人员、提供运输工具等分工。评判行为人参与走私的作用大小时,可以结合其所参与各个环节性质、重要程度、参与环节的多寡等因素进行综合考量。

第一,考量具体行为性质区分作用大小。首先,根据各种具体行为的技术含量,大致可以分为技术管理型行为和体力劳务型行为。前者如出谋划策、组织人员、指挥调度、沟通联系、财务管理等,后者如"水客"进出境、跟船出海、货物运输、望风接送等。按照一般社会观念,在共同犯罪中前者的作用通常高于后者,前者对个体人身依赖性较强,后者可替代性较高。其次,根据各种具体岗位分工,可以分为关键环节和辅助环节。关键环节通常在完成走私中具有不可替代的作用,如非设关地走私中,同样是运输行为,但货物进出境过程中的运输环节显然是关键环节,缺少该环节走私无法实现;而货物入境后的境内运输或陆上运输环节,则起辅助作用。

第二,考量各个行为人参与过程中与共同犯罪核心成员之间关联度。

---

① 张明楷:《刑法学》(第五版),法律出版社2016年版,第450页。
② 张明楷:《刑法学》(第五版),法律出版社2016年版,第453页。

走私犯罪核心成员主要有犯意提起者、策划者、投资者、组织者。在犯罪实施前直接接受核心成员分工、布置，或者在作案过程中直接接受核心成员指挥、派遣的，与核心成员关联度高，其参与的行为在共同犯罪中作用大；反之，离核心成员较远，并不直接接受核心成员分工、调度或指挥的，其在共同犯罪中作用较小。

第三，考量某个环节是由少数人甚至个体单独完成，还是由多人集体共同配合完成。独立完成某一环节的人数越少，单个人的可替代性越低，作用越大；反之，需要独立完成某一环节的人数越多，对单个人而言其可替代性越高。例如，在非设关地走私中跟船出海的船员、集体完成卸油的工人、"水客"走私中直接携带货物出入境的"水客"，通常有较高的可替代性，作用较小。

第四，考量行为人在各个环节中参与程度的深浅。就某一个环节而言，参与时间越长、参与范围越广，所起作用一般越大。例如，同样是受雇用参与走私的跟船人员，行为人如果是仅仅自己参与犯罪，其所起作用相对较小；但如果同时纠集、招募其他人员参与，所起作用较大；而且纠集、招募参与的人员越多，或者被纠集者对完成非设关地走私所起作用越大，则纠集者、招募者自身的作用也越大。就不同环节而言，如果只参与一个环节，作用较少；如果参与多个环节，所起作用一般较大。

2. 利益分配

区分主从犯本质上需要围绕不同人员在共同犯罪中的地位、作用来分析，获利情况本身并不直接体现行为人的作用大小。但是，根据一般社会观念，在同一团体活动中，行为人的获利大小往往与其对该团体活动的贡献程度成正比，贡献越大，一般获利越多；贡献越小，一般获利越少。正因为此，可以结合获利情况倒推个体在团体活动中的贡献程度。走私罪作为典型的经济犯罪，行为人以获取经济利益为基本诉求，获利情况更可以作为评判其在共同犯罪中作用大小的重要尺度。获利包括行为人参与共同犯罪的实际获利和预期获利。通常情况下，如果行为人的获利（包括预期获利）越多，其在共同走私中的作用越大，反之亦然。

总体而言，根据行为人参与某一违法犯罪的获利模式，大体可以分为谋利型犯罪和谋生型犯罪。谋利型犯罪，是指以追求利润最大化为目标实施违法犯罪，最典型的是走私犯罪投资人（货物股东），其特征是获利情况不确定，而且获利大小与经济风险成正比，一旦案发，其面临所有投入、所有货物被追缴的风险。谋生型犯罪则以获取相对固定报酬为目标参与到违法犯罪中，比如非设关地走私中受雇用的船员、望风人员、单位走私中的普通业务员、行邮走私中的"水客"等，其特征是获利情况比较固定，经济风险较低，一般情况下可以认定为从犯。

当然，在具体的共同犯罪中，有些人是纯粹的谋利型犯罪，有些人是纯粹的谋生型犯罪，但不少情况下同一参与人可能是谋利型成分与谋生型成分交织。一般而言，谋利型成分占比例越高，其在共同犯罪中作用越大，反之亦然。

获利情况可以在一定程度上反应行为人在共同犯罪中的地位、作用，但也不宜过于夸大其作用。一方面，刑法所惩罚的是人们的行为，行为对社会的危害性越大，就应当承担越多的刑事责任，只有行为人在犯罪中所承担的具体职责、所实施的具体行为才与其对社会的危害性直接关联，而获利情况只是从事违法犯罪的副产品，并不与其在犯罪中的地位、作用直接关联，只能作为一个间接参考因素。另一方面，随着走私犯罪隐蔽化程度越来越高，大量走私案件要准确查清不同人员真正获利情况、真实获利模式比较困难。

（二）不同角色主从犯的认定思路

1. 走私货主的主从犯认定

走私普通货物、物品犯罪中，货主对启动走私有一定决定权，也是走私犯罪主要获利者，一般情况下可以认定为主犯。但仍然需要结合具体情况，从以下两个方向来考量：

第一，合理区分积极参与型货主与被动从属型货主。[①] 积极参与型货主往往表现为积极组织策划、寻觅通关团伙、参与伪造单证和虚假申报，他们在提起犯意、组织策划、非法获利等方面处于决定性地位，属于主犯。消极从属型货主在包通关走私中比较常见，货主在支付包税费后，放任他人走私货物入境，主观认识程度较低（一般间接故意），走私过程参

[①] 参见王志军、周卓豪：《走私共同犯罪主从犯认定问题研究》，载微信公众号"厦门市刑法学研究会"，https://mp.weixin.qq.com/s/GmKjFef6ht0h xdgDFeGoXg，2020年4月24日。

与度较小，不少案件中可以认定从犯。

第二，合理区分不同股东的股份与参与程度。实践中，不同人员共同出资参与走私的现象比较常见。虽然都属于货主，但由于不同人员入股方式、比例、持续时间等有一定区别，入股后是否直接实施具体行为等情况各不相同，这些因素对于评判其在共同犯罪中的地位、作用都有一定影响。一般而言，股份比例越高，对走私的决定权越大，从走私中所能获取的利益（包括预期利益）越多，在共同犯罪中的作用越大，所需承担的风险（包括刑事风险）也越高，反之亦然。如果出资人的股份基本均分，没有明显过大差异，说明其对走私的决定权基本相当，即便其在共同犯罪中其他具体行为较少，但一般都认定为主犯。

2. 货物代理方的主从犯认定

货物代理方是走私犯罪中与货主相对应的重要角色，根据其不同参与程度，可以区分为两种基本类型：第一种是主动实施型。此类货物代理方往往组成相对专业化、职业化的走私团伙，四处承揽走私货物，主动出谋划策，积极寻找走私途径，提供各类虚假申报要素、证明文件，他们在走私共同犯罪中一般起主要作用，属于主犯。第二种是被动配合型。受货主组织、指挥，货物代理方按照货主要求制作各类虚假单证参与走私，或者在正常货物进出口中获悉货主实施走私而予以默认或配合，涉及走私的代理费用与正常业务的代理费用没有特别明显区别，他们在走私共同犯罪中一般起次要或辅助作用，属于从犯。

3. 运输人员的主从犯认定

走私过程必然伴随着货物运输，包括境内运输和出入境运输。境内运输人员一般起次要作用，可以认定为从犯。出入境环节运输则要根据不同类型区分各自作用：第一种是主要实行型。即货物运输方积极寻找运输工具、组织运输人员、谋划运输途径等，承担全部或大部分货物运输，对成功走私具有不可替代的作用，一般应认定为主犯。第二种是次要实行型。即运输人员纯粹受雇，一般性参与直接运输，要么与其他人互相配合共同完成运输，要么只承担少部分货物运输，作用较小，可以认定从犯。比如，"水客"受雇于走私团伙，运用分批量、多批次手段实施"蚂蚁搬家"式走私。在整个走私犯罪链条当中，虽然"水客"具体实施通关行为，表面上看是主要实行犯，但他们的角色定位仅仅类似于带货工具，只是机械地执行指令，其行为属于从属、被动地位，一般可按从犯处理。

六、走私普通货物、物品罪自首情形的认定

走私案件中，当事人到案过程形式多样，在走私普通货物、物品案件中自首也经常成为争议焦点问题。

（一）走私案件中自动投案的认定

1. 形迹可疑型自动投案的判断

自动投案包括典型自动投案和视为自动投案两种情形，而视为自动投案特别是形迹可疑型自动投案如何判断，是司法实践常见争议焦点。

【案例】2012年间，被告人缪某某及其所实际经营的南京某贸易公司采用低报价格的方式，从日本走私花王等品牌纸尿裤入境，偷逃进口环节应交税额700余万元。侦查人员在已经掌握其公司低报价格走私嫌疑的情况下前往公司调查，从办公现场查获大量涉案货物真实单证。在未确定具体实施走私的人员的情况下，对缪某某及其他公司员工进行调查，后缪某某如实供述走私的犯罪事实。辩护人认为，在对相关人员进行一般性排查时，缪某某如实供述，系自首。法院认为，缪某某不构成自首。[①]

本案中，侦查机关在已经发现涉案单位有一定犯罪嫌疑的情况下，从单位办公现场查获大量证据，并实际控制公司相关人员。虽然具体走私实施人员没有确定，但这种情况下开展的调查，已经不是一般性调查，而是在涉案单位和相关人员有犯罪嫌疑的情况下针对性地实施调查，在这种情况下，行为人向侦查机关供述犯罪事实不属于自首。

当然，由于走私案件比较特殊，实践中普遍存在海关相关执法部门（包括缉私部门、缉查部门）在发现有走私可疑后，对相关单位进行执法调查、摸排，涉案单位主管人员主动交代走私犯罪事实并提供具体的证据材料，对案件侦查起到较大作用。在此情形下，关键在于判断执法部门在调查之前所掌握的可疑线索程度。如果只是通过一般性的数据对比、分析，发现涉案单位有可能存在低报价格等风险，由于执法部门没有掌握到

---

① 参见浙江省宁波市中级人民法院刑事判决书（2013）浙甬刑一初字第128号。

涉嫌走私的实质性证据，在此情形下属于一般性调查。如果是基于具体人员举报或者通过其他手段已经掌握涉嫌走私的指向性证据，即使只是单方面，但只要能够与嫌疑人、嫌疑单位走私案情建立特定的关联性，进而到涉案单位展开调查，就属于有犯罪嫌疑而进行的调查。本案即属于这种情形。

对于海关基于价格风险分析等因素进行一般性排查时，如果当事人主动供认，或者提供真实发票、账册等据以认定其走私行为（或走私犯罪）的证据，属于主动交代犯罪事实，应视为自动投案。相反，如果当事人在接受调查时拒不配合，或者表面配合实质转移、销毁证据的，不属于主动交代犯罪事实，就不能视为自动投案。以杭州某贸易公司走私普通货物案为例。

【案例】2012年7月至2016年9月，杭州某贸易公司采用低报价格的方式从我国台湾地区进口扑克牌22票，偷逃应缴税款共计人民币90.8万元。同年12月，宁波海关稽查科接到线索后，到该公司办公地稽查，其间，公司负责人赖某趁稽查人员不注意，登录邮箱将涉及真实合同的邮件予以删除。宁波海关经调查，发现本案涉嫌刑事犯罪，移送缉私部门刑事立案，后赖某应要求主动到宁波海关接受讯问，如实供述了走私犯罪事实。法院认定，被告单位杭州某贸易公司和被告人赖某犯走私普通货物罪，但都未认定自首。①

本案中，尽管刑事立案后赖某主动到案，然而在最初行政调查阶段，赖某实施销毁、隐匿证据的行为，没有主动交代犯罪事实，体现其较严重的人身危险性，况且其删除证据的行为对侦查造成困难，从最终认定结果看，虽然走私的事实可以认定，但其中14票货物因其删除行为导致真实价格资料缺失最终无法认定，不符合自首所要求的如实供述的条件。

2. 电话通知到案时自动投案的认定

自动投案的另一个争议焦点是经侦查人员电话通知后到案的，是否属于自动投案，这在走私普通货物、物品案件中很常见。例如，在徐某文等9人走私相机案中，侦查人员已经确定丁某等4人有犯罪嫌疑的情况下，打电话通知其到案接受调查。随后上述4人前去接受调查，并如实供

---

① 参见浙江省宁波市中级人民法院刑事判决书（2019）浙02刑初3号。

述自己的罪行。① 对此,一般情况下,经电话通知后主动到案的,应当认定为自动投案,主要理由有两点:

第一,接到电话通知后到案符合归案自动性。刑法规定自首为法定从轻、减轻情节,其立法本意之一在于节约司法资源。司法机关可以以较小成本破案,并实际控制住当事人。在电话通知到案的情形中,虽然侦查机关已掌握当事人相关犯罪线索,电话通知虽然也可以理解为一种口头传唤,但尚未实际控制住当事人。当事人在接电话通知后可以有两种选择:要么前去接受调查,要么不予理睬甚至逃亡。也就是说,这种存在空间间隔的口头传唤有别于面对面当面口头传唤。在后一种情况下,当事人只有归案一种选择,只是归案的过程有一定区别:要么配合归案,要么因抗拒而被制服后归案。换言之,此时当事人是否归案的实际决定权在司法机关而非当事人。在电话通知情形中,当事人是否归案,实际决定权在当事人而非司法机关,在存在空间间隔的情况下,虽然通过电话得知自己被立案调查,但对于是否前去接受调查,其自己有决定权。此时,法律应当鼓励当事人前去接受调查,以节约司法成本,而这正是自首的立法本意之一。可见,这种行为能体现出当事人归案自动性。

第二,从公平角度讲,这种情况也应当认定为自首。假设当事人在作案后,侦查人员电话通知其到案,事后当事人逃跑并且更换联系方式,侦查人员无法再次与其联系;而在逃亡的日子里,当事人幡然悔悟,决定前去投案并如实供述。这是一种比较典型的自首,符合自动投案和如实供述两个要件。与上述情形相比,电话通知后当即到案的,当事人悔罪程度肯定更高,其归案自动性也更高,司法机关也更加节约司法成本。二者相比较,对于归案自动性更低的行为尚且认定为自首,对于归案主动性更高的行为如果不认定为自首,有违公平原则。

当然,经侦查人员电话通知,当事人要在知道或者应当知道具体事由后再主动去侦查机关配合调查,才属于主动投案。

所谓自动投案,其基本含义就是行为人实施违法犯罪后、被侦查机关实际控制之前,主动到侦查机关或其他有权机关如实陈述自己的违法犯罪事实。自动投案包括客观和主观两方面条件:客观上,行为人要有主动

---

① 参见浙江省宁波市中级人民法院刑事判决书(2014)浙甬刑一初字第004号。

到案的实际行为，既包括最终主动到达相关部门，也包括实际上正在去投案途中；主观上，行为人以投案为目的，是为了如实陈述自己违法犯罪行为而选择主动到相关部门。这两个条件相辅相成，同时存在，不可分割：如果行为人主观上有投案意愿，但没有客观行为，显然不属于自动投案；[①]如果行为人客观上自己到达侦查机关或相关部门，但其本意并不是为了陈述自己的违法犯罪事实，而是基于其他目的，说明"主动到达"的客观行为反应不出投案的意愿，与"投案"不具有实质关联性，也不属于自动投案。

（二）走私案件中如实供述的认定

根据法律规定，如实供述是指供述主要犯罪事实。具体到走私案件中，当事人常常会对案件事实提出一定辩解，对于是否属于如实供述主要犯罪事实容易产生分歧。对此，可以从"如实供述"的司法价值出发来分析。自首的价值在于节约司法成本、降低犯罪嫌疑人人身危险性，具体到作为自首要件之一的"如实供述"，其价值则在于节约定案的司法成本，体现犯罪嫌疑人、被告人认罪悔罪的真诚性、彻底性。从这一法律价值出发，犯罪嫌疑人、被告人主动到案后，其所作的辩解或否认如果从一开始就可能严重误导案件侦办，或者足以影响办案机关对案件整体定性的判断、足以影响不同法定量刑情节的认定，应当认定为当事人没有供述主要犯罪事实。具体而言，可以区分不同情形从以下几方面进行评判：

1. 关于如实供述的时间条件

就如实供述的时间条件而言，行为人至少在第一次投案接受讯问时就如实供述主要犯罪事实，方能体现投案之初的主动性、自愿性。从节约司法成本看，如果第一次讯问时没有如实供述，司法机关要么容易被误导侦查取证方向，要么需要额外的时间、精力强化取证，难以起到节约司法成本的作用。从投案自愿性看，犯罪嫌疑人既然是投案，立法本意要求其向司法机关如实陈述自己的犯罪事实，将自己置身于司法机关有效控制下、自愿接受制裁，如果第一次没有如实供述，按照其辩解的内容很可能

[①] 当然，被羁押后如实交代办案机关没有掌握的非同种犯罪视为自动投案，属于法律特别规定。

就不需要对其采取强制措施,换言之,也仅仅是到案说明情况,而不能称为"投案"。

【案例】2015年5月以来,被告人宋某某为谋取非法利益,受他人委托,伙同被告人刘某某等人,从宁波口岸走私出口57个集装箱1200余吨木炭至韩国。案发后,被告人宋某某、刘某某经民警电话通知,均主动到案。但刘某某在公安机关对其第一次讯问时并未供述本案的犯罪事实。其二人在庭审中对起诉书指控事实均没有异议。法院认定,被告人宋某某构成自首,而被告人刘某某不构成自首,但可认定为具有坦白情节。①

本案中,被告人刘某某虽主动到公安机关投案,但其在公安机关对其第一次讯问时并未供述本案的犯罪事实,体现不出投案当时的主动性、有效性,不能认定有自首情节。当然,判断行为人投案后第一次是否如实供述,对于如实供述的程度要求可以较低,即只要行为人供述基本犯罪事实,且没有对关键环节予以否认的,一般应当认定为如实供述。尤其在走私等经济犯罪案件中,不能因为犯罪嫌疑人在到案之初没有完整供述走私全部事实、全部数额,而直接否定如实供述。这是因为司法实践中,不少犯罪嫌疑人在异地投案,接待民警不可能过于详细讯问;即使在办案机关投案,侦查员第一次讯问也可能比较简略,只要其没有否认核心事实,就属于如实供述。当然,除第一次和一审判决之前如实供述外,行为人在其他阶段的供述情况、是否反复等情节,也可以作为量刑从宽幅度的重要依据。

当然,强调犯罪嫌疑人需要在第一次主动到案时如实供述才能构成自首,前提也是基于侦查机关已经确定其为犯罪嫌疑人。如果直到行为人本人如实供述之前无法确定其有犯罪嫌疑的,其仍然有可能构成自首。

2. 对行为的辩解与案件性质的认定

就案件性质而言,即使行为人认可案件发生的基本过程,但如果其对案件事实的辩解能够对罪与非罪、重罪与轻罪的认定产生实质性影响的,则属于没有如实供述。

【案例】陈某某(另案处理)因从事走私柴油入境,为逃避司法机关打击,事前谋划指使被告人何某某在其油船出事时,去边防部门为其

---

① 参见浙江省宁波市中级人民法院刑事判决书(2016)浙02刑初64号。

顶罪。2016年9月至12月，陈某某组织船舶走私柴油入境39个航次1万余吨，偷逃应缴税额2300余万元，其中最后一次在码头靠泊卸油时边防派出所当场查获。案发后，何某某于2017年1月1日以投案名义到边防派出所，谎称其系走私油货主。到案后，何某某在相当长羁押期间，供述反复，后又称陈某某与其均是股东；并且其还称仅是在油船被查扣后，应陈某某的要求而去顶罪，而没有涉嫌其他事宜。庭审中，其对起诉书描述的基本事实经过无异议。其辩护人提出，何某某有自首情节。法院认定，何某某不构成自首。①

本案中，被告人何某某主动到案是为了给陈某某顶罪，而且到边防派出所后亦未如实供述，而是谎称自己系油船老板，所有柴油走私行为均是其指使所为。一方面，说明何某某到案是为走私分子顶罪，并非"自动投案"；另一方面，包括第一次供述在内的很长时间里，其供述的内容虽然也涉嫌犯罪，但与最终查明的事实有实质性出入，涉及罪之轻重、涉及案件后续基本侦查方向，影响对其本人主要罪责的判断，同时其隐匿了重要同案犯，误导了调查取证方向，对查明案情产生根本性影响，因此不宜认定为如实供述。

实践中最常见的是行为人对主观故意的辩解从而可能影响到案件性质。例如，行为人常常辩解不知道是走私何种物品。如果行为人承认主观上明知在走私，但只是对走私对象提出一定辩解，由于一般不影响整体定性，不应就此否定如实供述。如果对进出口货物所作的辩解，足以影响是否构成走私犯罪的认定，如出口木炭但辩解不知道是木炭，则属于没有如实供述。当然，如果只是对违法性认识的辩解，一般不应就此直接否定如实供述。

3. 对行为的辩解与法定情节的认定

就法定情节而言，如果行为人所辩解或否认的事实不会对法定情节的认定产生影响，则一般属于如实供述。相反，如果其所辩解的内容足以影响法定情节的认定，如主从犯、正当防卫或防卫过当的认定，则属于没有如实供述。

【案例】2017年11月，被告人谢某某租赁"海捷15"油船，雇用被

---

① 参见浙江省温州市中级人民法院刑事判决书（2017）浙03刑初152号。

告人傅某某担任船长。之后，二人又分别招揽多名船员。同年12月24日，谢某某将相关接油信息、联络手机等提供给傅某某，指使傅某某率船员驾驶"海捷15"油船出海运油。同月28日，傅某某等人驾驶加完油后的"海捷15"油船直接走私入境，驶经舟山海域附近时被海警抓获，776吨走私柴油被查获，偷逃应缴税额152万余元。

次日，被告人谢某某到海警投案。到案后及庭审中，被告人谢某某供述了走私的基本过程，但辩解其是受他人指使运输走私油，不知道具体指使人员的信息，其不应承担主犯责任。法院认定，被告人谢某某虽然有投案行为，但其归案后仅供认侦查机关已经掌握和可以通过其他侦查方式掌握的基本事实，其对涉案柴油所有人信息、运输目的地、与供油方的联络方式和内容、油款支付方式，以及其如何指使傅某某实施具体走私行为等多个关键事实均未供述，且其归案前销毁涉案联络手机，并指使傅某某销毁联络手机，故其行为不符合自首关于如实供述主要犯罪事实的要求，依法不能认定其自首。①

本案中，谢某某虽然供述走私柴油的基本过程，但在是否受他人指使这一关键问题上，其一方面辩解有其他货主，另一方面却提供不出可靠的证据。结合本案的具体案情况，其上述辩解既不符合本案证据事实，也影响到其本人罪责情况。具体而言，本案中不但走私船舶系谢某某所租赁，而且雇用船员、提供海上接油信息等关键环节也都是谢某某所实施，其所实施的各种行为符合走私起意者、策划者的角色。然而，谢某某辩解自己在2017年11月租赁油船后，受他人雇用代为运油，却又无法提供雇用者的有效信息，也无法提供其与雇用者之间存在合作关系的可信证据。由于海上油品运输涉及大宗货物交易、涉及较高的自然风险和法律风险，其辩解显然不符合商业惯例。谢某某的上述辩解反映其要么是推卸自己主要责任，要么是刻意隐匿幕后指使者。前者说明其供述的内容足以影响自身责任，后者说明其没有如实供述共同犯罪中同案犯的犯罪事实，足以影响司法机关查清完整的走私过程，也足以实质性地影响裁判者对谢某某本人或者其他同案犯刑事责任轻重的判断。因此，判决书最后认定谢某某虽然主动到案，但没有如实供述主要犯罪事实，不构成自首。

---

① 参见浙江省宁波市中级人民法院刑事判决书（2018）浙02刑初60号。

此外，就数额犯而言，如果行为人供认了大部分犯罪数额，应当属于如实供述；相反，如果其故意隐瞒的数额大于其所供认的数额，或者二者数额相当，则属于没有如实供述。

第四节 案例评析

一、千和公司走私燃料油案①

【基本案情】

2007年以来，被告人朱某尉、王某江先后在宁波、大连、天津、青岛、上海、厦门、深圳设立7家以"千和"命名的系列船务公司（如宁波千和公司等），从事对应区域内国际航行船舶油污水接收业务。朱某尉占主要股份，王某江占次要股份。朱某尉、王某江以千和集团的名义，通过任免主要管理人员、确立统一业务流程、财务制度等方式，控制、指挥、管理上述7家千和系列船务公司。其中，被告人王某彪作为被告单位宁波千和公司出资人之一担任该公司副总经理，并负责公司日常经营管理。被告人杨某君受雇担任大连千和公司总经理，负责被告单位大连公司日常经营管理。在集团公司的指挥管理下，各地千和公司为牟取非法利益，利用收油污水的便利，直接收购国际航行船舶自用的保税燃料油，未依法缴纳进口环节应缴税款，走私入境后在境内销售牟利。各地千和公司在扣除合理开销后，将所得利润上交千和集团。截至2015年4月，7家千和公司以上述方式走私进口燃料油合计12.2万立方米、2.79万吨，经海关关税部门核定，偷逃进口环节应缴税额约2.49亿元。其中，宁波千和公司及

---

① 参见浙江省宁波市中级人民法院刑事判决书（2016）浙02刑初70号、（2016）浙02刑初33号，浙江省高级人民法院刑事裁定书（2018）浙刑终329号，辽宁省大连市中级人民法院刑事判决书（2016）辽02刑初50号。

其王某彪偷逃应缴税额3500余万元，大连千和公司及其杨某君偷逃税额共计人民币4832万余元。

法院认为，被告单位宁波千和公司、大连千和公司等7家单位为牟取非法利益，违反海关法规，逃避海关监管，利用从国际航行船舶接收油污水的便利，将船舶自用的保税燃料油走私入境，情节特别严重。被告人朱某尉、王某江系上述7家千和公司直接负责的主管人员，被告人王某彪系宁波千和公司直接负责的主管人员，被告人杨某君系大连公司直接负责的主管人员，其行为均已构成走私普通货物罪；在共同犯罪中，朱某尉、王某江、王某彪均系主犯，杨某君系从犯；判处宁波千和公司罚金4500万元，判处大连千和公司罚金8000万元，对朱某尉、王某江、王某彪、杨某君分别判处有期徒刑15年、13年、11年、8年。各个公司业务部门经理等人系从犯，均被判处相应刑罚。

【争议焦点】

一是擅自收购并销售国际航行船舶自用燃料油的行为如何定性；二是非设关地走私案件偷逃应缴税额认定中完税价格如何确定；三是犯罪情节的把握，包括同一自然人参与不同单位走私，对自然人如何处理，以及单位内部相关人员主从犯的认定。

【案件评析】

1. 行为性质

根据相关法律法规规定，国际航行船舶自用燃料油属于保税燃料油，不得擅自在境内销售。未经海关许可并且未补缴应缴税额，擅自收购上述保税燃料油运输入境的，构成走私普通货物罪。本案中，朱某尉等人通过经营管理7家千和系列公司，一方面在从事合法油污水接收业务，另一方面又利用接受油污水的便利，擅自收购将船舶自用的保税燃料油走私入境，违法所得归单位所有，属于单位犯罪。朱某尉、王某某作为7家公司的实际控制人、经营者，系单位犯罪直接负责的主管人员；王某彪、杨某君分别作为宁波千和公司和大连千和公司日常经营管理者，均系单位犯罪直接负责的主管人员，各个公司业务部门经理、操作员等人属于直接责任人员。

2. 犯罪数额的认定

根据相关规定，走私货物能够确定实际成交价格的，优先以成交价格为基础确定计税价格。本案中，各地千和公司在过驳油品时向国际航行船舶实际支付美金，且都有千和公司的相应电子账册予以佐证。从表面上看，实际成交价格可以确定。然而，由于船上人员也是向千和公司业务员非法销售属于船公司的船用保税燃料油，销售款归船上人员自行分配，销售价普遍低于成本价，也远低于正常的国际市场价格，有违海关"客观、公平、统一"的基本估价原则，故不能作为确定实际成交价格的依据。根据《海关计核涉嫌走私的货物、物品偷逃税款暂行办法》，涉嫌走私的货物成交价格经审核不能确定的，且海关未掌握相同和类似进口货物的正常成交价格时，依次以"海关所掌握的相同或类似进口货物在国际市场的正常成交价格"。因此，本案依据同类保税燃料油国际市场价格计核应缴税款。

3. 犯罪情节

单位走私普通货物犯罪中，同一自然人参与不同单位走私的现象比较常见。例如，本案中千和集团并非实体单位，作为负责人朱某尉、王某江二人只是通过7家独立运营的千和公司实施走私，其二人分别参与7家单位走私普通货物。正如本章第三节所分析，此种情况下进行"分别定罪合并处罚"更合理，即先按单位犯罪定罪标准对各自然人分别定罪，再对该自然人涉及的犯罪数额累计，然后按单位犯罪量刑标准评价犯罪情节。本案7家单位均已构成走私普通货物罪，作为主管人员朱某尉、王某江构成该罪，7家单位犯罪数额累计后按单位犯罪标准评判，其二人属于情节特别严重。

单位犯罪通常是由单位内部不同自然人互相配合、协作完成的，在必要时对自然人应当区分主从犯，才能罚当其罪。本案中，朱某尉、王某江作为7家公司的总负责人，起组织、指挥的作用，也是最大受益者，系主犯。王某彪、杨某君等人分别作为宁波千和公司、大连千和公司日常经营管理的负责人，系直接负责的主管人员，一般情况下属于主犯。然而，本案中王某彪与杨某君等其他公司总经理又有所区别，王某彪本身系宁波千和公司出资者之一，也是公司利润的重要直接受益者，在共同犯罪中起主要作用，系主犯。杨某君只是受雇担任总经理，在具体决策、利益归属上都听从于朱某尉、王某江，在共同犯罪中起次要作用，认定为从犯更加能够体现全案量刑均衡。

二、杨某某等人走私燃料油案[①]

【基本案情】

2015年9月以来，被告人杨某某等人纠集被告人苏某某、黄某某、胡某某、陈某某等10余人，先后购入3艘渔船改装成运油船，组织人员驾驶上述3艘船前往境外海域接驳燃料油后直接走私入境。其中，胡某某等人作为船上人员跟船出海接油，船舶返航后于深夜靠泊在浙江省温州市沿海小码头。苏某某、黄某某等人主要负责岸上联系、码头卸油作业，陈某某专门负责支付购油款等。上述燃料油走私入境后，由杨某某等人在境内销售牟利。被告单位上海海琬工贸有限公司、被告人林某某、李某某等10余家单位和个人明知系走私入境的燃料油，仍然直接多次向杨某某大量非法收购，并由杨某某组织油罐车或者由上述买家自行指派油罐车于深夜前往船舶靠泊码头，当杨某某组织的船舶靠岸时，即刻将燃料油过驳至前来接应的油罐车上，买家则将购油款汇入杨某某实际控制的个人账户。截至2016年6月，被告人杨某某等人以上述方式走私燃料油129航次共3.5万余吨，偷逃应缴税款8700万余元；被告单位上海海琬工贸有限公司、被告人林某某、李某某等单位和个人直接向杨某某收购走私的燃料油200余吨至2000余吨不等，偷逃应缴税款40万余元至400万余元不等。走私过程中，曾经有3个航次被有关行政执法部门查处。

法院认定，被告人杨某某等21人犯走私普通货物罪，判处有期徒刑15年至1年5个月不等。

【争议焦点】

本案涉及走私时间较长，参与的走私人员众多，从供油环节、直接走私环节、销售环节、收购环节等均有相关人员被查处，从多方面体现非设关地走私尤其是海上走私案件常见疑难问题。主要有：一是海上走私主观故意的认定问题；二是如何运用海上走私中电子数据认定犯罪数额；三是海上走私主从犯的认定。

[①] 参见浙江省宁波市中级人民法院刑事判决书（2017）浙02刑初96号。

【案件评析】

1. 非设关地走私犯罪主观故意的判断

本案实际查处人员角色多样化,既有顶层组织者,也有走私具体操作人员;既有直接出海接油人员,也有卸油环节、付款环节以及陆上收购环节相关人员。不同人员扮演不同角色,认定其主观明知的难易程度也各不相同。具体而言,本案主要有两类人员的犯罪主观故意认定难度较大:一是付款环节人员,主要涉及负责付款的陈某某,其自身并没有参与直接走私,也未去过涉案码头,其就辩解以为是帮忙杨某某支付螃蟹款;二是向杨某某收购走私货物的人员,一共十多人。

本案中,分别从以下几方面认定上述人员主观故意:第一,针对专门负责支付货款的陈某某,结合特定的付款模式判断其主观明知。根据陈某某的付款特征,其应杨某某要求长期使用多张他人名下的银行卡在深夜付款,且每次基本分三笔向同一对方账户支付,每笔金额控制在50万元以内,确保实时到账,上述付款模式明显有悖于正常合法贸易的资金往来形式,结合其与杨某某比较密切的关系,足以认定其主观故意。第二,根据收购人员是否派车前去码头接油、是否亲自到过码头来判断。对于到达过码头接油的,一般推定其主观明知。因为本案接油地点都在比较偏僻、荒凉的小码头,又是在深夜直接从船上过驳燃料油,接油过程存在专人望风、不开车灯以及货、款两清等明显不正常的情形,结合这些购油人员长期从事油品业务的经历,他们知道或者应当知道上述交易模式存在很大问题,可以认定其主观上明知所收购的燃料油系直接走私的货物。第三,根据购私人员与杨某某等人的微信聊天记录,如果提到出海接油、风险较大或者有其他刻意规避执法部门的相关执法活动等内容的,也一般可以认定其主观明知。对于不具有上述后两种情形之一的,且缺少其他充足证据佐证主观明知的,不能认定收购人员具有犯罪主观故意。最终,本案其中5名收赃人员未作犯罪处理,对其余10余名收赃人员则按犯罪处理。

在非设关地走私案件中,付款人员与购私人员的犯罪主观故意认定难度最大。本案对于同类案件认定有一定启发:第一,结合行为人是否有明显违背商业惯例的情形判断主观故意。走私犯罪首先是一种经济行为,通常目的在于谋取非法经济利益。而经济行为一般有反映经济特征的商业惯例或公认的行业准则。如果行为人明显违背货物交接、资金往来、成本收益等方面的商业惯例或行为准则的，则有利于推定其犯罪主观故意。本案就属于明显违背正常贸易资金往来、合法货物惯常交接方式等方面商业惯例的情形。第二，是否有刻意逃避执法检查的情形。任何一个理性人都有趋利避害的心理，对于从事违法犯罪的嫌疑人而言，更会采取各种方式逃避执法检查、免于被无关人员发现，查清这些情形，也有利于判断行为人的主观心态。

2. 非设关地走私犯罪数额的认定

海上走私隐蔽性非常高，除现场查扣航次外，以往航次走私货物通常很难认定。本案涉及129航次，实际认定航次之多前所未有。由于仅有3航次被查处，其余货物均已走私入境且已销售，因此走私航次的认定是最基础的问题。本案在缺少明确记账的情况下，最终运用资金交易记录、通话记录、微信记录三大类电子数据，结合生活经验和交易习惯，构建以电子数据为核心的证据体系，在认定全案犯罪金额的同时准确区分每名被告人涉嫌犯罪数额。

首先，根据相关人员供述以及微信记录，确定用于支付走私油款的8个银行账户及其相应的资金交易记录。结合付款时间、规律、金额等特征，完整还原129个航次走私油款的交易记录，作为认定走私航次、货款的基础性证据。其次，在确定3条船舶各自卫星电话的基础上，梳理这些卫星电话与杨某某、苏某某、黄某某等岸上人员的通话记录，每一航次通话时间能够与付款时间前后衔接，作为3条涉案船舶每一次出海接油的直接证据。①再次，结合岸上接油人员手机通话记录，显示相关时间段内他们均于深夜同时出现比较偏僻的区域，且均位于已经查实卸油小码头周边，说明涉案人员曾经前去码头接油，作为走私油卸驳的证据。最后，根据船员手机通话记录，在相应走私时间段内其手机长时间没有通话的情况，印证他们各自参与出海走私的时间、次数。在认定航次的基础上，结合每条船舶核定载重量、被告人供述载重情况、油款金额、单价区间等因素，综合就低认定各个航次的重量，从而认定全案犯罪数额以及各被告人的犯罪数额。

---

① 海上走私中，船舶接驳货物时通常需要到比较远的境外海域，而普通手机因没有信号而无法通话，船舶上一般均会安装卫星电话，在航行过程、海上过驳油前后，船上人员通常会使用卫星电话与岸上人员联络。

本案运用电子数据认定非设关地走私犯罪数额方面，有两方面非常重要的启示，对于同类案件办理有较大的借鉴意义：

第一，综合运用微观思维和宏观思维充分挖掘电子数据有效信息，实现电子数据效用最大化。一方面，从微观层面审查各个具体信息，尽量避免信息遗漏；另一方面，从宏观层面分析不同电子数据、不同涉案人员信息之间的共性特征，分析案件事实。以本案岸上人员通话记录为例，根据通常思维主要用于证明行为人之间正常联络，除此之外最关键的信息体现为一串数字的基站信息，该信息容易被办案人员忽略，办案中通过多次补充侦查，将上述基站信息"翻译"成物理空间具体位置，从而确定实际通话区域，体现了微观思维的运用。在确定不同人员实际通话区域的基础上，将相对固定参与岸上接油的其中七八个人通话记录放在一起分析，可以发现他们经常在深夜的同一时间段同时出现在某一片区域，且恰好在已经查实的卸油码头附近，结合通话地点、时间，合理推断出这是他们前往码头卸油的活动轨迹，体现了宏观思维的运用。

第二，充分利用有效信息在不同电子数据之间建立合理的关联性，构建牢固的证据体系。随着现代科技的进步，电子数据不仅数量大而且种类多，其中最典型的是资金类电子数据和通讯类电子数据，它们在认定案件不同方面的事实都能发挥重要作用。在此情况下，如果没有以恰当的方法将不同电子数据有效串起来，证据中一些有用的信息容易被遗漏，各证据所能起到的实际作用也大打折扣。相反，如果能够找到一两个（类）核心证据，挖掘该电子数据与其他电子数据或其他证据的关联性，从点到面不断扩大该电子数据的辐射面，从而构建起以某一电子数据为核心的证据体系，便能最大限度地发挥它们的作用。而用作构建证据体系的核心证据至少需要符合以下两点：一是证据的信息量较大，便于使用该证据不同侧面的信息与其他证据建立关联性；二是该证据某些方面的信息涉及案件关键事实，以此为核心构建证据体系便于强化案件关键事实的证据链。在确立核心证据的基础上，进一步寻找不同电子数据的联结点，建立起合理的关联性。以本案为例，已经查实的资金交易记录可以作为核心证据，时间要素则是资金交易记录与各类通话记录、微信聊天记录之间的联结点，即每一个航次的资金交易时间能够与卫星通话时间、岸上人员通话时间前后衔接、相互对应，从而在付款环节、出海环节、卸油环节之间建立完整的证据体系。

3.主从犯的认定

本案涉案人员众多，犯罪数额特别巨大，合理区分主从犯对于落实罪责刑相适应原则、实现全案量刑平衡有重要意义。本案直接走私人员可以分成以下几类：一是组织者、策划者；二是岸上联络、接应人员；三是随船出海直接运输人员；四是专门付款人员。杨某某以及另外未到案的几人系本案的出资者、组织者以及走私货物的最大受益者，在共同犯罪中起主要作用，系主犯。苏某某等人受杨某某雇用，主要负责联络及船舶靠岸时接应；胡某某等人主要按照杨某某指示负责开船出海直接走私燃料油入境，船长除了开船外对其他人员也不具有明显的管理性质；陈某某则根据杨某某、苏某某等人的通知支付货款，上述人员均收取固定的工资，在共同犯罪中起次要作用，系从犯。

第三章 走私国家禁止进出口的货物、物品罪办案指引

第一节 走私国家禁止进出口的货物、物品罪概述

一、走私国家禁止进出口的货物、物品罪的立法沿革

1997年刑法针对走私武器、弹药、假币、文物、珍贵动物及其制品、珍稀植物及其制品等11类特定违禁物品，分别规定11个具体的走私罪名。对于走私上述特定货物、物品以外的普通货物、物品，按照偷逃进出口环节应缴税额以走私普通货物、物品罪定罪处罚。然而，除刑法所列举的11类特定禁止、限制进出口的货物、物品外，国家还根据维护国家安全和社会公共利益等需要，规定其他一些禁止进出口的货物、物品，比如明令禁止进口的旧汽车、切割车、来自疫区的动植物及其制品等。走私上述货物的社会危害性显而易见，然而如何定罪处罚实践中一直争议较大。对此，2002年《走私案件意见》第8条规定，"走私刑法第一百五十一条、第一百五十二条、第三百四十七条、第三百五十条规定的货物、物品以外的，已被国家明令禁止进出口的货物、物品，例如旧汽车、切割车、侵犯知识产权的货物、来自疫区的动植物及其产品等，应当依照刑法第一百五十三条的规定，以走私普通货物、物品罪追究刑事责任"。上述规定对于打击此类走私犯罪发挥了一定作用。然而，既然是国家所不允许

进出口的货物，却按照允许进出口的货物进行核税定罪处罚，从逻辑上看存在一定矛盾。在海关总署等部门提议下，2009年出台的《刑法修正案（七）》将原来第151条第3款的犯罪对象从单纯的"珍稀植物、珍稀植物制品"扩大到"珍稀植物、珍稀植物制品等国家禁止进出口的货物、物品"，从而确立了走私国家禁止进出口的货物、物品罪。根据《走私案件解释》规定，未经许可进出口国家限制进出口的货物、物品的，也可以构成本罪。

二、走私国家禁止进出口的货物、物品罪的发案态势

走私包括涉税走私和非涉税走私，刑法上前者体现为走私普通货物、物品罪，后者则体现为另外11个走私罪。在11个非涉税类走私罪名中，走私国家禁止进出口的货物、物品罪与其他10个罪名是普通法与特别法的关系。即其他10个罪名是针对武器、弹药、假币、文物、珍贵动物、废物、毒品等特定禁止或限制进出口货物、物品，而走私国家禁止进出口的货物、物品罪则是针对其他货物、物品。从国家对货物、物品的进出口管制角度来看，其他国家禁止进出口的货物、物品范围广，类型多。2014年《走私案件解释》又将国家限制进出口的货物、物品解释为本罪的犯罪对象。因此，近年来走私国家禁止进出口的货物、物品的发案数量逐渐成为司法实践中仅次于走私普通货物、物品的走私案件。

本罪犯罪对象比较广，《走私案件解释》针对实践中常见的六大类货物、物品规定了具体的定罪量刑标准。从司法实践看，多发的案件主要有走私进口来自疫区的动植物及其产品、走私出口木炭、走私进口二手汽车、走私仿真枪、走私出口制冷剂、走私珍稀植物及其制品等。从具体作案手法看，比较常见的有以下几大类型：一是通过伪报品名的方式走私出口仿真枪、走私进口珍稀植物及其制品，以及向韩国、日本等木炭需求量较大的国家走私出口木炭等；二是在未取得许可证的情况下，通过伪报目的地等方式走私出口制冷剂；三是通过陆路、海上非设关地走私进口肉类冻品、盐湿牛皮、二手汽车等；四是国家根据联合国针对特定国家、地区相关裁决而禁止进出口特定商品的，从上述国家、地区走私特定货物。

近年来，走私国家禁止进出口的货物、物品案件呈现明显的团伙化、

产业化特征，而且走私规模通常比较庞大，多数由职业走私团伙分工实施，从订货采购、货物出入境、通关申报到国内运输、销售、收购等各个环节形成比较完整的产业链。具体走私中，以集装箱运输、海上运输、陆路边境大型货车运输为主，在货物属性、数量以及是否为国家禁止进出口的货物、物品等方面的认定上，比较容易成为案件争议焦点。

三、走私国家禁止进出口的货物、物品罪的概念和构成特征

走私国家禁止进出口的货物、物品罪，是指违反海关法规，逃避海关监管，运输、携带、邮寄珍稀植物、珍稀植物制品等国家禁止进出口的货物、物品的行为。

（一）犯罪客体

本罪的客体是国家对禁止进出口的货物、物品的贸易管理制度。本罪犯罪对象主要有：一是珍稀植物及其制品、古生物化石；二是国家禁止进出口或者严格限制进出口的有毒化学品及含有这类化学品的物质；三是来自境外疫区的动植物及其制品；四是国家出于保护国内资源和自然环境的需要而禁止进出口的货物、物品，如硅砂、木炭、腐殖土等；五是其他国家禁止或限制进出口的货物、物品，如旧机电车、切割机、仿真枪、管制刀具、制冷剂等。

（二）客观方面

本罪客观方面表现为违反海关法规，逃避海关监管，运输、携带、邮寄珍稀植物、珍稀植物制品等国家禁止进出口的货物、物品进出境。逃避海关监管通常表现为通过藏匿、伪装、伪报、瞒报、绕关运输等方式走私国家禁止进出口的货物、物品进出境。根据国家对各类货物、物品管制方式的不同，构罪条件也不一样。有些既禁止进口也禁止出口，如珍稀植物及其制品，进出口行为都构成本罪；有些只禁止进口，如来自境外疫区的动植物及其制品，因此只有进口行为才构成本罪；有些只禁止出口，如硅砂、木炭，因此只有出口行为才构成本罪。根据《走私案件解释》规定，未经许可进出口国家限制进出口的货物、物品的，也可以构成本罪；

租用、借用或者使用购买的他人许可证，进出口国家限制进出口的货物、物品的，按照本罪定罪处罚；取得许可，但超过许可数量进出口国家限制进出口的货物、物品的，不构成本罪。

根据《刑法》第155条、第156条规定，以下三类行为以走私国家禁止进出口的货物、物品罪论处：一是直接向走私人收购走私入境的国家禁止进口的货物、物品的；二是在内海、领海、界河、界湖运输、收购、贩卖国家禁止或限制进口的货物、物品，数额较大、没有合法证明的；三是与走私国家禁止进出口的货物、物品的罪犯通谋，为其提供贷款、资金、账号、发票、证明，或者为其提供运输、保管、邮寄或者其他方便的行为。

（三）犯罪主体

本罪主体为一般主体，即年满十六周岁且具有刑事责任能力的自然人和单位。

（四）主观方面

本罪主观方面是故意，过失不构成本罪。行为人知道或者应当知道是国家禁止进出口的货物、物品，仍然违反海关法规，逃避海关监管，运输、携带、邮寄上述货物、物品进出境。

四、走私国家禁止进出口的货物、物品罪的追诉标准

走私国家禁止进出口的货物、物品，具有下列情形之一的，处5年以下有期徒刑或者拘役，并处或者单处罚金：（1）走私国家一级保护野生植物5株以上不满25株，国家二级保护野生植物10株以上不满50株，或者珍稀植物、珍稀植物制品数额在20万元以上不满100万元的；（2）走私重点保护古生物化石或者未命名的古生物化石不满10件，或者一般保护古生物化石10件以上不满50件的；（3）走私禁止进出口的有毒物质1吨以上不满5吨，或者数额在2万元以上不满10万元的；（4）走私来自境外疫区的动植物及其产品五吨以上不满25吨，或者数额在5万元以上不满25万元的；（5）走私木炭、硅砂等妨害环境、资源保护的货

物、物品10吨以上不满50吨，或者数额在10万元以上不满50万元的；（6）走私旧机动车、切割车、旧机电产品或者其他禁止进出口的货物、物品20吨以上不满100吨，或者数额在20万元以上不满100万元的；（7）数量或者数额未达到上述六项规定的标准，但属于犯罪集团的首要分子，使用特种车辆从事走私活动，造成环境严重污染，或者引起甲类传染病传播、重大动植物疫情等情形的。

走私国家禁止进出口的货物、物品具有下列情形之一的，属于情节严重，处5年以上有期徒刑，并处罚金：（1）走私的数量或者数额超过上述标准前六项的；（2）走私的数量或者数额达到上述前六项标准，又属于犯罪集团的首要分子，使用特种车辆从事走私活动，造成环境严重污染，或者引起甲类传染病传播、重大动植物疫情等情形的。

单位犯本罪的，对单位判处罚金，并对其直接负责的主管人员和其他直接责任人员，按照自然人犯罪的标准定罪处罚。

第二节　走私国家禁止进出口的货物、物品罪的证据审查

一、走私国家禁止进出口的货物、物品罪的证据要件

（一）犯罪客体证据

本罪的客体是国家对禁止进出口的货物、物品的贸易管理制度。因此，需要证明行为人实施了走私行为，且走私对象属于国家禁止或限制进出口的货物、物品。围绕本罪客体方面，需要重点收集、审查以下证据：

1. 报关资料、查获经过等体现货物、物品进出境的证据。主要证明行为人是否通过设关的口岸进出口涉案货物、物品，是否存在逃避海关监

管、通过非设关地进出口相关货物、物品的情形。

2. 有关货物、物品查扣、检验鉴定的证据。主要证明行为人走私的对象是否属于国家禁止或限制进出口的货物、物品。

3. 许可资质、许可证使用的情况。主要证明行为人是否有进出口国家限制进出口的货物、物品的资质，是否存在未经批准或借用、租用他人许可证进出口上述货物、物品的情形。

（二）客观方面证据

本罪客观方面表现为行为人违反海关法规，逃避海关监管，非法运输、携带、邮寄国家禁止进出口的货物、物品进出境，或者未经许可进出口国家限制进出口的货物、物品。围绕本罪客观方面，需要重点收集、审查以下证据：

1. 证明货物、物品非法进出境的证据。常见证据有海运提单、报关单、网络聊天记录、电子邮件、费用支付凭证等证据，主要证明行为人自行或委托他人运输货物非法进出境的情况。

2. 证明货物来源或去向的证据。常见证据有网络聊天记录、资金交易记录、车队运输记录、销售记录、证人证言等，主要证明行为人为走私出口而在境内组织货源的具体情况。由于走私国家禁止进出口的货物多数采用伪报品名的方式走私，通过货物来源或去向的证据也可以佐证走私货物的真实情况。

3. 证明走私货物性质、数量、价值的证据。常见证据有报关单证、搜查笔录、货物扣押清单、账册、资金交易记录、销售记录、货物属性鉴定意见、价格鉴定意见等，以证明行为人实际走私货物的属性、数量、价值等事实。

（三）犯罪主体证据

本罪主体为年满16周岁的自然人或单位。主体方面的证据主要包括户籍证明、出入境证件、出入境记录、单位的工商注册信息，主要证实当事人的基本身份情况，单位的性质等。

（四）主观方面证据

本罪主观方面表现为行为人知道或者应当知道是国家禁止进出口的货物、物品，仍然违反海关法规，逃避海关监管，运输、携带、邮寄上述货物、物品进出境。主要围绕当事人陈述、证人证言、网络聊天记录、货物外包装、申报记录、费用支付情况等证据，重点分析行为人是否明知为国家禁止或限制进出口的货物、物品，是否明知实施逃避海关监管的行为等。

【案例】2015 年 11 月，印度商人 SID 通过网络与被告单位浙江某制冷剂公司业务员吴某商谈采购制冷剂（ODS）出口至印度。洽谈过程中，该公司获悉对方没有出口制冷剂所需的许可证，经公司负责人被告人邱某决定，仍然向 SID 销售制冷剂，但由外商自行委托他人办理出口手续。SID 遂找到被告人滕某某帮忙出口，双方决定以网格线名义伪报出口上述制冷剂。滕某某受托与浙江某制冷剂公司业务员吴某具体交接。由该公司提供制冷剂货源，并按滕某某的要求以制冷剂的规格、网格线的字样定制外包装，将货物发送至滕某某所在的杭州某公司，由滕某某负责安排货物装箱，其中少量网格线被放置于集装箱靠门一侧，以掩盖制冷剂。SID 则以网格线名义通过印度货代公司委托宁波某公司负责办理订舱、拖车、报关等具体事宜，从宁波口岸出口制冷剂 2 票共 38 吨，其中 1 票在北仑口岸被查获。法院以走私国家禁止进出口的货物罪，判处浙江某制冷剂公司罚金 50 万元；判处邱某有期徒刑 1 年，缓刑 1 年 6 个月，并处罚金 10 万元；判处滕某某有期徒刑 6 个月，缓刑 1 年，并处罚金 5 万元；判处吴某罚金 2 万元。①

在禁限类货物走私中，有些货物国内正常交易是合法的，只是被禁止或限制出口，如原木木炭（绝对禁止出口）、制冷剂（限制出口）等。当行为人并不直接参与出口申报、通关环节时，其是否有走私的主观故意对行为定性会产生重要影响。本案中，表面上浙江某制冷剂公司没有直接参与出口申报和通关环节的运输，在销售给 SID 货物后，由 SID 自行委托他人申报出口。但相关证据显示该公司有走私制冷剂的主观故意：首先，浙江某制冷剂公司长期从事制冷剂出口业务，明知出口制冷剂需要许可

---

① 参见浙江省宁波市中级人民法院刑事判决书（2017）浙 02 刑初 32 号。

证；其次，公司业务员吴某与其公司负责人邱某的QQ聊天记录显示，吴某得知印度客商无许可证，且向邱某进行了汇报，邱某仍然决定向外商销售制冷剂，只是改成国内交货，由外商自行负责出口；最后，该公司在组织货源时，按照外商指定的代理人的要求定制品名为"网格线"的外包装，用于装制冷剂，说明该公司明知外商要伪报品名出口。上述证据足以证实浙江某制冷剂公司明知外商无许可证的情况下向其采购制冷剂用于走私出口，具有走私的主观故意。结合本案走私货物数量，其行为已经构成走私国家禁止进出口的货物罪。

二、走私国家禁止进出口的货物、物品罪常见证据审查

（一）书证、物证的审查

走私国家禁止进出口的货物、物品罪常见书证、物证主要有报关单证、提单、付款凭证、公司账册、户籍证明、前科资料、查扣的走私货物、物品等。围绕书证、物证应重点审查：

1. 书证、物证的提取、来源是否合法，有无相应的取证通知书、扣押笔录、搜查笔录、照片等，扣押的时间、地点、人员等是否清楚；是否为原件、原物，并非原件、原物的，有无合理说明依据。

2. 相关书证、物证是否客观真实，有无伪造、篡改、掉包等情形。

3. 书证、物证与犯罪嫌疑人、被告人或证人是否有关联，是否经过相关人员辨认，报关单证与扣押的物证之间是否对应，货物的属性、具体数量，相关货物是否为国家禁止或限制进出口的货物、物品。

（二）电子数据的审查

走私国家禁止进出口的货物、物品罪常见电子数据有微信聊天记录、电子账册、资金交易记录、出入境记录、电子邮件、视频监控等。围绕电子数据应重点审查：

1. 电子数据来源是否合法可靠。主要围绕手机、计算机等电子物证是否依法扣押、移交，有无取证通知书、搜查笔录、扣押清单、移交清单，扣押清单记载的电子物证与实际扣押在案的电子物证能否相对应，电

子数据勘验提取人员有无相应资质。

2.电子数据与犯罪嫌疑人、被告人或证人是否有关联，相关电子账户是否得到确认；电子数据打印资料与电子资料的内容是否一致，打印的电子数据是否完整；电子账册包含相关缩写、简称的，其具体含义是否得到相关人员的确认。

3.电子数据的具体内容如何反映案件事实，包括当事人交易相关货物、物品的具体种类、数量、价格，进出口过程中的代理关系、费用情况，对涉案货物、物品、行为性质的主观认知情况等。

【案例】印度、孟加拉国系我国动植物检疫部门确定的动物传染病疫区。2013年9月起，被告人杨某某通过中间人从印度、孟加拉国等国购买冻牛肉、牛副产品，先运至越南海防港，再由陈某某等走私团伙接货，绕关走私入境，运至重庆销售。至案发时，杨某某通过上述方式走私冻品共计130余个集装箱，累计3600余吨。法院认定，被告人杨某某犯走私国家禁止进出口的货物、物品罪，判处有期徒刑11年6个月，并处罚金400万元。[①]

本案中，检察机关除指控上述3600余吨冻牛肉产品外，还指控案发后由侦查机关扣押涉案冻牛肉、牛副产品110余吨。但法院审查认为：一方面，检察机关未举证侦查机关对110余吨冻牛肉、牛副产品的搜查、称量笔录，侦查机关于何时、何地进行扣押、称量均不清楚，故对扣押清单不予采信；另一方面，检察机关根据相关电子数据认定该110余吨冻肉产品系杨某某所有，但是扣押在案的所谓证人王某某手机、计算机，与王某某笔录中记载的查获物证不相符，手机、计算机证据来源不明，对于从上述手机、计算机中取得的电子数据不予采信。因此，法院最终未予认定上述查扣的110余吨冻货物。

---

① 参见重庆市第一中级人民法院刑事判决书（2016）渝01刑初20号。

第三节　走私国家禁止进出口的货物、物品罪的认定处理

一、走私国家禁止进出口的货物、物品罪的罪与非罪

走私国家禁止进出口的货物、物品罪表现为违反海关法规，逃避海关监管，运输、携带、邮寄珍稀植物、珍稀植物制品等国家禁止进出口的货物、物品的行为。对于本罪的罪与非罪，主要从以下几方面把握：一是犯罪对象及其数额，即是否属于国家禁止进出口的货物、物品，以及根据不同犯罪对象，是否达到相应的入罪标准。二是行为方式，即是否在进出口环节中实施了违反海关法规，逃避海关监管的行为。三是犯罪主观故意，即是否明知为国家禁止或限制进出口的货物、物品，是否有走私的故意。

从行为对象看，除国家绝对禁止进出口的货物、物品外，还包括相对禁止进出口的货物、物品。即未经许可进出口国家限制进出口的货物、物品的，且数量在 20 吨以上或数额在 20 万元以上的，以本罪论处。国家对限制进出口的货物，实行配额、许可证等方式管理，[①] 这类货物通常属于本罪犯罪对象，但是实行自动进口许可管理和关税配额管理的货物不属于本罪犯罪对象。同时，还需要特别注意行政规范的调整变化对走私罪认定的影响。对于行为时属于国家禁止进出口的货物、物品，审理过程中国家作出调整后相关货物、物品不属于国家禁止进出口的货物、物品的，通常

---

① 参见《对外贸易法》第 19 条。

适用从旧兼从轻原则，一般不按走私罪处理。①

从行为方式看，要准确区分走私行为与违反海关监管规定的行为。违反海关法规是二者的共同特征，是否逃避海关监管则是区分走私行为与违反海关监管规定的行为的根本标准。如果行为人违反规定携带、运输、邮寄国家禁止进出口的货物、物品，但能够如实申报，没有采取绕关、藏匿、伪报等方式进出口的，不构成本罪。针对限制进出口的货物、物品，司法实践中存在租用、借用或者使用购买的他人许可证进出口的情形，根据《走私案件解释》第21条第3款规定，对此类行为依照走私国家禁止进出口的货物、物品罪定罪处罚；但是，如果取得许可，只是超过许可数量进出口国家限制进出口的货物、物品的，不按本罪定罪处罚。

从犯罪主观故意看，需要判断行为人是否有走私的故意。行为人明知自己的行为违反国家法律法规，逃避国家有关进出境的禁止性管理，并且希望或者放任危害结果发生的，应认定为具有走私国家禁止进出口的货物、物品的主观故意。这里的"明知"，是指行为人知道或者应当知道所从事的行为是走私行为。当然，国家禁止进出口的货物、物品范围比较广，司法实践中，行为人往往以自己不知道具体为何种货物、物品作为抗辩理由。对此，通常只要证明走私犯罪嫌疑人明知自己的行为逃避国家有关进出境的禁止性管理，主观上具有走私犯罪的概括故意，就可以结合实际对象按照走私国家禁止进出口的货物、物品罪定罪处罚。

二、走私国家禁止进出口的货物、物品罪的此罪与彼罪

（一）走私国家禁止进出口的货物、物品罪与走私普通货物、物品罪

学理上，走私罪可以分为涉税走私和非涉税走私。走私普通货物、物品罪属于涉税走私，侵犯海关税收征管秩序，偷逃进出口环节应缴税额是本罪最关键要素；走私国家禁止进出口的货物、物品罪属于典型的非涉税走私，侵犯国家有关货物、物品进出境的禁止性管理秩序。可见，二者

---

① 但是，对于是否来自疫区的冻肉产品，应当适用行为时的规范来评判，下文有关"走私肉类冷冻品的行为定性"中会对该问题进一步分析。

犯罪客体、犯罪对象有很大区别。

当然，走私普通货物、物品罪与走私国家禁止进出口的货物、物品罪的犯罪对象也有交叉之处。前者的犯罪对象是进出口环节的应税货物，后者的犯罪对象是国家禁止或限制进出口的货物。《海关法》《对外贸易法》《货物进出口管理条例》等行政性法律规范依照对进出口货物、物品管控程度的不同，将进出口货物、物品区分为禁止进出口、限制进出口以及自由进出口的货物、物品三大类。其中，应税货物、物品既有自由进出口的货物、物品，也有限制进出口的货物、物品。因此，限制进出口的应税货物、物品都属于走私国家禁止进出口的货物、物品罪与走私普通货物、物品罪的犯罪对象，二者的犯罪对象有一定重合。当然，根据不同行为模式，具体定性上也有一定区别：第一，当行为人未经许可走私国家限制进出口的货物、物品，但没有偷逃应缴税额，即只"逃证"但没有"逃税"的，以走私国家禁止进出口的货物、物品罪定罪处罚；第二，当行为人经许可进出口限制进出口的货物、物品（或者取得许可，但超过许可数量进出口国家限制进出口的货物、物品），但故意逃避海关监管、偷逃应缴税额，即只"逃税"但没有"逃证"的，以走私普通货物、物品罪定罪处罚；第三，当行为人不但未经许可进出口国家限制进出口的货物、物品，而且偷逃应缴税额，即既"逃证"又"逃税"的，同时构成走私国家禁止进出口的货物、物品罪与走私普通货物、物品罪，属于想象竞合犯，择一重罪处罚。

【案例】2005年3月22日，被告人匡某某注册成立被告单位连云港瑞安特物流有限公司（以下简称瑞安特公司），负责公司经营业务。2012年4月至2014年5月期间，瑞安特公司明知重烧镁为国家限制出口的货物，为谋取非法利益，以400—450元/吨的包税价格，接受辽宁海城货主孙某甲（另案处理）等人委托，代理包税出口重烧镁。经匡某某决定，瑞安特公司在无出口许可证的情况下，采取虚报品名、低报出口价格、制作虚假合同、发票、装箱单等方法逃避海关监管，偷逃应缴税款，从连云港口岸走私出口重烧镁47票共计9418吨，偷逃税款人民币62.5万余元。法院以走私国家禁止进出口的货物罪，分别判处被告单位瑞安特公司罚金人民币100万元，判处被告人匡某某有期徒刑7年，并处罚金人民币20万元。①

本案中，被告单位瑞安特公司、被告人匡某某违反法律规定，采取虚报品名、低报价格的方法，逃避国家许可证管理和海关监管，既触犯走私国家禁止进出口的货物罪，且情节严重，法定刑为5年以上有期徒刑；又触犯走私普通货物罪，法定刑为3年以下有期徒刑、拘役。根据择一重罪处罚原则，法院最终认定被告单位和被告人均构成走私国家禁止进出口的货物罪。

（二）走私国家禁止进出口的货物、物品罪与其他特定禁限类物品走私犯罪

从走私国家禁止进出口的货物、物品罪的演变历史看，本罪脱胎于走私珍稀植物、珍稀植物制品罪，主要是为解决实践中对海关查获的走私大量来自疫区的动植物制品、境外二手汽车等其他国家禁止进出口的货物、物品定罪处罚难的问题。因此，2009年《刑法修正案（七）》在武器、弹药、核材料、假币等10类特定对象之外设立走私国家禁止进出口的货物、物品罪，作为第151条、第152条、第347条兜底条款。可见，走私国家禁止进出口的货物、物品罪与走私武器、弹药罪，走私核材料罪，走私假币罪等都属于非涉税走私，行为方式上都表现为违反海关法规、逃避海关监管，侵犯国家对禁止或限制进出口货物、物品的管理秩序。二者主要区别在于前者针对的是一般性禁止或限制进出口的货物、物品，后者则针对武器、弹药、核材料、假币等10类特定禁止或限制进出口的货物、物品。

因此，走私国家禁止进出口的货物、物品罪与走私武器、弹药罪、走私核材料罪、走私假币罪等10个走私罪名之间是普通法与特别法的关系。在法律适用上，优先适用特别法，只有在不符合特别法的情况下才适用普通法。具体而言，需要从客观方面和主观方面两个角度来把握罪名的选择：就客观方面而言，主要判断走私对象是否属于武器、弹药、核材料、假币等10类特定货物、物品。就主观方面而言，主要判断主观认识与客观对象是否一致，据此作出不同定性。以司法实践中比较多发的走私

---

① 参见辽宁省大连市中级人民法院刑事判决书（2015）连刑二初字第00008号。

仿真枪为例。根据《走私案件解释》第5条规定，走私国家禁止或者限制进出口的仿真枪、管制刀具，构成犯罪的，以走私国家禁止进出口的货物、物品罪定罪处罚；但走私的仿真枪经鉴定如果属于枪支，构成犯罪的，以走私武器罪定罪处罚。当然，司法实践中可能发生认识错误的问题。如果属于同一犯罪构成要件的，不影响罪名的认定，如行为人意欲走私仿真枪，但实际走私管制刀等，仍然以走私国家禁止进出口的货物、物品罪定罪处罚。但如果属于不同犯罪构成要件的，则在主客观相一致的范围内处理，如行为人只有走私仿真枪的故意，尽管事后经鉴定属于枪支，但确实没有证据证明行为人知道或者应当知道是枪支的，认定为走私国家禁止进出口的货物、物品罪更加符合主客观相一致原则。①

三、走私国家禁止进出口的货物、物品罪的其他相关问题

（一）认定本罪犯罪对象的基本依据

结合《走私案件解释》规定，本罪犯罪对象大体上可以分为两类：一是国家绝对禁止进出口的货物、物品；二是国家相对禁止（限制）进出口的货物、物品。根据《对外贸易法》《货物进出口管理条例》等法律、行政法规规定，国家禁止或限制进出口的货物、物品主要包括以下11大类：（1）为维护国家安全、社会公共利益或者公共道德，需要限制或者禁止进口或者出口的货物、物品；（2）为保护人的健康或者安全，保护动物、植物的生命或者健康，保护环境，需要限制或者禁止进口或者出口的货物、物品；（3）为实施与黄金或者白银进出口有关的措施，需要限制或者禁止进口或者出口的货物、物品；（4）国内供应短缺或者为有效保护可能用竭的自然资源，需要限制或者禁止出口的货物、物品；（5）输往国家或者地区的市场容量有限，需要限制出口的货物、物品；（6）出口经营秩序出现严重混乱，需要限制出口的货物、物品；（7）为建立或者加快建立国内特定产业，需要限制进口的货物、物品；（8）出于对农业、牧业、渔业产品保护而限制进口的货物、物品；（9）为保障国家国际金融地位和国际收支平衡，需要限制进口的货物、物品；（10）根据我国缔结或者参加

---

① 参见张明楷：《刑法学》（第五版），法律出版社2016年版，第749页。

的国际条约、协定的规定,其他需要限制或者禁止进口或者出口的货物、物品;(11)依照法律、行政法规的规定,其他需要限制或者禁止进口或者出口的货物、物品。

　　针对上述有关国家禁止或限制进出口的货物、物品的规定,判断本罪的犯罪对象主要有以下几类具体依据:第一,国家相关部门所发布的禁止或限制进出口(境)货物、物品目录,包括两类:一是海关总署发布的禁止进出境物品表、限制进出境物品表等;二是商务部、海关总署等部门联合发布的多批次禁止进口货物目录、禁止出口货物目录、限制进口货物目录、限制出口货物目录、公告等。第二,法律、行政法规特别规定,其他需要限制或者禁止进口或者出口的货物、物品,包括两类:一是法律、行政法规明确规定具体对象,如《进出境动植物检疫法》第5条明确规定,国家禁止土壤、动物尸体进境;《古生物化石保护条例》第26条规定,未命名的古生物化石不得出境,重点保护古生物化石经国务院国土资源主管部门批准,方可出境;《药品管理法》第98条规定,禁止未取得药品批准证明文件进口药品,确立药品进出口许可制度。二是法律、行政法规只作出原则性规定,并由相应的国务院行政主管部门公布并不定期更新相关目录,如国务院林业、农业行政主管部门公布的《国家重点保护野生植物名录》。第三,我国缔结或者参加的国际条约、协定特别规定,如CITES附录Ⅰ、附录Ⅱ所确定的野生植物。

　　2020年10月,国家出台《出口管制法》,实行统一的出口管制制度,通过制定管制清单、名录或者目录、实施出口许可等方式进行管理,这为进一步规范、明确禁止或限制出口货物提供依据。根据该法规定,国家对两用物项、军品、核以及其他与维护国家安全和利益、履行防扩散等国际义务相关的货物、技术、服务等物项实施出口管制,出口管制包括采取禁止性或者限制性措施。具体对象为:(1)两用物项,是指既有民事用途,又有军事用途或者有助于提升军事潜力,特别是可以用于设计、开发、生产或者使用大规模杀伤性武器及其运载工具的货物、技术和服务。(2)军品,是指用于军事目的的装备、专用生产设备以及其他相关货物、技术和服务。(3)核,是指核材料、核设备、反应堆用非核材料以及相关技术和服务。

（二）珍稀植物、古生物化石的范围

结合《走私案件解释》第12条等规定，珍稀植物的范围包括：第一，《国家重点保护野生植物名录》中的国家一、二级保护野生植物。根据《野生植物保护条例》第10条规定，野生植物分为国家重点保护野生植物和地方重点保护野生植物。国家重点保护野生植物分为国家一级保护野生植物和国家二级保护野生植物，具体名录由国务院林业、农业行政主管部门、国务院环境保护、建设等有关部门制定，报国务院批准公布。第二，《国家重点保护野生药材物种名录》中国家重点保护的野生药材。根据《野生药材资源保护管理条例》第4条规定，国家重点保护的野生药材物种分为三级：一级是濒临灭绝状态的稀有珍贵野生药材物种，二级是分布区域缩小、资源处于衰竭状态的重要野生药材物种，三级是资源严重减少的主要常用野生药材物种。需要注意的是，野生药材物种既有动物物种，也有植物物种，而本罪犯罪对象只包括植物物种，不包括动物物种，如同样是二级野生药材，人参、杜仲、黄柏等属于植物物种，马鹿鹿茸、熊胆属于动物物种，后者适用走私珍贵动物制品罪予以保护。第三，《国家珍贵树种名录》中国家重点保护珍贵树木。第四，CITES附录1、附录2中的野生植物。第五，人工培育的上述植物。①

古生物化石按照《古生物化石保护条例》的规定认定。根据该条例第2条第1款、第7条、第26条规定，古生物化石是指地质历史时期形成并赋存于地层中的动物和植物的实体化石及其遗迹化石。根据生物进化以及生物分类上的重要程度，可以区分为重点保护古生物化石和一般保护古生物化石，另外还有未命名的古生物化石。未命名的古生物化石禁止出境，重点保护古生物化石和一般保护古生物化石需经许可才能出境。当然，古猿化石、古人类化石及其与人类活动有关的第四纪古脊椎动物化石同文物一样受国家保护，②属于走私文物罪犯罪对象。

---

① 参见南英主编：《〈最高人民法院、最高人民检察院关于办理走私刑事案件适用法律法律问题的解释〉的理解与适用》，中国法制出版社2015年版，第155—159页。

② 参见《文物保护法》第2条第3款和《古人类化石和古脊椎动物化石保护管理办法》第2条。

（三）走私肉类冷冻品的行为定性

《进出境动植物检疫法》第5条第1款第1项规定，动植物疫情流行的国家和地区的有关动植物、动植物产品和其他检疫物禁止进境。根据《走私案件解释》规定，走私来自境外疫区的动植物及其产品的，按照走私国家禁止进出口的货物、物品罪定罪处罚。来自境外疫区的动植物及其产品的范围，由国家相关主管部门根据实际情况定期公布、更新。需要注意的是，尽管某一动物及其产品来自境外疫区，但如果我国并没有明令禁止其进出口，就不属于国家禁止进出口的货物、物品。例如，国家有关部门发布公告时，通常是禁止来自疫区的偶蹄类动物或禽类动物，对于其他动物则不在上述禁止范围之内。根据相关规定，进境的相关动物及其产品不得途经疫区国家或地区，或者在疫区国家或地区中转，否则视为来自疫区的动物及其产品。

如前所述，对于是否属于国家禁止进出口的货物、物品，通常应当适用从旧兼从轻原则进行评判。但是，涉及是否来自疫区的动植物产品，按行为时的规定来判断货物属性更为合理，不适用从旧兼从轻原则。因为国家宣布某个国家或地区是否属于疫区，主要是以某个国家或地区现实存在的疫情及其风险为基础，从维护本国公共卫生安全的角度做出决定，这种疫情及其风险是一种客观存在的事实，该事实可能随着某个国家或地区对疫情的治理而得到改变，国家政策也可能做出相应调整。然而，即便后来政策调整，但并不能因此否定先前曾经存在过的疫情及其风险，其社会危害性也没有改变。

走私肉类冻品是近年来司法实践中常见、多发的案件。对于来自境外疫区的动植物及其产品，可以按照走私国家禁止进出口的货物罪定罪处罚。对于走私其他动植物及其产品，偷逃进口环节应缴税额较大的，以走私普通货物罪定罪处罚。然而，司法实践中，大量非设关地走私冻品案件，由于来源本身不正规，没有合法手续，货物实际来源难以查清；不同种类动物产品混合走私的情形比较普遍，要查清走私货物总量比较容易，但不同种类动物产品适用税率各不相同，而要分别查清各自的数量难度很大，从而无法核定偷逃应缴税额。在此情形下，无论是适用国家禁止进出口的货物罪还是适用走私普通货物罪，容易陷入两难境地，值得进一步研究探讨。

（四）木炭、硅砂以及仿真枪、管制刀具

我国出于保护国内资源和自然环境的需要，将木炭、硅砂等货物列入《禁止出口货物目录》中。处理此类案件，需要特别注意两点：一是只有出口木炭、硅砂的行为才按照走私国家禁止进出口的货物、物品罪定罪处罚，进口上述货物的行为不构成本罪；二是禁止出口的木炭仅限于原木烧制的木炭，不包括机制炭。

根据《禁止进出境物品表》《限制进出境物品表》等，各种仿真枪属于禁止进出境的货物、物品，管制刀具属于限制进出境的物品。走私仿真枪、管制刀具的，按照走私国家禁止进出口的货物、物品罪定罪处罚。仿真枪经鉴定为枪支，构成犯罪的，以走私武器罪定罪处罚。在判定仿真枪时，需要特别注意其与枪支、玩具枪之间的区别，根据公安部《仿真枪认定标准》《公安机关涉案枪支弹药性能鉴定工作规定》，符合枪支构成要件，所发射金属弹丸等的枪口比动能大于或等于1.8焦耳/平方厘米时，属于枪支；枪口比动能小于1.8焦耳/平方厘米、大于0.16焦耳/平方厘米时，属于仿真枪。

（五）走私国家禁止进出口的货物、物品罪加重处罚情节

《走私案件解释》对本罪采取数额加情节相结合的量刑标准，将犯罪集团的首要分子，使用特种车辆从事走私活动，造成环境严重污染，或者引起甲类传染病传播、重大动植物疫情等情形作为本罪加重处罚情节。此外，司法解释对走私武器、弹药罪、走私珍贵动物、珍贵动物制品罪、走私普通货物、物品罪、走私废物罪等其他走私罪名，也规定相应的加重处罚情节，其中"犯罪集团的首要分子"和"使用特种车辆从事走私活动"是上述几个走私罪共有的加重处罚情节。

1. 犯罪集团的首要分子

根据《刑法》第26条、第97条规定，三人以上为实施犯罪而组成的较为固定的犯罪组织，是犯罪集团，对组织、领导犯罪集团的首要分子，按照集团所犯的全部罪行处罚。首要分子，是指在犯罪集团或者聚众犯罪中起组织、策划、指挥作用的犯罪分子。近年来，走私犯罪专业化、

集团化特征越来越明显，不同环节彼此联系、互相配合，共同完成走私，走私犯罪集团在走私犯罪中比较常见，社会危害性更大，也是打击走私犯罪的重点。

2. 使用特种车辆从事走私活动

结合道路交通安全法及其实施条例等相关规定，特种车辆主要包括军车、警车、消防车、救护车、工程抢险车、公路监督检查专用车等执行特殊或专门任务的车辆。上述车辆在通行规则上享有其他车辆所不具有的特权，尤其在执行紧急任务上通常有优先通行权；在外形特征上，具有不同于一般社会机动车辆的标志、涂装等，便于公众识别，对于保障优先通行权等有直接的作用。走私分子如果使用上述车辆从事走私犯罪活动，相比于使用普通运输工具而言，其隐蔽性更强，查处的难度更大，走私得逞的概率更高，社会危害性也更大。因此，刑法将其作为加重处罚情节。

3. 造成环境严重污染

有关走私案件的解释并没有直接规定如何认定造成环境严重污染。但最高人民法院、最高人民检察院《关于办理环境污染刑事案件适用法律若干问题的解释》具体规定造成环境严重污染的标准，走私国家禁止进出口的货物、物品罪可以参照上述标准进行认定。①

4. 引起甲类传染病传播、重大动植物疫情

根据《传染病防治法》第3条规定，该法规定管理的传染病分为甲类、乙类、丙类三种，甲类传染病包括鼠疫、霍乱，乙类传染病包括传染性非典型肺炎、艾滋病、病毒性肝炎等20余种。国务院卫生行政部门根据传染病暴发、流行情况和危害程度，可以决定增加、减少或者调整乙类、丙类传染病病种并予以公布。该法第4条规定，对乙类传染病中传染性非典型肺炎、炭疽中的肺炭疽和人感染高致病性禽流感，采取甲类传染病的预防、控制措施。其他乙类传染病和突发原因不明的传染病需要采取甲类传染病的预防、控制措施的，由国务院卫生行政部门及时报经国务院批准后予以公布、实施。例如，2020年在全球暴发流行的新冠肺炎，国家卫生健康委员会于同年1月21日发布公告，将其纳入法定传染病乙类管理，但采取甲类传染病的预防、控制措施。

---

① 参见本解释第1条。

第四节　案例评析

一、上海美华门诊部走私疫苗案[①]

【基本案情】

2015年7月至2016年11月间，被告人胡某某为非法牟利，在明知13价肺炎疫苗、轮状病毒疫苗等11种疫苗未获批准进口的情况下，通过被告人孙某某联系境外一家诊所进行采购，并安排被告人简立和负责运输并非法携带入境，销售给被告单位上海美华丁香妇儿门诊部有限公司（以下简称美华门诊部）。美华门诊部在明知相关疫苗系未经批准而走私入境的情况下，经该门诊部负责人郭某决定，非法收购上述疫苗共计1.3万余支，并对外接种。

2018年1月5日，法院作出一审判决，认定被告单位美华门诊部等单位和个人构成销售假药罪，判处相关被告人有期徒刑4年至7年，其中，美华门诊部负责人郭某被判处有期徒刑7年。后当事人提起上诉。2019年11月27日，二审法院作出裁定，撤销一审判决，发回重审。同年12月，检察机关变更起诉。同月28日，一审法院重审后作出判决，认定被告人胡某某、孙某某、简某某违反海关法规，逃避海关监管，未经批准将涉案药品走私入境，数额达425万余元；被告单位美华门诊部由直接负责的主管人员、被告人郭某决定，非法收购走私药品，数额达995万余元，以走私国家禁止进出口的货物罪判处美华门诊部罚金人民币20万元；

[①] 参见马肃平：《上海疫苗版"药神"案："销售假药罪"改判"走私罪"，刑期大幅缩短》，载微信公众号"南方周末"2020年1月1日，https://mp.weixin.qq.com/s/7G8oM7tzq4gPnFvGuCn66A；《上海三中院对美华门诊部等以走私国家禁止进出口的货物罪作出一审判决》，载微信公众号"上海第三中院"2019年12月28日，https://mp.weixin.qq.com/s/6i48-L_tS9nBBhPQ6roItA。

判处被告人胡某某有期徒刑 3 年 1 个月 10 日；判处被告人孙某某有期徒刑 2 年 1 个月；判处被告人简某某有期徒刑 1 年 1 个月；判处被告人郭某有期徒刑 2 年，同时对各被告人均并判处相应罚金。

【焦点问题】

本案争议焦点在于，行为人未取得批准的情况下，擅自携带大批量涉案疫苗入境销售，涉案疫苗是否属于刑法意义上的假药，是否属于走私国家禁止进出口的货物、物品罪的犯罪对象，如何准确评判行为性质。

【案件评析】

根据《走私案件解释》第 21 条规定，未经许可进出口国家限制进出口的货物、物品，构成犯罪的，应当依照《刑法》第 151 条、第 152 条的规定，以走私国家禁止进出口的货物、物品罪等罪名定罪处罚。根据对外贸易法等法律规定，国家禁止或限制进出口的货物一般实行清单目录管理，也可以由法律、行政法规特别规定。本案处理过程中，正值国家药品管理法修订，①但无论是修订前还是修订后，作为药品的涉案疫苗属于国家限制进出口的货物。具体理由如下：首先，原《药品管理法》第 39 条规定，药品进口，须经国务院药品监督管理部门组织审查，经审查确认符合质量标准、安全有效的，方可批准进口，并发给进口药品注册证书。其次，新《药品管理法》第 98 条规定，禁止未取得药品批准证明文件生产、进口药品；第 64 条还规定，药品应当从允许药品进口的口岸进口，并由进口药品的企业向口岸所在地药品监督管理部门备案；海关凭药品监督管理部门出具的进口药品通关单办理通关手续；无进口药品通关单的，海关不得放行。可见，药品属于国家限制进口的货物，需经许可方能进口。

本案中，被告人胡某某等人在未取得药品进口许可的情况下，走私进口疫苗，且价值超过 20 万元，构成走私国家禁止进出口的货物罪；被告单位上海美华门诊部直接向走私人收购走私的药品，根据《刑法》第 155 条第 1 项规定，也构成走私国家禁止进出口的货物罪。此外，行为人以闯关的方式走私疫苗入境，偷逃进口环节较大数额的应缴税额，亦构成走私普通货物罪。可见，当事人走私疫苗既未经许可，又偷逃进口环节应缴税额，属于"逃证"又"逃税"型走私，同时构成走私国家禁止进出口

---

① 《药品管理法》于 2019 年 8 月修订，同年 12 月 1 日起施行。

的货物罪和走私普通货物罪,且属于想象竞合犯,应择一重罪处罚。但结合涉案货值以及疫苗的进口税率,本案走私国家禁止进出口的货物罪法定刑为5年以上有期徒刑,走私普通货物罪法定刑为有期徒刑10年以下。①因此,本案最终定性为走私国家禁止进出口的货物罪。

值得注意的是,本案当事人实施了两个具体行为:一是走私行为,二是销售行为,二者之间具有牵连关系。本案处理过程中,正值国家药品管理法修订,本案定性也经历较大变化,即最初按更重的销售行为以销售假药罪处理,重审后则以走私国家禁止进出口的货物罪定罪处罚。从行为方式看,本案系当事人在未经批准的情况下,擅自从国外进口疫苗在国内销售,根据当时国家药品管理法规定,上述未经批准进口的疫苗按假药论处。因此,一审法院以销售假药罪定罪处罚。上诉期间,2019年8月修订的药品管理法不再将未经批准生产、进口的药品以假药论处,根据从旧兼从轻原则,本案不构成销售假药罪。二审法院发回重审,经检察机关变更起诉后,一审法院经重新审理,最终以走私国家禁止进出口的货物罪定罪处罚。

二、陈某缘等人走私檀香紫檀案②

【基本案情】

2018年3月至2019年1月间,陈某缘为谋取非法利益,与郑某某、陈某某(均已判决)共谋,明知进口檀香紫檀需要《濒危物种进口许可证》,在没有取得许可证的情况下,由郑某某以及陈某某联系的境外货主于境外采购檀香紫檀,陈某缘负责货物进口、收取高额清关费用。之后,陈某缘经与潘某富共谋,由潘某富以伪报品名的方式进口檀香紫檀共计

---

① 因本案最终定性为走私国家禁止进出口的货物罪,故没有计算实际偷逃应缴税额。但据海关货物归类规则,人用疫苗的税则号为3002200000,其最惠国税率为3%,行为当时增值税税率为17%,根据上述税率并结合货值可以大致计算出偷逃应缴税额。其中,美华门诊部涉案货物数额为995万余元,偷逃应缴税款大约为200万元;胡盼盼等人涉案货物数额为425万余元,偷逃应缴税额大约为80余万元,法定刑均在有期徒刑10年以下。

② 参见上海市高级人民法院刑事裁定书(2020)沪刑终39号。

13票。卞某某、陈某某受陈某缘指使，参与走私9票。2019年1月15日，海关查获1票陈某缘走私进口的涉案木料，后又陆续查获4票涉案木料。上述5票木料共计55.44吨（其中3票已经申报，2票尚未申报），经取样鉴定均系檀香紫檀，属于CITES附录Ⅱ物种。经上海市价格认证中心认定，涉案13票檀香紫檀共计价值人民币6673万余元，偷逃应缴税额共计509万余元。其中，卞某某、陈某某参与走私9票檀香紫檀价值3847万余元，偷逃应缴税额293万余元。

法院认定，被告人陈某缘犯走私普通货物罪，判处有期徒刑6年6个月，并处罚金60万元。被告人潘某富犯走私普通货物罪，判处有期徒刑6年6个月，并处罚金60万元。判处被告人陈某某犯走私普通货物罪，判处有期徒刑3年，缓刑3年，并处罚金20万元。

【争议焦点】

一是无许可证的情况下，伪报品名走私进口珍稀植物，且偷逃进口环节应缴税额的，如何定性；二是单位犯罪的认定问题；三是走私进口珍稀植物尚未申报时，在通关现场被查获的，关于既未遂的认定问题。

【案件评析】

1. 关于行为定性

本案涉案檀香紫檀属于CITES附录Ⅱ物种，系刑法上的珍稀植物。各被告人在无许可证的情况下，采取伪报品名的方式走私进口，偷逃应缴税额，既侵犯国家有关珍稀植物进出境监管制度，又侵犯海关税收征管制度，根据《走私案件解释》第21条规定，同时触犯走私国家禁止进出口的货物罪和走私普通货物罪，属于想象竞合，应当择一重罪处罚。结合本案具体涉案数额，走私国家禁止进出口的货物犯罪金额6673万元，法定刑为5年以上有期徒刑；走私普通货物偷逃应缴税额500余万元，法定刑10年以上有期徒刑、无期徒刑，故应当以走私普通货物罪定罪处罚。

2. 关于单位犯罪

被告人潘某富辩解其系代表公司实施走私，属于单位犯罪。根据相关规定，单位犯罪有两个基本特征：一是以单位的名义实施犯罪，即由单位集体研究决定，或者由单位的负责人或者被授权的其他人员决定、同意;二是为单位谋取不正当利益或者违法所得大部分归单位所有。① 具体到本案中,潘某富的行为不符合单位犯罪的特征,理由如下:一是决策行为并非体现公司的意志。潘某富参与走私的行为并未经公司决策程序决定,是潘某富以个人名义单独私下与陈某缘等人联系,且联系时双方往往使用特定词语以逃避侦查,陈某缘也仅是根据潘某富的个人指示进行操作。二是收益所得并非归公司所有。陈某缘支付给潘某富的非法所得并没有打公司,而是打到潘某富的私人账户或其妻子沈某某的个人账户;且沈某某收到三笔钱后将其中剩下一笔留下来用于偿还潘某富的个人债务,体现沈某某可以自由处置非法所得;也无证据证实潘某富将违法所得转入公司账户,故潘某富谋取的不正当利益应认定为归于个人所有或使用而非公司。

3. 关于既未遂

本案一共走私13票货物,其中5票共计44吨货物在海关监管区被现场查获。这5票货物中有3票已经完成申报,另外2票尚未申报即被查获。对此,行为人辩解该2票系犯罪未遂。

根据《走私案件解释》第23条规定,通关走私符合下列条件之一的,属于犯罪既遂:(1)在海关监管现场查获被查获的;(2)申报行为已经实施完毕。根据《海关监管场所管理办法》第2条规定,海关监管场所是指进出境运输工具或者境内承运海关监管货物的运输工具进出、停靠,以及从事进出境货物装卸、储存、交付、发运等活动,办理海关监管业务,符合海关设置标准的特定区域。显然,本案涉案5票货物已经进入海关监管现场,由于行为人没有进口檀香紫檀的许可证,自始至终不具有如实申报的现实可能性,一旦进入海关监管现场,属于犯罪既遂。

---

① 参见《走私案件意见》第18条。

第四章 走私废物罪办案指引

第一节 走私废物罪概述

一、走私废物罪的立法沿革

1979年刑法没有规定单独的走私废物罪，1988年《关于惩治走私罪的补充规定》仍然没有针对废物设立单独的走私罪名。1990年3月，我国签署加入《控制危险废料越境转移及其处置巴塞尔公约》。[①]1991年3月，国家环保局、海关总署颁布《关于严格控制境外有害废物转移到我国的通知》，对控制境外废物进入我国作出具体规定。1995年10月30日，我国通过《固体废物污染环境防治法》，从法律层面对废物污染环境问题作出系统、全面的规定，该法明确国家禁止进口不能用作原料的固体废物，限制进口可用作原料的固体废物，同时强调，逃避海关监管，构成走私罪的，依法追究刑事责任。此后，该部法律经过多次修订，最近一次于2020年4月修订，明确国家逐步实现废物的零进口。

1997年《刑法》第155条第3项确立了走私固体废物罪，即逃避海关监管将境外固体废物运输进境的，以走私罪论处。由于该条前两项都是针对准走私的有关规定，但走私固体废物的行为与前两项的行为方式明显不一。因此，2002年《刑法修正案（四）》将走私废物的行为调整到《刑

[①] 该公约于1989年3月22日在联合国环境规划署于瑞士巴塞尔召开的世界环境保护会议上通过，1992年5月正式生效。

法》第 152 条第 2 款，并且将犯罪对象扩大到所有废物，包括固体废物、液态废物和气态废物，自此确立了走私废物罪。2014 年《走私案件解释》根据国家禁止进口的危险废物、非危险废物和限制进口的可作原料的废物分别确定相应的定罪量刑标准，同时明确借用、租用他人许可证进口废物的，也构成走私废物罪。

现行《刑法》第 152 条第 2 款规定，逃避海关监管，将境外固体废物、液态废物和气态废物运输进境，情节严重的，处 5 年以下有期徒刑，并处或者单处罚金；情节特别严重的，处 5 年以上有期徒刑，并处罚金。单位犯前两款罪的，对单位判处罚金，并对其直接负责的主管人员和其他直接责任人员，依照前两款的规定处罚。

二、走私废物罪的发案态势

近年来，国家强化对废物进口的管制，持续加大打击走私"洋垃圾"违法犯罪的力度，走私废物案件比较多发。结合司法实践案例，走私废物呈现以下显著特征：第一，从走私方式上看，以通关走私为主，绕关走私也有一定上升趋势，而通关走私废物主要有伪报品名、夹藏以及借用许可证走私。第二，从走私对象上看，借用他人许可证走私国家限制进口的可用作原料的废物案件最为常见，主要是废布、废塑料、废金属等；走私国家禁止进口的危险性废物、非危险性废物案件也时有发生，比较常见的有废旧电器、废矿渣等。第三，从走私主体看，因走私废物一般通过集装箱海路运输，单位犯罪的现象比较普遍，且大量单位本身经营与废物有关联的业务，来自境内外的废物交织，作案隐蔽性强，故在货物来源、主观故意认定等方面给司法实践提出较大挑战。

三、走私废物罪的概念和构成特征

走私废物罪，是指违反海关法规，逃避海关监管，非法将境外固体废物、液态废物或气态废物运输入境、情节严重的行为。

（一）犯罪客体

本罪侵犯的客体是国家对废物的进境监管制度。2020年4月最新修订的《固体废物污染环境防治法》第23条、第24条规定，禁止中华人民共和国境外的固体废物进境倾倒、堆放、处置；国家逐步实现固体废物零进口，由国务院生态环境主管部门会同国务院商务、发展改革、海关等主管部门组织实施。2020年11月24日，生态环境部、商务部、国家发展和改革委员会、海关总署联合发布《关于全面禁止进口固体废物有关事项的公告》，自2021年1月1日起，禁止以任何方式进口固体废物，禁止我国境外的固体废物进境倾倒、堆放、处置。

本罪犯罪对象是固体废物、液态废物和气态废物，其中走私固体废物最为典型。根据《固体废物污染环境防治法》，固体废物是指在生产、生活和其他活动中产生的丧失原有利用价值或者虽未丧失利用价值但被抛弃或者放弃的固态、半固态和置于容器中的气态的物品、物质以及法律、行政法规规定纳入固体废物管理的物品、物质。经无害化加工处理，并且符合强制性国家产品质量标准，不会危害公众健康和生态安全，或者根据固体废物鉴别标准和鉴别程序认定为不属于固体废物的除外。固体废物包括工业固体废物、生活垃圾、建筑垃圾、农业固体废物等以及危险废物。根据《走私案件解释》第4条规定，走私报废或者无法组装并使用的各种弹药的弹头、弹壳，属于废物的，以走私废物罪定罪处罚。弹头、弹壳是否属于前款规定的"报废或者无法组装并使用"或者"废物"，由国家有关技术部门进行鉴定。

（二）客观方面

本罪客观特征表现为违反海关法规，逃避海关监管，非法将境外固体废物、液态废物或气态废物运输入境，情节严重。需要特别注意的是，走私废物罪具有单向性，只有将境外废物非法运输入境的行为，才以走私废物罪处理，运输废物出境的行为不构成本罪。包括非法将国家禁止进口的废物运输入境的行为，以及未经许可，非法将国家限制进口的可用作原料的废物运输入境的行为。

根据《刑法》第155条、第156条规定，以下三类行为以走私废物罪论处：一是直接向走私人收购走私入境的废物的行为；二是在内海、领海、界河、界湖运输、收购、贩卖国家禁止进口的废物，或者运输、收购、贩卖国家限制进口的废物，数额较大、没有合法证明的行为；三是与走私废物的罪犯通谋，为其提供贷款、资金、账号、发票、证明，或者为其提供运输、保管、邮寄或者其他方便的行为。

（三）犯罪主体

本罪主体为一般主体，即年满16周岁且具有刑事责任能力的自然人和单位。

（四）主观方面

本罪主观方面是故意，即行为人知道或者应当知道是废物，仍然违反海关法规，逃避海关监管，将其非法运输进境。本罪犯罪故意主要是直接故意，但也可以是间接故意。

四、走私废物罪的追诉标准

犯走私废物罪，情节严重的，处5年以下有期徒刑，并处或者单处罚金；情节特别严重的，处5年以上有期徒刑，并处罚金。单位犯走私废物罪的，对单位判处罚金，并对其直接负责的主管人员和其他直接责任人员，依照个人犯罪的规定处罚。

《走私案件解释》第14条规定了认定走私废物罪"情节严重"和"情节特别严重"的具体标准。第一，走私废物具有下列情形之一的，属于"情节严重"：（1）走私国家禁止进口的危险性固体废物、液态废物分别或者合计达到1吨以上不满5吨的；（2）走私国家禁止进口的非危险性固体废物、液态废物分别或者合计达到5吨以上不满25吨的；（3）走私国家限制进口的可用作原料的固体废物、液态废物分别或者合计达到20吨以上不满100吨的；（4）未达到上述数量标准，但属于犯罪集团的首要分子，使用特种车辆从事走私活动，或者造成环境严重污染等情形的。第二，走私废物具有下列情形之一的，属于"情节特别严重"：（1）走私废物的数量超过"情节严重"标准的；（2）走私废物的数量达到"情节严重"标准,且属于犯罪集团的首要分子,使用特种车辆从事走私活动,或者造成环境严重污染等情形的;(3)走私废物的数量未达到"情节严重"标准,但造成环境严重污染且后果特别严重的。

第二节 走私废物罪的证据审查

一、走私废物罪的证据要件

(一)犯罪客体证据

本罪客体是国家对废物的进境监管制度。因此,需要证明行为人实施了走私行为,且走私对象属于国家禁止或限制进口的废物。围绕本罪客体方面,需要重点收集、审查以下证据:

1. 报关资料、查获经过等体现废物进境的证据。主要证明行为人是否通过设关的口岸运输涉案废物进境,是否存在逃避海关监管、通过非设关地运输废物进境等情形。

2. 废物查扣、鉴定意见。主要证明行为人走私的对象是否属于国家禁止或限制进口的废物。

3. 许可资质、许可证使用的情况。主要证明行为人是否有进口国家限制进口可作原料废物的资质,是否存在未经批准或借用、租用他人许可证进出口上述废物的情形。

(二)客观方面证据

本罪客观特征表现为违反海关法规,逃避海关监管,非法将境外固体废物、液态废物或气态废物运输入境。围绕本罪客观方面,需要重点收集、审查以下证据:

1. 证明废物非法进境的证据。常见证据有海运提单、报关单、网络聊天记录、电子邮件、费用支付凭证等证据，主要证明行为人自行或委托他人运输废物非法进境的情况。

2. 证明废物去向的证据。常见证据有网络聊天记录、资金交易记录、车队运输记录、销售记录、证人证言等，主要证明行为人走私进口废物后如何处置、销售的情况，便于佐证走私废物的真实情况。

3. 证明走私废物性质、数量、价值的证据。常见证据有报关单证、搜查笔录、货物扣押清单、账册、资金交易记录、销售记录、鉴定意见、价格鉴定意见等，以证明行为人实际走私货物的属性、数量、价值等事实。根据司法解释规定，国家禁止进口的危险废物、禁止进口的非危险废物和限制进口可作原料的废物定罪量刑标准差别很大，因此首先需要结合鉴定意见审查是否为废物，其次审查为哪类废物。

（三）犯罪主体证据

本罪主体为年满16周岁的自然人或单位。主体方面的证据主要包括户籍证明、出入境证件、出入境记录、单位的工商注册信息，主要证实当事人的基本身份情况，单位的性质等。

（四）主观方面证据

本罪主观方面表现为行为人知道或者应当知道是废物，仍然违反海关法规，逃避海关监管，非法运输进境。主要围绕当事人陈述、证人证言、网络聊天记录、货物外包装、申报记录、费用支付情况、境内销售情况、从业经历、因走私废物被处罚材料等证据，重点分析行为人是否明知为废物，是否明知实施逃避海关监管的行为，行为人关于被境外供货商欺骗或者供货商发错货物等辩解是否合理可信。

【案例】2018年4月，被告人胡某委托报关公司进口8个集装箱货物，申报品名为PET材质次级卷膜。经依法鉴定，涉案卷膜重205吨，主要成分有聚苯乙烯（PS）等6种，多为废碎料及下脚料，为限制进口类可用作原料的固体废物。案发后，胡某辩解其本意要进口PET次级卷膜用于制作礼品、箱包内衬等包装，不清楚进口的货物系固体废物；供货商林某发货前未向其发过货物照片；外商发错货、案发后联系不上林某等。但结合在案证据，足以认定胡某有走私废物的主观故意：第一，根据我国相关规定，进口 PET 材质次级卷膜要符合"三统一"标准，即形状、颜色、成分基本一致，然而涉案货物明显不符合进口标准。2015 年胡某某还因走私固体废物被刑事处罚，更应注意进口货物的品质、属性，对进口货物的具体情况不可能一无所知。第二，结合胡某与货代公司负责人田某的微信聊天记录，有大量不符合"三统一"标准的塑料照片，反映出胡某对货物实际状态有一定认识。第三，检察机关通过补充证据，核实胡某将进口货物销售给温州某塑料厂的情况，通过向该厂负责人李某核实，胡某的销售价格低于进口报关价格；且该厂将货物用于生产扫把丝，并非用于生产礼品包装等。上述情况明显不合常理。第四，结合田某、李某等人陈述，佐证胡某了解进口货物的真实情况。法院最终以走私废物罪判处被告人胡某有期徒刑 5 年，并处罚金人民币 100 万元，撤销前罪缓刑，决定执行有期徒刑 6 年，并处罚金 120 万元。①

二、走私废物罪常见证据审查

（一）物证、书证的审查

走私废物案件最主要的物证和书证分别是实际扣押的废物以及相对应的进口报关资料。审查目的主要在于判断进口货物与报关资料之间的对应性，扣押的废物是否为行为人所进口的货物，以及废物的实际数量。对此，主要围绕进口报关单证、现场勘查资料、废物照片、清点记录、扣押笔录以及扣押的实物等展开审查。

对于在通关现场被查扣的货物，其与报关单证之间的对应性通常比较清晰。需要重点审查的主要是相应报关单项下的货物与行为人之间关联性，能否得到相应进出口代理方、犯罪嫌疑人、被告人的确认以及其他证据佐证。同时，需要审查实际货物与报关单申报情况是否一致，包括品名、数量、价格。

对于并非在通关现场查获的货物，需要重点审查是否为相应报关单所对应的货物，扣押的货物是否为行为人进口的货物，尤其需要重点审查

---

① 参见《走私固体废物被抓后：只要不承认，锅就追不上？》，载"上海检察三分院"微信公众号，2020 年 11 月 26 日。

进口的货物能否与其他来源渠道（主要是国内采购）的废物相区分。因为实践中同一家企业也常常同时进口或者国内采购相类似的货物。只有完全排除二者混杂的可能性，明确扣押的货物就是行为人所进口的货物，才能作为进一步认定是否走私废物的依据。

【案例】2015年4月，被告单位远盾公司为谋取非法利益，由被告人裘某决定，通过我国台湾地区陈某从马来西亚购买含镍电镀污泥，并伪报成"氧化镍（烧结）"委托代理公司申报并运输进境出售给他人，实际向海关申报进口24.9吨。5月1日左右，货物运回远盾公司仓库存放。5月12日，侦查人员到远盾公司，在裘某确认的报送单号为310**6020项下20包货物进行取样送检。经中国环境科学研究院固体废物污染控制技术研究所鉴定，上述进口物品系含铬、镍、铜的混合电镀废液沉淀污泥，属于我国目前禁止进口的固体废物。同年8月，侦查机关在远盾公司仓库内扣押上述走私进口的18.58吨电镀污泥。诉讼过程中，被告人及其辩护人提出，其进口的货物在被扣押之前，已经与该公司在国内购买的其他废物混杂，后来侦查机关扣押的是混杂之后的货物。①

从本案案发经过、侦查过程看，犯罪嫌疑人于5月1日进口货物后存放于自己仓库，直至5月中旬侦查人员才取样送检鉴定。这中间有10多天时间差，如果该批次进口的货物已经被置换或者与其他非进口货物混合，那么后来所查扣的货物就不是当初犯罪嫌疑人进口的那批货物，后续所作的种属鉴定也就毫无意义。要证明扣押的货物是否系犯罪嫌疑人当初所进口的那批货物，这就涉及物证的鉴真。根据证据学理论的基本观点，鉴真是一种旨在对实物证据真实性、同一性加以验证的鉴别手段，其基本含义是举证者所主张的证据确实是他所声称的那份证据。②如果用更加通俗的话来形容，鉴真就是对实物证据的验明正身。

以侦查人员是否介入实物证据的收集、固定为分水岭，可以从取证前和取证后（包括取证当时和提取之后）两个不同阶段来理解实物证据的鉴真。针对取证前阶段，围绕某一实物证据形成之后、被侦查机关提取之前，审查这一阶段该实物证据是否有被污染、篡改、混同、调换的情形，

---

① 参见浙江省宁波市中级人民法院刑事判决书（2017）浙02刑初81号。
② 参见陈瑞华：《刑事证据法学》，北京大学出版社2002年版，第131—132页、第137页。

侦查人员所接触到的证据能否反映实物证据的原貌。针对取证后阶段，围绕侦查人员提取实物证据的过程以及后续保管、转移、使用的过程，审查该实物证据是否完整地保存、流转。本案就是一起典型的针对取证前实物证据的鉴真。走私货物从进口后到被扣押期间存在10多天时间差，需要判断这段时间内该批废物是否保持原样，是否被其他货物混杂。具体审查中，一方面，结合侦查机关查扣时的勘验笔录、拍摄照片发现，货物扣押时外包装基本上比较完整，进口的货物与国内采购的其他货物明显区分堆放；另一方面，办案人员通过实地走访、复勘，发现被扣押的货物比较整齐，没有被混杂的情形。最终认定扣押的涉案货物就是裘某进口的那批货物，在此基础上，结合鉴定意见足以认定系国家禁止进口的固体废物。可见，物证的鉴真是鉴定的基础和前提。

（二）鉴定意见的审查

废物的认定有很强专业性，通常需要通过专业部门予以认定。因此，鉴定意见往往是走私废物案件最关键的证据之一，也是司法实践常见争议焦点。主要围绕以下几方面进行审查：

一是鉴定主体是否有相应鉴定资质。2017年12月29日，海关总署与原环境保护部、质检总局联合下发《关于推荐固体废物属性鉴别机构的通知》，结合现有固体废物属性鉴别机构执行情况，发布《固体废物属性鉴别机构名单》，推荐20家机构供有关部门（单位）选择固体废物属性鉴别机构时参考。[1]目前司法实践中也主要参考上述规定判断鉴定机构、鉴

---

[1] 参见环土壤函〔2017〕287号文件。目前这20家鉴定单位分别为：中国环境科学研究院固体废物污染控制技术研究所、环境保护部南京环境科学研究所、环境保护部华南环境科学研究所、亚洲太平洋地区危险废物管理培训与技术转让中心、广州海关化验中心、天津海关化验中心、大连海关化验中心、上海海关化验中心、深圳出入境检验检疫局工业品检测技术中心再生原料检验鉴定实验室、山东出入境检验检疫局检验检疫技术中心、广东出入境检验检疫局检验检疫技术中心、宁波出入境检验检疫技术中心、天津检验检疫局化矿金属材料检测中心、江苏出入境检验检疫局工业产品检测中心、广西防城港出入境检验检疫局综合技术服务中心、厦门出入境检验检疫局检验检疫技术中心、上海出入境检验检疫局工业品和原材料检测技术中心、浙江出入境检验检疫局检验检疫技术中心、新疆出入境检验检疫局检验检疫技术中心、辽宁出入境检验检疫局技术中心。

定人员的鉴定资质问题。

二是鉴定规程、方法是否符合相关规定。固体废物属性鉴别工作应符合海关查验和属性鉴别等相关要求,《关于发布固体废物属性鉴别机构名单及鉴别程序的通知》《固体废物鉴别标准通则》《进口货物的固体废物属性鉴别程序》等是审查废物鉴定规程和方法的重要依据。同时,需要重点审查检材来源、取得、保管、送检是否符合规定,检材是否充足可靠,鉴定程序是否合法,鉴定意见是否明确,与案件的证明对象是否具有关联性。

三是鉴定结论是否可靠。国家对废物实行目录管理,不同废物定罪量刑标准差距较大,需要结合《限制进口类可用作原料的固体废物目录》《禁止进口固体废物目录》《国家危险废物目录》等,审查是否为废物、何种废物等事项。①

第三节 走私废物罪的认定处理

一、走私废物罪的罪与非罪

判断本罪的罪与非罪,重点需要从犯罪对象和犯罪主观故意两方面来把握:

第一,走私的必须是废物,且达到相应追诉标准。废物包括国家禁止进口的废物和国家限制进口可作原料的废物。在认定废物的基础上,根据不同类型废物,需要达到相应数量才构成走私废物罪,即国家禁止进口的危险废物 1 吨以上,或者国家禁止进口的非危险废物 5 吨以上,或者国

---

① 当然,随着新规定出台,自 2021 年 1 月 1 日起,没有限制进口可作原料的废物目录。但对于发生在此之前且未结的案件,仍然存在此类废物的认定问题。

家限制进口可作原料的废物 20 吨以上。需要特别注意的是，对于无实物扣押的，或者仅有少部分实物扣押，要注重审查是否确实为废物，是否与扣押在案的废物一致，能否排除不属于废物的合理怀疑。

第二，必须有走私废物的主观故意。行为人明知自己的行为违反国家法律法规，逃避国家有关废物进境的禁止性管理规定，并且希望或者放任危害结果发生的，应认定为具有走私废物的主观故意。走私废物的主观故意既包括直接故意，也包括间接故意。在涉嫌进口废物的贸易中，由于外商发货时境内的采购方无法控制，进口货物的实际品质与买卖双方约定情况是否相符，主要取决于外方，因此不少案件中进口方通常以外方错发货物、存在欺诈等作为抗辩理由，辩解不具有走私的故意。对此，可以结合行为人专业知识结构、从业背景经历、是否履行相关货物进口法定义务、是否进行必要的调查核实等方面，综合判断其是否有走私废物的主观故意。

【案例】2015 年 8 月，被告人樊某某先后以捷永公司名义委托广州市河广贸易有限公司（以下简称河广公司）向黄埔海关进口一批氧化锌混合物，后经鉴别，其中 5 柜货物属于我国禁止进口的固体废物。2016 年 10 月，黄埔海关责令捷永公司将 5 柜货物退运回菲律宾马尼拉港。之后捷永公司再度委托河广公司于 2017 年 3 月 7 日向南沙海关申报进口，再销售给柳州市宏越冶化有限公司。其间，柳州市宏越冶化有限公司委托柳州市有色金属冶炼公司对该批货物进行检验，检验报告显示该批货物的锌含量为 28.01% 至 30.76%（经折算，氧化锌含量为 35.01% 至 38.45%）。樊某某知晓上述检验报告内容后未向海关报告。经捷永公司与柳州市宏越冶化有限公司结算确认，该批氧化锌混合物净重 124.914 吨。2017 年 6 月至 2018 年 1 月，樊某某先后以捷永公司名义委托河广公司向南沙海关申报进口三批货物。经鉴别，其中有 14 个货柜共计约 253 吨货物为氧化锌混合物，属于国家禁止进口的固体废物。①

本案中，樊某某辩解其向外商购买氧化锌混合物符合国家标准，但外商装货时出现少部分货物不达标是其无法控制的，属于认识错误，其不具有走私固体废物的主观故意。然而，综合在案证据以及本案行为方式，

---

① 参见广东省高级人民法院刑事裁定书（2019）粤刑终 194 号。

足以认定樊某某具有走私废物的间接故意：

首先，樊某某作为氧化锌混合物行业的从业者，在国际进口业务中有防止废物入境的注意义务。在从事贸易前，其有义务先行咨询商检或海关，在与报关公司合作时应明确双方在防止废物进口入境上的义务、在与外商签订合同时约定废物的退运义务或违约条款、每次发货前先样品验货、每次到货后申请提取货样检验再行报关等。但在案证据显示，樊某某仅仅让供货商寄送过一两次样品，偶尔对货物进行抽检，并没有采取有效措施防止废物入境。

其次，樊某某不存在法律和事实认识错误。对于我国禁止进口固体废物的法律规定，樊某某是明知的，且其对于供货商存在检验设备落后、检验数据不准确、氧化锌含量不稳定、时而乱写成分表等问题，有大概率废物再次入境的可能也是明知的。在2016年货物被责令退运和立案侦查后，樊某某理应切实履行其注意义务，但其却听之任之，放任不管，不主动、不积极采取报关前查验或其他相应合理措施。况且5柜货物被退运后，其又更换港口进口，走私废物的主观故意更加明显。

最后，樊某某具有冶炼专业知识背景和从业经历，应当知晓本案货物的生产来源及其属于废物的性质。根据《固体废物鉴别标准通则》规定，货物来源对废物的认定至关重要，如果是来源于含锌的原矿则不是废物，如果是来源于炼钢烟尘（钢灰）或含锌物/废料烟尘收集物即可判定为废物。涉案货物经鉴别为冶炼钢铁所产生的其他熔渣、浮渣及其他废料或其他含锌的矿渣、矿灰及残渣，是被我国明令禁止入境的固体废物。货物的来源可以通过废物鉴别的方法和仪器明确判断，樊某某大学攻读冶炼专业，并一直从事冶炼行业或相关产业，作为冶炼内行人，应当知道上述规定及其操作方法，有条件了解进口氧化锌的来源及其属于废物的性质。

二、走私废物罪的此罪与彼罪

探讨走私废物罪的此罪与彼罪，主要分析该罪与擅自进口固体废物罪、非法处置进口的固体废物罪之间的关系。

擅自进口固体废物罪，是指未经国务院有关主管部门许可，擅自进口固体废物用作原料，造成重大环境污染事故，致使公私财产遭受重大损失或者严重危害人体健康的行为。非法处置进口的固体废物罪，是指违反国家规定，将境外的固体废物进境倾倒、堆放、处置的行为。走私废物罪与上述两罪的共同点在于，客体特征都与境外固体废物入境有关，不同点主要在于：

1. 犯罪对象有所区别。走私废物罪的犯罪对象包括国家禁止进口的废物和国家限制进口的可用作原料的废物，擅自进口固体废物罪、非法处置进口的固体废物罪犯罪对象仅限于国家允许限制进口的可用作原料的固体废物。

2. 客观特征有所区别。走私废物罪侧重于将废物走私进口的行为，且达到一定货物数量；擅自进口固体废物罪侧重于进口造成财产损失、危害人体健康等有形危害后果；非法处置进口的固体废物罪则侧重于对固体废物的倾倒、堆放、处置，属于行为犯。

行为人未经许可走私进口可作原料固体废物20吨以上，非法倾倒、堆放、处置，造成重大环境污染事故等严重后果的，可能同时触犯上述两个或三个罪名，属于想象竞合犯或牵连犯，应择一重罪处罚。当然，随着《固体废物污染环境防治法》的通过，以及《关于全面禁止进口固体废物有关事项的公告》的实施，我国自2021年1月1日起全面禁止固体废物的进口，未来也不存在国家限制进口可作原料的固体废物，因此擅自进口固体废物罪、非法处置进口的固体废物罪也会逐渐退出历史舞台。

三、走私废物罪的其他相关问题

（一）废物的认定

废物包括固体废物、液态废物和气态废物，司法实践集中体现为走私固体废物。从形态上看，固体废物可以分为工业固体废物、生活垃圾、建筑垃圾、农业固体废物等。工业固体废物，是指在工业生产活动中产生的固体废物。生活垃圾，是指在日常生活中或者为日常生活提供服务的活动中产生的固体废物，以及法律、行政法规规定视为生活垃圾的固体废物。建筑垃圾，是指建设单位、施工单位新建、改建、扩建和拆除各类建筑物、构筑物、管网等，以及居民装饰装修房屋过程中产生的弃土、弃料和其他固体废物。农业固体废物，是指在农业生产活动中产生的固体废物。①

从进口管制程度上看，废物可以区分为国家限制进口类可用作原料的固体废物和国家禁止进口的废物。前者范围按照《限制进口类可用作原料的固体废物目录》认定，但自2021年1月1日起，国家全面禁止固体废物的进口，此类不复存在，但仍然可能会有遗留的案件有待处理。国家禁止进口的废物又可以进一步区分为非危险废物和危险废物。危险废物，是指列入国家危险废物名录或者根据国家规定的危险废物鉴别标准和鉴别方法认定的具有危险特性的固体废物。②不同类型的固体废物，其危害性不同，定罪量刑标准差距较大，准确认定废物的类型，对于正确适用法律意义重大。

废物的判断专业性强，通常情况下需要结合专业部门鉴定来判断。但对于某些常见的、明显无利用价值的废物，根据社会上一般人判断认为是废物的，可以直接将其认定为废物，如常见废旧衣服、废旧纸张、电子废弃物、医疗垃圾等。③当然，如果对废物属性存在争议，难以直接准确认定其性质的，需要由专业鉴定机构鉴定。

对于通过鉴定认定废物属性的，鉴定部门通常只能就其中一部分样品进行鉴定。在认定货物整体是否属于废物时，除了考量鉴定意见外，还可以结合废物防治立法目的、废物后续使用产生的危害等因素综合判断是否属于废物。

【案例】2012年2月，被告人张某与香港供货商陆某联系货源，以7500元/吨的价格向某红采购100多吨含有电子元器件、线路板的电源盒。后张某通过朋友马某找到有出口固体废物资质的国外供货商，并办理一张西班牙巴塞罗那的CICC证，以便将上述固体废物通过合法形式报检、报关。2012年4月11日，该批106.81吨货物以华星公司进口限制类固体废物的名义通过商检，4月16日在向海关报关时被当场查获。经中

---

① 参见《固体废物污染环境防治法》第124条。
② 参见《固体废物污染环境防治法》第124条。
③ 参见南英主编：《〈最高人民法院、最高人民检察院关于办理走私刑事案件适用法律若干问题的解释〉的理解与适用》，中国法制出版社2015年版，第221页。

国环境科学研究院固体废物污染控制技术研究所鉴定，属于我国禁止进口的固体废物。法院认定张某构成走私废物罪，判处有期徒刑3年，缓刑5年，并处罚金人民币60万元。①

本案中，辩方认为，因涉案货物种类繁多、成分复杂，其中部分应该属于限制进口的废旧物品，而鉴定意见仅笼统地认定全部货物为禁止进口的固体废物。但判决书认为，涉案货物经鉴定，其为回收的电子产品混合物，明显没有清除电子元器件、线路板、有害物质等，未经分拣处理，属于我国禁止进口的固体废物。国家立法禁止固体废物的进口，正是考虑到固体废物在国内分拣、提炼铜等物质时会造成大气、土壤、水环境的严重污染，危害公众健康。故对涉案废物数量认定时，并非只认定其中明显没有清除的电子元器件、线路板、有害物质，而是应将未作分拣的涉案货物视作整体，方才符合我国《固体废物污染环境防治法》的立法精神。

（二）走私废物案件中的概括故意与认识错误

走私废物中夹杂普通应税货物等其他货物，或者走私其他货物时夹藏废物是司法实践比较常见的现象，这涉及概括故意与认识错误问题。《走私案件意见》第6条规定，犯罪嫌疑人主观上具有走私犯罪故意，但对其走私的具体对象不明确的，不影响走私犯罪构成，应当根据实际的走私对象定罪处罚。但是，确有证据证明行为人因受蒙骗而对走私对象发生认识错误的，可以从轻处罚。该条针对如何处理概括故意与认识错误问题作出基本规定。前半部分是针对概括故意的情形，即行为人对其行为对象认识模糊，实际对象没有超出其认识范围而在其认识之中。在此情形下，按实际走私对象定罪处罚，符合主客观相一致的基本原则。该条规定后半部分是针对对象认识错误的情形。

根据刑法理论，对象认识错误属于事实认识错误的一种，又可以分为具体的认识错误和抽象的认识错误。具体的对象认识错误，是指行为人在主观上认识的对象与实际实施的对象虽然不一致，但具有相同属性，没有超出同一犯罪构成的范围，即行为人只是在某个犯罪构成范围内发生对象认识错误，在此情形下不影响主观故意的认定。具体到走私罪中，发生

---

① 参见江苏省南京市中级人民法院刑事判决书（2014）宁环刑初字第1号。

具体的对象认识错误，可以按实际走私货物定罪处罚。例如，行为人本意走私限制进口类废物，但实际走私了禁止类废物，仍然应当按走私废物罪定罪处罚。

抽象的对象认识错误，是指主观上认识的对象与实际实施的对象具有不同属性，分别属于不同犯罪构成，在此情形不能直接根据实际对象认定犯罪，而应当在故意内容与客观事实相符的范围内认定犯罪。具体到走私罪中，虽然刑法根据不同对象确定了12个具体走私罪名，但这些罪名在性质上存在一定程度的重合，不同对象之间也可能存在一定重合。因此，应当在重合的限度内认定走私犯罪主观故意，确定合适的罪名。[1]例如，行为人主观上有走私废物的故意，但客观上却走私大量枪支散件。二者显然属于不同犯罪构成，但是，走私废物罪与走私武器罪在侵害国家对进出口货物、物品管制上又是相通的，即废物与枪支都属于国家禁止、限制进出口的货物或物品，因此，认定为走私国家禁止进出口的货物、物品罪更合适。

实践中属于概括故意还是认识错误，行为人是否发生认识错误，需要结合具体情形进行判断。首先，可以结合行为人在全案中的角色、作用等进行分析。货主作为走私犯罪的直接驱动者和最大获利者，走私对象的不同直接影响其非法获利的多少，一般可以认定货主对实际走私对象明知。货源组织者因直接与供货商联系，同时也多是货主与供货商之间的纽带，在二者之间传递信息，一般情况下也对走私对象明知。运输、装卸人员的主观状态需结合货物种类、货物外包装、有无直接接触货物等方面综合判断。其次，可以结合走私方式、运输工具与货物、物品的匹配度来分析。一般而言，运输工具与货物的匹配度越高，行为人的主观认知越明显，比如大宗货物往往使用大容积的运输工具，毒品则多采用人肉携带、行李夹藏、邮寄等方式。对于装载范围相对有限的运输工具，行为人的主观故意更为明显，比如冻品运输有冷藏要求，一般可以认定使用冷藏船或者冷藏集装箱等低温运输工具的行为人有走私冻品的主观故意。反之，对于大宗货物中夹带少量毒品、枪支或者淫秽物品的情形，运输人员对于夹

---

[1] 参见南英主编：《〈最高人民法院、最高人民检察院关于办理走私刑事案件适用法律若干问题的解释〉的理解与适用》，中国法制出版社2015年版，第334页。

带货物的认识能力相对有限,对于此类小型违禁货物主观明知的判断应当有更高要求。

(三)借用他人许可证走私进口废物的行为定性

根据《走私案件解释》第21条规定,未经许可进口国家限制进口的可作原料的废物,构成犯罪的,以走私废物罪定罪处罚;偷逃应缴税额,同时又构成走私普通货物罪的,依照处罚较重的规定定罪处罚。这里的"未经许可进口"包括租用、借用或者使用购买的他人许可证进口的行为。但是,取得许可只是超过许可数量进口国家限制进口的可作原料的废物,构成犯罪的,以走私普通货物罪定罪处罚。

实践中,借用他人许可证进口可作原料的废物的情形比较常见。根据上述规定,对于此类情形一般情况下以走私废物罪定罪处罚。同时又偷逃应缴税额,构成走私普通货物罪的,择一重罪处罚。但有两种例外情形:第一,进口方取得许可,借用他人许可证进口废物,不按走私废物罪处理,如果偷逃应缴税额构成犯罪的,以走私普通货物罪定罪处罚。第二,具有环评资质的实际收货人利用他人许可证进口废物原料的,可不作为犯罪处理。①第二种情形在司法实践中比较常见,但需要准确把握"环评资质""实际收货人"等概念。同时,鉴于借用许可证进口可作原料废物的情形,与进口国家禁止进口的废物或者无许可证直接进口的行为相比,其社会危害性低得多,因此在走私废物数量认定上也应谨慎把握。

第一,关于取得"环评资质"。取得"环评资质",是指通过环评、取得排污许可、具有废物加工利用的资质,既包括进口时已经取得许可资质的,也包括进口过程中正在申请、进口后处理时取得许可资质。除非有特别规定,一般情形下取得县级环保部门的环评即可。同时具备以下情况的,属于具备"环评资质":一是在通过建设前环评的基础上,取得环保部门同意环保竣工验收的批复或验收报告;二是在环评允许的废物种类和

---

① 2013年2月1日,《海关总署缉私局关于请予明确利用他人许可证进口国家限制进口可用作原料的废物行为定性问题的函》及最高检公诉厅、最高法刑二庭的复函中提到,"通过环评、具有废物加工资质的企业,因用量不足而购买《许可证》进口废物的,考虑到企业本身符合废物加工的政策条件,其主观恶性较小、社会危害性不大,可按照宽严相济的刑事司法政策不作犯罪处理"。

数量范围内进行加工，并与其利用能力和污染防治能力相适用；三是在规定时限内申请并取得排污许可证。

第二，关于"实际收货人"。在利用他人许可证进口废物的贸易模式中，进口通关环节单证上的进口人、加工利用人以及对外付汇主体等，通常与许可证上进口单位、利用单位相一致，形式上符合海关监管要求，然而这些单位又并非货物实际收货人。进口废物中的"实际收货人"是指国际贸易中实际进口的收货人，一般情况下"实际收货人"就是"货主"。通常可以结合以下方面来判断：从货物来源看，实际收货人联系（包括自行或委托他人）境外货源，确定采购货物规格、数量、价格；从贸易成本看，货款、进口环节税费、国内运输费用等本质上由实际收货人承担；从货物去向看，实际收货人对进口货物有占有、使用、处分的权力，并自行承担货物交易的风险。

第三，关于走私废物数量。在借用他人许可证进口废物前后，实际收货人通常会与他人进一步达成进口废物的买卖协议。对此，在走私废物的数量认定上有必要区分处理：（1）进口方将废物直接销售给许可证上的加工利用单位，即废物进口后由许可证上加工利用单位第一手取得货物并加以利用或处置，其社会危害性很低，也基本符合废物许可证管理要求，这部分货物数量不计入犯罪数额。因此，如果所有货物都由加工利用单位直接使用，对实际进口人就不按走私废物罪处理。（2）对于除了由加工利用单位直接回收以外的其他废物，实际收货人（进口人）向其他人员/单位销售的，属于走私行为既遂后的处理问题，无论其他买家是否具备环评资质，都应计入走私废物犯罪数额。当然，如果实际利用单位确实具有加工环保资质的，可以酌情从轻处理。

第四节 案例评析

一、朱某进等走私国家禁止进出口的货物、走私废物、走私普通货物案[①]

【基本案情】

2017年11月,为走私肉类冻品等货物入境,被告人朱某进伙同陈某4(另案处理)等人,经事先预谋,指使被告人林某联系被告人陈某宝提供卸货码头,指使被告人卓某明为装运走私货物的船只引航。其间,被告人郑某明受他人指使,招募郑某4、郑某5(另案处理)及被告人林某庆等人出海从事走私活动,其中郑某4统筹管理船上事务,郑某5、刘某海负责船舶航行相关事宜及管理船上的冷冻集装箱柜,林某庆担任水手,并在船被查获时冒充船长。

同月17日,郑某4、郑某5及被告人刘某海、林某庆等人驾驶"营港209"船从福建省石狮市祥芝渔港出发,于次日到达高雄港,过驳装有冷冻肉类制品等货物的集装箱36个,返航至浙江省舟山海域锚泊。同月26日晚,被告人卓某明驾驶小船,将"营港209"船引航靠泊至被告人陈某宝提供的宁波市北仑区华埠码头,被告人朱某进组织被告人林某、柴某余、黄某伦及邱某(另案处理)等人将该船走私进境的6个集装箱冻品卸载至事先联系的集装箱货车上,运往广东、重庆销售,其余货物被边防民警当场查获。经核查,该"营港209"船共装载36个集装箱,其中25个集装箱内的走私货物为冷冻猪肉、鸡肉等国家禁止进口的冷冻动物制品,共计690余吨;10个集装箱内的走私货物为废旧计算机配件等国家禁止进口的固体废物,共计273余吨;1个集装箱内的走私货物为正品锂电池,

---

[①] 参见浙江省高级人民法院刑事裁定书(2019)浙刑终429号。

共计 27.12 吨，经宁波市海关关税部门核定，该批货物偷逃进口环节应缴税额人民币 707976.69 元。

案发后，被告人卓某明、陈某宝分别于 2017 年 12 月 20 日、2018 年 3 月 28 日向侦查机关投案自首，卓某明退缴违法所得人民币 3000 元。

2018 年 11 月 26 日，宁波市人民检察院以被告人朱某进、林某、陈某宝、郑某明等人涉嫌走私废物罪、走私国家禁止进出口的货物罪、走私普通货物罪向宁波市中级人民法院提起公诉。2019 年 11 月 12 日，宁波市中级人民法院作出刑事判决，认定被告人朱某进系主犯，以走私废物罪判处其有期徒刑 5 年 6 个月，并处罚金人民币 10 万元；以走私国家禁止进出口的货物罪判处其有期徒刑 5 年 6 个月，并处罚金人民币 10 万元；以走私普通货物罪判处其有期徒刑 3 年 6 个月，并处罚金人民币 80 万元；决定执行有期徒刑 11 年，并处罚金人民币 100 万元。认定其他被告人系从犯，并以上述三个罪名，分别判处有期徒刑 2 年 6 个月至 1 年 10 个月不等，并处罚金人民币 7 万元至 4 万元不等。扣押的走私货物予以没收，由扣押机关依法处理，违法所得继续予以追缴。

一审判决后，被告人朱某进、郑某明提出上诉。2020 年 1 月 13 日，浙江省高级人民法院裁定驳回上诉，维持原判。

【争议焦点】

1. 朱某进等人是否有走私的犯罪故意，本案应如何定性？
2. 朱某进是主犯还是从犯？

【案件评析】

1. 朱某进等人是否有走私的犯罪故意，本案应如何定性

本案中，行为人走私的货物，既有废物又有冷冻肉品，还有锂电池。被告人朱某进上诉提出，其只是受陈某 4 指使去卸船上的冻品，只有走私冻品的犯罪故意，并不知道接卸的货物中还有废物和涉税货物，不应当对所有走私货物承担刑事责任，其行为仅构成走私国家禁止进出口的货物罪，原判认定其还构成走私废物罪和走私普通货物罪定性有误。

实践中，走私犯罪行为人以对具体走私对象认识不清甚至发生认识错误提出抗辩的情形比较常见，尤其在海上绕关走私中这种情形更为突出。对此类情形下犯罪主观故意的认定，相关司法解释性质文件已有规定。2002 年最高人民法院、最高人民检察院、海关总署《关于办理走私

刑事案件适用法律若干问题的意见》(以下简称《走私案件意见》)第6条规定,"犯罪嫌疑人主观上具有走私犯罪故意,但对其走私的具体对象不明确的,不影响走私犯罪构成,应当根据实际的走私对象定罪处罚。但是,确有证据证明行为人因受蒙骗而对走私对象发生认识错误的,可以从轻处罚"。实践中,正确执行这一规定,从而准确认定犯罪主观故意,需要根据具体案情,坚持主客观一致原则。

《走私案件意见》第6条从字面含义理解,无论是概括故意还是对象认识错误,均按照实际走私对象定罪处罚,对象认识错误不影响行为定性而只影响量刑。但从正确适用法律角度来说,对二者还是需要区分清楚的。一般说来,概括故意,是指行为人对行为性质的违法性和危害结果的发生具有概括性的认识,但对违法性程度和行为所导致的危害后果缺乏明确具体的认识。具体到同时走私多种不同性质的货物案件,行为人具有走私故意,虽然其对走私的对象是普通货物还是禁限货物,抑或是废物没有明确的认知,但实际对象没有超出其认识范围而在其认识之中,此时按照实际对象定罪处罚,符合刑法主客观相一致的原则。认识错误则是对其行为对象在认识上出现错误,而非认识模糊,实际行为对象超出其认识范围而在其认识之外。在发生认识错误的情形下,也需要结合主客观相一致基本原则区分具体的认识错误和抽象的认识错误分别作出处理。在具体的认识错误中,行为人在主观上认识的对象与实际实施的对象虽然不一致,但具有相同属性,没有超出同一犯罪构成的范围,即行为人只是在某个犯罪构成范围内发生对象认识错误,在此情形下不影响行为定性。在抽象的认识错误中,行为人所认识的事实与现实中所发生的事实分属于不同构成要件的情形,此时应在故意内容与客观事实相符的范围内认定犯罪。

在司法实践中,认定走私人是概括故意还是认识错误,不能仅根据其供述,还要结合具体案情和客观证据,如货物的自然属性,行为人在共同犯罪中的分工、角色和获利情况,是否履行必要的核实义务,行为方式、运输工具与货物的匹配度,以及相关通信记录等因素进行综合判断。

具体到本案,在案证据显示,被告人朱某进伙同陈某4等人事先存在走私犯罪预谋,各被告人事中分别实施为走私活动招募人员、为走私船引航、接卸、运输走私货物等犯罪行为,明知其行为是为走私活动服务,均存在走私共同犯罪故意；被告人朱某进在侦查期间曾辩解其不知道集装箱内装的是什么货物，表明其对走私各类货物具有一定的概括故意；从涉案货物与运输工具的匹配程度看，由于绕关走私完全逃避海关监管，各种货物夹杂走私的概率就很高，而且冻品、电子设备、锂电池等货物装载于集装箱内并不违背人们一般认识，且各类货物少则几十吨，多则上百吨，数量都较为庞大，各参与人员对这些货物具有认识的可能性；从客观电子数据看，朱某进手机中信息反映其中有部分集装箱的标注信息显示为"电东""电重""电苍"字样，明显是通过"暗语"逃避侦查，说明朱某进应当知道集装箱内并非单一货物，而是多种不同品类的货物，故而集装箱中装载不同货物并没有超出其认识的范围。因此，无论走私的是国家禁止进口的冷冻动物制品，还是固体废物抑或是锂电池，均未超出朱某进等人主观认知范围，应认定具有走私相应货物、物品的故意。法院根据被告人朱某进等人实施的走私国家禁止进口的冷冻动物制品、固体废物以及涉税货物正品锂电池等三项犯罪事实，分别以走私国家禁止进出口的货物罪、走私废物罪、走私普通货物罪三个罪名定性处罚，符合刑法规定。

2. 朱某进是主犯还是从犯

被告人朱某进上诉辩称，在共同走私犯罪中，其受雇佣前往码头卸货，并非走私货主或直接联系境外的中间人，系从犯。

主从犯是刑事司法实务中合理平衡罪责、有效调节量刑最重要的制度设计之一。在海上绕关走私案件中，合理认定主从犯有更加特殊的意义。一方面，海上绕关走私具有明显的团伙化特征，通常各个环节复杂，参与人员众多。行为人需要通过船舶直接运输货物，案发后查实的货物往往数量巨大、涉案金额高。行为人只要参与走私若干次甚至一次，其法定量刑幅度就很容易达到有期徒刑5年以上甚至10年以上。在此情况下，特别需要运用主从犯制度合理区分不同人员的罪责。另一方面，海上绕关走私隐蔽性强，与多数通关走私案件货主比较明显不同，大量绕关走私案件幕后实际货主或者真正全案组织者、策划者很难被查处，即便查处相关人员，多数情况下很难从证据角度予以准确认定，实践中被查处的涉案人员所占比例最高的是参与直接非法运输货物、负责上下游联系的人员，在大量货主没有到案或者无法确定的情况下，被查处人员通常以"受雇佣者"的身份呈现，要准确评价其在共同犯罪中的作用就更具有挑战性。

海上绕关走私通常呈现高度团伙化的特征，不同人员专业化分工比较明确。结合绕关走私基本模式，通常可以分成组织准备、指挥联络、运输入境、靠岸卸货、销售运输、款项收付等不同环节。评判行为人参与绕关走私的作用大小时，可以结合其所参与各个环节性质、重要程度、参与环节的多寡等因素进行综合考量，特别是行为人在各环节中参与程度的深浅。就某一个环节而言，参与时间越长、参与范围越广，所起作用一般越大。例如，同样是受雇佣参与走私的跟船人员，行为人如果仅仅是自己参与犯罪，其所起作用相对较小；但如果同时纠集、招募其他人员参与，所起作用较大；而且纠集、招募参与的人员越多，或者被纠集者对完成绕关走私所起作用越大，则纠集者、招募者自身的作用也越大。就不同环节而言，如果只参与一个环节，作用较少；如果参与多个环节，所起作用一般较大。

具体到本案，根据在案证据，被告人朱某进主要负责组织走私船舶靠泊卸载一事，其具体实施了三类行为：一是指使他人联系卸货码头；二是组织小船为走私入境船舶引航；三是在码头现场组织人员接卸涉案集装箱、居中进行联络。总体而言，走私船舶靠泊卸载是海上走私非常重要的一环，对最终完成走私起到至关重要的作用，因为走私船舶如果没有得到准确引航并靠泊，走私就无法得逞。朱某进几乎负责靠泊卸载所必须的引航、码头、指挥、联络等各项事务，在共同犯罪中起主要作用，应当认定为主犯。

二、刘某涉嫌走私废物案

【基本案情】

2013年7、8月，张某某、白某某和被告人刘某商议合作进口人发业务，并约定由刘某通过所供职的被告单位荣某公司代理进口白某某等人在巴基斯坦等国收购的人发，刘某负责上述人发的国际运输与报关进口，并收取每公斤40元左右的费用。人发清关后由张某某、白某某向刘某支付相关费用运往河南销售。自2013年9月，荣某公司委托西安陆海恒利公司将进口货物转关至出口加工区A区，并在该区向海关办理进口申报手续。经海关查证，自2013年9月17日至2014年5月20日，荣某公司共进口人发 31 票计 128.6 吨。其中，荣某公司于 2014 年 5 月 20 日委托陆海恒利公司向海关申报进口的一票人发 4626 公斤，经深圳出入境检验检疫局工业品检测技术中心再生原料检验鉴定实验室认定，该票 4626 公斤货物系废人发，属于国家禁止进口的固体废物。①

检察机关指控被告单位荣某公司、被告人刘某走私废物 128.6 吨。一审法院认定被告单位荣某公司、被告人刘某均构成走私废物罪，判处荣某公司罚金 30 万元，判处刘某有期徒刑 6 年，并处罚金 20 万元。刘某提起上诉，二审法院发回重审。一审法院经重审认为，客观上，除最后一票货物为废人发外，其余 30 票货物不能确定属于国家禁止进口的废人发；主观上，刘某没有伪报、瞒报，没有走私的故意。法院宣告被告单位荣某公司、被告人刘某无罪。

【争议焦点】

本案有两个焦点问题：一是已经查验通关的货物属性的认定问题；二是货物代理方走私废物的主观故意问题。

【案件评析】

认定走私废物罪有两个关键条件：一是走私对象为废物，且数量达到追诉标准；二是行为人违反海关法规，采取伪报、瞒报等方法逃避海关监管。本案经过一审、二审以及发回重审，最终判决结果发生较大变化，在客观行为和主观故意两方面都有较强典型意义。

1. 关于货物属性的分析

结合查明的实施，2013 年 9 月至 2014 年 5 月期间，荣某公司共代理进口人发 31 票计 128.6 吨。其中最后一票约 4.6 吨货物经有资质的鉴定机构依法鉴定，涉案货物未经洗涤和梳理等加工，是废人发，属禁止进口固体废物。然而，除该票货物外，其余 30 票货物均已入境，案发时缺少实物，根据已有证据难以认定确实属于废人发。

第一，从海关执法过程看，前面 30 票人发在报关入境时，均经海关查验后加盖"验讫"章后放行。其中，有 17 票人发是经查验后加盖海关放行章后放行，有 13 票则是通过少则 1 包、多则 3 包的"开拆核对品名，未见异常"后予以放行。海关的这种验讫放行行为，表明荣某公司及刘某

---

① 参见陕西省西安市中级人民法院刑事判决书（2017）陕 01 刑初 155 号。

所进口的人发符合海关申报的税则号列,海关对其申报行为予以认可。

第二,从相关人员陈述看,前面30票货物的人发与最后一票货物是否完全一致存疑。本案相关证人证言也仅能证明之前进口的30票人发与最后一票人发外型上有差异,不能证明之前进口的人发就是废人发。人发的所有人张某某证明,其先后从印度和巴基斯坦进口人发。从印度进来的人发是梳理好的,从巴基斯坦进口的人发是经过简单清理过的;白某某也证明以前的人发看着顺,最后一次比较乱;为荣某公司报关的李某某证明,海关对进口的人发抽出一些,用打火机烧了一下。这些人发大约有十几厘米长,一束一束的,不凌乱,查验后予以放行。这说明之前进口的人发与查获的人发并不完全相同。

综上所述,本案除最后一票货物确定为国家禁止进口的废人发外,此前其余30票人发均经海关查验后予以放行,人发均已销售。作为涉案的关键物证人发灭失,已无实物,不能以最后一票经检验确认为废人发的检验结论来推定之前进口的所有人发也是废人发。因此,根据在案证据,本案只有4.6吨货物属于国家禁止进口的废物。

2. 关于走私犯罪主观故意的分析

行为人知道或者应当知道自己进口的货物是废物,仍然违反海关法规,采取伪报、瞒报等方式逃避海关监管的,可以认定其有犯罪主观故意。然而,结合本案具体情况,不能证明被告单位荣某公司及被告人刘某存在进口国家禁止进口的废人发的主观故意。

第一,荣某公司和刘某作为代理方,不存在伪报、瞒报等逃避海关监管的情形。《中华人民共和国海关进出口税则》规定,未经加工的废人发(不论是否洗涤)均归入税号0501.0000;根据海关《进出口税则注释商品及品目注释》解释,经梳理或其他方法加工的人发应归入6703.0000项下。所谓梳理,包括将每根头发按发根和发梢进行整理。因此,对进出口货物进行查验是《海关法》赋予海关的一项权力,是海关为确定进出口货物收发货人向海关申报内容是否与进出口货物的真实情况相符,或者为确定商品的归类、价格、原产地等,依法对进出口货物进行实际核查的执法行为。海关作为行政执法机关,其所作出的具体行政行为具有确定力、拘束力。荣某公司和刘某进口的前30票人发均经过海关查验后予以放行,这表明海关对上述30票人发合法性的认可。荣某公司和刘某从2013年9

月 17 日的第一票人发开始到 2014 年 5 月 20 日被查扣的最后一票，均申报为 6703.0000 "经梳理、人发制、无其他"，并未进行"伪报"或"瞒报"，所申报的货物品名与海关执法人员查验的品名一致并予以放行。海关 8 个月的查验放行行为使得荣某公司和刘某本人对所进口的人发与其申报的税则号列的"经梳理或其他方法加工"的人发产生了合理依赖，并据此始终认为其所进口的人发是已经过梳理、加工的人发而非废人发。

第二，荣某公司和刘某并非实际货主，其作为代理方对货物的实际情况已尽到合理的审查、了解注意义务，没有放任走私的故意。被告人刘某自始至终认为其所代理进口的人发是经过梳理加工过的。结合本案进口贸易流程过程看，货物是由张某某、白某某在印度、巴基斯坦收购后，通过刘某代理进口运回河南销售的。多人证言及其刘某本人供述均证实，刘某并未到过印、巴两国，刘某根据张某某、白某某所描述人发是经过梳理加工过的经过，以及其二人所提供的人发样品，在咨询报关公司后确定人发的归类，已尽到必要的注意义务；况且海关在随后长达 8 个月时间内，对前 30 票货物或者进行查验、或者进行核对后，予以验讫放行，海关的行政行为进一步坚定刘某认为其申报归类符合税则号列和商品品名的归类。

虽然最后一票货物经鉴定属于废人发，而已入境的货物是否为废人发尚无法排除合理怀疑。但是，二者相似度确实较高，是否确实属于国家禁止进口的废物，需要专业机构鉴定才能得出确定的结论。而刘某作为从事物流行业人员，要求其对所进口的人发是否属于废人发有一个准确的认知和判断超出其本人认知能力和程度。相反，刘某基于与委托人长期合作进口人发形成的信任关系，以及基于海关先前对 30 票人发验讫放行产生的合理信赖，最后一票货物按照先前同样方式申报进口，符合常情常理，并没有逃避监管、放任废人发进口的主观故意。

第五章　走私珍贵动物、珍贵动物制品罪办案指引

第一节　走私珍贵动物、珍贵动物制品罪概述

一、走私珍贵动物、珍贵动物制品罪的立法沿革

1979年《刑法》没有单独规定走私珍贵动物、珍贵动物制品罪。我国于1981年1月加入《濒危野生动植物种国际贸易公约》（即CITES），后国务院陆续出台禁止倒卖、走私珍贵野生动物的文件，不断加大对野生动物保护力度。1988年《关于惩治走私罪的补充规定》第2条规定，"走私国家禁止出口的文物、珍贵动物及其制品、黄金、白银或者其他贵重金属的，处五年以上有期徒刑，并处罚金或者没收财产；情节特别严重的，处无期徒刑或者死刑，并处没收财产；情节较轻的，处五年以下有期徒刑，并处罚金"。1997年《刑法》继承上述规定，确定走私珍贵动物、珍贵动物制品罪。2000年《走私案件解释》确定以动物数量和动物制品价值作为定罪量刑标准。

上述规定对打击走私珍贵动物及其制品发挥重要作用。然而，由于本罪量刑标准较低，惩处力度较大，实践中量刑不均衡的现象比较常见，不少案件通过特别减刑程序层报最高人民法院实现罪责刑相适应。为此，2011年《刑法修正案（八）》以及2014年《走私案件解释》对本罪进行

较大修改：一是取消本罪死刑的规定，最高刑调整为无期徒刑；二是将原来5年以下有期徒刑、5年以上有期徒刑和无期徒刑或死刑三个档次，调整为5年以下有期徒刑、5年以上10年以下有期徒刑和10年以上有期徒刑、无期徒刑；三是对走私珍贵动物制品罪提高量刑标准、拉大量刑区间，三个量刑档次的界限分别从原来珍贵动物制品价值10万元、20万元调整为价值20万元、100万元；四是完善走私珍贵动物制品轻微案件免予处罚或出罪的规定。2002年《走私案件意见》第7条规定，同时符合珍贵动物制品购买地允许交易和入境人员为留作纪念或者作为礼品而携带珍贵动物制品进境，且不具有牟利目的这两个条件的，一般不以犯罪论处，或者可以降档处罚。2014年《走私案件解释》则删除"珍贵动物制品购买地允许交易"的条件，对于不以牟利为目的，为留作纪念而走私珍贵动物制品进境，数额不满10万元的，可以免予刑事处罚；情节显著轻微的，不作为犯罪处理。

二、走私珍贵动物、珍贵动物制品罪的发案态势

近年来，走私珍贵动物、珍贵动物制品犯罪呈现以下几个显著特征：

一是从总体形势看，案件数量持续上升，既有少量走私的情况，也有案值特别高、情节特别严重的案件。数量较多、案值较大的案件中，往往形成走私、销售、一手收购、二手收购等一系列产业链，最终对不同人员分别以直接走私、间接走私以及非法收购、运输、出售珍贵、濒危野生动物、珍贵、濒危野生动物制品罪等处理。但由于走私与收购的定罪量刑标准差距很大，实践中量刑平衡的问题比较突出。

二是走私对象相对集中。虽然珍贵动物范围较广，但实践中走私珍贵动物制品的案件比走私珍贵动物案件多，其中最为常见、多发的是走私象牙、犀牛角、穿山甲鳞片、海马干、蟒蛇皮等，不少案件中行为人不具有牟利目的，主要是为了自己或亲属药用而实施走私，主观恶性较小，实践中也能得到较大从宽处理。

三是从走私方式看，绝大部分为进口走私，既有伪报品名走私，也有绕关走私，其中通过行邮渠道走私象牙制品、犀牛角的案件高发，一般是旅客个人携带上述物品进境未申报，或伪报品名邮寄包裹进境，多数案

件在进出境环节因被海关当场查获而案发。

四是从货物、物品来源看，主要来源于非洲，来自东南亚、美洲等地区的珍贵动物制品也日渐增多，既有从上述两个地区直接走私入境的，也有很大一部分通过香港中转走私的。

三、走私珍贵动物、珍贵动物制品罪的概念和构成特征

走私珍贵动物、珍贵动物制品罪，是指违反海关法规，逃避海关监管，非法运输、携带、邮寄国家禁止进出口的珍贵动物及其制品进出境的行为。

（一）犯罪客体

本罪客体是国家对珍贵动物及其制品的进出境管理制度，犯罪对象是珍贵动物及其制品。珍贵动物是指动物活体，珍贵动物制品包括动物的毛皮、羽毛、内脏、血、骨、肉、胚胎等制品的标本、食品、药品、服装、装饰品、工艺品、纪念品以及其他物品。

珍贵动物，包括列入《国家重点保护野生动物名录》中的国家一级、二级保护野生动物，CITES附录Ⅰ、附录Ⅱ中的野生动物，以及驯养繁殖的上述动物。根据原国家林业部的规定，CITES附录Ⅰ、附录Ⅱ所列非原产我国的所有陆生野生动物，分别核定为国家一级、二级重点保护野生动物，视同原产于我国的国家一级、二级重点保护野生动物，按照相关法律法规进行管理。[①] 根据《野生动物保护法》第10条、第35条规定，国家重点保护野生动物名录，由国务院野生动物保护主管部门组织科学评估后制定，并每五年根据评估情况对名录进行调整，报国务院批准公布。中华人民共和国缔结或者参加的国际公约禁止或者限制贸易的野生动物或者其制品名录，由国家濒危物种进出口管理机构制定、调整并公布；进出口列入上述名录的野生动物或者其制品的，出口国家重点保护野生动物或者其

[①] 参见《林业部关于核准部分濒危野生动物为国家重点保护野生动物的通知》（林护通〔1993〕48号通知）。另外，根据农业农村部公告，CITES附录中的水生野生动物，有部分核准为我国国家重点保护野生动物，但附录Ⅰ、附录Ⅱ并不必然完全对应国家一级、二级保护动物，详见《〈濒危野生动植物种国际贸易公约〉附录水生动物物种核准为国家重点保护野生动物目录》（农业农村部2018年第69号公告）。

制品的，应当经国务院野生动物保护主管部门或者国务院批准，并取得国家濒危物种进出口管理机构核发的允许进出口证明书。

（二）客观方面

本罪客观方面表现为违反海关法规，逃避海关监管，非法运输、携带、邮寄珍贵动物及其制品进出境的行为。逃避海关监管通常表现为通过藏匿、伪装、伪报、瞒报、绕关运输等方式走私珍贵动物及其制品进出境。

根据《刑法》第155条、第156条规定，以下三类行为以走私珍贵动物、珍贵动物制品罪论处：一是直接向走私人收购走私入境的珍贵动物及其制品；二是在内海、领海、界河、界湖运输、收购、贩卖珍贵动物及其制品，数额较大、没有合法证明的；三是与走私珍贵动物及其制品的罪犯通谋，为其提供贷款、资金、账号、发票、证明，或者为其提供运输、保管、邮寄或者其他方便的行为。

2004年5月，海关总署缉私局就如何理解《刑法》第151条第2款、第3款规定的"国家禁止进出口"的珍贵动物、珍稀植物的含义致函全国人大法工委刑法室，该室在复函中答复："刑法第151条规定的走私国家禁止进出口的珍贵动物、珍稀植物及其制品的行为，是指走私未经国家有关部门批准，并取得相应进出口证明的珍贵动物、珍稀植物及其制品的行为。"可见，对"国家禁止进出口"应当作广义理解，既包括走私绝对禁止进出口的珍贵动物及其制品，也包括未取得有关部门允许进出口证明而进出口珍贵动物及其制品。

（三）犯罪主体

本罪主体为一般主体，即年满16周岁且具有刑事责任能力的自然人和单位。

（四）主观方面

本罪主观方面为故意，过失不构成本罪。行为人知道或者应当知道是国家禁止进出口的珍贵动物，仍然违反海关法规，逃避海关监管，运输、携带、邮寄上述货物、物品进出境。此外，行为人是否具有牟利的目的，对定罪量刑有重要影响。

四、走私珍贵动物、珍贵动物制品罪的追诉标准

走私珍贵动物、珍贵动物制品罪分三个量刑档次，即走私国家禁止进出口的珍贵动物及其制品的，处 5 年以上 10 年以下有期徒刑，并处罚金；情节特别严重的，处 10 年以上有期徒刑或者无期徒刑，并处没收财产；情节较轻的，处 5 年以下有期徒刑，并处罚金。

《走私案件解释》分别确定了依据珍贵动物数量和珍贵动物制品价值作为本罪定罪量刑标准。该解释以"附表"的形式，根据不同保护等级、不同动物的濒危程度和珍稀程度，按照各种动物的数量规定走私珍贵动物罪相应定罪量刑标准，对于该解释"附表"未规定的珍贵动物，参照附表中规定的同属或者同科动物的数量标准执行。本罪的定罪量刑标准具体如下：

1.走私国家一级、二级保护动物未达到本解释附表（一）中规定的数量标准，或者走私珍贵动物制品数额不满 20 万元的，属于"情节较轻"。

2.具有下列情形之一的，处 5 年以上 10 年以下有期徒刑，并处罚金：(1) 走私国家一、二级保护动物达到本解释附表（一）中规定的数量标准的；(2) 走私珍贵动物制品数额在 20 万元以上不满 100 万元的；(3) 走私国家一级、二级保护动物未达到本解释附表（一）中规定的数量标准，但具有造成该珍贵动物死亡或者无法追回等情节的。

3.具有下列情形之一的，属于"情节特别严重"：(1) 走私国家一级、二级保护动物达到本解释附表（二）中规定的数量标准的；(2) 走私珍贵动物制品数额在 100 万元以上的；(3) 走私国家一级、二级保护动物达到本解释附表（一）中规定的数量标准，且属于犯罪集团的首要分子，使用特种车辆从事走私活动，或者造成该珍贵动物死亡、无法追回等情形的。

单位犯本罪的，对单位判处罚金，并对其直接负责的主管人员和其他直接责任人员，按照自然人犯罪的标准定罪处罚。

结合上述规定可以看出，走私珍贵动物罪入罪没有数量限制，走私珍贵动物制品罪入罪亦没有数额限制。当然，不以牟利为目的，为留作纪念而走私珍贵动物制品进境，数额不满 10 万元的，可以免予刑事处罚；情节显著轻微的，不作为犯罪处理。

第二节 走私珍贵动物、珍贵动物制品罪的证据审查

一、走私珍贵动物、珍贵动物制品罪的证据要件

（一）犯罪客体证据

本罪客体是国家对珍贵动物及其制品的进出境管理制度。因此，需要证明行为人实施了走私行为，且走私对象属于珍贵动物或珍贵动物制品。围绕本罪客体方面，需要重点收集、审查以下证据：

1. 报关资料、查获经过、邮寄资料等体现货物、物品进出境的证据。主要证明行为人是否通过设关的口岸进出口涉案货物、物品，是否存在逃避海关监管、通过非设关地进出口相关货物、物品的情形。

2. 货物、物品查扣、检验鉴定的证据。主要证明行为人走私的对象是否属于列入《国家重点保护野生动物名录》中的国家一级、二级保护野生动物，CITES附录Ⅰ、附录Ⅱ中的野生动物，以及驯养繁殖的上述动物。

（二）客观方面证据

本罪客观方面主要表现为行为人违反海关法规，逃避海关监管，非法运输、携带、邮寄珍贵动物及其制品。围绕本罪客观方面，需要重点收集、审查以下证据：

1. 证明珍贵动物及其制品来源的证据。常见证据有网络聊天记录、国际电子邮件、网络交易订单记录、资金支付记录、购买发票以及言词证据等，以证明行为人是否预谋商量从境外采购珍贵动物及其制品、是否实际下单采购、成交价格、数量等情况。

2.证明珍贵动物及其制品非法出入境的证据。常见证据有报关记录、行为人出入境记录、包裹邮寄单及其物流信息、海关现场查验记录、言词证据等,以证明行为人是否通过直接携带、非法邮寄、藏匿报关等方式走私珍贵动物及其制品。

3.证明珍贵动物及其制品在国内转运、销售等去向的证据。常见证据有境内货物运输车辆行驶轨迹、包裹邮寄记录、微信记录、销售记录、货款交易记录、言词证据等,以判断行为人在国内接收走私的珍贵动物及其制品、委托人员转运、境内销售数量、价格等情况。

4.证明珍贵动物及其制品数量、价值的证据。常见证据有查验记录、实物照片、清单以及有关动物及其制品种属、价值的鉴定意见等,以判断珍贵动物及其制品具体动物种属、数量、价值等事实。

(三)犯罪主体证据

本罪主体为年满16周岁的自然人或单位。主体方面的证据主要包括户籍证明、出入境证件、出入境记录、单位工商注册信息、邮包,以及涉案珍贵动物及其制品与犯罪嫌疑人、被告人关联的证据。走私珍贵动物制品案件中,邮寄走私的情形比较常见,由于人货分离,对于判断涉案邮包(货物)与犯罪嫌疑人、被告人关联性尤为重要。

【案例】2013年9月,齐某自赤道几内亚邮寄3箱物品至其国内住所地,该物品由天津邮政速递物流有限公司代理邮寄进境,收货地址及收货人为"中国天津塘沽延安里××号王××收",申报品名为"礼物工艺品"。经查验,3箱邮包内有深褐色扇贝型鳞片状物体,经鉴定为穿山甲鳞片,属CITES附录Ⅱ物种。2014年4月20日,齐某从北京国际机场入境时被抓获。涉案3个邮包被查获后,经公安机关进行笔迹鉴定,确定邮包上书写的文字与齐某字迹系同一人所写,从而证明该邮包内的穿山甲鳞片系齐某所邮寄。①

(四)主观方面证据

本罪主观方面体现为行为人明知是珍贵动物及其制品而进行走私,或者明知他人实施走私,仍然予以收购、提供各种帮助等。围绕本罪主观

---

① 参见天津市第二中级人民法院刑事判决书(2015)二中刑初字第7号。

方面，需要重点收集、审查以下证据：

1. 体现行为人明知违反海关法规、逃避海关监管的证据。常见证据有进出境物品伪装的情况、邮包填写信息、进出境记录、查扣现场视听资料、言词证据等，以证明行为人是否在涉案货物、物品进出境环节故意逃避海关监管、是否应当知道实施走私行为。

2. 体现行为人明知走私对象为珍贵动物及其制品，或明知为违禁物品，仍然携带相关动物及其制品入境违法。常见证据有行为人网络聊天记录及其照片、交易记录、个人背景经历的证据、航班或机场告示通知或告示牌、言词证据等，以证明行为人是否了解所携带、邮寄物品的真实情形，是否明知携带相关珍贵动物制品入境违法。例如，在高某某走私珍贵动物制品案中，检察机关提供高某某所坐航班以及到达机场均有以语音或者显示屏方式提醒旅客如有携带象牙等动物制品需向海关申报的告示，证明其具有违法性认识。①

3. 体现行为人明知他人走私珍贵动物及其制品，仍然予以收购或提供各种帮助。常见证据有交易价格、费用、交易往来记录等，以证明行为人是否明知为明显不合理交易价格、受雇用费用，是否明知涉案物品从境外非法入境等情形。

4. 体现行为人走私珍贵动物制品目的的证据。常见证据有证人证言、病历资料、货物清单和照片等，以证明行为人是否将珍贵动物制品作为药用、留作纪念等，是否有牟利的目的。

二、走私珍贵动物、珍贵动物制品罪常见证据审查

（一）物证与鉴定意见的审查

物证与鉴定意见是走私珍贵动物及其制品案件中最关键的证据，物证主要是查扣的珍贵动物及其制品，鉴定意见主要是物种与价值鉴定意见。物证方面需要重点审查搜查或扣押笔录、现场照片、扣押决定书及其清单、邮寄清单、当事人对物证的确认情况等证据，以判断物证数量、重量、是否与犯罪嫌疑人、被告人有关联等。鉴定意见则需要审查委托手

---

① 参见浙江省温州市中级人民法院刑事判决书（2015）浙温刑初字第11号。

续、检材（物证）移送手续、鉴定机构及其鉴定人的资质、鉴定依据、鉴定方法或计算方法等，以判断鉴定意见是否合法、有效，结论是否客观真实，物种方面属于哪个目录、哪个保护级别的动物，价值方面计算方法是否正确、计算结论是否得当。

司法实践中，鉴定机构及其鉴定人的鉴定资质容易成为争议焦点。根据最高人民法院《关于审理发生在我国管辖海域相关案件若干问题的规定（二）》第7条规定，对案件涉及的珍贵、濒危水生野生动物的种属难以确定的，由司法鉴定机构出具鉴定意见，或者由国务院渔业行政主管部门指定的机构出具报告。对此，农业农村部公布《濒危水生野生动植物种鉴定单位名单》，确定中国科学院动物研究所等32家科研教学单位承担水生野生动植物种及其制品的鉴定工作。对于陆生野生动物的鉴定，也需要指定的鉴定机构鉴定。除鉴定机构外，还需要审查鉴定人员是否有鉴定资质，或者是否有相关动物领域的专业研究背景。

鉴定机构一般是针对物种进行鉴定，对于动物制品价值的鉴定没有明确规定。对此，《野生动物及其制品价值评估方法》《水生野生动物及其制品价值评估办法》等文件均规定，野生动物制品的价值由核算其价值的执法机关或者评估机构根据实际情况予以核算，必要时县级以上林业主管部门、国家濒危物种进出口管理机构或其指定的鉴定单位应该协助。一般情况下，在物种鉴定后，执法机关可以根据上述规定中的办法核算动物制品价值，也可以委托指定机构予以协助核算，这种协助核算的意见属于准鉴定意见，即有专门知识的人出具的意见。如徐某某走私珍贵动物制品（穿山甲鳞片）案，上诉中辩方提出，鉴定单位华南野生动物物种鉴定中心仅限于物种鉴定，不包括价值评估，且两名鉴定人员是2018年12月10日（即涉案鉴定报告出来之后）才获得司法鉴定资质。对此，判决书认为，鉴定机构华南野生动物物种鉴定中心系广东省林业局指定的野生动物物种鉴定机构之一，两名鉴定人员在作出鉴定报告前，已分别获得动物学副研究员及动物学助理研究员资格，具备相关专业技术资质。[①] 又如，王某某走私珍贵动物制品（红珊瑚珠链）案中，辩方同样提出鉴定机构不具有司法鉴定资质，鉴定人员不具有司法鉴定资格。法院认为，原农业部

[①] 参见广东省高级人民法院刑事裁定书（2019）粤刑终155号。

2017年11月13日发布的第2607号公告《濒危水生野生动植物种鉴定单位名单》，将中国科学院南海海洋研究所列为鉴定单位，推荐鉴定类群包括"珊瑚虫纲"，故该研究所具有红珊瑚的鉴定资质；该研究所还出具鉴定人赵某、严某的岗位聘任书，聘任时间在报告书出具之前，二人研究方向与珊瑚有关，根据《刑事诉讼法》规定，凡具有专门知识的人都可接受指派或聘请进行鉴定并出具意见。①

除鉴定机构、鉴定人员资质外，鉴定过程、鉴定方法、鉴定意见也容易成为争议焦点。

【案例】2019年5月3日下午，被告人阮某某雇请他人从越南走私361尾海马干经中国东兴口岸入境时被查获，共计933.7克；经鉴定为辐鳍亚纲海龙鱼科海马属物种的干制品，属于国家二级重点保护野生动物。侦查机关移送起诉时，鉴定意见鉴定其价值为43.32万元。经审查发现，本案鉴定机构依照2000年国家计委、财政部《关于水生野生动物资源保护费收费标准及其有关事项的通知》②和2002年农业部《关于确定野生动物案件中水生野生及其产品价值有关问题的通知》③计算。根据上述规定，每尾海马干动物资源保护费为200元；国家二级保护野生动物的价值标准，按照该种动物资源保护费的6倍执行，从而计算出海马干价值为43.32万元（即200元/尾×6×361尾）。然而，上述第一个文件已于2018年1月1日失效，相关计算标准被2019年10月1日起实施的《水生野生动物及其制品价格评估办法》所取代。可见，鉴定意见的计算依据有误。根据上述评估办法，作为国家二级重点保护水生野生动物的海马干（克氏海马除外），其基准价值为30元/尾、保护级别系数为5，故每尾海马干价值为150元（基准价值×保护级别系数）。因此，涉案海马干价值为人民币54150元（即30元/尾×5×361尾），从而大大降低犯罪金额，罚当其罪。④

---

① 参见广东省高级人民法院刑事裁定书（2018）粤刑终1344号。
② 参见计价格〔2000〕393号文件。
③ 参见农渔发〔2002〕22号文件。
④ 参见《自治区检察院、高级法院、南宁海关联合发布打击走私犯罪典型案例》，载微信公众号"广西检察院"2020年9月30日；以及广西壮族自治区防城港市中级人民法院刑事判决书（2019）桂06刑初142号。

（二）电子数据的审查

走私珍贵动物及其制品案件常见电子数据有微信聊天记录、电子账册、资金交易记录、出入境记录、电子邮件、视频监控等。围绕电子数据应重点审查：

1. 电子数据来源是否合法可靠。主要围绕手机、计算机等电子物证是否依法扣押、移交，有无取证通知书、搜查笔录、扣押清单、移交清单，扣押清单记载的电子物证与实际扣押在案的电子物证能否相对应，电子数据勘验提取人员有无相应资质。

2. 电子数据与犯罪嫌疑人、被告人或证人是否有关联，相关电子账户是否得到确认；电子数据打印资料与电子资料的内容是否一致，打印的电子数据是否完整；电子账册包含相关缩写、简称的，其具体含义是否得到相关人员的确认。

3. 电子数据的具体内容如何反映案件事实，包括当事人交易相关珍贵动物及其制品的具体种类、货物数量、交易价格，进出口过程中的代理关系、费用情况，对珍贵动物及其制品或行为性质的主观认知程度等。

第三节 走私珍贵动物、珍贵动物制品罪的认定处理

一、走私珍贵动物、珍贵动物制品罪的罪与非罪

判断本罪的罪与非罪，主要围绕以下几方面展开：一是行为方式，即是否在进出口环节中实施违反海关法规，逃避海关监管的行为。二是犯罪对象，即是否属于珍贵动物及其制品，以及根据不同犯罪对象，是否达到相应入罪标准。三是犯罪主观故意，即是否有走私的故意，行为人是否

知道或者应当知道为珍贵动物及其制品。

（一）行为方式

从行为方式看，认定本罪要准确区分走私行为与违反海关监管规定的行为。《海关法》和《海关行政处罚实施条例》等法律规范都将进出口货物、物品中违法违规行为区分为走私行为和违反海关监管规定的行为。违反海关法规是二者的共同特征，是否逃避海关监管则是区分走私行为与违反海关监管规定的行为的根本标准。某一行为虽然违反海关法规，但没有逃避海关监管，则不应认定为走私行为，更不属于走私犯罪。

具体到走私珍贵动物、珍贵动物制品罪中，行为人虽然违反规定携带、运输、邮寄珍贵动物及其制品进出境，但如果确实不清楚属于禁止进出口的珍贵动物及其制品，且能够如实申报，没有采取绕关、藏匿、伪报等方式进出境的，不构成本罪。例如，在唐某涉嫌走私案中，唐某非法收购CITES附录Ⅱ所列举动物金带喙凤蝶（标本）后，将其中5只标本如实向海关履行报关手续后，得到海关查验放行，寄往国外。二审法院认为，虽然唐某没有出口上述标本的许可证，但其向海关履行符合海关要求的报关手续，并未逃避海关监管，其行为不构成走私。[①] 此外，在认定间接走私时，行为方式上需要重点把握收购人是否直接向走私人非法收购走私的珍贵动物及其制品，如果并非直接向走私人收购的，则不构成本罪。

在判断行为人只是一般性违反海关法规还是积极地逃避海关监管时，可以结合不同行为人各自职责、法律规定的申报义务人等要素进行综合判断。

【案例】2014年2月28日，罗某某（船长）、李某某（大副）驾驶"嘉智号"货船在泰国清盛码头装货后开往中国关累港，其间帮他人携带的9箱货物没有运单。2014年3月7日，"嘉智号"货船入境至中国关累港，并向西双版纳海关进行入境申报（未申报携带的9箱货物）。3月12日，西双版纳海关监管关员对入境的"嘉智号"货船所载运货物进行查验时，当场从未向海关申报的9箱货物中查获象牙制品2根，净重5181克，价值50万元；海马制品净重40500克，共11936只；燕窝净重16847克。

---

① 参见陈晖：《走私犯罪论》（第二版），中国海关出版社2012年版，第45页。

一审法院认为，被告人罗某某、李某某构成走私珍贵动物制品罪。上诉后，二审法院认为，作为船长罗某某、大副李某某只是违反海关规定，但没有藏匿、伪装等逃避海关监管的行为，不排除被蒙骗的可能，没有走私的犯罪故意，从而认定二人无罪。①

根据《海关法》第14条规定，船长在船舶进港前，要向海关申报入境（港）监管记录单，如实记载船舶所运货物的总体情况及船舶运行资料，进港后大副要向海关上报船舶舱单。本案中，受人之托带货入境的船长、大副，向海关上报两份单据均未记载被查获的9箱货物，二上诉人辩称只是帮熟人带货、未收运费，所以没有记录在单据上，已经违反《海关法》规定。然而，根据《海关法》《进出口关税条例》相关规定，进出口货物的收、发货人是货物出入境申报的义务人，报关企业或报关员必须有相应的资质。②所以本案涉案货物的报关义务人、责任人是收、发货人，并由有资质的报关企业或是报关员报关，而不是船长、大副。涉案9箱货物包装严密，船长、大副均未开拆，不知实际货物；在其他货物已经报关下船装车时，船长、大副未将这9箱货物夹带在其他货物中上岸，没有夹带入境的行为；这9箱货物放在船上明显位置，无藏匿、伪装等逃避海关监管的行为。根据《海关法》第24条规定，进口货物的收货人应当自运输工具申报进境之日起14日内，向海关申报，本案"嘉智号"船于2014年3月7日到关累港，货物被查获为3月12日，尚在申报期内，故不能直接认定不准备向海关申报。综合以上事实与法律规定，作为船长罗某某、大副李某某只是违反海关规定，但没有实施藏匿、伪装等逃避海关监管的行为，不属于走私行为，不构成走私犯罪。

（二）行为对象

从行为对象看，本罪需要重点把握是否属于刑法意义上的珍贵动物。根据《走私案件解释》规定，本罪的"珍贵动物"，包括列入《国家重点保护野生动物名录》中的国家一级、二级保护野生动物，CITES附录Ⅰ、附录Ⅱ中的野生动物，以及驯养繁殖的上述动物。上述两个目录明确列举

---

① 参见云南省高级人民法院刑事判决书（2016）云刑终1539号。
② 参见《海关法》第1条、第11条、第24条、第28条、第35条、第54条，《进出口关税条例》第5条、第29条、第30条。

了本罪犯罪对象，在区分罪与非罪时，需要结合相关鉴定意见严格把握，同时还有需要特别注意以下两点：

第一，并非走私所有列入上述目录的野生动物都构成本罪。根据野生动物保护法规定，进出口列入我国缔结或者参加的国际公约禁止或者限制贸易的野生动物或者其制品名录的野生动物或者其制品的，出口国家重点保护野生动物或者其制品的，应当经国务院野生动物保护主管部门或者国务院批准，并取得国家濒危物种进出口管理机构核发的允许进出口证明书。可见，对于单纯的国家重点保护野生动物或者其制品的，法律只明确禁止或限制其出口。因此，对于只列入《国家重点保护野生动物名录》但没有列入CITES附录Ⅰ、附录Ⅱ的野生动物，只有出口行为才可能构成本罪，进口行为不构成本罪。

第二，珍贵动物范围调整对本罪的影响。如前所述，珍贵动物的范围需要依据《国家重点保护野生动物名录》和CITES附录Ⅰ、附录Ⅱ进行认定，但野生动物种群状况受多方面因素影响而且处于变动中，上述两个名录也会不断调整。对此，应当适用"从旧兼从轻原则"判断是否属于珍贵动物，即一般应当适用行为时的名录来判断是否为珍贵动物，但如果案件审理过程中目录调整，原先属于珍贵动物的物种被移出目录名单后，则不以本罪处理。例如，在海南琼海艺发贝壳工艺厂涉嫌走私珍贵动物制品案中，行为当时涉案唐冠螺需要办理濒危野生动植物种许可证才能进口。案发后海关总署等部门发布新公告，从2005年1月1日起，上述唐冠螺不在禁止或限制进出境动物之列。据此，二审法院认为应当按从旧兼从轻原则处理，本案不构成走私珍贵动物制品罪。[1]

（三）犯罪主观故意

本罪需要判断行为人是否有走私的故意。行为人明知自己的行为违反海关法律法规，逃避国家有关珍贵动物及其制品进出境的禁止性管理规定，并且希望或者放任危害结果发生的，应认定为具有走私珍贵动物及其制品的主观故意。这里的"明知"，是指行为人知道或者应当知道所从事的行为是走私行为。

---

[1] 参见海南省高级人民法院刑事判决书（2006）琼刑终字第25号。

对于邮寄入境的物品,可以结合其邮寄方式、邮寄信息填写情况等综合判断。例如,在吴某某走私珍贵动物制品案中,其从日邮寄象牙边料至境内销售牟利,二审中其辩解并不知道邮寄象牙边料入境系违法。然而,结合其与亲友之间QQ聊天记录、邮寄涉案象牙边料时未填写真实品名,足以确认其明知邮寄象牙边料入境系违法。①

对于自行携带入境被查获的,可以结合其对物品的携带方式、是否逃避检查等情况综合判断。例如,在管某某走私珍贵动物制品案中,其携带装有犀牛角的行李箱从南非约翰内斯堡出发,经香港转机与同乡张某甲、张某乙汇合,三人共同乘坐HX238次航班于次日抵达上海虹桥国际机场,入境时被查获。在案证据显示,管某某到达机场提取行李箱后,其到厕所内将犀牛角从行李箱特地放到双肩包上,且在厕所时其同伙张某甲通过微信特别提醒其海关的人在隔壁、让其不要出来,说明管某某意识到自己携带入境的是违禁品而不申报,具有走私的故意,可以按照实际走私对象定罪处罚。②

二、走私珍贵动物、珍贵动物制品罪的此罪与彼罪

探讨走私珍贵动物、珍贵动物制品罪的此罪与彼罪,主要分析该罪与非法收购、出售珍贵、濒危野生动物、珍贵、濒危野生动物制品罪之间的关系。二者都侵犯了国家对珍贵动物的保护管理制度。虽然法条关于两罪犯罪对象的表述有所区别,但根据司法解释规定,两罪犯罪对象完全一致,即包括列入《国家重点保护野生动物名录》中的国家一级、二级保护野生动物,CITES附录Ⅰ、附录Ⅱ中的野生动物,以及驯养繁殖的上述动物。③ 当然,从犯罪客体看,走私珍贵动物、珍贵动物制品罪侵犯的是进出境环节有关珍贵动物及其制品的管理制度。具体而言,可从以下三个方面区分两罪的法律适用:

---

① 参见上海市高级人民法院刑事裁定书(2015)沪高刑终字第43号。
② 参见上海市第三中级人民法院刑事判决书(2019)沪03刑初145号、上海市高级人民法院刑事裁定书(2020)沪刑终30号。
③ 参见《走私案件解释》第10条第1款和最高人民法院《关于审理破坏野生动物资源刑事案件具体应用法律若干问题的解释》第1条。

第一，从行为过程区分两类罪名的适用。对于行为人自行或者与他人预谋从境外（境内）非法携带、运输、邮寄珍贵野生动物及其制品入境（出境）的，属于走私罪。对于行为人单纯在国内实施非法收购、运输、出售行为，不涉及珍贵动物及其制品进出境情形的，以非法收购、运输、出售珍贵、濒危野生动物、珍贵、濒危野生动物制品罪定罪处罚。

【案例】2015年10月某日，广西田阳籍男子"阿伟"托被告人黄某传帮忙找1根象牙，后被告人黄某传找到越南茶岭县外号为"阿勇"的男子帮忙。同年11月13日17时许，"阿勇"找到1根象牙（价值25万元）后送到靖西市龙邦口岸新村交给被告人黄某传。当晚，被告人黄某传将象牙藏在轿车后箱，开车运输象牙从靖西市出发前往南宁交货，途中被公安民警查获。一审法院认定，黄某传犯非法运输珍贵、濒危野生动物制品罪，系情节特别严重，判处有期徒刑10年，并处罚金3万元。上诉后，二审法院认定的事实与一审法院相同，但认为黄某传犯走私珍贵动物制品罪，判处有期徒刑5年，并处罚金3万元。①

根据法律规定，走私珍贵动物制品罪与非法收购、出售珍贵、濒危野生动物制品罪三个量刑档次基本相当，但量刑标准差别巨大，对于案值处于10万元至100万元之间的案件，对应的法定刑不同，量刑不平衡问题比较突出。②如本案中，黄某传受人所托寻找象牙后，联系越南人"阿勇"，由"阿勇"将象牙送到靖西市龙邦口岸新村交给黄某传，并连夜驾车赶往外地送货。一审二审法院描述的事实完全相同。但由于境外人员"阿勇"向其送货除黄某传供述外没有其他证据，送货环节、具体过程难以查清，一审法院侧重于认为黄某传只是单纯境内运输，故认定其非法运输珍贵动物制品罪；二审法院则认为黄某传供述其在边境接取象牙后即连夜赶路欲转交象牙的情况符合常理，其在边境接收、偷运象牙的行为主要侵犯我国海关监管制度，属走私行为，从有利于被告人角度改判其构成走私珍贵动物制品罪，量刑也从原来有期徒刑10年改为有期徒刑5年。

第二，从货物来源区分两类罪名的适用。对于同样是在国内收购走

---

① 参见广西壮族自治区百色市中级人民法院刑事判决书（2016）桂10刑终186号。

② 两罪三个量刑档次分别为：5年以下有期徒刑，5年以上10年以下有期徒刑，10年以上有期徒刑。另外，走私罪最高刑无期徒刑。目前，走私罪以20万元和100万元作为三个档次的界限，另一个罪则以10万元和20万元作为三个量刑档次的界限。

私的珍贵动物及其制品，如果明知是走私人仍然直接向其收购走私入境的货物，属于间接走私，构成走私珍贵动物制品罪。反之，如果并不是直接向走私人收购，而是走私后经过多次转手销售，或者虽然是向走私人收购，但主观上并不知道对方为走私人，则构成非法收购国家珍贵、濒危野生动物制品罪。

第三，从主观故意区分两类罪名的适用。根据《刑法》第156条规定，与走私罪犯通谋，为其提供贷款、资金、账号、发票、证明，或者为其提供运输、保管、邮寄或者其他方便的，以走私罪的共犯论处。可见，对于有事前通谋或事前明知他人实施走私，仍然帮助收购、运输的，属于走私罪共犯；如果不存在预谋，或者不知道对方在走私而提供帮助，则不定走私罪。

【案例】被告人岑某耀为谋取非法利益，勾结境外人员"阿亚子"，预谋将产于我国宁夏、甘肃的国家二级重点保护动物猎隼走私出境。2008年9月至10月间，岑某耀在浙江慈溪租用一处房屋作为其走私犯罪中转站，并纠集被告人俞某权帮助接运猎隼。其间，岑某耀、俞某权先后两次在浙江上虞接到由"阿亚子"委托他人从宁夏、甘肃收购、运送来的40只猎隼后，再将猎隼运到其租房内喂养、重新包装。岑某耀又联系在上海国际机场从事安检工作的被告人吴某峥将上述猎隼走私出境。同年9月，被告人马某明受"阿亚子"委托，在宁夏、甘肃等地收购30只猎隼，并应"阿亚子"要求，于10月中旬将该30只猎隼交给被告人赵某明负责运往浙江，赵某明又雇用被告人丁某明，二人一起驾车将该30只猎隼于10月23日运抵浙江上虞交给岑某耀、俞某权。10月24日凌晨，上述30只猎隼在上海机场出境时被查获。①

本案中，岑某耀直接联系吴某峥帮忙走私出口猎隼，由吴某峥订舱、报关以及放行，其二人系直接走私人员，构成走私珍贵动物罪。俞某权、马某明、赵某明、丁某明并不直接参与走私环节，主要在境内负责收购、运输、中转等任务，为走私出口提供便利。俞某权帮助直接走私人岑某耀一起接收、喂养、转运珍贵动物，在案证据显示其明知岑某耀走私猎隼出境而积极予以协助，事先存在通谋，属于走私共犯，构成走私珍贵动物

---

① 参见浙江省高级人民法院刑事判决书（2009）浙刑二终字第105号。

罪；但对于马某明、赵某明、丁某明而言，无证据证明其三人明知"阿亚子"收购猎隼是要走私出境，因此不构成走私罪，分别以非法收购珍贵动物罪和非法运输珍贵动物罪定罪。可见，同样是为走私珍贵动物犯罪提供帮助，主观故意的不同对行为定性会产生重要影响。

三、走私珍贵动物、珍贵动物制品罪犯罪数额的认定

根据《走私案件解释》规定，走私珍贵动物罪与走私珍贵动物制品罪的量刑标准有很大区别。前者依动物数量定罪量刑，具体参照该解释附表，认定方法比较简单，不予赘述；后者依动物制品价值定罪量刑，动物制品价值的认定比较复杂，本节将重点探讨。

珍贵动物与珍贵动物制品二者通常情况下容易区分，如果是走私动物尸体（完整的、未经处理的冻体）的，应当认定为珍贵动物制品，更符合走私珍贵动物罪立法原意。当然，是否属于尸体，应当以走私分子接货时状态判断，对于接货时为活体，走私过程中致动物死亡的，应认定为珍贵动物，且致动物死亡作为从重处罚情节。对于无法判断动物何时死亡的，按照有利于被告人原则，认定为动物制品。

（一）珍贵动物制品价值认定的基本思路

1. 一般思路

根据《野生动物保护法》第57条规定，猎获物价值、野生动物及其制品价值的评估标准和方法，由国务院野生动物保护主管部门制定。我国现行珍贵动物（野生动物）管理体制实行双轨制，即国家林业部门负责陆生野生动物的保护、管理，国家农业部门负责水生野生动物的保护、管理。相应地，有两套动物制品价值认定规范，前者以《野生动物及其制品价值评估方法》（以下简称《陆生动物评估办法》）为基础，后者以《水生野生动物及其制品价值评估办法》（以下简称《水生动物评估

办法》）为基础。①

虽然上述两个评估办法对陆生和水生动物制品价值认定的具体规定有一定区别，表述上也有所不同，但总体思路基本一致。首先，以该物种基准价值标准为基础，结合动物保护级别系数等核定该野生动物整体价值（即物种基准价值标准 × 保护级别系数）。其次，以该物种整体价值为基础，由相关执法机关或者评估机构根据实际情况核算野生动物制品的价值（野生动物整体价值 × 涉案部分系数），但不能超过该种野生动物的整体价值（即涉案部分系数不超过 1）。当然，野生动物制品有实际交易价格，且实际交易价格高于按照上述方法评估的价值的，按照实际交易价格执行。

（1）野生动物整体价值的核定

按照上述两个评估办法，野生动物整体价值＝物种基准价值标准 × 保护级别系数。其中，基准价值标准分别按照《陆生野生动物基准价值标准目录》《水生野生动物基准价值标准目录》确定。作为走私珍贵动物制品罪犯罪对象的国家一级、二级重点保护野生动物（包括 CITES 附录中已被我国列为国家一级、二级重点保护动物），其保护级别系数分别为 10 和 5。② 对于已列入 CITES 附录但尚未核准为国家重点保护动物的，其保护级别系数为 1。如果属于野生动物幼体、人工繁殖珍贵动物，则分别再乘以

---

① 涉及陆生野生动物价值认定的基本规范有：《野生动物及其制品价值评估方法》及其附录《陆生野生动物基准价值标准目录》（2017 年 11 月起施行）、《国家林业局关于发布破坏野生动物资源刑事案中涉及走私的象牙其制品价值标准的通知》（林濒发〔2001〕234 号，以下简称《象牙价值核定通知》）、《国家林业局关于发布破坏野生动物资源刑事案件中涉及犀牛角价值标准的通知》（林护发〔2002〕130 号，以下简称《犀牛角价值核定通知》）、最高人民法院、最高人民检察院、国家林业局、公安部、海关总署《关于破坏野生动物资源刑事案件中涉及的 CITES 附录Ⅰ、附录Ⅱ所列陆生野生动物制品价值核定问题的通知》（林濒发〔2012〕239 号，以下简称《五部委价值核定通知》）等。涉及水生野生动物价值认定的基本规范有：《水生野生动物及其制品价值评估办法》及其《水生野生动物基准价值标准目录》（2019 年 10 月起施行）。

② 《水生动物评估办法》明确规定国家一级、二级水生野生动物保护级别系数分别为 10 和 5。《陆生动物评估方法》则规定，国家一级保护野生动物，按照所列野生动物基准价值的 10 倍核算；国家二级保护野生动物，按照所列野生动物基准价值的 5 倍核算。该方法本质上也是认定国家一级、二级陆生野生动物保护级别系数级别分别对应 10 和 5。

发育阶段系数、物种来源系数；如果属于上述两个目录之外的野生动物，参照与其同属、同科或同目的最近似野生动物核算。

对于人工繁育的野生动物，其整体价值为：同种珍贵动物整体价值 × 物种来源系数。其中，列入"人工繁育国家重点保护野生动物名录"（包括水生动物和陆生动物）的物种，其物种来源系数为 0.25，其他动物的物种来源系数为 0.5。水生野生动物幼年整体的价值 = 野生动物整体价值 × 发育阶段系数。发育阶段系数不应超过 1，由核算其价值的执法机关或者评估机构综合考虑该物种繁殖力、成活率、发育阶段等实际情况确定。针对陆生野生动物幼年整体的价值，评估办法没有明确规定。考虑到陆生野生动物的幼体与成年整体客观上确实有一定区别，一般可以参考水生野生动物幼体的价值认定思路来认定。

（2）野生动物制品价值的核定

涉案部分的野生动物制品价值 = 野生动物整体价值 × 涉案部分系数。《陆生动物评估办法》规定，由核算其价值的执法机关或者评估机构根据实际情况核算野生动物制品的价值，但不能超过该种野生动物的整体价值。《水生动物评估办法》则规定，涉案部分系数不应超过 1；系该物种主要利用部分的，涉案部分系数不应低于 0.7；具体由核算其价值的执法机关或者评估机构综合考虑该制品利用部分、对动物伤害程度等因素确定。

可见，上述两个评估办法除明确涉案部分系数都不能超过 1 之外，关于具体系数如何确定，都比较模糊，需要由专业机构进行确定，主观因素比较大。在两个评估办法出台之前，陆生动物和水生动物行政主管部门曾经分别出台过相应规定，对于涉案部分系数规定比较具体。1996 年原林业部出台的《关于在野生动物案件中如何确定国家重点保护野生动物及其产品价值标准的通知》曾规定，具有特殊利用价值或者导致野生动物死亡的主要部分，其价值标准按照该种动物价值标准的 80% 以折算（即涉案部分系数 0.8，下同）；其他部分，其价值标准按照该种动物价值标准的 20% 予以折算。动物标本的价值标准，按照该种动物价值标准适当予以增减，但最大增减幅度不应超过 50%。2002 年农业部出台的《关于确定野生动物案件中水生野生动物及其产品价值有关问题的通知》则规定，水生野生动物标本的价值标准按照该种动物价值标准的 100% 执行；特殊利用部分和主要部分，其价值标准按照该种动物价值标准的80％执行，其他水生野生动物产品的价值标准，有交易价格的，按照该产品的交易价格执行；没有交易价格的，按照该种动物价值标准的5％—20％核定执行。

尽管上述两个通知已经失效，但其中关于涉案部分的珍贵动物制品价值认定所体现的思路仍然可以作为重要参考。结合上述两个评估办法，并参考之前两个通知，在认定部分野生动物制品价值时可以从以下几个原则来把握：第一，对于野生动物标本，或一只完整的野生动物制品，涉案部分系数原则上为1，其他的涉案部分系数不能超过1。第二，对于有特殊利用价值或者导致野生动物死亡的主要部分，涉案部分系数可以在0.8左右把握，但原则上不能低于0.7。第三，对于其他部分，结合所利用的部分、对动物的伤害程度、所能查清的实际成交价格、实际重量及其在对应成年动物一般体重中所占比例等因素综合确定，比较难以确定的，可以在0.05—0.2之间把握。

2. 两类特殊珍贵动物制品价值的认定：象牙与犀牛角

根据《陆生动物评估办法》第5条规定，省级以上人民政府林业主管部门对野生动物标本和其他特殊野生动物制品的价值核算另有规定的除外。国家林业局分别于2001年和2002年发布过有关象牙制品、犀牛角价值认定的方法。[①]因此，象牙制品与犀牛角的价值需要依据特别规定核算：第一，一根未加工象牙的价值为25万元；由整根象牙雕刻而成的一件象牙制品，应视为一根象牙，其价值为25万元；由一根象牙切割成数段象牙块或者雕刻成数件象牙制品的，这些象牙块或者象牙制品总合，也应视为一根象牙，其价值为25万元；对于无法确定是否属一根象牙切割或者雕刻成的象牙块或象牙制品，应根据其重量来核定，单价为41667元／千克。可见，一根象牙与象牙块或象牙制品的价值认定标准差别较大。实践中，对于是否属于一根象牙，应当结合是否存在确实的加工痕迹进行整体判断。以黄某传走私珍贵动物制品案为例，尽管所查获的一根象牙其末端有切割痕迹，但法院认为，确系一根完整未加工的象牙，应当按照25万元／根来认定其价值。[②]第二，每千克犀牛角的价值为25万元。实际交易

---

① 即《象牙价值鉴定通知》（林濒发〔2001〕234号）和《犀牛角价值鉴定通知》（林护发〔2002〕130号）。

② 参见广西壮族自治区百色市中级人民法院刑事判决书（2016）桂10刑终186号。

价高于上述价值的，按实际交易价执行。

（二）几类特殊珍贵动物及其制品犯罪数额的认定

1.司法解释附表中未规定的珍贵动物的量刑问题

《走私案件解释》以"附表"形式，根据不同保护等级、濒危程度、珍稀程度，将实践中常见、多发的珍贵动物，按照各种动物的数量确定走私珍贵动物罪相应的量刑标准。对于《走私案件解释》附表未规定的珍贵动物，参照附表中规定的同属或者同科动物的数量标准执行。参照适用时，同时存在两个或两个以上同属或同科动物，但量刑标准不同的，按照以下原则确定：根据生物学的规律，同属的亲缘关系比同科的亲缘关系要近，存在多个同属或同科动物的，首先参照同属动物；如果仍然有多个不同标准的，不同保护级别体现不同珍贵程度，因此可以优先参照同一保护级别的动物；如果同一保护级别下仍然有多个不同标准的，则依据有利于被告人原则，按数量较高的标准来认定更为合理。

此外，属于CITES附录Ⅰ、附录Ⅱ但在上述司法解释附表中找不到同属或同科的珍贵动物，可以按照走私珍贵动物罪定罪处罚，但不能扩大范围直接选择与附表同目或同纲的动物作为量刑情节参照对象。结合具体案情，如果走私数量确实很多的，可以按照一般情节（即法定刑有期徒刑5年以上10年以下）处罚。

【案例】2013年10月8日，被告人丁某在菲律宾购买400千克中华鳖和100千克马来闭壳龟，并将马来闭壳龟伪装藏匿在中华鳖中。同月9日，被告人丁某以进口500千克中华鳖的名义委托启瀚（厦门）商贸有限公司代理申报进口。同日，该批货物经厦门高崎机场海关查验，发现其中夹藏185只马来闭壳龟。经福建海洋与渔业司法鉴定中心鉴定，上述马来闭壳龟隶属于爬行纲、龟鳖目、淡水龟科、闭壳龟属，为CITES附录Ⅱ保护动物。法院认为，被告人丁某违反海关法规，逃避海关监管，走私国家禁止进出口的珍贵动物马来闭壳龟185只，其行为已构成走私珍贵动物罪。不属于情节较轻，但鉴于其有自首情节，判处有期徒刑2年，缓刑3年，并处罚金人民币2万元。①

---

① 参见福建省厦门市中级人民法院刑事判决书（2015）厦刑初字第9号。

本案判决书对走私马来闭壳龟的行为以走私珍贵动物罪定罪处罚是合适的。在量刑方面，虽然《走私案件解释》附表中没有与马来闭壳龟同属或同种动物的量刑标准可以直接参照适用，但结合本案具体情况，适用第二档量刑标准也是合理的：首先，该附表中珍贵动物的数量标准即使是情节最高一档，也一般是十来只，少数动物最高标准几十只。本案走私马来闭壳龟多达185只，远远高于上述标准。况且从世界自然保护联盟公开资料看，马来西亚闭壳龟与上述司法解释附表中同为龟鳖目的凹甲陆龟均被列为易危物种，珍贵程度比较类似。① 其次，从本罪罪状表述看，也是先表述为一般情况处5年以上10年以下有期徒刑（即第二档），即该档处罚系常态；然后对情节较轻或情节特别严重的，才分别降格处罚或升格处罚。本案走私珍贵动物数量多达185只，明显不属于情节较轻。

2. 走私"两个目录"之外的珍贵动物制品价值的认定②

（1）认定的基本思路

根据上述两个评估办法的规定，除列入上述"两个目录"的野生动物外，其他属于CITES附录Ⅰ、附录Ⅱ但尚未列入这"两个目录"的野生动物（主要是非原产于我国的野生动物），以及未来可能新列入《国家重点保护野生动物名录》的野生动物，参照与其同属、同科或同目的野生动物来核算相应动物制品的价值。③

在参照适用时，如果存在多种同属、同科或同目的野生动物，则根据生物的亲缘性、物种的珍贵程度和有利于被告人原则来确定参照对象。具体而言：有同属的优先参照同属物种，没有同属的则参照同科物种，没有同科的则参照同目物种，没有同目的再参照同纲或者同门物种。对于同属、同科、同目、同纲或者同门中，如果存在多种不同保护级别的物种，应当参照相同保护级别的物种；如果同一级别中仍然有多种物种的，则应

---

① 根据《走私案件解释》附录，凹甲陆龟属于国家二级保护动物，走私不满6只的属于情节较轻，走私10只以上的属于情节特别严重。

② "两个目录"是指《陆生野生动物基准价值标准目录》和《水生野生动物基准价值标准目录》。

③ 参见《陆生动物评估办法》第8条和《水生动物评估办法》第10条。

当参照价值标准最低的物种认定。①

（2）参照适用的具体方法

如前所述，珍贵动物整体价值取决于基准价值和保护级别系数两个因素（即二者相乘）。那么，依据上述方法参照与其同属、同科或同目的野生动物核算时，是只参照该动物的基准价值，还是同时也参照该动物保护级别系数，上述两个评估办法的规定略有区别。其中，《水生动物评估办法》第 10 条明确规定，只是基准价值参照与其同属、同科或同目的最近似水生野生动物的基准价值核算；《陆生动物评估办法》第 8 条则规定，按照与其同属、同科或者同目的国家重点保护野生动物的价值核算。可见，后者规定比较模糊。

为阐述如何参照适用核算价值的问题，我们分别以两起走私穿山甲鳞片案为例做对比分析。在包某某走私案中，被告人包某某于 2018 年 10 月 7 日走私 19 千克穿山甲鳞片从机场入境时被查获，经鉴定系 CITES 附录 I 所列大穿山甲鳞片。法院采信的鉴定意见认为，涉案大穿山甲系 CITES 附录 I 所列物种，应依法被视为国家一级保护野生动物，按照与其同科的我国国家重点保护野生动物穿山甲科所有种的价值，即每只 8000 元的基准价值，按其 10 倍核算每只大穿山甲价值为 8 万元（即保护级别系数为 10）。② 在韩某某走私案中，韩某某于 2018 年 12 月 17 日，走私 29.6 千克穿山甲鳞片从机场入境时被查获，经鉴定系 CITES 附录 I 所列树穿山甲。法院采信的鉴定意见认为，参照我国国家二级保护野生动物穿山甲每只 8000 元基准价值，按 5 倍核算每只树穿山甲价值为 4 万元（即保护级别系数为 5）。③

两起案件中，虽然一个是大穿山甲，一个是树穿山甲，但都是 CITES 附录 I 中、并非原产于我国的物种，鉴定机构都参照我国穿山甲物种价值计算。而按当时法律，二者保护等级不同：首先，根据我国法律规定，

---

① 《走私案件解释》第 10 条亦规定，走私本解释附表中未规定珍贵动物的制品的，按照最高人民法院、最高人民检察院、国家林业局、公安部、海关总署《关于破坏野生动物资源刑事案件中涉及的 CITES 附录 I、附录 II 所列陆生野生动物制品价值核定问题的通知》（林濒发〔2012〕239 号）的有关规定核定价值。

② 参见上海市第三中级人民法院刑事判决书（2019）沪 03 刑初 181 号。

③ 参见广东省高级人民法院刑事裁定书（2019）粤刑终 1156 号。

CITES附录I的陆生野生动物物种被核定为国家一级重点保护动物,因此本案作为CITES附录I物种的大穿山甲、树穿山甲其保护级别系数为10。其次,我国穿山甲当时属于国家二级保护动物,故保护级别系数为5。①那么,在二者保护等级不同的情况下,参照我国穿山甲核定价值时,是只参照基准价值还是也参照保护级别系数,两起案件处理思路不同,核算结果也产生很大差异。包某某走私案中,只是基准价值参照我国穿山甲(即8000元/只),保护级别系数则依国家一级保护动物认定为10,故单只大穿山甲价值为8万元(即8000元/只×10=8万元/只)。韩某某走私案中,基准价值和保护级别系数均按照我国穿山甲核算,故单只树穿山甲价值为4万元(即8000元/只×5=4万元/只)。

对此,笔者认为,对于"两个目录"以外的野生动物,只需要基准价值按照与其同属、同科或者同目的野生动物价值核算即可,保护级别系数则按照该动物的实际保护级别确定,这也体现对野生动物分级保护的价值所在。②从这个意义上讲,包某某走私案更为合理。

四、向走私人非法收购珍贵动物及其制品行为的法律适用

对于直接向走私人收购走私入境的珍贵动物及其制品,根据《刑法》第155条第1项规定,属于间接走私,以走私罪论处,按走私珍贵动物制品罪定罪处罚。但是,如果收购人员与直接走私分子有事前通谋的,应当认定为直接走私共犯,主要有两点理由:第一,直接向走私人收购走私货物的行为,本质上属于掩饰、隐瞒犯罪所得行为,与直接走私系上下游犯

---

① 根据案发时的法律规定,穿山甲属于国家二级重点保护动物,故其保护级别系数为5。但2020年6月5日,国家林业和草原局发布公告,穿山甲升级为国家一级重点保护动物,故目前穿山甲的保护级别系数应当为10。虽然未来关于穿山甲鳞片价值核定不存在这种冲突,但其他珍贵动物仍然可能存在这种情况。

② 况且,《水生动物评估办法》第4条规定,CITES附录所列水生物种,已被农业农村部核准为国家重点保护野生动物的,按照对应保护级别系数核算价值;未被农业农村部核准为国家重点保护野生动物的,保护级别系数为1。既然对于此类"两个目录"以外的野生动物需要单独强调其保护级别系数,也体现了在参照适用时只限于参照基准价值,而保护级别系数仍然自成体系。

罪。①参照相关司法解释,行为人事前与上游犯罪分子通谋,掩饰、隐瞒犯罪所得及其产生的收益的,以上游犯罪共犯论处。②第二,《刑法》第156条规定,与走私罪犯通谋,为其提供贷款、资金、账号、发票、证明,或者为其提供运输、保管、邮寄或者其他方便的,以走私罪的共犯论处。上述几类行为之所以按走私罪共犯处理,主要是因为这些行为与走私结果之间具有物理的因果性或者心理的因果性。③在收购走私货物中,如果收购人员事先与直接走私人合谋订购货物后再走私,走私人要么直接获得资金支持(买家预付资金的),要么获得走私的动力并得以减少风险(买家的事先订购使得卖家走私后可以直接处理货物,迅速回收利益并降低被查处的风险)。可见,收购者的通谋行为无疑为走私分子实施走私提供物理上或心理上各种支持,对其按照走私共犯处理更合理。

具体到走私珍贵动物及其制品案中,判断收购人与走私人是否属于"事前通谋",是否构成直接走私共犯,应从主、客观两方面来考量:第一,从客观方面看,在行为人正式实施走私前或者走私过程中但尚未得逞(即走私既遂前),收购人与走私人进行了预谋,这种预谋行为既可以体现为事前单纯的订购协商,也可以体现为收购货物预付定金或部分货款、自行或者指派人员到境外选货、从走私人提供的货样中进行选购或者事先约定境内交货地点、交货方式等。例如,在吴某城、张某萍走私案中,其二人于2016年底合谋,由张某萍预付40万元,吴某城在中国台湾收购黄缘闭壳龟、黄喉拟水龟负责偷运入境,销售给张某萍。后被告人蒋某胜受雇用将吴某城订购的黄缘闭壳龟运输入境,在码头卸货时被当场抓获。法院

---

① 《刑法》第312条规定的掩饰、隐瞒犯罪所得、犯罪所得收益罪,是指明知是犯罪所得及其产生的收益而予以窝藏、转移、收购、代为销售或者以其他方法掩饰隐瞒的行为。可见,收购行为是掩饰、隐瞒犯罪所得及其收益的行为方式之一。

② 最高人民法院、最高人民检察院《关于审理掩饰、隐瞒犯罪所得、犯罪所得收益刑事案件适用法律若干问题的解释》第5条规定,"事前与盗窃、抢劫、诈骗、抢夺等犯罪分子通谋,掩饰、隐瞒犯罪所得及其产生的收益的,以盗窃、抢劫、诈骗、抢夺等犯罪的共犯论处"。

③ 张明楷教授认为,只要认定成立共同犯罪,就要将法益侵害结果归属于各参与者的行为,要求参与人的行为与犯罪结果之间具有物理的因果性或心理的因果性。参见张明楷:《刑法学》(第五版),法律出版社2016年版,第381页。

认定,其三人属于直接走私共同犯罪,且吴、张二人系主犯。① 第二,从主观方面看,收购人应当意识到自己是与走私人进行事先通谋并订购的,才构成直接走私共犯;反之,如果收购人不知道自己是在对方走私之前或者走私过程中实施订购等具体行为,其本身缺少走私的故意,则不属于事前通谋。例如,在白某、李某等人走私案中,白某从我国香港走私犀牛入境后直接销售给李某。入境前一日双方约定好等白某入境后在西安机场附近某酒店交货,次日李某亦按约定到上述酒店等候交货,但因白某入境时在机场被抓获而案发。该案中,在白某走私过程中李某便与其通谋,等待对方入境后即刻在入境口岸附近交货,且明知白某尚未走私入境,故本案认定李某属于直接走私共犯更合理。② 在莫某走私案中,其向"四哥"购买 4 只穿山甲,次日"四哥"派人从越南走私穿山甲入境交付给莫某。虽然莫某知道"四哥"系从越南走私穿山甲,但无证据显示其订购时明知货物尚未走私入境,因此属于间接走私。③

无论认定直接走私共犯还是间接走私,最终都按走私珍贵动物、珍贵动物制品罪定罪处罚。从表面上看,除法条适用差异外,认定罪名没有本质区别。然而,不同法律适用对后续行为定性、量刑会产生多方面影响:第一,当货物已经走私入境但买家尚未收到货物时,会直接影响对买家既未遂的认定。如果认定间接走私,那么此时买家属于犯罪未遂;如果认定直接走私共犯,那么买家与直接走私人都属于走私既遂。第二,对主从犯认定的影响。如果双方属于共同犯罪,根据在共同犯罪中各自的地位与作用,买家就有可能被认定为从犯。如果对买家按间接走私处理,由于双方系上下游独立犯罪,不属于共同犯罪,就完全排除适用从犯的可能性。第三,当买家收到货物后再次销售给其他人时,直接影响到其他收购者的行为定性。如果买家与走私人构成直接走私共犯,那么买家也属于直接走私人,其他人向其收购货物则属于向直接走私人收购走私货物,其他买家构成走私珍贵动物制品罪(间接走私)。反之,其他买家构成非法收购珍贵、濒危野生动物制品罪。

---

① 参见福建省高级人民法院刑事判决书(2018)闽刑终 183 号。
② 参见陕西省高级人民法院刑事裁定书(2019)陕刑终 192 号。
③ 参见广东省高级人民法院刑事判决书(2020)粤刑终 274 号。

五、走私珍贵动物、珍贵动物制品罪的罪数形态

走私珍贵动物及其制品违法犯罪中,常常伴随境内非法收购、出售、运输行为。例如,走私出口通常伴随着出口前境内的收购、运输行为,走私进口通常伴随着进口后的运输、出售行为。对于实施或参与走私珍贵动物及其制品的人而言,既有走私行为又有非法收购、运输、出售行为,从形式上看同时符合上述两罪犯罪构成要件,此时如何处理,涉及走私珍贵动物、珍贵动物制品罪的罪数形态问题。对此,需要区分具体情况,分别按照择一罪处罚和数罪并罚处理。

(一)按一罪处罚的情形

1. 想象竞合犯

想象竞合犯也称想象的数罪、观念的竞合,是指一个行为触犯数个罪名的情况。想象竞合犯有两个基本特征:一是行为人只实施了一个行为。这里的一个行为不是从犯罪构成的评价上看是一个行为,而是基于自然的观察,在社会一般观念上被认为是一个行为。[①]二是一个行为同时触犯数个罪名。即行为人所实施的行为同时侵犯了数种法益,在形式上或外观上符合刑法规范规定的数个犯罪构成。

具体到走私珍贵动物及其制品犯罪,走私过程必然伴随着非法运输珍贵动物制品的行为,这是走私行为的准备环节(出口走私)或者自然延伸(进口走私)。"走私行为的完成是一个非常复杂的过程,走私这些物品的实行行为往往都包含持有、藏匿、运输等犯罪行为,这些行为是走私犯罪行为不可或缺的一个环节或组成部分。"[②]因此,从人们的一般社会观念上看,在走私珍贵动物及其制品犯罪过程中,走私行为与走私过程中的非法运输行为属于一个行为,但该行为同时触犯走私珍贵动物、珍贵动物制品罪和非法运输珍贵、濒危野生动物、珍贵、濒危野生动制品罪,属于想象竞合犯,应当择一重罪处罚。由于走私行为是主行为,且一般情况下走私行为更重,按走私珍贵动物、珍贵动物制品罪定罪处罚。例如,在上述

[①] 参见张明楷:《刑法学》(第五版),法律出版社2016年版,第482页。
[②] 参见张大春:《走私罪研究》(第二版),中国海关出版社2013年版,第202页。

岑某耀等人走私案中，其受境外人员委托走私出口珍贵动物过程中，伙同俞某权一起转运，对其境内非法运输行为不再单独评价，按走私珍贵动物定罪处罚即可。

2. 牵连犯

牵连犯是指犯罪的手段行为或结果行为，与目的行为或原因行为分别触犯不同罪名的情况。只有当某种手段通常用于实施某种犯罪，或者某种原因行为通常会导致某种结果时，才宜认定牵连犯。① 在涉珍贵动物及其制品走私犯罪中，走私行为与非法收购、出售行为就有一定牵连关系。例如，走私进口之后在境内非法出售珍贵动物及其制品的，走私行为是手段，非法出售行为是目的；而为走私出口在境内非法收购珍贵动物及其制品的，则非法收购行为是手段，走私行为是目的。对于牵连犯，应当择一重罪从重处罚，实践中通常按走私罪定罪处罚。

【案例】被告人罗某康、左某雨通过网络相识，后左某雨了解到罗某康能从日本购买象牙制品。2015年10月、11月间，二人密谋逃避海关监管，由左某雨提供虚假收件信息，罗某康指使其父亲罗某以邮包夹藏方式将三批8包象牙制品（价值16.3万元）走私进境。同年12月，罗某康委托其父亲罗某以夹藏方式从日本走私象牙制品1包（经鉴定，价值1.6万元）。检察机关认为，罗某康犯走私珍贵动物制品罪、非法出售珍贵动物制品罪，左某雨犯走私珍贵动物制品罪、非法收购珍贵动物制品罪。一审法院认为罗某康、左某雨犯走私珍贵动物制品罪。检察机关提起抗诉，二审法院维持原判。②

本案中，对于二被告人的行为构成一罪还是数罪，检察机关与审判机关就存在较大分歧。认为应当数罪并罚的主要理由：二被告人既有出售、收购珍贵动物制品的行为，又通过走私完成了珍贵动物制品的流通，应当视为两个行为。认为应当定走私珍贵动物制品罪的主要理由：非法收购、出售珍贵动物制品罪中的"珍贵动物制品"仅限于在境内被收购、出售，走私珍贵动物制品罪中的"珍贵动物制品"一般情况下需要进出境，由境外走私入境或从境内走私出境，本案显然不属于非法收购、出售珍贵

---

① 参见张明楷：《刑法学》（第五版），法律出版社2016年版，第490页。
② 参见天津市高级人民法院刑事裁定书（2017）津刑终50号。

动物制品罪。

《走私案件解释》第 9 条第 4 款规定，不以牟利为目的，为留作纪念而走私珍贵动物制品进境，数额不满 10 万元的，可以免予刑事处罚；情节显著轻微的，不作犯罪处理。因此以牟利为目的是走私珍贵动物制品罪的主要表现形式，也是刑法打击的重点。可见，本案非法收购、出售行为与走私行为之间是目的和手段的关系，属于牵连犯，按走私珍贵动物制品罪一罪处理更合适，也足以评价行为的社会危害性，法院的认定是妥当的。

（二）数罪并罚的情形

对于符合想象竞合犯和牵连犯的涉珍贵动物走私及其关联犯罪，一般以走私罪定罪处罚即可，当然这只是针对同一犯罪对象。如果属于不同对象，既走私珍贵动物及其制品，又通过其他渠道非法收购、运输、销售珍贵动物及其制品，则应当数罪并罚。例如，在吴某姬等人涉珍贵动物制品犯罪案中，其犯罪行为分两部分：一部分是 2018 年 5 月的 6 根犀牛角，系吴某姬等人直接在国外采购后，通过外交人员李某非法携带入境，该部分行为构成走私珍贵动物制品罪；另一部分则是 2017 年 3 月，吴某姬直接从某国外交人员处获得 6 根犀牛角用于出售，由于无法查实是否为该外交人员走私进来后销售给吴某姬，或者是否由吴某姬指使外交人员走私入境，属于单纯国内非法交易，故该部分行为定性为非法出售珍贵、濒危野生动物制品罪。①

对于走私珍贵动物及其制品犯罪中伴随的非法收购、出售行为，按照牵连犯处理的前提是出于一个犯罪故意，即为了走私而非法收购，或者为了出售而走私。相反，"如果行为人前面的行为一开始不是为了走私，而是以后产生了走私的故意，这时应分别定罪，实行数罪并罚"。② 例如，行为人非法收购珍贵动物及其制品进行销售，经营期间另起犯意又走私出境的，此时非法收购、出售行为与走私行为属于两类并列行为，应当数罪并罚；或者行为人本来是出于收藏自用的目的，走私少量珍贵动物、珍贵

---

① 参见吉林省高级人民法院刑事裁定书（2019）吉刑终 214 号。
② 参见陈晖：《走私犯罪论》（第二版），中国海关出版社 2012 年版，第 238 页。

动物制品，走私既遂后又另起犯意进行销售的，应当数罪并罚。

六、走私珍贵动物、珍贵动物制品罪的自首、量刑问题

（一）行邮渠道走私行为的自首认定

珍贵动物及其制品具有体积小、价值高等特点，实践中通过旅客进出境随身携带的方式走私的现象比较常见，而在通关现场被查获的案件也比较高发。一般表现为行为人出入境口岸时，直接走无申报通道，之后因为接受安检X光机检查等而案发，如果在开箱之前行为人主动供述非法携带珍贵动物及其制品的，是否成立自首比较容易成为争议焦点。

【案例1】2015年6月17日，被告人曲某从北京首都机场入境时，海关人员对其托运的行李箱进行X光机检查时发现内有疑似象牙制品，于是让其开箱接受检查，开箱之前其承认携带食品和象牙制品。随后，海关人员在其行李箱中查处426件象牙制品，价值42万余元。法院认为，曲某的行为已构成走私珍贵动物制品罪，但不构成自首，鉴于其到案后能如实供述犯罪事实，当庭自愿认罪，且预缴全部罚金，可对其从轻处罚。①

【案例2】2013年，被告人彭某在南非购买大量象牙及象牙制品，准备回国后赠送亲友。同年10月11日18时20分，彭某乘飞机抵达长沙黄花国际机场入境时，选择走无申报通道，在其携带的行李箱通过X光机检查时，海关旅检关员发现该行李箱中有异常阴影图像，怀疑为象牙制品，遂示意彭某接受海关检查，彭某称其确实携带象牙及象牙制品，并在旅检关员的要求下拿出其夹藏在行李中的27包疑似象牙及象牙制品36件，价值24万余元。检察机关认为彭某有坦白情节。法院认定，彭某犯走私珍贵动物制品罪，有自首情节。②

上述两起案例中，行为人案发过程完全一样，但法院对于是否构成自首作出不同结论。最高人民法院《关于处理自首和立功若干具体问题的意见》规定，"罪行未被有关部门、司法机关发觉，仅因形迹可疑被盘问、教育后，主动交代了犯罪事实的，应当视为自动投案，但有关部门、司法

---

① 参见北京市第四中级人民法院刑事判决书（2015）四中刑初字第27号。
② 参见湖南省长沙市中级人民法院刑事判决书（2014）长中刑二初字第00001号。

机关在其身上、随身携带的物品、驾乘的交通工具等处发现与犯罪有关的物品的，不能认定为自动投案"。上述两起案例关键要区分行为人主动交代时属于因形迹可疑被盘问，还是已经被当场发现与犯罪有关的物品。笔者认为，在海关要求正式开箱前，虽然行为人已经承认携带象牙制品，但前提是海关通过 X 光机锁定涉案人员携带象牙制品嫌疑的情况下，将其拦截进行重点盘查，其本人及其物品完全处于海关监管人员控制之下，是否主动交代对于海关破案不具有实质性影响；如果其不交代，海关打开后可以明确涉案违禁品，如果其交代，只能反映其本人有较好认罪悔罪态度。因此，在通过 X 光机锁定涉案行李内可能有违禁品时，行为人已经属于有犯罪嫌疑的人员，而后在其配合下执法部门当场打开其行李箱，属于有关部门在其随身携带的物品发现与犯罪有关的物品，不能认定为自动投案。

（二）量刑平衡与减轻处罚的适用

由于珍贵动物制品价值鉴定的特殊性，鉴定价值通常与购买价格相差较大，当事人对价值的认识程度往往比较模糊、对行为严重性预估不足。涉及此类物品走私及其相关联的非法收购、销售案件中，大量案件案值比较高，如何确保量刑平衡的问题比较突出。实践中，一般通过法定情节减轻处罚或者适用特殊程序报请最高人民法院核准减刑进行处理。

当然，在启动特殊减刑程序时，前提是不符合法定减轻条件。对此，集中体现在对从犯能否减轻两档处罚的问题上，各地分歧较大。例如，施某某走私珍贵动物制品案中，其受雇从深圳口岸走私 7.5 千克"蛇胆"入境，经鉴定价值 511 万元。一审法院认定其系从犯，判处其有期徒刑 6 年；上诉后，二审法院认为仍然量刑偏重，判处其有期徒刑 3 年，并报请最高人民法院核准。[①] 而在林某某、徐某某走私珍贵动物制品案中，徐某某受林某某雇用走私犀牛角入境，案值 108 万元，徐某某属于情节特别严重，法院认定其从犯，直接减两档判处其有期徒刑 4 年，未报请最高人民法院核准。[②]

[①] 参见广东省高级人民法院刑事判决书（2020）粤刑终 308 号。
[②] 参见广东省广州市中级人民法院刑事判决书（2019）粤 01 刑初 33 号。

《刑法》第 63 条第 1 款规定，减轻处罚是指在法定量刑幅度下一个量刑幅度内判处刑罚。从法条规定看，只能减一档处罚针对的是只有"减轻处罚"情节的情形。然而，如果某一情节同时具有减轻处罚和免除处罚功能时，体现刑法对该情节予以最大幅度从宽处理的可能性。因此，"当行为人具有可以（或者应当）'减轻或者免除处罚'的法定情节，而不宜免除处罚时，减轻处罚时可以下降两个量刑幅度"。①这种理解也符合罪责刑相适应的一般原则、举重以明轻的基本原理以及刑法立法的根本目的。②

（三）附加刑的适用

根据《刑法》第 151 条第 2 款规定，走私珍贵动物、珍贵动物制品罪分三个量刑档次，主刑都是自由刑，但附加刑有一定区别。其中，情节较轻和一般情节的，附加刑为"并处罚金"；情节特别严重的，附加刑为"并处没收财产"，实践中比较容易被忽视。例如，在冯某某走私案中，其走私象牙制品、犀牛角入境时被查获，价值 118 万余元，一审法院判处其有期徒刑 10 年，剥夺政治权利 1 年，并处罚金 30 万元；二审法院将附加刑改判为并处没收财产 30 万元，其余维持原判。③二审法院依法对附加刑依法改判是正确的。同时需要注意的是，对于情节特别严重但因减轻处罚实际判处有期徒刑 10 年以下的，这种减轻处罚的效力不仅及于主刑，也包括附加刑。换言之，减轻处罚后适用的附加刑应当是罚金，而不是没收财产。例如，在吴某某走私案中，其走私珍贵动物制品价值 146 万余元，因自首得到减轻处罚，实际被判处有期徒刑 6 年，并处罚金 6 万元。④

---

① 张明楷：《刑法学》（第五版），法律出版社 2016 年版，第 582 页。
② 参见范冬明、魏海：《刑法第六十三条减轻处罚的正确适用》，载《人民司法》2020 年第 26 期。
③ 参见上海市高级人民法院刑事判决书（2019）沪刑终 28 号。
④ 参见福建省高级人民法院刑事裁定书（2017）闽刑终 125 号。

第四节　案例评析

一、王某文、王某拥等人涉象牙制品犯罪案

【基本案情】

（1）2015年至2016年，被告人王某文伙同他人先后从非洲走私象牙（8.5吨）、穿山甲鳞片（796千克）到国内销售牟利（价值约3.6亿元）。（2）2016年10月至2017年7月，被告人王某拥与郑某春（另案处理）先后多次合伙向走私人王某文等人收购象牙制品约5.2吨，价值约2.17亿元。被告人王某平、林某明帮助王某拥等人直接向走私人非法收购象牙，其中王某平参与收购约3.7吨，林某明参与收购象牙约1.5吨。（3）王某拥、王某平、林某明等人将收购的上述象牙运回福建省仙游县后出售，林某明向王某拥收购其中的346.38千克象牙（价值1489万元）后另行加工出售。2017年7月，其三人先后被抓获归案。（4）同年9月，被告人刘某新在王某拥的合伙人郑某春授意下，将上述象牙中的其中20根（价值500万元）藏匿于其岳父刘某修住所。同年10月，郑某春的胞弟被告人郑某伟在刘某新的陪同下，先后从刘某修住所取出其中8根象牙（价值200万元）出售给被告人林某玉。案发后，从刘某修住所搜查12根未加工象牙，从林德玉处搜查26件象牙制品。法院认定，被告人王某文、王某拥、王某平犯走私珍贵动物制品罪，林某明犯走私珍贵动物制品罪和非法收购、出售珍贵、濒危野生动物制品罪，被告人林某玉犯非法收购珍贵、濒危野生动物制品罪，上述人员均属于情节特别严重；被告人刘某新犯掩饰、隐瞒犯罪所得罪。①

---

① 参见广东省高级人民法院刑事裁定书（2018）粤刑终661号、福建省高级人民法院刑事裁定书（2019）闽刑终151号。

【争议焦点】

本案有两个焦点问题：一是没有查扣到实物的珍贵动物制品，如何结合实物认定物品属性及其价值；二是走私珍贵动物制品及其后续的非法收购、销售等行为，如何准确定性，如何区分一罪与数罪。

【案件评析】

1. 象牙制品属性及其价值的认定

本案是一起特大象牙制品非法交易案。从刘某修、林某玉处查获少部分象牙制品，其各自犯罪数量可以直接认定。对于王某拥向王某文等人收购的象牙，主要从两方面来认定：第一，案发后侦查机关从王某拥住所依法查扣4部手机、14张银行卡及1本纸质小本子等物品，委托福建中证司法鉴定中心依法从上述4部手机提取微信、短信、图片、视频、音频等涉及象牙交易的数据，手机中的微信聊天记录及其提取的回磅单、销售单、记账单等图片记录了王某拥收购象牙的基本情况、数量、货款金额等。第二，结合从王某拥处查获的14张银行卡以及相关证人证言，认定王某拥实际控制使用的银行账户，依法调取资金交易记录，体现王某拥为购买象牙制品向卖家实际支付货款的情况。上述两类证据相互印证，证实王某拥收购5.2吨象牙制品的基本数量。

在认定象牙制品数量的基础上，需要进一步认定货物价值。根据相关规定，一根未加工象牙的价值为25万元，对于无法确定是否属一根象牙切割或者雕刻成的象牙块或象牙制品，应根据其重量来核定，单价41667元/千克。本案中，藏匿于被告人刘某新岳父家中的20根象牙系完整的、未加工的象牙，应当按照25万元/根核算其价值为500万元；被告人郑某春出售其中8根象牙，价值为200万元。对于本案其他大量没有现场查获的象牙制品，则结合查实重量按照41667元/千克核算相应的价值。鉴定机构也是依据上述方法鉴定。

本案象牙制品的种属及其价值由福建闽林司法鉴定中心鉴定。经审查，该鉴定中心系具有司法鉴定资格的鉴定机构，指派具备法定资质的鉴定人员，依照法定程序对涉案象牙进行鉴定，出具鉴定意见，侦查机关亦依法将鉴定意见告知各上诉人，鉴定形式完备、鉴定程序合法、鉴定意见客观，可以作为定案依据。

2. 行为定性

本案中，从境外直接走私到境内一手收购、二手收购等环节均有相关人员被抓获归案，根据其不同行为、不同角色分别定罪处罚：

（1）直接走私与间接走私（一手购私）。王某文系直接走私人，其在非洲组织货源后直接走私入境，构成走私珍贵动物制品罪。王某拥与郑某春系境内一手购私人员，其向直接走私人王某文等人收购走私的象牙，属于间接走私；王某平、林某明明知王某拥直接向走私人收购象牙仍然提供帮助，属于间接走私共犯。因此，王某拥、王某平、林某明也构成走私珍贵动物制品罪。王某文与王某拥之间系上下游犯罪，不构成共同犯罪。而王某拥、王某平、林某明之间系共同犯罪。其中，王某拥作为货主起主要作用，系主犯；王某平、林某明只是帮忙收购，作用较小，系从犯。

值得注意的是，王某文走私象牙入境后的销售行为以及王某拥向王康文收购象牙后的销售行为，与走私行为之间属于牵连关系，只需按走私珍贵动物制品罪定罪处罚即可，无须另行认定其非法出售珍贵、濒危野生动物制品罪。

（2）非法收购、出售珍贵、濒危野生动物制品和掩饰、隐瞒犯罪所得。被告人林某明在帮助王某拥向他人收购1.5吨走私的象牙后，其自己又向王某拥收购其中300余千克象牙自行加工出售。在这一过程中，林某明实施了两个行为：一是帮助王某拥向直接走私人王某文收购走私货物，属于间接走私共犯；二是间接走私既遂后，林某明又自行向王某拥收购其中一部分象牙进行加工销售。虽然后者的货物包含于前者之中，但对于林某明而言，其在参与间接走私中并非货主，只是帮助犯，之后又单独收购走私货物，属于独立的收购、销售行为，对其两个行为应当分别评价。因此，应当以走私珍贵动物制品罪（间接走私）和非法收购、出售珍贵动物制品罪对林某明数罪并罚。

被告人郑某伟系在其兄长郑某春收购走私的象牙后帮忙销售，属于单纯的境内销售行为，因此郑某伟构成非法出售珍贵、濒危野生动物制品罪。由于郑某伟本人并非直接走私人，林某玉向郑某伟购买象牙，属于单纯的境内收购行为，因此林某玉不属于间接走私，其行为构成非法收购珍贵、濒危野生动物制品罪。此外，被告人刘某新明知郑某春收购的是走私象牙，仍然帮助其藏匿，其行为构成掩饰、隐瞒犯罪所得罪。

二、韩某某等人走私穿山甲鳞片案

【基本案情】

2018年12月17日,被告人韩某某从尼日利亚乘坐航班至卡塔尔国转机,从广州白云机场一号航站楼入境,过海关时走无申报通道,未向海关申报任何物品。经海关工作人员查验,在被告人韩某某携带的行李箱内查获疑似穿山甲鳞片两袋。经鉴定,上述物品均为哺乳纲(MAMMALIA)鳞甲目(PHOLIDOTA)穿山甲科(Manidae)树穿山甲(Manistricuspis)的鳞片(系列入CITES附录I的物种),重量共计29.60千克,总值人民币315743.20元。一审法院认定被告人韩某某犯走私珍贵动物制品罪,判处有期徒刑5年,并处罚金人民币5000元。韩某某上述辩称,鉴定机构不具备法定的鉴定资质;穿山甲鳞片并非穿山甲的主要部分,其价值标准应按照穿山甲价值标准的20%予以折算,鉴定机构以穿山甲价值标准的80%进行折算有误。二审法院维持原判。①

【争议焦点】

本案主要有两个焦点问题:一是入境现场被查获走私的穿山甲鳞片时,自首的判断问题;二是CITES附录I下非原产于我国的穿山甲鳞片价值的认定问题。

【案件评析】

1. 证据的基本情况、证明对象、归案经过

本案证据主要包括户籍证明,广州白云机场海关旅检处出具的查获经过、查验记录及其线索移交单,缉私部门出具的搜查笔录、扣押笔录和扣押决定书等,被告人韩某某登机牌、护照、出入境记录凭证,鉴定中心出具的《鉴定报告》,以及被告人韩某某的供述和辩解。

上述证据主要用以证实以下两方面内容:一是2018年12月17日,被告人韩某某携带约30千克疑似穿山甲鳞片从广东白云机场入境时被海关旅检部门查获,随即移交缉私部门,依法予以扣押、清点。二是涉案物品经依法鉴定,系树穿山甲鳞片,价值31万余元。

---

① 参见广东省高级人民法院刑事裁定书(2019)粤刑终1156号、广东省广州市中级人民法院刑事判决书(2019)粤01刑初196号。

庭审中，被告人韩某某辩护人提出，韩某某自动投案并如实供述罪行，构成自首。结合案发经过，韩某某携带行李物品入境过安检时走无申报通道，企图将藏匿在行李箱中的穿山甲鳞片走私入境，后被海关执法人员查验发现。虽然其在现场配合检查，承认行李箱内携带有涉案物品，但从案发过程看，属于执法人员当场在行为人随身携带的物品处发现与犯罪有关的物品，根据司法解释规定不属于自动投案，不构成自首。

2.珍贵动物制品价值的认定

本案关于珍贵动物制品价值，主要争议焦点有两个：一是鉴定机构是否具有鉴定资质；二是穿山甲鳞片是否为具有特殊利用价值的主要部分，动物制品具体价值如何确定。

根据五部委关于价值核定的通知规定，人民法院、人民检察院、公安、海关等办案单位可以依据本通知价值标准，核定破坏野生动物资源刑事案件中涉及的CITES附录Ⅰ和附录Ⅱ所列陆生野生动物制品的价值；核定有困难的，县级以上林业主管部门、国家濒危物种进出口管理机构或其指定的鉴定单位应该协助。本案鉴定机构系经过省级林业部门指定的鉴定机构，具有合法的鉴定资质，可以依法对动物物种及其价值进行鉴定。在此基础上，本案鉴定检材的来源、取得、保管、送检以及鉴定程序符合法律规定，可以从以下几方面把握涉案穿山甲鳞片价值的认定过程：

（1）基准价值的确定。根据《野生动物及其制品价值评估方法》第8条规定，列入CITES附录但在我国没有自然分布的野生动物，已经国家林业和草原局核准按照国家重点保护野生动物管理的，该野生动物及其制品的价值按照与其同属、同科或者同目的国家重点保护野生动物的价值核算。故本案参照我国穿山甲来核定其价值，而我国穿山甲基准价值为8000元。

（2）保护级别系数的确定。案发当时，我国穿山甲属于国家二级重点保护动物，其保护级别系数为5。①但是，本案涉案的树穿山甲属于CITES附录Ⅰ物种，在我国属于国家一级重点保护动物，其保护级别系数应当为10。但最后鉴定意见采信保护级别系数5，计算单只树穿山甲整体

---

① 根据案发时的法律规定，穿山甲属于国家二级保护动物，其保护级别系数为5。2020年6月5日，国家林业和草原局发布公告，穿山甲升级为国家一级保护动物，故目前穿山甲的保护级别系数应当为10。

价值4万元。笔者认为，应当采信保护级别系数为10来核定更为合理，这样才能体现对动物分级保护的价值所在。①

（3）涉案部分系数的选择。由于穿山甲鳞片在我国经各级林业主管部门依法依规审核、审批后，被作为原材料生产加工中成药、中药饮片或由定点医院调制医院制剂，因此，应认定穿山甲鳞片是穿山甲具有特殊利用价值的主要部分。据此，作为专业的物种鉴定机构，依法将穿山甲鳞片的涉案部分系数确定为0.8，既有一定的现实基础，程序上也符合法律规定。②因此，鉴定意见认为，一只穿山甲所附的甲片价值为3.2万元（即4万元/只×0.8）。

（4）总体价值的认定。经专业调查，国内穿山甲鳞片的参考案值按照每千克甲片对应一只穿山甲个体核算。考虑到国外该种穿山甲个体较大，成熟个体可以是国内个体的2—3倍重，为慎重起见，可适当放宽至3千克甲片对应一只穿山甲个体核算，因此每千克穿山甲鳞片价值为10667元（即3.2万元÷3）。结合本案一共29.6千克甲片，鉴定意见认为本案穿山甲鳞片价值315743.20元，其完整计算过程为：（8000元/只×5×0.8÷3千克/只）×29.6千克。③

---

① 关于"两个目录"之外的珍贵动物制品，如何参照目录中的动物来核定其价值，详见本章第三节。

② 《野生动物及其制品价值评估方法》规定，野生动物制品的价值由核算其价值的执法机关或者评估机构根据实际情况核算野生动物制品的价值，但不能超过该种野生动物的整体价值。

③ 尽管本案在动物保护级别系数的确定上不尽合理，但整体而言，本案关于穿山甲鳞片价值的认定过程思路清晰，其他认定方法也合理，具有一定典型性，故仍然将其作为典型案例来分析。对于走私珍贵动物制品尤其是司法实践中常见的走私穿山甲鳞片的价值认定有很强的借鉴意义。

第六章 走私武器、弹药罪办案指引

第一节 走私武器、弹药罪概述

一、走私武器、弹药罪的立法沿革

1979年《刑法》没有单独规定走私武器、弹药罪。1988年《关于惩治走私罪的补充规定》第1条规定，走私武器、弹药的，处7年以上有期徒刑，并处罚金或者没收财产；情节特别严重的，处无期徒刑或者死刑，并处没收财产；情节较轻的，处7年以下有期徒刑，并处罚金。1997年《刑法》基本继承上述规定，只是将情节较轻的法定刑调整为"三年以上七年以下有期徒刑，并处罚金"。2015年《刑法修正案（九）》取消本罪死刑的规定。

从定罪量刑标准看，2000年、2006年走私案件司法解释与2014年《走私案件解释》也有重大区别。前两次解释主要立足于武器、弹药的功能，区分军用和非军用武器、弹药，并根据不同数量分别设置相应的定罪量刑标准。2014年《走私案件解释》则主要立足于武器、弹药的性能，区分为以火药为动力和以压缩气体等非火药为动力的枪支、子弹等，并根据不同数量分别设置相应的定罪量刑标准。

二、走私武器、弹药罪的发案态势

我国历来对武器、弹药实行最严格的管控措施。从近年来走私武器、

弹药案件的发案情况看,主要有以下几个特征:

第一,实践中以走私非军用武器、弹药为主。从走私动机看,其中很大一部分是出于收藏、爱好等目的而走私,或者走私后主要出售给军事爱好者,总体而言社会危害性相对较小。实践中为从事违法犯罪活动而走私武器、弹药的案件比较少见。

第二,因走私仿真枪而涉嫌走私武器罪的案件较为常见。公安部于2007年发布《枪支致伤力的法庭科学鉴定判据》大幅降低枪支认定标准(枪口比动能大于1.8焦耳/平方厘米),许多比较轻微、杀伤力客观上较小的仿真枪被认定为枪支,从而按走私武器罪处理。从实际处理情况看,涉仿真枪的走私武器案件中,客观上是否属于枪支、主观上是否认识到枪支等问题常常成为司法实践争议焦点。由于本罪定罪量刑标准较低,处罚力度很大,涉仿真枪案件即便最终确实以走私武器定罪处罚,但在处理过程中多数通过特别减刑程序层报最高人民法院减轻处罚,实现罪责刑相适应。

第三,走私武器、弹药案件进口走私较为常见,但也有部分出口走私案件。出口走私案件中,一部分是将玩具枪、仿真枪以及以枪支论处的仿真枪混杂出口,这类枪支都是以压缩气体等非火药为动力,货物数量往往较多;另一部分则是一些违法分子接受境外人员订购,通过非法自制以火药为动力的枪支后走私出口,这部分犯罪的社会危害性很大。

另外,从走私方式看,以伪报品名直接走私或者将枪支拆分成散件后邮寄走私的案件比较多发。

三、走私武器、弹药罪的概念和构成特征

走私武器、弹药罪,是指违反海关法规,逃避海关监管,非法运输、携带、邮寄枪支、子弹等武器、弹药进出境的行为。

(一)犯罪客体

本罪侵犯的客体是国家关于武器、弹药的进出境管理制度。我国有关武器、弹药的进出境的管理制度主要有:(1)《禁止进出境物品表》规定,各种武器、仿真武器、弹药及爆炸物品属于禁止进出境的物品。

（2）《枪支管理法》第33条、第36条以及《出入境边防检查条例》第30条等法律规定，国家严格管理枪支的入境和出境，任何单位或者个人未经许可，不得私自携带枪支入境、出境；普通人员携带枪支入境、出境，应当事先经国务院公安部门批准；携带、托运枪支、弹药进出境的，应当凭相关许可文件，向海关、边防检查站申报、办理手续。①（3）《军品出口管理条例》第2条、第13条规定，国家对军品出口实行许可制度，军品出口，应当凭军品出口许可证；军品出口管理清单由国家军品出口主管部门制定、调整并公布。（4）《民用爆炸物品安全管理条例》第3条、第25条规定，国家对民用爆炸物品的生产、销售、购买、运输和爆破作业实行许可证制度；进出口民用爆炸物品，应当经国务院民用爆炸物品行业主管部门审批。（5）《海关法》第82条规定，逃避国家有关进出境的禁止性或者限制性管理，运输、携带、邮寄国家禁止或者限制进出境货物、物品进出境的，是走私行为。

（二）客观方面

本罪客观方面表现为违反海关法规，逃避海关监管，非法携带、运输、邮寄枪支、子弹等武器、弹药进出境的行为。逃避海关监管通常表现为通过藏匿、伪装、伪报、瞒报、绕关运输等方式走私武器、弹药进出境。

根据《刑法》第155条、第156条规定，以下三类行为以走私武器、弹药罪论处：一是直接向走私人收购走私入境的武器、弹药的行为；二是在内海、领海、界河、界湖运输、收购、贩卖武器、弹药，数额较大、没有合法证明的行为；三是与走私武器、弹药的罪犯通谋，为其提供贷款、资金、账号、发票、证明，或者为其提供运输、保管、邮寄或者其他方便的行为。

---

① 《枪支管理法》第34条、第35条还针对外国驻华外交代表机构、领事机构的人员出入境，以及外国体育代表团入境参加射击竞技体育活动，或者中国体育代表团出境参加射击竞技体育活动，需要携带枪支或射击运动枪支的，规定了特别的批准手续等。

（三）犯罪主体

本罪主体为一般主体，即年满16周岁且具有刑事责任能力的自然人和单位。

（四）主观方面

本罪主观方面是故意，即行为人知道或者应当知道是武器、弹药，仍然违反海关法规，逃避海关监管，携带、邮寄、运输上述货物、物品进出境。

四、走私武器、弹药罪的追诉标准

根据刑法规定，走私武器、弹药的，处7年以上有期徒刑，并处罚金或者没收财产；情节特别严重的，处无期徒刑，并处没收财产；情节较轻的，处3年以上7年以下有期徒刑，并处罚金。《走私案件解释》按照枪支、弹药的动力，区分为以压缩气体等非火药为动力和以火药为动力，根据不同数量、情节分别设置相应的定罪量刑标准（详见表1）。

表1 走私武器、弹药罪定罪量刑基本标准

武器、弹药类型		情节较轻	一般情节	情节特别严重
3—7年		7年以上有期徒刑	无期徒刑	
枪支	以压缩气体等非火药为动力	2支以上不满5支	5支以上不满10支	10支以上
	以火药为动力		1支	2支以上
弹药	气枪铅弹	500发以上不满2500发	2500发以上不满12500发	12500发以上
	其他子弹	10发以上不满50发	50发以上不满250发	250发以上
	炮弹、手榴弹、枪榴弹（口径<60毫米）	不满5枚	5枚以上不满10枚	10枚以上
	炮弹、手榴弹、枪榴弹（口径>60毫米）		不满5枚	5枚以上

以上主要是根据枪支、弹药不同数量确定相应的定罪量刑标准。

此外,《走私案件解释》还规定了本罪定罪量刑标准的几项特殊情形：（1）加重处罚情节，即枪支、弹药尚未达到上述表格"情节较轻"数量、"情节较轻"数量或者"一般情节"数量时，如果属于犯罪集团的首要分子，使用特种车辆从事走私，或者走私的武器、弹药被用于实施犯罪等情形，可以分别认定为"情节较轻""一般情节"和"情节特别严重"。①（2）走私枪支散件构成犯罪的，以走私武器罪定罪处罚，成套枪支散件以相应数量的枪支计，非成套枪支散件以每30件为一套枪支散件计。（3）走私可以组装并使用的各种弹药的弹头、弹壳构成犯罪的，以走私武器罪定罪处罚，定罪量刑标准按照上述表格规定的数量标准的5倍执行。

单位犯走私武器、弹药罪的，对单位判处罚金，并对其直接负责的主管人员和其他直接责任人员按照个人犯罪标准定罪处罚。

第二节 走私武器、弹药品罪的证据审查

一、走私武器、弹药罪的证据要件

（一）犯罪客体证据

本罪侵犯的客体是国家关于武器、弹药的进出境管理制度。因此，需要证明行为人实施了走私行为，且走私对象属于武器、弹药。围绕本罪客体方面，需要重点收集、审查以下证据：

1. 报关资料、查获经过等体现货物、物品进出境的证据。主要证明行为人是否通过设关的口岸进出口涉案货物、物品，是否存在逃避海关监管、是否通过非设关地进出口的货物、物品情形。

2. 货物、物品查扣、检验鉴定的证据。主要证明行为人走私的对象

---

① 关于"犯罪集团的首要分子""使用特种车辆从事走私"的认定，可以见本章"走私国家禁止进出口的货物办案指引"一节。

是否属于刑法意义上的武器、弹药。

（二）客观方面证据

本罪客观方面主要表现为行为人违反海关法规，逃避海关监管，非法运输、携带、邮寄武器、弹药进出境。围绕本罪客观方面，需要重点收集、审查以下证据：

1. 证明武器、弹药来源的证据。常见证据有：网络聊天记录、网络交易订单记录、资金支付记录及其购买发票、相关言词证据等，以证明行为人是否预谋商量从境外采购武器、弹药、是否实际下单采购、购买成交价格、数量、交易模式等情况。

2. 证明武器、弹药非法出入境的证据。常见证据有：报关资料、委托协议、行为人出入境记录、包裹邮寄单及其物流信息、海关现场查验记录、相关言词证据等，以证明行为人是否通过直接携带、非法邮寄、藏匿报关等方式走私武器、弹药进出境。

3. 证明武器、弹药在国内转运、销售等去向的证据。常见证据有：境内货物运输车辆行驶轨迹、包裹邮寄记录、微信记录、销售记录、销售款交易记录、相关言词证据等，以判断行为人在国内接收走私的武器、弹药、委托人员转运、境内销售数量、价格等情况。

4. 证明武器、弹药数量、价值的证据。常见证据有：查验记录、实物照片、清单、网络聊天记录、交易记录、付款凭证以及相关鉴定意见等，以判断武器、弹药的类型、数量，尤其是没有查扣到实物的物品，是否与查扣的物品相一致等。

（三）犯罪主体证据

本罪主体为年满16周岁的自然人或单位。主体方面的证据主要包括户籍证明、出入境证件、出入境记录、单位工商注册信息、邮包，以及涉案武器、弹药与犯罪嫌疑人、被告人相关联的证据。

（四）主观方面证据

本罪主观方面体现为行为人明知是武器、弹药而进行走私，或者明知他人实施走私，仍然予以收购、提供各种帮助等。主要围绕以下几方面审查本罪客观方面的证据：

1. 体现行为人明知违反海关法规、逃避海关监管的证据。常见证据有：进出境物品伪装的情况、邮包填写信息、进出境记录、查扣现场视听资料、费用支付证据、相关言词证据等，以证明行为人是否在涉案货物、物品进出境环节故意逃避海关监管、是否知道或应当知道正在实施走私行为。

2. 体现行为人明知涉案货物、物品系枪支、弹药的证据。常见证据有：网络聊天记录、个人背景经历的证据、相关言词证据，以证明行为人对武器、弹药的认识程度、了解程度，是否知道或应当知道涉案货物、物品有一定杀伤力、违法性。

二、走私武器、弹药罪常见证据审查

（一）书证、物证、鉴定意见的审查

走私武器、弹药案件常见书证、物证、鉴定意见主要有报关单证、付款凭证、公司账册、前科资料、查扣的走私货物、物品及其枪支、弹药鉴定意见书等。围绕书证、物证、鉴定意见应重点审查：

1. 书证、物证的提取、来源是否合法，有无相应取证通知书、扣押笔录、搜查笔录、照片等，扣押的时间、地点、人员等是否清楚，是否有见证人；是否为原件、原物，并非原件、原物的，有无合理说明依据；是否依法委托鉴定，鉴定机构、鉴定人员有无鉴定资质，鉴定检材是否来自扣押的货物、物品等。

2. 相关书证、物证是否客观真实，有无伪造、篡改、掉包等情形，鉴定方法、鉴定过程是否科学、合理。

3. 书证、物证与犯罪嫌疑人、被告人或证人是否有关联，是否经过相关人员辨认，报关单证与扣押的物证之间是否对应，是否符合枪支、弹药认定标准，各种类型枪支、弹药各自数量是否准确。

（二）电子数据的审查

走私武器、弹药案件常见电子数据有微信聊天记录、电子账册、资

金交易记录、出入境记录、电子邮件、视频监控等。围绕电子数据应重点审查：

1. 电子数据来源是否合法可靠。主要围绕手机、计算机等电子物证是否依法扣押、移交，有无取证通知书、搜查笔录、扣押清单、移交清单，扣押清单记载的电子物证与实际扣押在案的电子物证能否相对应，电子数据勘验提取人员有无相应资质。

2. 电子数据与犯罪嫌疑人、被告人或证人是否有关联，相关电子账户是否得到确认；电子数据打印资料与电子资料的内容是否一致，打印的电子数据是否完整；电子账册包含相关缩写、简称的，其具体含义是否得到相关人员的确认。

3. 电子数据的具体内容如何反映案件事实，包括当事人交易相关武器、弹药的具体种类、货物数量、交易价格，进出口过程中的代理关系、费用支付情况，对武器、弹药或行为性质的主观认知程度等。

第三节 走私武器、弹药罪的认定处理

一、走私武器、弹药罪的罪与非罪

判断本罪的罪与非罪，应重点从犯罪对象和犯罪主观故意两方面来把握。

（一）行为人走私的必须是武器、弹药，且达到相应追诉标准

根据《走私案件解释》规定，"武器、弹药"的种类参照《海关进出口税则》及《禁止进出境物品表》有关规定确定。走私枪支散件的，根据相应计算标准构成犯罪的，以走私武器罪定罪处罚；走私各类弹药的弹

头、弹壳，构成犯罪的，以走私弹药罪定罪处罚，但是走私报废或者无法组装并使用的弹头、弹壳的除外。

（二）行为人必须有走私武器、弹药的主观故意

行为人明知自己的行为违反国家法律法规，逃避国家有关武器、弹药进出境的禁止性管理，并且希望或者放任危害结果发生的，应认定为具有走私武器、弹药的主观故意。对于行为人有走私的故意，但走私对象不明确或者发生认识错误的，应当区别具体情况分别对待：第一，如果有走私的犯罪故意，但对具体走私对象不明确或在所不问的，根据实际走私对象定罪处罚。第二，如果行为人本意要走私武器，但实际走私弹药，或者相反，或者实际上既走私武器又走私弹药的，属于同一犯罪构成要件内发生认识错误，应当根据实际对象分别定走私弹药罪、走私武器罪或者走私武器、弹药罪。第三，对于行为人只有走私普通货物、物品的故意，明确排除走私违禁品的，武器、弹药确实超出其认识范围，但客观上走私了武器、弹药，根据主客观相一致原则，不能认定为走私武器、弹药罪。

【案例】2015年4月至8月间，被告人林某某等人与台湾走私人员共谋并共同出资购买"闽连渔运61066号"渔船，由被告人林某某召集被告人王某某、林某甲、陈某某等人到马祖海域从台湾船舶接驳未经申报进境的货物，偷运入境至福州乌龙江沿岸卸货。同年8月18日16时许，林某某、王某某等人驾驶上述渔船前往马祖高登海域与台湾船舶对接过驳货物，由被告人林某某负责联系货物接驳和指挥船舶航行。过驳货物后，被告人林某某指挥船舶将未经申报的货物偷运入境，在到达闽江江面时被民警当场查获。经理货清点，查扣的706件货物为奶粉、化妆品、枪状物等。其中，奶粉、化妆品等217项货物价值181万元，偷逃税款35.5万元。经鉴定，查扣的14支枪状物系以高压气体为动力的枪支，20个弹匣形物体均是枪支配件，另一个小螺纹管为枪支附件。①

本案中，被告人林某某等人既走私奶粉等普通货物，偷逃应缴税额，客观上又走私枪支及其配件。然而，结合在案证据，林某某等人只是为他

---

① 参见福建省福州市中级人民法院刑事判决书（2016）闽01刑初41号。

人负责货物运输，并非涉案货物货主，其主观上只是为了偷逃税款而走私普通货物，实际上虽然含有枪支及其配件，但已经超出其主观认识的范畴。根据主客观相一致原则，不宜认定为走私武器罪。法院最后也认定林某某等人构成走私普通货物罪。

二、走私武器、弹药罪的此罪与彼罪

（一）走私武器、弹药罪与非法制造、买卖、运输、邮寄、储存枪支、弹药、爆炸物罪

非法制造、买卖、运输、邮寄、储存枪支、弹药、爆炸物罪，是指违反国家有关枪支、弹药、爆炸物的法律规定，擅自制造、买卖、运输、邮寄、储存枪支、弹药、爆炸物的行为。本罪与走私武器、弹药罪的主要区别在于客观表现行为方式不同。前者主要是发生在我国境内的有关枪支、弹药、爆炸物的擅自制造、买卖、运输、邮寄、储存行为；后者则表现为违反海关法规、逃避海关监管，非法携带、邮寄、运输武器、弹药进出境，这种行为一般跨越国（边）境，即使境内直接向走私分子非法收购武器、弹药以及在内海、领海、界河、界湖运输、收购、贩卖武器、弹药，也与进出国（边）境直接相关。除客观方面不同外，犯罪客体也有所区别。前者的客体是国家对枪支、弹药、爆炸物的一般性管理制度，后者的客体则是国家对武器、弹药的进出境管理制度。

当然，这两个罪名也密切相关。首先，从犯罪对象上看，尽管二者表述不一，即走私罪表述为武器、弹药，另一个罪名则表述为枪支、弹药、爆炸物，但两罪社会危害性相当，一般认为爆炸物品也属于走私弹药罪的犯罪对象，否则会造成同样爆炸物，国内非法买卖、运输、邮寄、储存行为的量刑大于走私行为的尴尬局面，不符合罪责刑相适应原则。[1]

其次，二者具体行为高度关联，尤其是走私武器、弹药的行为时常伴随着擅自制造、买卖、运输、邮寄或储存枪支、弹药、爆炸物的行为。例如，境内非法制造、买卖、运输枪支、弹药，后走私出境；或者将枪

---

[1] 参见南英主编：《〈最高人民法院、最高人民检察院关于办理走私刑事案件适用法律若干问题的解释〉的理解与适用》，中国法制出版社2015年版，第23页。

支、弹药走私入境后的买卖、运输或储存行为。对此，应当区分具体情况进行定罪处罚：第一，走私武器、弹药中伴随的运输、存储等行为，通常属于走私武器、弹药的环节之一，以走私武器、弹药罪定罪处罚。第二，对于为走私出口武器、弹药而非法制造、购买的，二者系手段与目的牵连关系，择一重罪处罚，实践中一般以走私武器、弹药罪处理。第三，对于走私武器、弹药进口后的非法买卖行为，买卖行为通常系走私既遂后的独立行为，应当数罪并罚；[1]对于非法制造、购买武器弹药后，又产生走私犯意，实施走私武器、弹药行为的，也应当数罪并罚。

（二）走私武器、弹药罪与走私国家禁止进出口的货物、物品罪

学理上走私罪可以分为涉税走私和非涉税走私，前者即走私普通货物、物品罪，其他11个罪名属于非涉税走私。非涉税走私中，走私国家禁止进出口的货物、物品罪与其他10个罪名又是普通法与特别法的关系，符合特别法规定的，优先适用特别法。因此，走私武器、弹药等10类特定对象的，优先适用走私武器、弹药等罪名，这是区分走私武器、弹药罪与走私国家禁止进出口的货物、物品罪的一般标准。

从司法实践角度看，在涉及仿真枪的走私上，两个罪名关系更为密切。根据《走私案件解释》第5条规定，走私国家禁止进出口的仿真枪，构成犯罪的，以走私国家禁止进出口的货物、物品罪定罪处罚。走私的仿真枪经鉴定为枪支，构成犯罪的，以走私武器罪定罪处罚。可见，二者最关键的区别在于犯罪对象，具体而言就是仿真枪的判断与鉴定问题。

三、走私武器、弹药罪的其他相关问题

（一）犯罪对象的认定

1.武器、弹药的基本范围

本罪的犯罪对象是武器和弹药。结合我国有关法律、行政法规以及参加的国际条约，本罪的"武器"是指能够以火药或压缩气体等为动力发

---

[1] 参见张明楷：《刑法学》（第五版），法律出版社2016年版，第749页。

射物质或者释放能量，足以致人死亡或丧失知觉的各类枪支、火炮及其他发射装置；本罪的"弹药"是指与武器相配套的子弹、炮弹、火药、炸药、雷管等爆炸物，以及装填火药、炸药或其他能够致人死亡或丧失知觉的装填物的各类爆炸装置。①

根据《走私案件解释》规定，"武器、弹药"的种类，参照《海关进出口税则》及《禁止进出境物品表》有关规定确定。在适用该条规定时，需要特别注意是"参照"而非"按照"。因为《海关进出口税则》与《禁止进出境物品表》主要是从外贸管理措施和物品进出境管理方式的角度来界定武器、弹药的范围，而在判断走私武器、弹药罪犯罪对象时，应当立足于本罪侵犯国家有关武器、弹药进出境管理制度这一犯罪客体，紧紧围绕足以致人死亡或丧失知觉这一本质特征来把握。具体而言，在参照适用上述两类规范时，有两方面值得注意：第一，《海关进出口税则》将剑、长矛等属于管制刀具的物品也列入武器、弹药中，但这类物品显然不属于走私武器、弹药罪的犯罪对象。第二，各类火药、炸药、雷管、导火索等爆炸物品不在《海关进出口税则》之列，但无论从这类物品的用途、实际危害看，还是从走私武器、弹药罪所侵犯的客体，以及非法制造、买卖、运输、邮寄、储存枪支、弹药、爆炸物罪等同类罪名所规制的对象看，爆炸物品一般来说属于走私武器、弹药的犯罪对象。爆炸物品的范围按照《军品出口管理条例》《军品出口管理清单》《民用爆炸物品安全管理条例》等规定认定，烟花爆竹等危害性较小的爆炸物品不包括在内。②

2. 枪支与枪支散件

2014年《走私案件解释》主要立足于枪支性能，区分为以火药为动力发射枪弹的枪支和以压缩气体等非火药为动力发射枪弹的枪支。

走私武器罪中枪支范围，应当以《枪支管理法》为依据，结合公安机关有关枪支、弹药、仿真枪的相关规定进行判断。《枪支管理法》第46条规定，本法所称枪支，是指以火药或者压缩气体等为动力，利用管状器具发射金属弹丸或者其他物质，足以致人伤亡或者丧失知觉的各种枪支。

---

① 参见南英主编：《〈最高人民法院、最高人民检察院关于办理走私刑事案件适用法律若干问题的解释〉的理解与适用》，中国法制出版社2015年版，第22页。

② 参见南英主编：《〈最高人民法院、最高人民检察院关于办理走私刑事案件适用法律若干问题的解释〉的理解与适用》，中国法制出版社2015年版，第23页。

结合《公安机关涉案枪支弹药性能鉴定工作规定》《公安部关于对以气体等为动力发射金属弹丸或者其他物质的仿真枪认定问题的批复》《枪支致伤力的法庭科学鉴定判据》（GA/T 718—2007）等具体规定，可分三个步骤判断是否为枪支：

首先，区分制式枪支与非制式枪支。制式枪支，是指按照国家标准或公安部、军队下达的战术技术指标要求，经国家有关部门或军队批准定型，由合法企业生产的各类枪支，包括国外制造和历史遗留的各类旧杂式枪支。非制式枪支，是指未经有关部门批准定型或不符合国家标准的各类枪支，包括自制、改制的枪支和枪支弹药生产企业研制工作中的中间产品。凡是制式枪支，无论是否能够完成击发动作，一律认定为枪支。

其次，对于非制式枪支，进一步判断能否发射制式弹药。制式弹药的判断标准与制式枪支的判断标准一致。凡是能发射制式弹药的非制式枪支（包括自制、改制枪支），一律认定为枪支。对能够装填制式弹药，但因缺少个别零件或锈蚀不能完成击发，经加装相关零件或除锈后能够发射制式弹药的非制式枪支，一律认定为枪支。

最后，对于不能发射制式弹药的非制式枪支，判断其枪口比动能。当所发射弹丸的枪口比动能大于或等于 1.8 焦耳 / 平方厘米时，一律认定为枪支。

走私枪支散件，构成犯罪的，以走私武器罪定罪处罚。成套枪支散件以相应数量的枪支计，非成套枪支散件以每 30 件为一套枪支散件计。对制式枪支专用散件，能够由制造厂家提供相关零部件图样（复印件）和件号的，一律认定为枪支散件。对非制式枪支散件，如具备与制式枪支专用散件相同功能的，一律认定为枪支散件。

（二）走私仿真枪的定罪量刑

仿真枪走私是实践中常见、多发的走私案件。根据《走私案件解释》第 5 条规定，走私国家禁止进出口的仿真枪，构成犯罪的，以走私国家禁止进出口的货物、物品罪定罪处罚。走私的仿真枪经鉴定为枪支，构成犯罪的，以走私武器罪定罪处罚。不以牟利或者从事违法犯罪活动为目的，且无其他严重情节的，可以依法从轻处罚；情节轻微不需要判处刑罚的，可以免予刑事处罚。

所谓仿真枪，顾名思义就是指外形、颜色与枪支相同或近似，但在具体大小、性能上有一定区别的枪形物。根据公安部发布的《仿真枪认定标准》，凡符合以下条件之一的，可以认定为仿真枪：（1）符合枪支管理法规定的枪支构成要件，所发射金属弹丸或其他物质的枪口比动能小于1.8焦耳/平方厘米（不含本数）、大于0.16焦耳/平方厘米（不含本数）的；（2）具备枪支外形特征，并且具有与制式枪支材质和功能相似的枪管、枪机、机匣或者击发等机构之一的；（3）外形、颜色与制式枪支相同或者近似，并且外形长度尺寸介于相应制式枪支全枪长度尺寸的1/2与1倍之间的。《公安部关于仿真枪认定标准有关问题的批复》针对上述第3项条件做进一步解释，其中的1倍是指比相应制式枪支全枪长度尺寸长出1倍；其中的1/2与1倍均不包含本数。

综合以上规定，实践中所谓仿真枪有狭义与广义之分。狭义仿真枪，是指枪口比动能介于1.8焦耳/平方厘米和0.16焦耳/平方厘米之间的枪形物，即符合上述第1项标准的仿真枪。广义仿真枪，是指外形、材质、功能等与制式枪支相同或近似的非制式枪形物，即符合上述第2项、第3项标准仿真枪。广义的仿真枪不考量其枪口比动能，可能高于或低于1.8焦耳/平方厘米，而此类仿真枪如果经鉴定枪口比动能大于或等于1.8焦耳/平方厘米，属于枪支，从而成为走私武器罪的犯罪对象。从这个意义上讲，《走私案件解释》第5条所规定的内容，主要是依据仿真枪的枪口比动能区分行为性质。

当然，对于枪口比动能大于等于1.8焦耳/平方厘米的仿真枪，其杀伤力也有很大区别，尤其对于枪口比动能超过上述标准不多，只是以压缩气体为动力的仿真枪，其危害性相对较小。司法实践中，涉及仿真枪走私的案件，通常是各类仿真枪（包括狭义仿真枪和广义仿真枪）混杂其中，往往数量较多。鉴于上述有关枪支的认定标准较低，行为人通过外观识别很难了解，也不太可能通过实际鉴定枪口比动能来辨别是否属于枪支。总体而言，行为人对于是否属于枪支的认识通常比较模糊，或者持一定放任态度，比之于那些走私以火药为动力或者其他杀伤力确实很高的枪支，或者对枪支的性能有明确认识的走私行为，走私此类仿真枪的行为社会危害性明显较低。然而，根据《走私案件解释》规定，走私以压缩气体为动力的枪支10支以上就属于情节特别严重，法定刑无期徒刑，显然容易导致量刑失衡。因此，司法实践中涉及仿真枪走私的案件，主观故意的认定以及如何实现量刑均衡就成为常见争议焦点，大量因走私仿真枪而被鉴定为枪支的案件，往往通过特殊减刑核准程序实现罪刑均衡。

【案例】2011年6月至2013年1月期间，被告人何某某以博强工具（香港）有限公司名义先后采购仿真枪16批，再以塑料玩具等品名和包柜方式委托被告人赵某某报关出口。赵某某明知何某某出口涉枪类敏感货物，仍接受委托将货物装运到黄埔乌冲码头，同样以塑料玩具等品名和包柜方式委托广州朝海报关行报关出口，广州朝海报关行将上述货物伪报成体育用品等品名报关出口，其中14柜从黄埔老港口岸报关出口，1柜转至深圳盐田口岸报关出口，1柜于2012年11月被黄埔老港海关现场查获，缴获枪形物品共计12691支。另外，在已走私出口的货柜中有1支仿真枪被仓储人员截留，后被侦查人员查获。经鉴定，上述12692支枪形物中有388支枪口比动能大于1.8焦耳/平方厘米，为自制气步枪，具备枪支性能，其余12304支为仿真枪。上述仿真枪重7000多公斤，价值20多万元。一审法院认定，其二人构成走私国家禁止进出口的货物罪，分别判处其有期徒刑3年、2年，但不构成走私武器罪。检察机关抗诉认为，其二人走私国家禁止进出口的货物罪属于情节严重，法定刑为有期徒刑5年以上，同时还构成走私武器罪。二审法院认定，何某某犯走私武器罪，判处有期徒刑8年，并处罚金人民币10万元；犯走私国家禁止进出口的货物罪，判处有期徒刑4年，并处罚金人民币30万元，决定执行有期徒刑10年，并处罚金人民币40万元。赵某某犯走私武器罪，判处有期徒刑4年，并处罚金人民币5万元；犯走私国家禁止进出口的货物罪，判处有期徒刑2年，并处罚金人民币5万元，决定执行有期徒刑5年，并处罚金人民币10万元。①

本案查扣在案的枪形物经依法鉴定，其中388支枪口比动能大于1.8焦耳/平方厘米，属于枪支，其余12304支属于仿真枪。两名被告人均辩解，本意是要出口玩具枪，并不知道内有仿真枪甚至枪支，不清楚三者具体区分标准。然而，综观本案查清的事实，何某某、赵某某二人在长达一年半时间内先后合作出口仿真枪多达16柜，对出口涉枪类敏感货物都有

---

① 参见广东省高级人民法院刑事判决书（2014）粤高法刑二终字第223号。

比较深入了解;在合作出口过程中,为逃避海关监管,其二人以虚假品名委托订舱、报关;且赵某某向何某某收取的包通关费用远高于正常货物,何某某在船离港后,又通过订舱公司将提单品名由塑料玩具改为运动气枪。可见,其二人有走私的概括故意,而且对于何种类型枪支持一定放任态度,实际上包含枪支并未超出其二人的故意范畴。《走私案件解释》第5条规定,走私的仿真枪经鉴定为枪支,构成犯罪的,以走私武器罪定罪处罚。可见,何某某、赵某某二人的行为构成走私武器罪,且系情节特别严重,法定刑为无期徒刑。然而,鉴于本案枪支是塑料材质的非制式枪支,社会危害性相对较小,二审法院在综合考量基础上,对何、赵二人犯走私武器罪均在法定刑以下判处刑罚,经报请最高人民法院后获得核准。

此外,本案仿真枪多达1.2万余支,从数量上看确实特别多,检察机关认为据此,属于情节严重。然而,《走私案件解释》第11条没有单独对走私仿真枪确定独立的量刑标准,因此只能根据本条兜底性条款定罪量刑,即走私货物价值20万元以上或数额20吨以上,构成走私国家禁止进出口的货物、物品罪,走私货物价值100吨以上或者数额在100万元以上,属于情节严重。而本案涉案仿真枪7000多公斤,价值20多万元,不属于情节严重。因此,一审、二审法院均认定何某某、赵某某二人犯走私国家禁止进出口的货物、物品罪,且在有期徒刑5年以下判处相应刑罚。

为解决与仿真枪有关联的枪支违法犯罪案件定罪尤其是量刑不平衡问题,2018年3月8日,最高人民法院、最高人民检察院联合发布《关于涉以压缩气体为动力的枪支、气枪铅弹刑事案件定罪量刑问题的批复》。该批复强调,对于非法制造、买卖、走私以压缩气体为动力且枪口比动能较低的枪支的行为,在决定是否追究刑事责任以及如何裁量刑罚时,不仅应当考虑涉案枪支的数量,而且应当充分考虑涉案枪支的外观、材质、发射物、购买场所和渠道、价格、用途、致伤力大小、是否易于通过改制提升致伤力,以及行为人的主观认知、动机目的、一贯表现、违法所得、是否规避调查等情节,综合评估社会危害性,坚持主客观相统一,确保罪责刑相适应;涉及气枪铅弹的,应当综合考虑气枪铅弹的数量、用途以及行为人的动机目的、一贯表现、违法所得、是否规避调查等情节,综合评估社会危害性,确保罪责刑相适应。

（三）武装掩护走私的认定与处理

《刑法》第 157 条规定，武装掩护走私的，依照本法第 151 条第 1 款的规定从重处罚。根据该规定，"武装掩护走私"并非独立罪名，仍然需要结合具体对象确定走私罪名，再按照《刑法》第 151 条第 1 款的规定从重处罚。武装掩护走私，主要是指走私行为人自行或雇用其他人员装备武器，采取牵制、阻击、压制等手段，以保障其走私活动安全进行、顺利实施的行为。"武装"主要是指走私过程中携带武器、弹药等具有较大杀伤力的热兵器（包括爆炸装置）。如果是刀、弓、剑等冷兵器的，不属于武装掩护走私的范畴。如果是借助合法的武装力量如军人、武警，此时不强调其是否携带武器，因为掩护人员身份本身就代表一种武装的含义。[①]"掩护"包括掩饰和保护两种行为方式，只要体现出通过武装力量为走私活动保驾护航，就属于掩护，但不限于实际使用武器装备或者实际对抗。"走私"需要以走私不同对象本身构成走私犯罪为前提，如果走私行为本身不构成走私罪，不属于本条规定的武装掩护走私。

对于武装掩护走私的行为，实行量刑与定罪相分离的模式。在定罪方面，根据武装掩护走私的不同对象，结合具体条文选择相应走私罪名；在量刑方面，则适用《刑法》第 151 条第 1 款的刑罚，并且还需在此基础上从重处罚。在刑罚的具体适用上，"应根据走私行为人走私对象所确定的罪（本罪）的情节轻重（或数额大小），以本罪安排的量刑档次分别对应《刑法》第 151 条第 1 款规定的量刑档次，在第 151 条第 1 款规定的所对应的量刑档次内选择较重刑种或者较长刑期进行处罚"。[②] 例如，走私普通货物、物品罪根据其情节，分为数额较大、数额巨大和数额特别巨大三个量刑档次，其对应的自由刑分别为 3 年以下、3 年以上 10 年以下以及 10 年以上有期徒刑或无期徒刑。第 151 条第 1 款分别规定情节较轻（法定刑 7 年以下有期徒刑，并处罚金）、一般情节（法定刑 7 年以上有期徒刑，并处罚金）和情节特别严重（法定刑无期徒刑，并处没收财产）三个

[①] 参见南英主编:《〈最高人民法院、最高人民检察院关于办理走私刑事案件适用法律若干问题的解释〉的理解与适用》，中国法制出版社 2015 年版，第 52—53 页。

[②] 邓崇专、黎仲诚:《走私罪司法认定与执法完善问题研究》，中国法制出版社 2019 年版，第 222—223 页。

量刑档次。如果行为人武装掩护走私普通货物，偷逃应缴税额巨大，属于第二个量刑档次，应当适用第151条第1款第二个量刑档次（即一般情节）进行处罚，判处7年以上有期徒刑，并处罚金。其他罪名以此类推。

当然，对于武装掩护走私其他货物、物品时，夹带武器、弹药，符合走私武器、弹药罪定罪量刑标准的，以走私武器、弹药罪与所构成的其他走私犯罪数罪并罚。① 对于武装掩护走私过程中使用掩护走私的武装抗拒缉私的，按照武装掩护走私有关规定进行处罚，再与妨害公务罪进行数罪并罚；如果使用武装抗拒缉私造成人员伤亡的，则与故意杀人罪或故意伤害罪等进行数罪并罚。②

第四节 案例评析

一、刘某蔚走私仿真枪案

【基本案情】

2014年7月，被告人刘某蔚（刚满18周岁）通过QQ聊天与台湾卖家联系购买仿真枪事宜。刘某蔚在台湾卖家提供的网址"BCS武器空间"里选定24支枪形物，并最后确认所要枪形物的品名、购买链接、售价（台币）、汇率和总价（人民币）等信息，商定货款和代购服务费共计30540元。后刘某蔚在台湾卖家指定的淘宝网店购买虚拟商品，通过其母亲胡某继农行账户用支付宝付款30540元，收货信息登记为"周先生，132×××7605，四川省达州市大竹县县城内，自提"。7月19日，为

---

① 参见南英主编：《〈最高人民法院、最高人民检察院关于办理走私刑事案件适用法律若干问题的解释〉的理解与适用》，中国法制出版社2015年版，第55页。

② 参见邓崇专、黎仲诚：《走私罪司法认定与执法完善问题研究》，中国法制出版社2019年版，第224页。

逃避海关监管，台湾卖家将 24 支枪形物藏匿于饮水机箱体内走私进境。7 月 22 日凌晨，某缉私分局在泉州盛辉物流公司仓库查获饮水机内的 24 支枪形物。刘某蔚得知购买的枪支被扣，登录淘宝退款 30540 元到胡某继农行卡账号上，并立即停用 132×××7605 手机号。经依法鉴定，有 21 支以压缩气体为动力发射弹丸，其中有 20 支具有致伤力，认定为枪支；有 1 支不能确定是否为枪支；有 3 支不具有致伤力，认定为仿真枪。一审法院以被告人刘某蔚犯走私武器罪判处其无期徒刑，剥夺政治权利终身，并处没收个人全部财产。刘某蔚上诉后，二审法院维持原判。后二审法院再审，维持原审认定的事实和罪名，但在法定刑以下对其减轻处罚，改判其有期徒刑 7 年 3 个月，并处罚金 3.2 万元，依法报请最高人民法院核准。最高人民法院审核后予以核准。①

【争议焦点】

本案有两个焦点问题：一是事实认定方面，网购并邮寄走私仿真枪的，如何认定货物实际所有人；二是法律适用方面，如何认定走私武器罪（仿真枪）的犯罪主观故意，以及走私仿真枪如何罚当其罪。

【案件评析】

1. 关于查扣枪型物是否为刘某蔚所购买

走私武器、弹药案中，涉案物品是否为犯罪嫌疑人所有，或者是否与犯罪嫌疑人相关联是认定整个案件事实的基础，也容易成为案件争议焦点。本案涉案枪型物在入境时即被查扣，犯罪嫌疑人使用虚假收货信息，买家又是通过淘宝网站购买虚拟商品的方式支付货款。从表面上看，采购、付款、收货各个环节分别独立，作案手法比较隐蔽，如何认定涉案物品实际购买人、收货人就是本案一个基础性问题。

首先，从收货信息上确定涉案包裹与刘某蔚之间的关联性。尽管收货信息虚假，收货联系电话 132×××7605 也并非刘某蔚平时常用电话，且案发后已经被其丢弃。然而，通过移动公司查实，该电话登记机主为刘某锐，而侦查员从刘某蔚住处查扣到刘某锐身份证；132×××7605 通话清单显示，2014 年 7 月该电话与某驾校教练董

---

① 参见福建省高级人民法院刑事判决书（2016）闽刑再 8 号，最高人民法院刑事裁定书（2019）最高法刑核 83842153 号。

某所使用的158××××8884频繁联系，经核实，董某佐证并辨认出132××××7605号码的使用者系其驾校学员刘某蔚。刘某蔚对上述情况亦供认在案。可见，涉案包裹上收货电话案发前系刘某蔚使用。

其次，从购货信息上确定涉案物品与刘某蔚之间的关联性。案发后，侦查员从刘某蔚住处查获由其个人使用的计算机主机一台，经依法检验提取文件名为"最后确定要的0708（1）.xls"的电子数据，该清单上正含有24支枪支品名、链接、售价、汇率及"BCS武器空间"的网站链接。从该计算机的查扣地点、使用范围，足以确定上述电子数据与刘某蔚有关。在此基础上，刘某蔚亦多次确认该文件系其和台湾卖家确定要购买的枪支清单。一方面，该购买清单上显示总货款为30540元，与刘某蔚使用其母亲银行卡绑定的支付宝账户在淘宝网上所付款项一致，得知被查后上述货款原路退回；另一方面，侦查机关查扣的枪形物与购物清单上每一支仿真枪对应的链接网址所示枪形物图片的品名、型号能够一一对应。可见，从货款支付和物品的对应性看，涉案枪型物正是刘某蔚所购买。

2. 主观故意与量刑

本案被查扣的24支枪型物，经鉴定20支枪口比动能数值超过1.8焦耳/平方厘米，而且枪口比动能基本在2—10焦耳之间。总体而言，枪口比动能较低，致伤力较小。刘某蔚刚刚成年，主观上是为购买仿真枪，其是否认识到上述物品可能为枪支，是否有走私武器罪的主观故意也是本案另一争议焦点。

走私主观故意中的"明知"是指行为人知道或应当知道所实施的行为是走私行为。结合在案证据发现：第一，刘某蔚QQ聊天记录显示其与网友探讨交流关于仿真枪的材质、性能、杀伤力以及如何规避公安检查等，说明其对仿真枪的杀伤力和违法性有明确认知。第二，刘某蔚与台湾卖家商谈购买仿真枪时，用"狗"代表枪，用"狗粮"代表枪弹；订购后编造虚假提货人信息，并为规避被查处风险而与卖家约定自行向物流公司提货。第三，当其得知所购的仿真枪被查扣后，即将所联系提货的电话号码卡丢弃停用，又在淘宝账户上申请退款。可见，无论是从平时与他人一般性交流探讨，还是就本次交易的行为方式；无论是交易之前商讨、提供信息，还是案发后具体表现，刘某蔚都对涉案物品性质有较高程度的认识，又采取各种暗语、虚假信息、更换通信方式等做法规避查处，明显认识到自己行为违法性,有走私违禁物品的主观故意。刘某蔚认识到涉案枪型物有一定杀伤力,涉案物品包含有枪支并没有超出其主观故意的范围。因此,本案经过一审、二审和再审,均认定其构成走私武器罪。

根据《走私案件解释》规定,走私以压缩气体等非火药为动力10支以上,属于"情节特别严重"。本案中,刘某蔚走私24支仿真枪,经鉴定有20支为枪支,其法定刑为无期徒刑,且不具有法定减轻处罚情节,一审、二审法院据此判处其无期徒刑。经过再审重新评判,鉴于刘某蔚未实际取得所购的24支仿真枪,枪支没有流入社会未造成实际危害,社会危害性较小;尤其是涉案枪支枪口比动能较低,致伤力较小,且不易于通过改造提升致伤力;并非以营利或进行非法活动为目的;作案时刚满18周岁,系初犯,且认罪态度好。综合评估本案社会危害性,在法定刑以下判处其有期徒刑7年3个月,后最高人民法院予以核准。本案经再审后的定罪量刑,较好体现了罪责刑相适应原则。

二、代某某等人走私枪支散件案

【基本案情】

2011年11月,被告人代某某、徐某夫妇注册成立大英汇飞精工机械有限公司(以下简称大英汇飞公司)从事机械加工业务,后密谋生产枪支配件谋取非法利益。徐某负责财务管理,代某某指使被告人乔某在互联网发布加工枪支零配件广告,以招揽国外客户。乔某与国外客户商谈枪支配件型号、价格、支付方式,在境外客户付款后,代某某安排在大英汇飞公司的加工厂加工生产枪支配件,交由不同物流公司走私出境。2012年至2013年,代某某、乔某、徐某分别通过多个物流公司,向多个国家和地区的21名客户走私枪支配件1609件,收取货款共计17.74万美元。其中,2013年5月起,信递联公司的法定代表人张某明知代某某托运货物系枪支配件,仍然安排信递联公司先后成功帮助代某某向多个国家和地区的客户走私枪支零配件出境共计896件,代某某、徐某获得货款10.34万美元。

2013年12月,代某某、乔某、徐某又通过信递联公司走私枪支配件65件到美国,该批枪支配件被深圳皇岗海关查获。案发后,民警在大英汇飞公司加工厂内查获疑似枪支部件579件。经鉴定，在深圳皇岗海关查获的65件、加工厂内查获的579件中的311件系自制制式枪支散件。信递联公司帮助代某某邮寄961件枪支配件，共收取运费人民币3.93万元。法院以走私武器罪，分别判处被告人代某某无期徒刑，被告人乔某有期徒刑14年，被告人张某有期徒刑9年，被告人徐某有期徒刑7年。代某某、张某上诉后，二审维持原判。①

【争议焦点】

本案主要有三个焦点问题：一是已经走私出境的枪支配件数量如何认定；二是走私枪支配件量刑情节如何认定；三是非法制造枪支配件并走私出境的罪数问题。

【案件评析】

1. 已经走私出境枪支配件的认定问题

本案既有大量查扣在案的枪支配件，也有已经走私出境的枪支配件。对于查扣在案的，经四川省公安厅刑事科学技术依法鉴定证实，皇岗海关在深圳口岸查获65件，以及民警在大英汇飞公司加工厂查获的其中311件疑似枪支零部件均具备相应制式枪支散件的功能，认定为自制枪支散件。

此外，尚有1609件枪支配件已经走私出境，货物数量以及是否确实为枪支配件，缺少直接物证及其鉴定意见印证。但可以结合其他证据综合认定：一方面，依法调取的DHL、FEDEX等快递公司邮寄或快递面单、银行交易明细、支付交易明细以及网上销售清单等证据证明走私出口相关配件的基本情况。另一方面，网络聊天记录、银行转账凭证证实，涉案枪支的加工系在乔某与客户商定加工部件的品名、规格、数量、价格后，由客户先支付部分货款或由客户将货款先支付到第三方担保机构（贝宝），再由代某某按客户要求的规格、数量组织加工生产，然后交物流公司邮寄出境，最后由客户确认货物合格后支付全额货款。从以上操作模式看，代某某走私出境的1609件枪支配件均已得到21名客户确认后再支付全额货款，整个交易流程已经完成，足以合理推断已出境的枪支配件符合枪支散件要求。

① 参见四川省高级人民法院刑事裁定书（2015）川刑终字第224号。

2. 关于枪支数量与犯罪情节的认定

本案已经走私出境的枪支散件 1609 件，显然属于走私既遂。65 件枪支散件从深圳皇岗口岸出口时，被海关查获，由于系在海关监管现场被查获，根据《走私案件解释》第 21 条规定，亦属于走私既遂。在代某某加工厂内查获 311 件枪支散件，尚未走私出口，属于走私未遂。由于本案系非成套枪支散件，根据《走私案件解释》第 3 条规定，非成套枪支散件以每 30 件为一套枪支散件计。结合上述规定，代某某等人走私既遂非军用成套枪支散件计 55 套，共 1674 件；走私未遂非军用成套枪支散件计 10 套，共 311 件，属于情节特别严重。

在共同犯罪中，代某某组织枪支散件的加工生产，获取销售利益，起主要作用，系主犯；乔某在代青龙的指使下负责与境外客户进行加工事项的具体商谈、推广宣传，并从中获取销售提成，起次要、辅助作用，系从犯；徐某在代某某安排下负责非法加工枪支散件货款的收取，起次要、辅助作用，系从犯；四川信递联国际货运代理有限公司及主管人员张某为代某某走私枪支散件 961 件提供物流帮助，起辅助作用，系从犯。

3. 关于走私行为与非法制造行为的关系

本案中，代某某从事枪支违法犯罪过程中存在两个行为：一方面，其在成都加工厂大批量非法生产、制造枪支散件；另一方面，其向境外买家走私出口枪支散件。独立看，两个行为分别符合非法制造枪支罪和走私武器罪的犯罪构成要件。然而，从整体上看，代某某事先预谋为走私而非法制造枪支散件，具体操作中，其也是在与境外买家就型号、规格、数量等达成购买协议后，非法组织生产，生产之后再通过邮寄方式走私出境，二者显然属于手段与目的的关系，以目的行为认定走私武器弹药罪足以评价其行为的社会危害性。

第七章 走私文物罪办案指引

第一节 走私文物罪概述

一、走私文物罪的立法沿革

1979年《刑法》第116条、第118条规定了走私罪,未规定独立的走私文物罪,但第173条规定了盗运珍贵文物出口罪。1987年1月22日,全国人大常委会通过的《海关法》第47条明确将逃避海关监管,运输、携带、邮寄文物,作为走私罪情形之一。1988年1月21日,第六届全国人大常委会第二十四次会议通过的《全国人民代表大会常务委员会关于惩治走私罪的补充规定》增设了走私文物罪,规定:对于走私文物的,处7年以上有期徒刑,并处罚金或者没收财产;情节特别严重的,处无期徒刑或者死刑,并处没收财产;情节较轻的,处7年以下有期徒刑,并处罚金。这一罪名的设立,实际取代了盗运珍贵文物出口罪。

1997年修订刑法,吸纳了1988年全国人大常委会《关于惩治走私罪的补充规定》有关内容,对条文作了适当调整,在《刑法》第151条第2款规定:"走私国家禁止出口的文物、黄金、白银和其他贵重金属或者国家禁止进出口的珍贵动物及其制品的,处五年以上十年以下有期徒刑,并处罚金;情节特别严重的,处十年以上有期徒刑或者无期徒刑,并处没收财产;情节较轻的,处五年以下有期徒刑,并处罚金。"

2015年8月29日,第十二届全国人大常委会第十六次会议通过的《刑法修正案(八)》,取消了走私文物罪的死刑。

根据最高人民法院《关于执行〈中华人民共和国刑法〉确定罪名的规定》、最高人民检察院《关于适用刑法分则规定的犯罪的罪名的意见》，本罪的罪名为走私文物罪。

二、走私文物罪的发案态势

从统计数据看，近十年间进入刑事诉讼环节的走私文物案件数量很少，在个位数徘徊。这一方面表明，在持续对走私文物犯罪的刑事打击和社会治理下，诱发走私文物犯罪的因素得到有效消除；另一方面，鉴于我国历史悠久，文物丰富，境内倒卖文物，盗掘古文化遗址、古墓葬等妨害文物管理犯罪仍时有发生，走私文物犯罪往往与之有关，因此，对于走私文物犯罪仍需保持高度警惕。

三、走私文物罪的概念和构成特征

走私文物罪，是指违反文物出境管理规定，逃避海关监管，运输、携带、邮寄国家禁止出口的文物出境的行为。

（一）犯罪客体

走私文物罪侵犯的客体是国家对于文物的进出境管理制度。根据文物保护法的规定，文物出口和个人携带文物出境，都必须事先向海关申报，经国家文化行政管理部门指定的省、自治区、直辖市文化行政管理部门进行鉴定并发给出口许可证才能出境，具有重要历史、艺术、科学价值的文物，除经国务院批准运往国外展览的外，一律禁止出境。我国作为联合国教科文组织《关于禁止和防止非法进出口文化财产和非法转让其所有权的方法的公约》以及国际统一私法协会《关于被盗或者非法出口文物的公约》的缔约国，加强反走私文物国际合作，采取国际通行做法，对文物出口实行许可证管理制度。走私国家禁止出口的文物，违反了上述国家关于文物出境的管理制度，直接使境内文物流失到境外，并且引发境内更多的古文化遗址、古墓葬遭到破坏。

（二）客观方面

本罪在客观方面表现为违反文物出境管理规定，逃避海关监管，运输、携带、邮寄国家禁止出口的文物出境的行为。根据文物保护法等管理规定，运输、邮寄、携带文物出境，应当填写文物出境申请表，报经文物进出境审核机构审核，标明文物出境标识，发放出境许可证；由海关查验文物出境标识，凭文物出境许可证放行。未经文物进出境审核机构审核许可，运输、携带、邮寄国家禁止出口的文物出境的行为，均属于走私文物。一般来说，未经文物进出境审核机构审核许可，运输、携带、邮寄国家禁止出口的文物出境，通常会采取隐瞒不报、谎报或者绕关等逃避海关监管的行为。

根据《刑法》第155条的规定，在内海、领海、界河、界湖运输、收购、贩卖国家禁止出口的文物的，以走私文物论处。

（三）犯罪主体

本罪的主体为一般主体，凡年满16周岁、具有刑事责任能力的自然人均可构成本罪，同时，单位可以成为本罪的主体。

（四）主观方面

本罪在主观方面必须是出于故意，即明知为国家禁止出口的文物仍然非法运输、携带、邮寄出国（边）境。过失不能构成本罪。至于其动机可多种多样、如卖给国外、赠送给国外之人等，但动机如何不影响本罪成立。

四、走私文物罪的追诉标准

根据《刑法》第151条第2款规定，走私国家禁止出口的文物、黄金、白银和其他贵重金属或者国家禁止进出口的珍贵动物及其制品的，处5年以上10年以下有期徒刑，并处罚金；情节特别严重的，处10年以上有期徒刑或者无期徒刑，并处没收财产；情节较轻的，处5年以下有期徒刑，并处罚金。

从刑法字面意义看，本罪属于行为犯，对于构成犯罪的条件，没有数量上的限制，凡是走私文物，无论等级和数量，原则上应都构成犯罪。但实践中走私文物的情形比较复杂，一律按照犯罪处理，不符合刑法总则关于犯罪的规定精神和刑法谦抑性原则，设置一定入罪门槛，可以有效界定刑事打击范围。因此，2015年最高人民法院、最高人民检察院《关于办理妨害文物管理等刑事案件适用法律若干问题的解释》（以下简称《文物案件解释》）规定了走私文物罪的定罪处罚标准。

需要注意的是，2014年《走私案件解释》曾规定了走私文物罪的定罪量刑标准，但2015年《文物案件解释》增加规定了文物价值定罪量刑的标准，同时增加规定了走私5件同级文物可以视为走私上一级文物的折算上档，即在上一档法定刑幅度内处刑的方法，实际上改变了2014年《走私案件解释》有关走私文物罪的定罪量刑标准。

根据2015年《文物案件解释》第1条第2款、第3款和第13条的规定，走私文物罪的三档法定刑幅度分别对应的情形是：

1. 下列情形应当认定为"情节较轻"：（1）走私国家禁止出口的三级文物一件以上不满5件的；（2）走私的文物价值在5万元以上不满20万元的。

2. 下列情形应当认定为"一般情节"：（1）走私国家禁止出口的三级文物5件以上不满25件的；（2）走私国家禁止出口的二级文物1件以上不满5件的；（3）走私的文物价值在20万元以上不满100万元的。

3. 下列情形应当认定为"情节严重"：（1）走私国家禁止出口的三级文物25件以上的；（2）走私国家禁止出口的二级文物5件以上的；（3）走私国家禁止出口的一级文物1件以上的；（4）走私的文物价值在100万元以上的。

4. 针对走私不可移动文物的情形，2015年《文物案件解释》第12条对定罪量刑标准也作了相应规定：

针对不可移动文物整体实施走私的：（1）尚未被确定为文物保护单位的不可移动文物，适用一般文物的定罪量刑标准；（2）市、县级文物保护单位，适用三级文物的定罪量刑标准；（3）全国重点文物保护单位、省级文物保护单位，适用二级以上文物的定罪量刑标准。

针对不可移动文物中的建筑构件、壁画、雕塑、石刻等实施走私的，根据建筑构件、壁画、雕塑、石刻等文物本身的等级或者价值，定罪量刑。建筑构件、壁画、雕塑、石刻等所属不可移动文物的等级，应当作为量刑情节予以考虑。

根据《刑法》第151条第4款的规定，单位犯本条规定之罪的，对单位判处罚金，并对其直接负责的主管人员和其他直接责任人员，依照本条各款的规定处罚。

第二节 走私文物罪的证据审查

一、走私文物罪的证据要件

（一）犯罪客体证据

本罪的客体是国家对于文物的进出境管理制度。因此，需要证明行为人实施了走私行为，且走私对象属于国家禁止出口的文物。围绕本罪客体方面，需要重点收集、审查以下证据：

1. 报关资料、查获经过等体现文物进出境的证据。主要证明行为人是否通过设关的口岸将涉案文物运输、携带、邮寄出境，是否存在逃避海关监管、通过非设关地走私文物出境的情形。

2. 有关货物、物品查扣、检验鉴定的证据。主要证明行为人走私的对象是否属于国家禁止出口的文物。

（二）客观方面证据

本罪客观方面表现为行为人违反海关法规，逃避海关监管，非法运输、携带、邮寄文物出境。围绕本罪客观方面，需要重点收集、审查以下证据：

1. 证明文物非法出境的证据。常见证据有：海运提单、报关单、网络聊天记录、电子邮件、费用支付凭证等证据，主要证明行为人自行或委托他人运输文物非法出境的情况。

2. 证明文物来源的证据。常见证据有网络聊天记录、资金交易记录、车队运输记录、销售记录、证人证言等，主要证明行为人为走私文物而在境内获得文物的情况。由于走私文物多数采用伪报品名的方式，通过文物来源的证据也可以佐证走私文物的真实情况。

3. 证明走私文物等级、数量、价值的证据。常见证据有：报关单证、搜查笔录、货物扣押清单、账册、资金交易记录、销售记录、文物鉴定意见等，以证明行为人实际走私文物的等级、真假、数量、价值等事实。

（三）犯罪主体证据

本罪主体为年满16周岁的自然人或单位。主体方面的证据主要包括户籍证明、出入境证件、出入境记录、单位的工商注册信息，主要证实当事人的基本身份情况、单位的性质等。

（四）主观方面证据

本罪主观方面表现为行为人知道或者应当知道是国家禁止出境的文物，仍然违反海关法规，逃避海关监管，运输、携带、邮寄上述文物出境。主要围绕当事人陈述、证人证言、网络聊天记录、货物外包装、申报记录、费用支付情况等证据，重点分析行为人是否明知为国家禁止出境的文物，是否明知实施逃避海关监管的行为等。

二、走私文物罪常见证据审查

（一）书证、物证的审查

走私文物案件中常见的书证、物证主要有报关单证、提单、付款凭证、公司账册、户籍证明、前科资料、查扣的走私文物等。围绕书证、物证应重点审查：

1. 书证、物证的提取、来源是否合法，有无相应的取证通知书、扣押笔录、搜查笔录、照片等，扣押的时间、地点、人员等是否清楚；是否为原件、原物，并非原件、原物的，有无合理说明依据。

2. 相关书证、物证是否客观真实，有无伪造、篡改、掉包等情形。

3.书证、物证与犯罪嫌疑人、被告人或证人是否有关联，是否经过相关人员辨认，报关单证与扣押的物证之间是否对应，文物的等级、真假属性、具体数量。

（二）电子数据的审查

走私文物案件的电子数据一般有微信聊天记录、电子账册、资金交易记录、出入境记录、电子邮件、视频监控等。围绕电子数据应重点审查：

1.电子数据来源是否合法可靠。主要围绕手机、计算机等电子物证是否依法扣押、移交，有无取证通知书、搜查笔录、扣押清单、移交清单，扣押清单记载的电子物证与实际扣押在案的电子物证能否相对应，电子数据勘验提取人员有无相应资质。

2.电子数据与犯罪嫌疑人、被告人或证人是否有关联，相关电子账户是否得到确认；电子数据打印资料与电子资料的内容是否一致，打印的电子数据是否完整；电子账册包含相关缩写、简称的，其具体含义是否得到相关人员的确认。

3.电子数据的具体内容如何反映案件事实，包括文物的具体种类、数量、价格，出境过程中的代理关系、费用情况，对涉案文物、行为性质的主观认知情况等。

第三节　走私文物罪的认定处理

一、走私文物罪的罪与非罪

区分走私文物罪的罪与非罪，应当从主观方面与客观方面两方面把握。一是行为人主观上是都具有走私国家禁止出口的文物的故意。如果行为人没有犯罪故意，即行为人不知其携带的是文物，或者不知其携带的文物是国家禁止出口的，且如实申报没有逃避海关监管，即使其客观上具有运输、携带或邮寄国家禁止出口的文物过境的行为，也不能认为其构成本罪。二是从客观方面看，主要看行为人走私的文物是否属于国家禁止出口的文物。根据文物保护法规定，文物出口或个人携带文物出境，都必须先向海关申报、经国家文化行政管理部门指定的省、自治区、直辖市文化行政管理部门进行鉴定并发给出口许可凭证才能出境，可见并非所有的文物都禁止出境。如果行为人违反海关、逃避海关监管、运输、携带或邮寄的文物并非国家禁止出口的，只能认为其行为是一般走私行为，而不能认为是走私文物罪。

二、走私文物罪与其他犯罪的界限

（一）走私文物罪与非法向外国人出售、赠送珍贵文物罪

根据《刑法》第325条的规定，非法向外国人出售、赠送珍贵文物罪，是指违反文物保护法规，将收藏的国家禁止出口的珍贵文物私自出售或者私自赠送给外国人的行为。这种犯罪行为最初规定在1991年修改的文物保护法中，当时该法第31条规定，任何组织或个人将收藏的国家禁止出口的珍贵文物私自出售或者私自赠送给外国人的，以走私罪论处。1997年《刑法》第325条将此行为单独立罪，不再定走私罪。从实践发生的案件看，外国人购买或者受赠文物后，往往会为将文物运回其本国，而逃避海关监管，非法运输、携带、邮寄文物出境，构成走私文物罪。

走私文物罪与非法向外国人出售、赠送珍贵文物罪都违反了国家关于文物的管理制度，两者在涉案文物最终归属于外国人方面也具有一定共同性。两者的区别：一是所侵犯的客体的具体内容不同。走私文物罪侵犯的主要是文物出境管理制度，而非法向外国人出售、赠送珍贵文物罪侵犯的主要是珍贵文物不准出售、赠送给外国人的管理制度。二是客观方面不同。走私文物罪表现为逃避海关监管，运输、携带、邮寄国家禁止出口的文物出境的行为。非法向外国人出售、赠送珍贵文物罪表现为将珍贵文物私自出售、赠与外国人的行为，虽然外国人获得文物后，可能逃避海关监

管、运输、携带、邮寄国家禁止出口的文物出境，从而该外国人构成走私文物罪，但本罪打击的是向外国人私自出售、赠与珍贵文物的行为，至于外国人是否将文物走私出境，不属于本罪的构成要件。三是犯罪对象不同。走私文物罪的对象是国家禁止出口的文物，包括珍贵文物和一般文物。非法向外国人出售、赠送珍贵文物罪的对象是国家禁止出口的珍贵文物，其范围要窄于走私文物罪。

（二）走私文物罪与倒卖文物罪的界限

根据《刑法》第326条的规定，倒卖文物罪，是指以牟利为目的，倒卖国家禁止经营的文物，情节严重的行为。走私文物罪与倒卖文物罪在犯罪对象上有一致之处，而且在客观方面，走私文物罪的行为人一般也有倒卖的行为表现，具有一定相似处。但走私文物罪与倒卖文物罪的区别：一是两罪侵犯的客体不同，走私文物罪侵犯的主要是文物出境管理制度，倒卖文物罪侵犯的则是国家的文物管理制度。二是两罪在主观方面表现不同，倒卖文物罪的成立必须要"以牟利为目的"，而走私文物罪的成立对犯罪目的没有要求。实践中，如果行为人往内海、领海运输、收购、贩卖国家禁止出口的文物，根据《刑法》第155条规定，应以走私罪论处。三是犯罪对象不同。走私文物罪的对象是国家禁止出口的文物，倒卖文物罪的对象是国家禁止经营的文物。国家禁止经营的文物主要指国家文物主管部门核定公布的禁止买卖的文物，包括珍贵文物和其他禁止自由买卖的文物。如通过盗窃、盗掘等犯罪途径或者其他来源不合法的文物，无论是否进行文物定级，是不是珍贵文物，均属于国家禁止经营的文物。

三、国家禁止出口的文物的范围

走私文物罪的犯罪对象是国家禁止出口的文物，并非所有的文物。根据《文物保护法》第2条第1款的规定，所谓文物，具体包括：（1）具有历史、艺术、科学价值的古文化遗址、古墓葬、古建筑、石窟寺和石刻、壁画；（2）与重大历史事件、革命运动或者著名人物有关的以及具有重要纪念意义、教育意义或者史料价值的近现代重要史迹、实物、代表性建筑物;(3)历史上各时代珍贵的艺术品、工艺美术品;(4)历史上各时代重要的文献资料以及具有历史、艺术、科学价值的手稿和图书资料等;(5)反映历史上各时代、各民族社会制度、社会生产、社会生活的代表性实物。

根据《文物保护法》第2条第3款的规定,具有科学价值的古脊椎动物和古人类化石同文物一样受国家保护。2005年12月29日全国人大常委会《关于〈中华人民共和国刑法〉有关文物的规定适用于具有科学价值的古脊椎动物化石、古人类化石的解释》规定:"刑法有关文物的规定,适用于具有科学价值的古脊椎动物化石、古人类化石。"因此,具有科学价值的古脊椎动物化石、古人类化石,也属于刑法规定的文物范畴。

根据《文物保护法》第3条的规定,文物分为不可移动文物和可移动文物,可移动文物又分为珍贵文物和一般文物,珍贵文物又分为一级、二级、三级文物。

根据2015年《文物案件解释》第1条第1款的规定,《刑法》第151条规定的"国家禁止出口的文物",依照文物保护法规定的"国家禁止出境的文物"的范围认定。具体包括以下情形:

《文物保护法》第60条规定,国有文物、非国有文物中的珍贵文物和国家规定禁止出境的其他文物,不得出境;但是依照本法规定出境展览或者因特殊需要经国务院批准出境的除外。

2007年6月5日,国家文物局发布的《文物出境审核标准》规定,下列文物禁止出境:

1. 凡在1949年以前(含1949年)生产、制作的具有一定历史、艺术、科学价值的文物,原则上禁止出境。其中,1911年以前(含1911年)生产、制作的文物一律禁止出境。

2. 凡在1966年以前(含1966年)生产、制作的有代表性的少数民族文物禁止出境。

3. 现存我国境内的外国文物和图书与我国的文物和图书一样,分类执行标准。

4. 凡有损国家、民族利益,或者有可能引起不良社会影响的文物,不论年限,一律不准出境。

5. 未列入《文物出境审核标准》范围内的文物，如经文物进出境审核机构审核，确有重大历史、艺术、科学价值的，应禁止出境。

6. 《文物出境审核标准》所列文物分属不同审核类别的，按禁止出境的下限执行。

因此，上述规定的禁止出境的文物，应当认定为《刑法》第151条规定的国家禁止出口的文物。

根据《文物进出境审核管理办法》的规定，经审核允许出境并取得文物出境许可证的文物，不属于国家禁止出境的文物，因而也就不能成为走私文物罪的对象。

四、文物的认定与鉴定

（一）文物及其等级的鉴定

文物及其等级的鉴定，主要解决涉案物品是否属于文物、文物真伪、文物等级等问题。一般来说，国有文物，特别是国有馆藏文物，是有文物等级的。根据文物保护法的规定，珍贵文物分为一级、二级、三级。该法第36条规定，博物馆、图书馆和其他文物收藏单位的文物应当区分等级，设置藏品档案。长期以来，文物等级一直是查办走私文物犯罪并对其定罪量刑的主要标准。2000年《走私案件解释》即将走私三级文物作为犯罪的入罪标准。2014年《走私案件解释》沿用，到2015年《文物案件解释》在文物等级基础上增加了文物价值作为定罪量刑标准。

1. 涉案文物已有等级的认定

根据2015年《文物案件解释》第15条第1款规定，在行为人实施有关行为前，文物行政部门已对涉案文物及其等级作出认定的，可以直接据此对有关案件事实作出认定。

需要说明的是，司法机关对于已有的文物等级应当在审查基础上作出认定，即一般情况下直接依据行政认定作出认定，但在特殊情况下，如文物定级存在明显错误，应当被撤销的，按照2015年《文物案件解释》第15条第2款的规定，由司法鉴定机构出具鉴定意见，或者由国务院文物行政部门制定的机构出具报告。

2. 涉案文物没有等级的认定

除了已定级的文物外，实践中查获的大量非国有文物尚未进行等级认定。《文物保护法》第 2 条第 2 款规定，文物认定的标准和办法由国务院文物行政部门制定，并报国务院批准。《文物认定管理暂行办法》规定，认定文物由县级以上地方文物行政部门负责，并对认定程序作了相应的规定。同时，根据 2005 年 10 月 1 日起实行的全国人大常委会《关于司法鉴定管理问题的决定》，由国务院司法行政管理部门主管全国鉴定人和鉴定机构的登记管理工作，省级人民政府司法行政管理部门依照规定，负责对鉴定人和鉴定机构的登记、名册编制和公告。文物等级的认定，需要较强的文物专业和科学技术知识，其鉴定人和鉴定机构也需要省级司法行政管理部门进行审核登记，方能取得司法鉴定资质。但从实际情况看，目前在司法行政部门等级并核准具有文物鉴定资质的机构只有 7 家，无法满足办案需要，影响了对走私文物行为的打击效果。

为了有效解决办案中涉及的文物等级的鉴定问题，2015 年《文物案件解释》第 15 条第 2 款确立了鉴定与检验方式并行的原则。即对于办案涉及的文物等级鉴定等问题，一是可以采取聘请取得司法行政部门认定的司法鉴定资质的鉴定机构进行鉴定；二是可以由国务院文物行政部门指定的机构出具报告。为了与 2015 年《文物案件解释》第 15 条第 2 款规定相协调，配合司法机关办案需要，国家文物局于 2016 年 1 月 4 日、9 月 30 日先后印发《关于指定北京市文物进出境鉴定所等 13 家机构开展涉案文物鉴定评估工作的通知》（文物博函〔2015〕3936 号）和《关于指定第二批涉案文物鉴定评估机构的通知》（文物博函〔2016〕1661 号），分两批指定北京市文物进出境鉴定所等 42 家机构为第一批涉案文物鉴定评估机构，开展文物刑事案件涉及的文物鉴定工作，并出具相应报告。

需要注意的是，鉴定意见属于刑事诉讼法规定的证据种类之一，而检验报告是根据办案需要可以作为参考的证据材料。对于同一走私文物案件中涉及的同一文物专门性问题，既有鉴定机构出具的鉴定意见，又有国务院文物局指定的机构出具的报告，在两者意见不一致时，司法机关要进行实质性审查判断。具体来说，司法机关应当根据《刑事诉讼法》第 48 条规定的鉴定意见审查要求进行审查判断，经查证属实的，才能作为定案根据。同样，对于检验报告也应当根据刑事诉讼法和有关司法解释规定，进行审查判断，经查证属实的，才能作为定案根据。

3. 文物价值的认定

关于文物价值的认定，根据 2015 年《文物案件解释》第 14 条的规定，分为三种情形：一是对于涉案文物有有效价格证明的，直接依据价格证明认定文物价值。二是如果无法或者不宜依据价格证明认定数额，但能查清销赃数额的，可以按照销赃数额认定。尤其是实践中对于一些走私文物因无法追回、损毁、灭失等原因而无法鉴定的情形，可以根据销赃数额认定走私数额。三是如果无法查清销赃数额或者不宜按照销赃数额认定（如销赃数额过低）的，则可以委托鉴定机构或者有关部门对文物的价值进行认证出具报告。为此，2015 年《文物案件解释》对于文物价值的认定也规定了两种方式：一是可以由国务院文物行政部门指定的机构作出价值认定出具报告，即由国家文物局指定的上述机构出具报告；二是可以由有关价格认证机构作出价格认证并出具报告。

（二）走私文物罪的既遂与未遂

2014 年《走私案件解释》第 23 条对于走私犯罪的既遂认定规定了三种情形，其中两种情形适用于走私文物罪，一是在海关监管现场被查获的走私文物的，一律按犯罪既遂认定。这里的海关监管现场不限于海关监管区，凡是海关具体行使监管职权的场所均应视为海关监管现场，既包括通关场所，也包括在行为人绕关走私文物的情形下被海关查获的海关管区以外的任何现场。二是以虚假申报方式走私文物、申报行为完毕的，应当认定为既遂。行为人将国家禁止出境的文物当作其他货物、物品申报，只要申报行为实施完毕，即构成走私文物犯罪既遂。

第四节 案例评析

蒋某某走私文物案[①]

【基本案情】

被告人蒋某某任呈贡公司法定代表人期间,于1999年至2001年收购斑铜工艺品欲出口欧美,并从昆明市一旧货市场购得48件青铜器文物。2001年上半年,被告人蒋某某赴美国经营农场。同年9月,被告人蒋某某电话通知呈贡公司临时负责人刘某某将收购的斑铜工艺品发往美国。同年10月,刘某某组织呈贡公司员工在呈贡公司仓库对斑铜工艺品进行包装装箱时发现了上述48件文物,司机许某某将该文物夹藏于一件斑铜工艺品腹中一起装箱。同月30日,夹藏有文物的工艺品通过铁路从昆明发往连云港。在货物抵达连云港前,蒋某某打电话到呈贡公司,许某某告知其已将文物随同工艺品一起发运。被告人蒋某某既没有安排公司人员如实向海关申报,又没有采取有效措施阻止货物出口。同年11月14日,受委托的报关单位以一般贸易方式为呈贡公司申报出口该批斑铜工艺品,连云港海关在例行查验中发现该批货物中夹藏文物。经鉴定,48件文物是战国至两汉时期的青铜器,其中属国家三级文物的4件,一般文物44件;三级文物分别为铜斧2件、戈1件、矛1件。

2009年4月12日,被告人蒋某某从美国入境时,被北京出入境边防检查站抓获归案。

江苏省连云港市人民检察院以被告人蒋某某涉嫌走私文物罪提起公诉后,江苏省连云港市中级人民法院经审理于2009年12月16日作出(2009)连刑二初字第0010号刑事判决,以走私文物罪判处蒋某某有期徒

[①] 参见江苏省高级人民法院刑事裁定书(2010)苏刑二终字第0016号。

刑5年，并处罚金人民币1万元；扣押的48件青铜器文物予以追缴，上缴国库。

蒋某某不服，提出上诉。江苏省高级人民法院经公开开庭审理，于2010年9月19日，作出终审判决：维持一审判决"扣押在案的48件青铜器文物予以追缴，上缴国库"判项；认定蒋某某犯走私文物罪，免予刑事处罚。

【争议焦点】

蒋某某是否有走私文物的主观故意？

【案件评析】

被告人蒋某某上诉称：其系在货到海关后才知道文物被夹带在工艺品中，来不及采取有效措施阻止出口，其不构成犯罪。

其辩护人的主要辩护意见是：上诉人无走私文物的主观故意，其在国外，得知文物被夹藏后无法采取有效制止措施；原判认定上诉人放任走私结果发生的事实不清，证据不足。并提交了一些证据材料以证明蒋某某不构成犯罪。

走私案件的复杂性，给认定行为人主观上是否具有走私故意带来困难。对此，应根据具体案情，结合主客观证据综合判断。本案中，连云港市对外贸易公司装箱单、发票、报关委托书、出口货物报关单、集装箱货物托运单等客观证据证实：呈贡公司通过连云港市对外贸易公司委托报关行以一般贸易方式申报出口该批斑铜工艺品。连云港海关进出境货物查验记录单、货物查验作业单、即决式布控指令清单、连关（2001）调字第2号检查记录等证据证实海关发现夹带文物的经过。蒋某某与国内公司相关人员多次通话记录证明，蒋某某案发时就涉案货物出口事宜曾多次与国内公司相关人员电话联系，其是在涉案出口工艺品从昆明发往连云港，代理报关单位报关前，得知其此前购买的文物被夹带的。上诉人蒋某某的辩解和辩护人在二审庭审中补充出示的相关证据，证人许某某的当庭作证等，均不能充分证明蒋某某系在涉案货物报关后才知悉文物被夹带的事实，并与上诉人蒋某某及相关证人在侦查期间的供述和证言不能相互印证。此外，蒋某某作为呈贡公司直接负责的主管人员，负有依法经营的义务，当时其虽身在美国，但在其知悉文物被夹带后，尚无证据证实其作出过制止涉案货物报关的表示，从而放任了走私文物行为的既遂。综合以上事实和证据，可以认定蒋某某在代理报关单位报关前，即知晓其此前购买的文物被夹带，且未明确制止将涉案货物以一般贸易方式报关。因此，法院认定蒋某某及其辩护人关于事前不知情和无法阻止涉案货物报关的辩解和辩护意见，与事实不符。